내셔널지오그래픽 키즈

사이언스 2023

새끼 얼룩말이 나미비아의 에토샤 국립 공원에 펼쳐진 꽃밭을 힘차게 달리고 있어요.

내셔널지오그래픽 키즈
사이언스 2023

『내셔널지오그래픽 키즈 사이언스』에 도움을 주신 분들께 깊이 감사드립니다.

스테이시 매클레인(내셔널지오그래픽 탐험가 프로그램)

동물의 세계
수잔 브레이든(판다 인터내셔널 대표)
로돌포 코리아 박사(고생물학자, 아르헨티나)
실비아 얼 박사(내셔널지오그래픽 상주 탐험가)
토머스 R. 홀츠 박사(메릴랜드 대학 지질학부 척추고생물학과 조교수)
루크 헌터 박사(판테라 대표)
니자르 이브라힘(내셔널지오그래픽 탐험가)
데릭 주버트, 베벌리 주버트(내셔널지오그래픽 상주 탐험가)
'디노' 돈 레셈(렉스 박물관 관장)
캐시 B. 메허(내셔널지오그래픽 매거진 전 연구원)
케이틀린 마틴(캐나다 바다거북 네트워크)
바버라 닐슨(북극곰 인터내셔널)
앤디 프린스(오스틴 동물원)
줄리아 토슨(통역가, 스위스)
데니스 반엥겔스도르프(펜실베이니아 농무부 선임 연구원)

우주와 지구
과학과 기술
팀 아펜젤러(네이처 편집장)
릭 파인버그(미국 천문 학회 언론 담당)
호세 데 온다사(뉴욕 주립대, 플래츠버그 대학 생명과학부 조교수)
레슬리 B. 로저스(전 내셔널지오그래픽 매거진 편집장)
엔릭 살라 박사(내셔널지오그래픽 상주 탐험가)
애비게일 팁턴(내셔널지오그래픽 매거진 전 연구부장)
에린 빈티너(생물 다양성 전문가, 미국 자연사 박물관 생물 다양성과 보전 센터)
바버라 L. 와이코프(전 내셔널지오그래픽 연구원)

문화와 생활
웨이드 데이비스 박사(내셔널지오그래픽 상주 탐험가)
데얼드리 멀러비(갤러데트 대학 출판부 편집 주간)

생태와 자연
아나타(미국 국립 해양 대기청 공보관)
로버트 발라드 박사(내셔널지오그래픽 상주 탐험가)
더글러스 H. 채드윅(야생 생물학자, 내셔널지오그래픽 매거진 기고가)
수전 K. 펠 박사(미국 식물원 과학과 대중 프로그램 감독)

역사와 사실
실비 보드로 박사(뉴욕 주립 대학교 역사학과 조교수)
엘스페스 데이르(캐나다 퀸스 대학교 교육학부 교수)
그레고리 게디스(미국 뉴욕오렌지 주립 대학교 글로벌학과 교수)
프레드릭 히버트 박사(내셔널지오그래픽 방문 연구원)
미셸린 조니스(캐나다 천연자원부 공보관)
로버트 D. 존슨 박사(일리노이 대학교 역사학과 조교수)
딕슨 맨스필드(캐나다 퀸스 대학교 교육학부 지리학 전임 강사)
티나 노리스(미국 인구 조사국)
캐나다 의회 도서관 학술 정보 서비스
캐린 푸글리에시(캐나다 원주민 회의 홍보팀)

세계의 지리
크리스틴 비시(미국 인구 조회국 연구원)
칼 하웁(미국 인구 조회국 선임 인구 통계학자)
도시코 카네다 박사(미국 인구 조회국 선임 연구원)
월트 마이어 박사(미국 국립 빙설 데이터 센터)
리처드 W. 레이놀즈(미국 해양 대기청 국립 기후 데이터 센터)

일러두기
『사이언스 2023』은 『내셔널지오그래픽 어린이 연감 2023 NATIONAL GEOGRAPHIC KIDS Almanac 2023』의 한국어판 도서입니다. 어린이가 알아야 할 지식을 엄선하여 1년에 한 번만 출간합니다.
생물학, 지구 과학, 지리, 환경, 기술, 천문학, 역사 등 분야별로 연구를 통해 새롭게 알게 된 지식이 해마다 추가됩니다.
또한 해가 바뀌어도 중요하고 의미가 있는 기본 지식은 전년도 책과 같을 수 있습니다.

차례

2023년 올해의 토픽　8

- 3D 인쇄로 만든 제트 슈트　10
- 다섯 번째 대양의 이름　10
- 환영합니다! 수달의 섬입니다　11
- 춤추는 풍선 때문에　11
- 벌꿀 레모네이드 회사　12
- 펠리컨 구조하기　12
- 거대한 공룡 발견　13
- 바이킹 배가 땅속에서 발견되다　14
- 콜로세움 재단장　14
- 뜨개실 폭탄!　15
- 스포츠 속 웃긴 장면들　15
- 기억해야 할 기념일　16
- 쿠키 몬스터 정동　17
- 새로운 슈퍼히어로: 래트맨　17
- 멍멍이 미술관　17

플라스틱 제로　18

- 플라스틱의 모든 것　20
- 바다의 플라스틱　22
- 생활 속 실천　26
- 바다의 플라스틱　30
- 더 알아보기　32
  - 잠깐 퀴즈!
  - 편지 잘 쓰는 법

동물의 세계　34

- 재미있는 동물　36
- 동물의 분류　44
- 위험에 처한 동물　46
- 물에서 사는 동물　50
- 야생 동물의 능력　58
- 곤충의 생태　66
- 고양이과 야생 동물　68
- 반려동물 소식　74
- 공룡의 특징　78
- 더 알아보기　84
  - 잠깐 퀴즈!
  - 아주 훌륭한 동물 보고서 쓰기

우주와 지구　86

- 우주의 천체들　88
- 지구의 구조　96
- 더 알아보기　106
  - 잠깐 퀴즈!
  - 과학 전람회 준비하기

탐험과 발견　　　　　　　　　　108

- 발견한 사실　110
- 2023년 사이언스 챌린지　112
- 탐험가의 지구 소식　114
- 동물 사진의 촬영 비결　120
- 탐험을 위한 지식　124
- 더 알아보기　128
  - 잠깐 퀴즈!
  - 완벽하고 훌륭한 보고서를 쓰는 법

게임과 퍼즐　　　　　　　　　　130

- 수다쟁이 동물들　132, 147
- 이건 뭘까?　133, 138, 142, 146
- 진짜? 가짜?　134
- 빈칸 채우기　135, 140, 144
- 이상한 도시　136
- 숨은 동물 찾기　137, 143
- 재미있는 것들　132
- 온 가족이 함께하는 깜짝 퀴즈　139, 145
- 웃기는 이야기　141
- 못 말리는 친구들　148

우리를 행복하게 하는 20가지　　150

- 무엇이 우리를 행복하게 할까?　152

문화와 생활　　　　　　　　　　166

- 세계의 기념일과 휴일　168
- 예술 활동　174
- 음식 문화　176
- 화폐와 문화　180
- 언어와 문화　182
- 고대 신화　184
- 세계의 종교　186
- 더 알아보기　188
  - 잠깐 퀴즈!
  - 새롭고 낯선 문화 탐사하기

과학과 기술　　　　　　　　　　190

- 발명을 돕는 기술　192
- 생물학의 기초　196
- 식물의 세계　198
- 인체 탐구하기　200
- 미래 기술 전망　208
- 더 알아보기　212
  - 잠깐 퀴즈!
  - 어려운 문제를 푸는 방법

생태와 자연 　　　　　　　　　　　　214

생물 군계 알아보기 **216**
바다의 이모저모 **218**
날씨와 기후 **224**
재난과 재해 **230**
더 알아보기 **234**
　잠깐 퀴즈!
　발표 잘하는 방법

역사와 사실 　　　　　　　　　　　　236

유적과 옛이야기 **238**
국제적 분쟁 **250**
세계의 지도자들 **252**

더 알아보기 **266**
　잠깐 퀴즈!
　훌륭한 전기를 쓰는 법

세계의 지리 　　　　　　　　　　　　268

지도의 이해 **270**
지리와 지형 정보 **276**
대륙의 지리 특징 **280**
세계의 국가들 **308**

세계 여행 **334**
더 알아보기 **352**
　잠깐 퀴즈!
　우리는 어디에 있을까?

게임과 퍼즐 정답 확인 354

찾아보기 356 | 글 저작권 364 | 사진 저작권 365

NATIONAL GEOGRAPHIC KIDS 2023년 사이언스 챌린지

지구를 위한 내셔널지오그래픽 키즈 2023년 사이언스 챌린지에 참여해 보세요!

자세한 내용을 확인하려면 112-113쪽으로 가세요!
2022년 결과를 보려면 113쪽으로 가세요!

3D 인쇄로 만든 제트 슈트

준비, 발사, 이륙! 언젠가 우리는 제트 슈트를 입고서 쉽게 날아오를지 몰라요. 영국 발명가 리처드 브라우닝이 발명한 제트 슈트는 팔에 터빈 엔진이 달려 있고, 배낭처럼 매는 더 큰 엔진도 있어요. 몸을 움직여서 조종하는데, 시속 137킬로미터까지 속도를 내고 약 5분간 날 수 있어요. 브라우닝은 몸으로 조종하는 제트 엔진으로 가장 빨리 비행한 기네스 세계 기록 보유자예요. 제트 슈트는 일부 부품을 3D 프린터로 찍어 만들었고, 무게가 27킬로그램이에요. 하지만 우리가 집 앞에서 이 제트 슈트를 입고 날아오르는 날이 오려면 좀 더 기다려야 해요. 지금은 군대와 경찰에서 쓸 수 있는지 시험 중이거든요. 비상 상황에 빨리 대처하거나 범죄자를 뒤쫓을 때 유용할 테니까요.

다섯 번째 대양의 이름

남극해라는 이름이 공식 명칭으로 정해졌어요! 이전까지는 남극 대륙을 둘러싼 넓은 바다, 즉 태평양, 대서양, 인도양의 남쪽 끝과 만나는 바다에 따로 이름을 붙이지 않았어요. 비공식적으로 남극해라고 불렀을 뿐이에요. 내셔널지오그래픽 지도 제작자들은 남극해를 대양으로 인정하기로 했어요. 이제 모든 세계 지도에는 다섯 번째 대양의 이름이 남극해로 실릴 거예요. 이 바다는 약 3400만 년 전에 생겼어요. 지구에서 가장 '어린' 바다지요. 또 다른 네 대양보다 더 차갑고 덜 짜요.

올해의 토픽

환영합니다!
수달의 섬 입니다

싱가포르 마리나만 근처에서 수달 두 마리가 걷고 있어요.

수달 무리가 주거 지역을 탐사하고 있어요.

도시의 인도에서는 자전거를 타기 어려워요. 걷고 달리고 심지어 스케이트보드를 타는 사람들을 피해야 하니까요. 게다가 날쌔게 움직이는 수달도 있지요! 동남아시아의 싱가포르에서는 비단수달을 사람들이 다니는 길에서 흔히 볼 수 있어요.

약 50년 전 싱가포르는 강이 심하게 오염되는 바람에 수달이 살지 못하는 곳이 되었어요. 하지만 그 뒤로 수십 년에 걸쳐서 강을 정화한 덕분에, 수달은 이 도시 환경으로 돌아왔어요.

지금 생물학자들은 아시아의 많은 지역에 퍼져 있는 수달이 도시 생활에 어떻게 적응하는지를 알아내기 위해 이곳의 수달을 연구하고 있어요. 예를 들어, 이곳의 비단수달 새끼는 다른 지역의 새끼보다 1년쯤 더 오래 부모와 함께 지내요. 따로 살아갈 땅이 부족하거든요. 또 굴을 파는 대신에 콘크리트 다리 구석에 집을 지어요. 숲에서 잠을 자는 대신에, 인도 구석에서 꾸벅꾸벅 졸지요. 싱가포르는 지금 수달 천지랍니다!

마리나만에서 수달 가족이 헤엄치고 있어요.

춤추는 풍선 때문에
딩고가 놀라서 달아나다

딩고를 쫓아낼 좋은 방법이 하나 있어요. 춤추는 풍선 간판으로 겁주는 거예요! 오스트레일리아 과학자들은 육식성 들개인 딩고가 가축을 사냥하러 오면 이 방법으로 쫓을 수 있을 거라고 생각해요. 한 연구진은 딩고 소굴로 가서 개 사료 그릇을 놓고 그 옆에 높이 4미터의 샛노란 풍선 간판을 세워 펄럭이게 했어요. 풍선에 '공포의 프레드'라는 별명도 붙였지요. 어떻게 되었냐고요? 네 번 중 세 번은 딩고들이 프레드가 꿈틀거리는 모습을 보자마자 달아났어요. 하지만 일부 과학자들은 딩고가 프레드를 계속 마주칠수록 익숙해져 점점 달아나지 않을 것이라고 생각해요. 따라서 완벽한 방법은 아니에요. 그래도 굶주린 딩고 떼에게 가축을 빼앗기는 오스트레일리아 농민들에게는 좋은 대책이 될 수 있어요.

벌꿀 레모네이드 회사

사장이 꿀벌을 구하는 일에 나서다

화제의 청소년 사업가 소식이에요. 17세의 미카일라 울머는 꿀벌을 구하기 위해 큰 사업을 벌였어요. 2009년 울머는 증조할머니의 요리 비법대로 아마씨와 꿀을 넣은 레모네이드를 만드는 회사 '미 앤 더 비즈'를 차렸어요. 처음에는 레모네이드 음료를 병에 담아 동네에서 팔았는데, 지금은 미국 전역의 상점에서 팔리지요. 그런데 울머는 레모네이드 파는 일만 하는 것이 아니에요. 미 앤 더 비즈는 꿀벌과 꿀벌의 서식지를 지키는 사업도 해요. 울머는 직접 회사를 경영하는 한편으로 헬시 하이브 재단도 이끌고 있어요. 그 재단은 벌이 앞으로도 오랫동안 존속할 방법을 찾는 과학 연구를 지원하는 비영리 단체예요.

펠리컨 구조하기

갈색펠리컨 아비는 평범한 새가 아니에요! 아비는 미국 코네티컷주에서 살아가는 법을 배우던 새끼 때, 겨울이 오면 남쪽으로 날아가야 한다는 것을 잊는 바람에 얼어붙은 연못에 홀로 남겨졌어요. 사람들이 아비를 발견해서 플로리다 야생 동물 재활 센터로 데려갔어요. 아비는 발에 심한 동상을 입었고 폐렴에도 걸렸어요. 발의 30퍼센트를 잘라 내야 했기에, 균형을 잡고 서기 힘들어서 야생에서 살아갈 수가 없게 되었지요. 지금은 플로리다주의 부시 야생 동물 보호 구역에서 갈색펠리컨을 대표하며 살아가고 있어요.

거대한 공룡 발견

오스트레일리아 연구진은 2006년 공룡 등뼈 화석을 발굴하던 당시에는 얼마나 엄청난 발견을 했는지 미처 알아차리지 못했어요. 새로운 3D 스캐닝 기술 덕분에 비로소 그 화석이 오스트레일리아에서 발견된 공룡 중 가장 크다고 알려졌지요. 여러 해에 걸쳐 3D 촬영 사진을 분석해서 다른 공룡 종들의 뼈와 비교했더니 새로운 공룡으로 확인되었어요. 오스트랄로티탄 코오페렌시스라는 이름이 붙여졌어요(짧게 '쿠퍼'라고 부르기도 해요). 연구진은 이 공룡의 몸길이가 농구장만 하고 키가 2층 건물만 했다는 것도 알아냈어요. 또 다른 특징은 뭐가 있느냐고요? 목과 꼬리가 길었고 식물을 먹었어요.

오스트레일리아 내륙에서 발견된 쿠퍼는 몸집이 엄청나게 큰 티타노사우루스의 친척이에요. 이만한 크기의 티타노사우루스는 지금까지 남아메리카의 파타고니아 지역에서만 발견되었는데, 이제 오스트레일리아에도 살았다는 사실이 드러났어요.

바이킹 배가 땅속에서 발견되다

노르웨이 오슬로 인근에서, 땅에 묻혀 있던 1000여 년 전의 바이킹 배가 드러났어요. 전문가들은 훼손하지 않고 발굴하기 위해 최선을 다하고 있어요. 10세기에 바이킹의 장례식 때 쓴 것으로 추정되는 이 배는 고고학자들이 땅속 구조를 알아내는 '지표 투과 레이더(GPR)'를 써서 찾아냈어요. 길이가 18미터를 넘고, 폭은 5미터를 넘지요. 많은 부분이 썩어 사라졌지만, 전문가들은 남은 부분을 발굴하면 복제품을 만들어서 고대 바이킹 문화와 사회를 밝혀내는 데 쓸 수 있을 것이라고 생각해요. 하지만 발굴이 쉽지 않아요. 남은 부위가 훼손되지 않도록 천천히 흙을 꼼꼼히 걷어 내면서 발굴해야 하거든요.

콜로세움 재단장

이탈리아 로마에서는 아주 오래된 건물이 새로 단장하고 있어요. 고대에 가장 큰 원형 경기장이었던 콜로세움을 보수하는 중이에요. 바닥에 이동식 마루를 깔아서 관광객이 이 유명한 건축물을 다양한 각도에서 볼 수 있도록 할 거예요. 공사를 맡은 이탈리아 건축 회사는 수백 개의 나무판을 회전시키면 그 아래 지하실로 자연광과 공기가 들어갈 수 있는 구조로 마루를 설치할 예정이에요. 19세기에 고고학자들이 바닥에 깔려 있던 발판을 제거한 뒤로, 관광객은 지하 통로로만 다닐 수 있었어요. 이번 마루 공사가 끝나면 사람들은 옛날 검투사처럼 콜로세움 한가운데에 서서 관중석을 둘러볼 수 있을 거예요.

올해의 토픽

뜨개실 폭탄!

벤치부터 버스까지 나무줄기에서 열차에 이르기까지 거리의 모든 것이 뜨개실 폭탄을 맞았어요. 하지만 나쁜 일은 아니에요. 뜨개실 폭탄은 뜨개질한 것들로 공간을 장식하는 거니까요. 주변에서 흔히 보는 것들에 화려한 색깔을 입히는 활동이에요. 이 거리 미술은 2000년대 초에 시작되었어요. 런던에서 파리, 오스트레일리아, 미국에 이르기까지 전 세계의 거리에서 뜨개실 폭탄 전시가 이루어져 왔지요. 기후 변화에 관심을 갖도록 호소하는 등 열띤 화제가 되는 주제를 대중에게 알리기 위해서 전시를 하기도 해요. 사람들을 즐겁게 하거나 여러 색깔의 실로 동네를 환하게 꾸미기 위해서 뜨개실 폭탄을 터뜨리기도 하지요.

스포츠 속 웃긴 장면들

월드컵 에피소드

2023년에는 여자 월드컵 대회가 열려요! 4년마다 세계 최고의 여자 축구선수들이 우승컵을 놓고 맞붙지요. 2019년에는 미국이 우승했어요. 2023년 오스트레일리아 시드니에서 열리는 월드컵 결승전에서는 어느 팀이 이길까요? 잘 지켜보세요!

난 축구 경기인 줄 알았어. 누가 땡 좀 해 줘!

2020 도쿄 올림픽에서 영국의 엘런 화이트는 칠레와의 경기에서 한 골을 넣었어요.

내 새로운 춤 동작 어때? 흥이 절로 나지 않아?

2020 도쿄 올림픽에서 캐나다의 디앤 로즈는 페널티 킥을 성공시켰어요.

2023 기억해야 할 기념일

세계 자전거의 날
오늘은 자전거를 타요. 재미있게 즐기며 환경을 보전하는 날이니까요.

6월 3일

국제 스웨트 팬츠의 날
편하게 입어요! 편안한 추리닝 차림으로 하고 싶은 일을 해요. 그래도 되는 날이에요!

1월 21일

세계 초콜릿의 날
초콜릿을 먹을 핑계가 필요해요? 이날만은 초콜릿을 마음껏 먹어 볼까요?

7월 7일

국제 여성의 날
성 평등의 중요성을 널리 알리기 위한 날이에요. 세상의 모든 여성들을 축하해요.

3월 8일

세계 코끼리의 날
지구의 멋진 동물인 코끼리와 그 서식지를 지켜야 한다고 알리는 날이에요.

8월 12일

지구를 위한 시간의 날
오후 8시 반부터 9시 반까지 1시간 동안 전기를 쓰지 않고 지구를 재충전해요.

3월 25일

세계 노래의 날
좋아하는 음악을 틀고서 신나게 힘차게 즐겁게 노래를 불러요!

10월 21일

세계 벌의 날
지구의 놀라운 꽃가루 매개자를 응원해요. 꿀벌들이 처해 있는 위험을 알려요.

5월 20일

국제 치타의 날
세계에서 가장 빠른 육상 동물을 기념해요. 이 멸종 위기에 처한 큰 고양이과 동물을 보호하자고 널리 알려요.

12월 4일

쿠키 몬스터 정동

쿠키 몬스터 맞죠? 과학자들이 정동 한 개를 잘랐다가 깜짝 놀랐어요. 친숙한 얼굴이 보였으니까요. 정동은 안쪽에서 결정이 자라는 암석이에요. 브라질 히우그란지두술에서 발견된 이 별난 암석의 단면은 파란 석영 결정과 위쪽에 난 구멍 두 개로 웃는 얼굴처럼 보여요. 「세서미 스트리트」 속 쿠키 몬스터와 아주 비슷하게 생겼지요. 전문가들은 이 정동은 가치가 1만 달러는 될 거라고 봐요. 그 돈이면 쿠키를 아주 많이 사 먹을 수 있겠어요!

새로운 슈퍼히어로: 래트맨

캄보디아에 사는 아프리카큰도깨비쥐인 마가와의 코는 위험 물질을 찾아낼 수 있어요. 땅에 묻혀 있는 위험한 지뢰를 냄새로 찾아냈지요. 이 지뢰는 수십 년간 벌어진 전쟁 때 남겨진 것인데, 종종 사람이 밟고 다치는 사고가 일어나요. 마가와는 지뢰를 냄새로 찾아내고 땅을 긁어서 알리는 훈련을 받았어요. 마가와가 찾아내면 사람들이 지뢰를 안전하게 해체했지요. 마가와는 2022년에 세상을 떠나기 전까지 5년 동안 100개가 넘는 지뢰와 폭발물을 찾아냈어요. 진짜 영웅이지요!

> 큰도깨비쥐는 햄스터처럼 몸 크기에 비해 볼이 크게 늘어나서 주머니 역할을 해요.

2020년에 생명을 구한 공로로 받은 메달을 목에 건 마가와

멍멍이 미술관

말 그대로 멍멍이들, 개를 위한 미술관이에요. 홍콩에 있는 이 미술관에는 한 화가가 세상의 모든 개에게 바치는 그림들이 있어요. 물방울이 튀는 듯한 물 그릇, 먹이가 담긴 커다란 볼 풀장, 개들이 좋아하는 작품을 포함해서 50점이 전시되어 있어요. 대담한 색깔로 그린 개 초상화들은 개 관람객들이 자세히 볼 수 있도록 바닥에 가깝게 낮게 걸려 있어요. 사람도 환영이에요. 개의 눈높이에 맞춰 돌아다닐 수 있다면요.

플라스틱 제로

미국 메릴랜드주 볼티모어의 항구에 설치된 미스터 트래시 휠은 물레바퀴와 컨베이어 벨트, 갈퀴를 이용해 물에 떠다니는 쓰레기를 해마다 수백 톤씩 청소해요.

플라스틱의 모든 것

플라스틱이란 무엇일까?

▶▶ 플라스틱은 색깔을 넣고 질감을 살리고 틀에 찍어 거의 무엇이든 만들 수 있어요. 이 놀라운 재료는 정확히 무엇일까요?

기초 지식: 플라스틱은 중합체(폴리머)예요. 분자들이 사슬처럼 이어져 길고 잘 구부러져요. 이런 분자 구조 때문에 플라스틱은 가볍고, 잘 끊어지지 않고, 원하는 모양으로 찍어 내기 쉬워요. 그래서 쓸모가 많아요.

중합체는 어디에서 나올까요?

중합체는 자연에도 있어요. 식물의 세포벽, 타르, 거북 등딱지, 나무즙(수액) 등에도 중합체가 들어 있어요. 실제로 약 3500년 전, 중앙아메리카에 살던 사람들은 고무나무의 수액으로 공을 만들어 경기를 했어요. 약 150년 전, 과학자들은 자연의 중합체를 모방하여 개량하기 시작했어요. 그 결과가 바로 합성 중합체, 플라스틱이에요.

플라스틱은 누가 발명했을까요?

1869년 미국의 존 웨슬리 하이엇이 유용한 합성 중합체를 처음 만들었어요. 엄청난 발견이었죠. 이제 목재, 점토, 돌처럼 자연에서 나는 원료만 쓰지 않아도 되니까요. 사람들은 자신이 쓸 원료를 직접 만들게 된 거죠.

합성 플라스틱은 무엇으로 만들까요?

오늘날 플라스틱은 대부분 석유와 천연가스로 만들어요.

플라스틱은 언제부터 널리 쓰이게 되었을까요?

2차 세계 대전(1939~1945년) 때 플라스틱으로 만든 비단처럼 가볍고 강한 나일론은 낙하산, 밧줄, 보호복, 헬멧에 쓰였어요. 전투용 항공기는 '플렉시글라스'라고 하는 플라스틱 유리로 만든 가벼운 창을 달았어요. 전쟁이 끝난 뒤에는 접시에서부터 라디오, 장난감에 이르는 온갖 플라스틱 물건이 인기를 끌었어요. 수십 년 뒤 가볍고 깨지지 않는 플라스틱 병이 나와 유리병을 대체했고, 상점들은 종이봉투 대신에 더 가볍고 저렴한 플라스틱으로 만든 비닐봉지를 쓰게 됐죠.

플라스틱 사용은 지금까지 이어지고 있어요!

주위를 둘러봐요. 플라스틱은 우리 주변 어디에나 있어요.

> 비닐봉지의 평균 사용량은 얼마나 될까요? 평균적으로 **미국인**은 하루에 **1장**을 써요. **한국인**은 1년에 **460장 이상** 써요. **덴마크인**은 1년에 **4장**을 써요.

플라스틱 제로

이 모든 플라스틱은 어디로 갔을까?

지금까지 플라스틱이 다른 물건으로 재활용된 비율은 아주 낮아요. 쓰레기 매립지에 묻히면 분해되는 데 수백 년이 걸릴 수도 있어요. 태우는 것도 플라스틱을 없애는 한 방법이지요. 하지만 플라스틱은 석유 같은 화석 연료에서 만들어졌기에, 탈 때 해로운 오염 물질을 공기로 내뿜어요. 지금까지 생산된 플라스틱이 어디로 갔고, 분해되기까지 얼마나 걸리는지 살펴볼까요?

9% 재활용돼요.

12% 소각되면서 유해 물질을 뿜어내요.

79% 매립지로 가거나 자연환경(바다 등)으로 들어가요.

플라스틱 제품의 수명

매립지로 보낸 플라스틱은 그냥 사라지는 것이 아니에요. 그곳에서 아주 오랜 세월 묻혀 있어요. 플라스틱은 종류마다 분해되는 시간이 달라요.

플라스틱으로 만든 비닐봉지
20년

플라스틱 코팅 컵
50년

빨대
200년

병
450년

음료수병 묶음 고리
450년

낚싯줄
600년 이상

바다의 플라스틱

바다를 떠도는 쓰레기

거대한 태평양 쓰레기 섬의 이모저모를 살펴봐요

>> **지**도로 보면 캘리포니아와 하와이 사이에 푸른 바다가 쭉 펼쳐진 것 같지만, 직접 가 보면 쓰레기들로 이루어진 큰 섬이 보일 거예요. 플라스틱으로 이루어진 섬이지요. 플라스틱 쓰레기는 전 세계 바다에서 발견돼요. 물에 떠다니는 플라스틱의 잔해들은 해류와 바람에 실려 일정한 방향으로 움직여요. 그러다 몇몇 해역에 엄청나게 모이지요. 결국 플라스틱 쓰레기 섬이 되는 거예요. 그중 가장 큰 것은 거대 태평양 쓰레기 섬이에요. 과학자들은 이 섬에 플라스틱이 1.8조 개쯤 있고, 그중 94퍼센트는 미세 플라스틱*이라고 추정해요. 발 디딜 생각은 하지 마요. 바닥이 단단한 섬이 아니니까요! 그물, 밧줄, 뱀장어 통발, 상자, 바구니 같은 어구를 포함하여 부피가 있는 물건들도 있어요. 지진 해일 때 바다로 쓸려 온 쓰레기도 있고요. 지진 해일은 지진이나 화산 활동으로 생기는 물결인데, 육지로 밀려들었다가 자동차, 가전제품과 부서진 집에 이르기까지 수백만 톤의 잔해를 바다로 끌고 와요. 과학자들은 쓰레기섬을 치울 방법을 연구하고 있어요. 갈수록 많은 플라스틱이 끊임없이 밀려들기에, 그 노력은 계속되어야 할 거예요.

태국 푸켓 해안에 밀려든 뒤엉킨 나일론 밧줄

부서진 배의 잔해들은 이윽고 태평양 거대 쓰레기 섬으로 몰려들어요.

*미세 플라스틱: 길이 5mm 이하의 작은 플라스틱 조각으로 하수 처리 시설에 걸러지지 않는다.

플라스틱 제로

쓰레기 섬이 발견되는 해역

전 세계의 바다는 소용돌이 형태로 순환하고 있어요. 이것을 '대양 환류'라고 하는데, 크게 위의 다섯 가지가 있어요. 플라스틱을 비롯한 쓰레기들은 해류를 타고 이동하다가 환류에 갇히게 돼요. 환류 중에서 가장 큰 북태평양 환류 때문에 거대한 태평양 쓰레기 섬이 생겼지요.

거대한 태평양 쓰레기 섬은 면적이 160만 제곱킬로미터에 달해요.

비교해 볼까요?

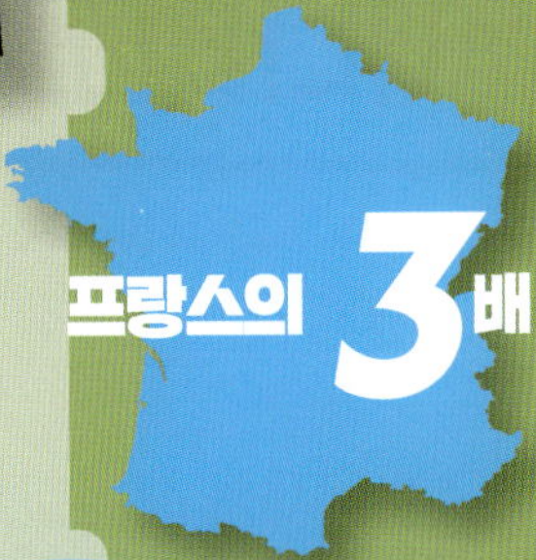

프랑스의 **3**배

한반도의 **7**배

태평양 쓰레기 섬을 이루는 플라스틱 조각은 지구의 모든 사람 1명당 250개씩 치울 만큼 있어요.

바다의 플라스틱

전 세계에서 약 **5조 2500만** 개에 달하는 **플라스틱 쓰레기** 조각들이 **온 바다를** 떠다니고 있어요.

2018년에 어느 자원봉사 단체는 미국 알래스카주에 있는 사람이 살지 않는 화산섬의 해변에서 쓰레기를 1800킬로그램이나 수거했어요.

미국 오리건주에서 활동하는 한 단체는 해양 쓰레기를 모아서 해양 생물을 주제로 알록달록한 조각품을 만들었어요.

이 바다 오염 문제를 해결하기 위해서 뛰어난 착상을 내놓는 사람들도 있어요. 포르투갈의 어느 해변에 설치된 거대한 물고기 모양의 쓰레기통이 좋은 예예요. 바다에서 주워 모은 쓰레기로 미술 작품을 만드는 사람도 생기고, 해변에서 쓰레기를 줍는 사람들도 생겼지요. 덕분에 사람들도 깨끗해진 해변을 안전하게 돌아다닐 수 있지요.

플라스틱 제로

소화전, 정원 장식 용품, 스키 신발, 고무 오리 등 온갖 물건들이 파도에 휩쓸려 전 세계의 해변으로 올라와요.

식품 포장지, 담배꽁초, 플라스틱 병, 플라스틱 병뚜껑 같은 것들이 해변을 청소할 때 가장 많이 나오는 쓰레기예요.

생활 속 실천

플라스틱을 덜 쓰는 방법

우리 어린이들도 플라스틱 일회용품이 바다로 들어오지 못하게 막는 활동에 참여할 수 있어요.

좋은 선택

좋지 않은 선택

미국 캘리포니아주는 음식점에서 플라스틱 빨대를 쓰지 못하게 했어요. 한국에서도 매장 내 빨대 사용을 금지할 예정이에요.

왜요?

플라스틱 오염 문제에서 플라스틱 빨대는 양으로 따지면 적어 보이지만, 바람이나 빗물에 실려서 바다로 들어가면 해양 동물들에게 큰 문제를 일으킬 수 있어요. 한쪽 코에 빨대가 박혀 있는 올리브바다거북을 구조하는 동영상을 본 적이 있나요? 빨대 한 개를 빼내는 데 거의 10분이 걸렸어요! 어이쿠!

그러니 플라스틱 빨대 대신에 종이 빨대를 쓰거나, 재사용할 만한 대용품을 갖고 다니거나, 아예 빨대를 쓰지 말자고요!

내게 알맞은 빨대는 뭘까요?

❶ 새로운 빨대를 사지 않을 거예요.
속이 빈 파스타를 써요.

❷ 튼튼하면서 가벼운 것을 원해요.
대나무 빨대를 써요.

❸ 갖고 다니기 쉬우면서 작은 것이 필요해요.
접히는 빨대를 써요.

❹ 마시면서 씹는 것을 좋아해요.
실리콘 빨대를 써요.

플라스틱 제로

플라스틱을 안 쓰고 간식을 먹는 방법

세 가지 요령을 참고해 보세요.

1 말린 열매와 과자, 견과 믹스

슈퍼마켓에서 좋아하는 간식들을 큰 봉지로 사서 조금씩 꺼내어 그릇에 섞어 담아요. 이제 먹으면 돼요! 소금이나 계핏가루 같은 원하는 양념을 조금 쳐도 좋고요. 다음 중 섞고 싶은 것이 있나요? 나만의 간식을 만들어 봐요.

- ☐ 프레첼
- ☐ 아몬드, 피스타치오, 땅콩 같은 견과류
- ☐ 호박씨나 해바라기씨
- ☐ 건살구, 건포도, 바나나 칩 같은 말린 과일
- ☐ 초콜릿 칩
- ☐ 뻥튀기
- ☐ 고구마 말랭이

2 집에서 튀긴 팝콘

팝콘용 옥수수를 파는 곳을 찾아가서 종이봉투에 담아 와요. 이제 식용유와 뚜껑 있는 큰 냄비가 필요해요. 이 요리를 하려면 부모님의 도움을 받아야 해요.

- ☐ 냄비 바닥을 덮을 만큼만 식용유를 부어요.
- ☐ 냄비를 레인지에 올리고 중간 불로 가열해요.
- ☐ 팝콘용 옥수수를 냄비 바닥에 한 층으로 깔릴 만큼 넣어요.
- ☐ 냄비 뚜껑을 덮어요.
- ☐ 몇 분 지나면 팝콘 터지는 소리가 들릴 거예요. 소리가 잦아들면, 냄비를 내려요. 뚜껑을 열고 팝콘을 그릇에 부어요.
- ☐ 소금, 버터 등 원하는 양념을 치고 잘 섞어요.

3 구운 사과

설탕, 버터, 계피로 사과를 특별한 간식으로 만들어 볼까요? 이 요리를 하려면 부모님의 도움이 필요해요.

- ☐ 부모님께 오븐을 175℃로 예열해 달라고 해요. (전자레인지나 에어프라이어를 써도 돼요.)
- ☐ 사과를 반으로 자른 뒤, 씨와 심을 빼내요.
- ☐ 사과를 오븐용 그릇에 담고 잘린 부위에 숟가락으로 흑설탕과 버터를 발라요. 계핏가루도 살짝 뿌리고요.
- ☐ 오븐에서 30분 동안 구워요. 전자레인지를 쓴다면 사과가 부드러워질 때까지 약 3분 돌리면 돼요.

생활 속 실천

내가 만드는 곡물 강정

상점에서 파는 에너지바의 비닐 포장지는 해변에서 흔히 보여요. 짠, 여기 좋은 해결책이 있어요. 플라스틱이나 비닐로 포장된 간식 대신에 직접 강정을 만들어 먹어서 지구를 돕는 거예요.

지구를 지키는 방법
다 만든 강정은 비닐봉지 대신에 종이나 천으로 싸요.

준비할 재료

- 중간 크기의 섞는 그릇
- 숟가락
- 볶은 귀리 1½컵(190g)
- 튀밥 1½컵(190g)
- 소금을 치지 않고 구운 해바라기 씨 ½컵(65g)
- 계핏가루 ½ 찻숟가락(1.3ml)
- 중간 크기의 냄비
- 칼
- 갈색 설탕 1컵(125g)
- 꿀 ½컵(65g)
- 식용유 세 숟가락(45ml)
- 소금 한 찻숟가락(2.5ml)
- 바닐라 추출물 ½ 찻숟가락(1.3ml)
- 초콜릿 칩 ¼컵(32g)
- 기름종이
- 사각 유리 그릇

1단계
귀리, 튀밥, 해바라기 씨, 계핏가루를 그릇에 넣고 숟가락으로 저어요.

2단계
부모님의 도움을 받아서 갈색 설탕과 꿀을 냄비에 넣고 섞어요.

플라스틱 제로

3단계

완전히 녹아서 섞일 때까지 2분 동안 저으면서 낮은 온도로 가열해요.

4단계

냄비에 식용유, 소금, 바닐라를 넣어요. 초콜릿 칩을 넣고 완전히 녹을 때까지 계속 저어요. 다 녹으면 불을 꺼요.

5단계

냄비의 혼합물을 아직 따뜻할 때 곡물 그릇에 부어요. 잘 저어서 고루 섞어요.

6단계

사각 유리 그릇 안에 기름종이가 그릇 위로 나올 만큼 넓게 깔아요. 그 위에 혼합물을 부어요.

7단계

혼합물을 손으로 꾹꾹 눌러 납작하게 펴요. 몇 시간 동안 놔두고 식혀요. (더 빨리 식히려면 냉장고에 넣어요.)

8단계

완전히 식으면, 기름종이를 들어 그릇에서 꺼내요. 부모님의 도움을 받아서 강정을 먹기 좋은 크기로 잘라요. **맛있게 먹어요!**

바다의 플라스틱

S.O.S 바다거북을 구하라!

풍선을 삼킨 바다거북을 돕고자 구조대원들이 뛰어들었어요.

새끼 푸른바다거북이 미국 플로리다주 앞바다에서 수면을 오르락내리락하고 있었어요. 새끼 바다거북은 대개 수면에 머물지 않아요. 포식자의 눈에 띄기 쉬울 테니까요. 게다가 바다거북은 보통 더 깊은 바다에서 먹이를 찾아요. 그러므로 뭔가가 몸길이 약 30센티미터인 새끼 거북의 잠수를 막았던 거예요. 다행히 구조대원들이 발견해서 거북을 클린워터 해양 아쿠아리움에 데려왔어요. 첵스라는 이름도 붙였지요. 첵스는 얕은 유아 수영장으로 보내졌어요. 힘들이지 않고 잠수할 수 있는 곳이죠. 과학자들은 첵스의 피를 검사하고 엑스선 사진도 찍었어요. 아무 문제도 없었지요. 그때 생물학자 로렌 벨의 눈에 뭔가 보였어요. "첵스가 이상한 것을 싸기 시작했어요." 첵스의 몸에서 나온 것은 자주색 풍선이었고 끈도 달려 있었지요.

해안에서 자라는 해초를 살리자!

바다거북은 물에 떠다니는 쓰레기를 먹이로 착각하곤 해요. 벨은 "사람도 물에 뜬 비닐봉지와 해파리를 구별하지 못할 때가 많아요."라고 말해요. 플라스틱은 바다거북을 다치게 할 뿐 아니라 바다거북의 서식지도 파괴해요. 푸른바다거북은 좋아하는 해초가 자라는 해안에 머물곤 해요. 그런데 버려지거나 강에서 흘러온 플라스틱이 해안에 모이면 해초를 뒤덮어 죽일 수 있어요. 해초를 먹고 해초에서 쉬는 첵스 같은 푸른바다거북에게는 큰 문제가 돼요.

자원봉사자들이 미국 버지니아주의 어느 해안을 3시간 동안 청소했더니, 풍선이 900개 넘게 나왔어요.

거북아 힘내!

풍선 끈
풍선 조각

1 푸른바다거북 첵스는 아마 0.6미터 길이의 끈을 먹이로 착각했을 거예요.

2 첵스는 클린워터 해양 아쿠아리움의 유아 수영장에서 긴 시간을 보낸 뒤에 비로소 회복되었어요. 첵스가 다시 딱딱한 먹이를 먹기 시작하자, 구조대원들은 첵스를 바다로 돌려보내기로 결정했지요.

플라스틱 제로

푸른바다거북
미국 플로리다주 레딩턴 해안

해초

풍선아, 잘 가

아쿠아리움에서 며칠을 보내는 동안 풍선이 소화계를 빠져나가며, 첵스는 회복되기 시작했어요. 이윽고 풍선과 0.6미터짜리 끈이 다 나왔어요. 몇 달 뒤 딱딱한 고형 먹이를 섞어 주어도 첵스가 잘 먹자, 구조대는 첵스를 바다로 돌려보낼 준비가 됐다고 판단했어요. 벨이 바다에 허리 깊이까지 들어가자, 다른 직원이 첵스를 건넸어요. 벨은 조심스레 첵스를 물에 내려놓고, 새끼 거북이 발을 휘저으며 떠나는 모습을 지켜보았어요. "첵스가 '와, 바다다! 고마워요, 안녕!' 하고 말하는 것 같았어요." 벨이 말했어요. 자, 축하 파티를 열자고요! 하지만 풍선은 쓰지 않는 게 좋겠어요.

바다 오염 해결책
플라스틱 포식자

바다에는 문장의 마침표보다 작은 미세 플라스틱 쓰레기 조각이 가득해요. 너무 작고 많아서 청소하기가 정말 어렵죠. 하지만 유형류라고 하는 동물이 해결책을 줄지도 몰라요. 올챙이처럼 생긴 이 해양 동물은 스스로 분비한 점액으로 자신을 감싸서, 마치 얇고 투명한 공기 방울 속에 들어 있는 듯해요. 그 상태로 유형류가 물을 삼키면 미세한 먹이는 먼저 유형류를 감싸는 점액에 걸려요. 유형류는 그 먹이를 먹고 살지요. 과학자들은 비슷한 방법으로 유해한 미세 플라스틱을 걸러 내고자 유형류의 행동을 연구하고 있어요.

③ 생물학자 로렌 벨이 첵스를 바다로 돌려보낼 준비를 해요.

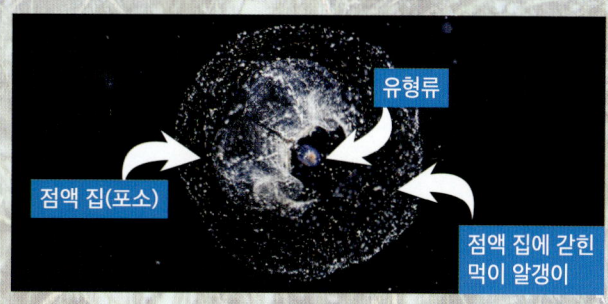

유형류
점액 집(포소)
점액 집에 갇힌 먹이 알갱이

더 알아보기

잠깐 퀴즈!

여러분의 생태 친화 IQ는 얼마일까요? 이 퀴즈를 풀면 알 수 있어요!

답을 종이에 적은 뒤, 아래 정답과 비교해 봐요.

1 **참일까, 거짓일까?** 지금까지 만들어진 플라스틱 중 90퍼센트는 재활용되어 왔어요. (   )

2 태평양의 거대한 쓰레기 섬에 있는 플라스틱 쓰레기를 지구인이 나누어 가지면 1인당 몇 개나 될까?
a. 2.5개
b. 25개
c. 250개
d. 2500개

3 플라스틱은 언제 발명되었을까?
a. 2009년   c. 1969년
b. 1769년   d. 1869년

4 독특한 섭식 방법으로 미세 플라스틱을 바다에서 없애는 데 도움을 줄 수 있는 해양 동물은 무엇일까?
a. 유형류
b. 바다거북
c. 고래상어
d. 노랑가오리

5 **참일까, 거짓일까?** 상점에서 대용량으로 포장된 간식을 사면 바다로 들어가는 플라스틱을 줄일 수 있어요. (   )

너무 쉽다고요?
다음 장에 나오는 **퀴즈**에도 **도전**해 봐요!

정답: ① 거짓, ② d, ③ d, ④ a, ⑤ 참

플라스틱 제로

이렇게 해 봐요!

편지 잘 쓰는 법

편지를 잘 쓸 줄 알면 많은 도움을 얻을 수 있지요. 누군가에게 자기 생각을 이해시키고 상대를 설득하고 싶을 때 편지는 쓸모가 있어요. 국회 의원에게 이메일을 보내거나 학교 과제를 위해 자료 요청 메일을 쓰거나 할머니께 편지를 쓸 때, 편지를 잘 쓰면 말하고자 하는 바를 상대방에게 전달하는 데 많은 도움이 돼요.
가장 중요한 점은 잘 쓴 편지가 좋은 인상을 준다는 거예요.

아래 사례를 보고 좋은 편지의 구성 요소가 무엇인지 살펴볼까요?

받는 사람
편지를 받는 사람의 이름을 쓰고 "께"나 "에게"를 붙여요.

→ 존경하는 해피 햄버거 상점 주인께

인사말
"안녕하세요", "안녕" 인사하고 보내는 사람이 누군지 써요.

→ 안녕하세요? 저는 이웃에 사는 매디 스미스입니다.

들어가는 말
편지를 쓰는 이유를 간단히 제시해요.

→ 해피 햄버거에서 일회용 플라스틱 용품과 비닐봉지를 쓰지 말아 주시길 부탁드리고자 이 편지를 보냅니다.

본문
편지에서 가장 긴 부분이며, 자신의 생각을 뒷받침하는 증거를 제시해요. 설득력 있게 써요!

→ 해피 햄버거는 제가 좋아하는 음식점이에요. 우리 식구는 거의 토요일 저녁마다 찾아가서 식사를 해요. 저는 늘 베이컨 치즈버거와 감자튀김을 주문해요. 제가 정말 좋아하는 거예요!
저번에는 아빠가 포장 주문을 해서 집에 들고 오셨어요. 그런데 플라스틱 포크, 칼, 숟가락도 딸려 왔어요. 모두 얇은 비닐로 따로따로 포장되어 있었고요. 또 그것들이 전부 큰 비닐봉지에 들어 있었어요.
저는 플라스틱이 걱정이에요. 지구에 엄청난 문제를 일으키니까요. 해마다 플라스틱 쓰레기가 900만 톤씩 바다로 들어간다는 걸 아세요? 게다가 과학자들은 2050년에는 플라스틱의 양이 3배까지 늘 수 있다고 해요.
동네의 몇몇 음식점은 일회용 플라스틱 용품의 사용을 줄였어요. 핫도그 행아웃 상점은 포장 주문 때 플라스틱 비닐봉지 대신에 종이봉투를 써요. 위핑어니언 가게는 플라스틱 포크 같은 것을 손님에게 필요하냐고 물어본 후 넣어 주세요.

맺는말
자신의 주장을 요약해요.

→ 해피 햄버거도 이런 간단한 사항들은 바꿀 수 있을 거라고 생각해요. 그러면 최고의 버거를 팔 뿐 아니라, 지구를 지키는 데에도 도움을 줄 수 있을 거예요.

인사말
"감사합니다", "건강하시기를" 같은 인사말로 끝내요.

→ 시간을 내어 읽어 주셔서 감사합니다.

날짜
→ 20XX년 4월 22일

서명
→ 매디 스미스 올림

맺는 인사말 예시
감사합니다, 고맙습니다, 즐거운 일이 가득하시기를 빕니다, 행복하세요.

동물의 세계

튀르키예의 깡충거미를 확대한 모습이에요.

재미있는 동물

아주 특별한 동물들

물범이 뱀장어를 코로 들이마셨어요!

미국 하와이주 리시안스키섬

아래 사진 속 물범은 코가 꿰이는 딱한 상황에 놓였어요. 하와이몽크물범 새끼 한 마리가 해변에서 뱀장어가 콧구멍에 박힌 채로 발견되었어요. 과학자들이 조심스럽게 다가가 물범을 살짝 잡고서 콧구멍에 박힌 뱀장어를 잡아당겨 꺼냈어요. 1분쯤 걸려서 꺼낸 뱀장어는 길이가 76센티미터이고 죽어 있었어요. 하와이에 있는 미국 국립 해양 대기청 보호종과 과장 찰스 리트넌은 말했어요. "물범은 전혀 아파하지 않았어요. 아예 신경도 안 쓰는 것 같았어요."

그 뒤로 과학자들은 콧구멍에 뱀장어가 낀 물범 새끼를 세 마리나 더 발견했어요. 콧구멍에 뱀장어가 낀 이유는 아무도 몰라요. 물범은 뱀장어도 먹으니까, 사냥할 때 실수로 일어난 일일 수도 있지요. 리트넌은 이렇게 말했어요. "새끼는 아직 먹이를 다루는 법을 잘 몰라요. 그래서 이런 일이 종종 생기는 듯해요." 새끼 물범도 먹이를 갖고 장난치지 말아야 한다는 것을 배우겠지요?

내 얼굴에 뭐가 붙었나?

동물의 세계

모터가 있으면 좋을 텐데.

유인원이 배를 훔쳐서 몰고 있어요!

보르네오섬 탄중푸팅 국립 공원

오랑우탄 프린세스가 가까이에 있을 때에는 배를 잘 지켜봐야 해요. 오랑우탄 연구소인 캠프 리키의 부두에서 배를 훔쳐 타기 때문이에요. 프린세스는 강 하류에서 자라는 맛있는 식물을 먹기 위해서 배를 타요. 하지만 이 약삭빠른 유인원에게 다른 동기가 있는지도 몰라요. 캠프 리키의 오랑우탄 전문가인 비루테 메리 갈디카스가 말했어요. "주변에 사람들이 있으면 자랑하기 위해서 배를 훔치곤 해요."
프린세스가 배를 훔쳐 타면 캠프 직원들은 무척 고생하곤 해요. 프린세스가 버린 배를 찾아서 가져와야 하니까요. 훔치지 못하게 아예 배를 물에 잠긴 채 두기도 해요. 하지만 프린세스는 배를 좌우로 마구 흔들어서 물을 빼내는 요령을 알아요.
모든 영장류는 지능이 높지만, 프린세스는 아주 머리가 좋아요. "지금까지 본 오랑우탄 중에서 가장 영리한 편이라고 말할 수 있어요." 프린세스는 여왕처럼 먹는답니다. 열쇠로 연구소 식당의 자물쇠를 여는 법까지 알아냈거든요!

노래하는 딩고

나는 절대 음감이야.

오스트레일리아 앨리스스프링스

딩고* 딩키는 유명한 가수는 아니지만, 노래를 부를 수 있어요! 여관 주인 짐 코터릴은 덫에 걸린 들개 새끼를 구해서 데려왔어요. 그런데 이 새끼 개가 피아노 소리에 맞추어서 '노래하기'를 좋아한다는 사실을 알아차렸어요. 손님들이 노래를 부르면, 딩키는 피아노 건반 위로 뛰어올라 노래에 맞추어 울부짖곤 해요. 코터릴은 이렇게 말했어요. "딩키가 실제로 음을 꽤 정확히 낸다고 음악가들이 말해 줬어요. 음이 높아질 때면, 딩키의 목소리도 높아졌어요."

*딩고: 오스트레일리아들개.

재미있는 동물

하이에나에게 "뽀뽀하는" 하마

잠비아 사우스루앙와 국립 공원
쪽! 사파리 안내인 패트릭 은조부는 사파리에서 차를 몰다가 별난 광경을 목격했어요. 어린 하마가 루앙와강에서 나오더니 낮잠을 자던 점박이하이에나에게 다가가서 킁킁 냄새를 맡았어요. "하이에나는 달아나지 않았고, 둘은 서로 코를 맞대고 냄새를 맡기 시작했어요. 마치 뽀뽀하는 것 같았어요." 둘은 거의 20분 동안 그러고 있다가 헤어졌어요.

전문가들은 하이에나가 왜 달아나지 않았는지 궁금해해요. 너무 겁에 질려서 꼼짝하지 못했을 것이라고 보는 사람도 있고, 그냥 느긋하게 있었던 것이라고 보는 사람도 있어요. 그러면 하마는 왜 그랬을까요? 하마는 그냥 호기심이 생겼기 때문일 가능성이 높아요.

행동 생태학자 롭 히스코트는 이 하마 같은 어린 동물들은 호기심이 많아서 주변 세계를 탐사하며 어떻게 행동할지를 배운다고 말해요. 이 '뽀뽀'가 진짜 사랑은 아니지만, 귀엽지 않나요?

내 입이 모래투성이라 미안해!

동물의 세계

동물 가짜 뉴스!

어떤 사람들은 주머니쥐가 꼬리로 매달리거나 호저가 가시를 화살처럼 쏜다고 믿어요. 이 밖에 다른 가짜 뉴스는 또 뭐가 있을까요? 널리 떠도는 속설을 몇 가지 살펴봐요!

가짜 뉴스 코끼리는 생쥐를 무서워한다.

어떻게 생겨났을까 사람들은 생쥐가 코끼리 코로 기어 들어가기를 좋아한다고 생각했어요. 그러면 코끼리가 코를 다치거나 심한 재채기를 할 수도 있다고 짐작했어요. 그러니 코끼리가 쥐를 겁내는 것도 당연히 말이 되겠지요.

사실이 아닌 이유 코끼리는 낯선 소리를 들으면 불안해하긴 하지만, 시력이 아주 나빠서 사실 생쥐를 거의 알아보지 못해요. 게다가 코끼리는 호랑이, 코뿔소, 악어 같은 포식자도 겁내지 않는데, 생쥐에게 겁먹을 리가 있겠어요?

가짜 뉴스 금붕어의 기억은 3초에 불과하다.

어떻게 생겨났을까 사람 어른의 뇌는 무게가 약 1.4킬로그램인데 비해, 금붕어는 뇌가 아주 작아요. 그러니까 금붕어의 뇌는 기억을 담을 공간도 부족하지 않겠어요?

사실이 아닌 이유 금붕어가 아주 영리하다는 연구 결과가 있어요. 영국 플리머스 대학교의 필 지 박사는 금붕어가 레버를 누르면 먹이가 어항으로 떨어지는 장치를 설치했어요. 금붕어는 레버가 작동하는 시간을 기억했다가 그 시간이 되면 레버를 눌렀지요. 어떤 과학자는 금붕어에게 클래식과 블루스 음악을 구별하는 법도 가르쳤어요!

가짜 뉴스 개구리나 두꺼비를 만지면 사마귀가 옮는다.

어떻게 생겨났을까 많은 개구리와 두꺼비는 피부에 사마귀처럼 보이는 혹이 우둘투둘 나 있어요. 어떤 이들은 이 혹이 옮는다고 생각해요.

사실이 아닌 이유 피부과 의사 제리 리트가 말했어요. "사마귀를 일으키는 바이러스는 사람에게 있지, 개구리나 두꺼비에게는 없어요." 하지만 두꺼비의 귀 뒤쪽에 난 혹은 위험할 수 있어요. 이 분비샘에서 나오는 독은 포식자의 입을 아프게 하는데, 사람 피부에도 자극을 일으켜요. 따라서 두꺼비는 사마귀가 나게 하지는 않지만, 다른 문제를 일으킬 수 있어요. 그러니 혹이 있든 없든 간에 만지지 않는 것이 좋아요!

재미있는 동물

너무너무 귀여운 동물들 중에 최고!

화려한 모습, 뛰어난 감각, 놀라운 속도!
모든 동물은 저마다 지닌 특징 덕분에 멋져요. 그중에서도 환한 웃음, 폭신폭신한 털, 넘치는 기운 등으로 보기만 해도 사랑스러운 종들이 있어요. 자, 세상에서 가장 귀여운 동물 15종류를 소개할게요.

털이 가장 빽빽한 동물

북극곰은 빽빽한 하얀 털로 뒤덮여 있어서 북극 지방의 눈과 얼음 사이에서 눈에 띄지 않게 돌아다닐 수 있어요. 털이 발바닥에도 자라요! 털은 얼음에 잘 달라붙어 미끄러지지 않게 하고, 추위를 막아 주지요.

곡예를 가장 잘하는 동물

자벌레*는 몸의 양 끝에만 다리가 있어서 재밌는 방식으로 걸어요. 몸을 멋진 아치 모양으로 구부러서 뒤쪽 끝을 앞쪽 발에 가져와 댄 뒤에 앞쪽 발을 떼어 쭉 내미는 식으로 나아가요.

*자벌레: 자벌레나방의 유충.

가장 다채로운 동물

호금조는 깃털이 아주 화려해서 오스트레일리아 초원에서 눈에 아주 잘 띄어요. 머리 색깔은 개체마다 달라요. 검은색, 노란색, 빨간색, 주황색도 있어요.

 동물의 세계

몸을 가장 잘 쭉 뻗는 동물

동아프리카의 게레눅(기린영양)은 뒷다리로 일어설 수 있어요. 가느다란 목을 쭉 뻗어 높이 자란 덤불과 관목의 잎을 뜯어 먹곤 해요.

가장 따뜻한 털옷을 입은 동물

내일 눈보라가 친다고요? 온통 눈으로 덮인다고요? 괜찮아요! 중국 중부의 높은 산에 사는 금빛원숭이(일명 황금들창코원숭이)는 털이 빽빽하고 수북하게 꼬리까지 나 있거든요. 덕분에 겨울에도 따뜻하게 지낼 수 있어요.

최고의 가시를 지닌 동물

저지대줄무늬텐렉은 몸집은 작지만 뾰족뾰족한 가시로 포식자를 위협할 수 있어요. 마다가스카르에만 사는 이 작은 포유류는 고슴도치만 하고 공격받으면 작은 갈고리가 달린 가시를 적에게 발사할 거예요.

머리 모양이 가장 멋진 동물

닭의 한 품종인 폴리시는 '톱해트'라는 별명이 있어요. 머리 위쪽, 볏에 난 풍성한 깃털이 높이 솟은 모자처럼 보이기 때문이에요. 독특한 외모 때문에 1700년대에 유럽의 부자와 귀족에게 인기가 많았어요. 품종명은 폴리시('폴란드의'라는 뜻)이지만, 네덜란드에서 나온 품종이라고 해요.

재미있는 동물

가장 높은 곳에서 떨어지는 동물

대담한 탄생 순간에 대해 이야기해 볼까요. 새끼 기린은 어미에게서 태어날 때 무려 1.8미터 높이에서 땅으로 쿵 떨어져요.

활공을 아주 잘하는 동물

하늘다람쥐는 앞다리와 뒷다리 사이에 있는 막을 낙하산처럼 펼치고 바람을 받아 날 수 있어요. 길고 납작한 꼬리로 균형을 잡으면서 날아가지요. 하늘다람쥐는 한 번 뛰어서 축구장 길이만 한 거리를 활공하기도 해요.

빨리 걷는 동물

캐나다 북부, 그린란드, 러시아, 스칸디나비아, 알래스카에 사는 사향소의 새끼는 태어난 지 몇 시간이 채 지나기 전에 일어나서 어미를 따라다닐 수 있어요. 일찍부터 걸을 수 있어서 포식자에게 잡힐 위험이 줄어들어요.

변신을 최고로 잘하는 동물

장밋빛단풍나방은 아주 예쁜 분홍색과 노란색 무늬가 있는 복슬복슬한 공처럼 생겼어요. 그렇다면 애벌레 때도 같은 무늬를 지녔을까요? 아니요. 그냥 초록색 애벌레였어요.

동물의 세계

가장 잘 껴안는 동물

아프리카에서 가장 작은 맹금류*인 피그미새매는 몸길이가 연필만 해요. 겨울에 체온을 유지하기 위해 피그미새매들은 하루에 최대 15시간씩 둥지에서 서로 꼭 껴안고 있어요.

*맹금류: 매와 올빼미 등 날카로운 부리와 발톱을 가진 육식성 조류.

가장 훌륭한 줄무늬를 지닌 동물

미국 알래스카와 러시아의 해빙 위에서 지내는 흰띠박이물범은 독특한 흑백 줄무늬가 있어요. 이 무늬 덕분에 유빙 위의 햇빛과 그늘에 잘 뒤섞여 몸을 숨길 수 있다고 보는 과학자도 있어요.

가장 강하게 경고하는 동물

야생에서 독화살개구리를 보면 조심해요! 이 작은 양서류는 세계에서 가장 강한 독을 지닌 동물에 속해요. 노란색, 금색, 구리색, 빨간색, 초록색, 파란색, 검정색 등 선명한 색깔로 포식자에게 물러나라고 경고하지요.

가장 사랑스럽게 업고 다니는 동물

검은부리아비 새끼들은 알에서 나오자마자 어미의 등에 올라타요. 어미는 새끼들을 업고 다니면서 포식자로부터 보호하지요. 다 자란 검은부리아비는 약 76미터까지 잠수할 수 있고, 8분까지 숨을 참으며 물고기를 사냥해요.

동물의 분류

분류학이란 무엇일까?

지구에는 수많은 생물이 있기에 사람들은 각각의 생물을 분류할 방법을 찾았어요. 과학자들이 생물을 분류하기 위해 세운 학문을 '분류학'이라고 해요. 모든 생물을 일정한 규칙에 따라서 나누거나 묶는 거지요. 그러면 여러 생물들이 서로 어떻게 같고 다른지를 더 잘 이해할 수 있어요. 지금은 생물을 8단계로 분류해요. 맨 위에 있는 가장 크게 묶은 집단은 '역'이라고 해요. 그 밑으로 계부터 종까지 이어져요.

생물학자들은 진화 역사를 토대로 생물을 분류하며, 생물을 유전 구조에 따라서 3대 역으로 나누어요. 고세균, 세균, 진핵생물이지요.(197쪽 '생명의 가장 큰 분류 단위, 역'을 참조해요.)

분류의 사례
너구리판다

- 역: 진핵생물
- 계: 동물계
- 문: 척삭동물문
- 강: 포유강
- 목: 식육목
- 과: 레서판다과
- 속: 레서판다속
- 종: 너구리판다

동물은 어디에서 나왔을까?

동물은 진핵생물에 속해요. 몸을 이루는 세포에 세포핵이 들어 있다는 뜻이에요. 분류해서 이름을 붙인 동물은 100만 종이 넘어요. 동물은 '문'이라는 더 작은 집단들로 나뉘어요. 과학자들은 동물을 몸 구조나 등뼈 유무 같은 과학적 기준에 따라서 30문 이상으로 나누어요. 이 분류는 꽤 복잡해서, 덜 복잡하게끔 동물을 크게 두 집단으로 나누기도 해요. 바로 등뼈가 있는 '척추동물'과 등뼈가 없는 '무척추동물' 이에요.

고슴도치

분류 체계는 이렇게 기억해 봐요!
"**역**시나 **계**단이 많으면 **문**제야. 다리 힘을 **강**하게 주고 **목**도 세우고 **과**감하게 **속**도를 내어 **종**다리처럼 올라가자."

숫자로 보는 동물

전 세계의 야생에서 취약하거나 멸종 위험에 처한 동물은 1만 5772종이나 돼요.

- **포유류 1327종.** 눈표범, 북극곰, 고기잡이삵 등
- **조류 1481종.** 참수리, 마다가스카르플러버 등
- **어류 3280종.** 메콩자이언트메기 등
- **파충류 1587종.** 일롱드낮도마뱀붙이 등
- **곤충 1959종.** 에페이로스눈반점나비 등
- **양서류 2444종.** 황제영원 등
- **그밖에** 거미류 218종, 갑각류 743종, 말미잘과 산호 234종, 조개류 211종, 달팽이와 민달팽이 2123종.

일롱드낮도마뱀붙이

동물의 세계

척추동물 등뼈가 있는 동물

어류는 기온에 따라 체온이 변하는 변온 동물이고 물에서 살아요. 아가미로 숨을 쉬고 알을 낳고 대개 비늘이 있어요.

양서류는 변온 동물이에요. 새끼는 물에 살면서 아가미로 숨을 쉬어요. 다 자란 성체는 물 밖으로 나와 허파와 피부로 호흡해요.

파충류는 변온 동물이고 허파로 호흡해요. 땅과 물 양쪽에 살아요.

조류는 체온이 일정한 정온 동물이고 깃털과 날개가 있어요. 알을 낳고 허파로 숨을 쉬어요. 대개 날 수 있어요. 육지나 물 위에 살고, 양쪽을 오가는 새도 있어요.

포유류는 정온 동물이고 허파로 호흡하며 새끼 때 어미의 젖을 먹고 자라요. 피부는 대개 털로 덮여 있어요. 육지나 물에 살아요.

원앙(조류)

독화살개구리(양서류)

무척추동물 등뼈가 없는 동물

해면동물은 몸이 아주 단순해요. 물에 살고 스스로 움직이지 못해요.

극피동물은 몸이 가시 모양 골편으로 덮여 있고, 바닷물에 살아요. 불가사리, 성게 등이 있어요.

연체동물은 몸이 부드럽고, 껍데기가 있는 종도 있어요. 육지나 물에 살아요. 오징어, 달팽이 등이 있어요.

절지동물은 수가 가장 많은 동물이에요. 겉뼈대가 있고, 몸이 몸마디로 이루어져 있어요. 물이나 육지에 살아요. 곤충이나 거미 등이 속해요.

선형동물은 몸이 부드러운 실 모양이고 다리가 없어요. 흙 속에 살아요.

자포동물은 물에 살고, 입 주위에 촉수가 있어요. 해파리가 여기에 속해요.

갯민숭달팽이 (연체동물)

해면(해면동물)

사마귀(절지동물)

변온 동물 대 정온 동물 비교하기

변온 동물은 냉혈 동물이라고도 하며, 몸 바깥에서 열을 얻어요.

정온 동물은 온혈 동물이라고도 하며, 바깥 기온에 상관없이 체온을 일정하게 유지해요.

위험에 처한 동물

멋진 동물의 귀환
황금사자 타마린

과학자들은 이 영장류가 다시 불어나도록 고향인 숲을 복원하고 있어요.

황금사자타마린 가족이 이동 중이에요. 아비 황금사자타마린은 두 새끼를 업고서 브라질 대서양림에서 나뭇가지를 향해 손을 뻗고 있어요. 어미 황금사자타마린도 옆에 있고요. 몇 년 전만 해도 이곳은 나무 한 그루 없는 소를 먹일 목축지였어요. 하지만 환경 운동가들은 숲이 더 사라지면 이곳에만 살고 있는 야생 황금사자타마린이 영원히 사라지리라는 것을 알았지요.

사라지는 숲

대서양림은 예전에는 면적이 이집트만 했어요. 그런데 1500년대에 유럽에서 온 무역상과 이주민들이 나무를 베어 배를 만들고 주거지를 만들기 시작했어요. 또 지난 세기에 농민들은 경작지를 만들기 위해서 더 많은 나무를 베었지요. 그 결과로 숲은 원래 면적의 10퍼센트도 남지 않았어요.

황금사자타마린은 생애의 대부분을 우듬지에서 보내요. 나뭇가지를 타고 돌아다니면서 먹이와 짝을 찾지요. 숲이 줄어들면서 서식지들은 조각났고, 타마린들도 격리되었어요. 1970년대에 걱정이 된 생물학자들이 조사했더니, 대서양림에 겨우 약 200마리만이 남았다고 추정되었지요.

원숭이 훈련소

환경 운동가들은 1972년 미국 워싱턴 D.C.의 스미스소니언 국립 동물원에 모여 야생의 황금사자타마린을 보호할 계획을 마련했어요. 몇몇 동물원에는 이미 황금사자타마린이 살고 있었어요. 그 동물들을 더 많이 번식시키고, 그중 일부를 야생에서 살아갈 수 있도록 훈련시켜서 자연으로 돌려보내는 계획이었지요. 과연 어떻게 훈련했을까요? "훈련소로 보냈어요." 스미스소니언 동물원의 소형 동물 사육사 켄턴 케언스가 말했어요.

1972년부터 전 세계 동물원에서는 여름마다 타마린이 우리를 빠져나와서 나무 위에서 살아갈 수 있도록 했어요. 나무 위에서 잘 수 있게 보금자리를 설치하

동물의 세계

다 자란 황금사자타마린은 몸집이 다람쥐만 해요.

황금사자타마린 수컷은 새끼를 업고 다니면서 먹이를 찾아 먹곤 해요.

독일 뒤스부르크 동물원에서 새끼 황금사자타마린 두 마리가 아비에게 매달려 있어요.

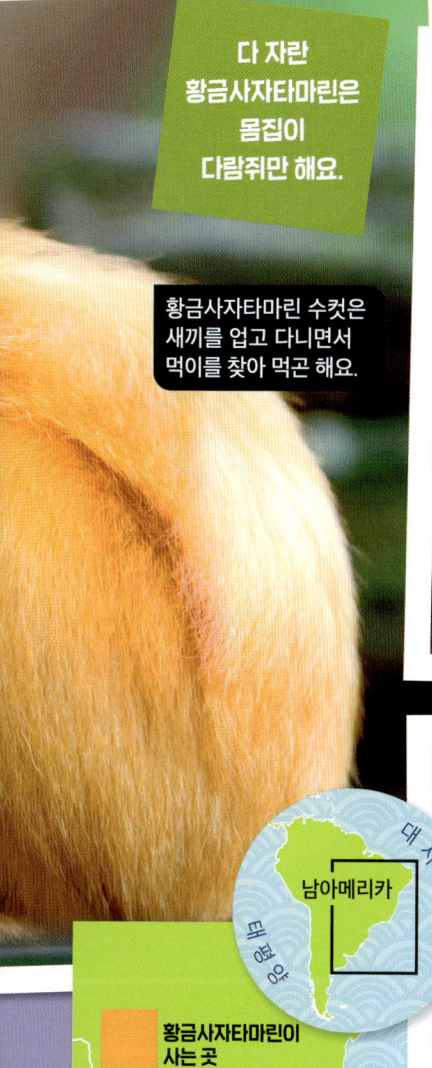

황금사자타마린이 사는 곳

브라질 지폐에는 황금사자타마린이 그려져 있어요.

브라질에서 황금사자타마린이 숲속의 나뭇가지 사이를 건너 뛰는 모습이에요.

고, 씹어 먹을 고구마를 주었지요. 멀리 달아나지 않도록 지켜보면서요. "자유롭게 돌아다니게 된 타마린들은 곤충을 찾고 나뭇가지 사이를 돌아다니는 법을 터득했어요." 1983년에 처음으로 일부 타마린 무리들을 브라질 숲에 놓아주었어요.

한편 브라질의 황금사자타마린 협회는 타마린 서식지를 복원하기 위해 애썼어요. 개인의 땅(사유지)을 사들이거나 사유지 주인의 협조를 얻은 뒤 나무를 심어서 조각난 숲을 연결했어요. 이윽고 103제곱킬로미터 이상의 서식지를 확보했지요. 또 협회는 지역 주민들을 고용해서 묘목을 돌보았고, 교사들에게 환경 문제를 가르쳤지요. 황금사자타마린 협회의 전직 사무국장인 데니스 람발디는 이렇게 말했어요. "사람들은 자기 땅에 타마린이 산다고 자랑했지요."

숲을 푸르게

현재 대서양림에는 약 2500마리의 황금사자타마린이 살아요. 그중 약 3분의 1은 동물원 번식 사업에 참여한 147마리의 후손이에요.

하지만 환경 운동가들이 할 일은 아직 끝나지 않았어요. 숲을 복원하고 어린이들에게 타마린을 보호해야 한다고 알리는 일을 계속해요. 황금사자타마린 구하기 단체를 세운 루 앤 디츠는 이렇게 말했어요. "나무 위에서 타마린 가족이 소리를 지르며 뛰어다니고, 햇빛에 반사되어 불꽃처럼 털을 빛내는 모습을 볼 때면, 너무나 보람이 느껴져요."

위험에 처한 동물

태양곰 구조 작전

어미를 잃은 새끼 곰을 야생으로 돌려보내기 위해서 많은 이들이 애썼어요.

태양곰은 가슴에 해가 뜨는 것 같은 노란색이나 하얀색 무늬가 있어요. 이 무늬 덕분에 몸집이 더 커 보일 수도 있다고 해요.

동물의 세계

생후 3개월 된 태양곰이 금속 우리 안에 혼자 웅크리고 있었어요. 며칠 전 밀렵꾼이 야생에서 잡아 말레이시아의 한 도시로 데려온 거예요. 불법인데도 애완동물로 팔려고요. 어미를 잃은 곰은 스트레스를 받고 굶주려 있었어요. 계속 우리에 있다가는 죽을 수도 있는 상황이었죠.

새끼 곰 돌보기

그때 보르네오 태양곰 보전 센터의 직원들이 나섰어요. 새끼 곰에게 나탈리라는 이름을 붙이고 단백질을 더 넣은 특수한 우유를 먹이며 잘 보살폈지요. 몇 주 지나지 않아서, 나탈리는 보호자에게 안겨서 외출할 만큼 튼튼해졌어요. 심지어 나무도 기어올랐지요! 곧 야외 울타리에서 지내는 다른 태양곰 세 마리와 어울리기 시작했어요. 나탈리는 다른 곰들과 놀면서 흰개미, 지렁이, 꿀 같은 맛있는 먹이를 찾는 법을 배웠어요.

다시 야생으로

구조 센터에서 5년을 보낸 뒤, 나탈리는 야생으로 돌아갈 준비가 되었어요. 수의사들은 마지막으로 몸무게 45킬로그램인 곰의 건강 상태를 살펴본 뒤, 추적 장치를 달았어요. 야생으로 돌아간 처음 몇 달 동안 어디로 다니는지 살피려고요. 그런 뒤 나무 상자에 담아서 헬기로 야생 생물 보전 구역으로 옮겼어요. 구조 대원들은 긴 밧줄을 써서 멀리서 나탈리가 든 상자를 열었어요. 나탈리는 재빨리 숲으로 뛰어 들어갔어요. 마침내 다시 자유롭게 살게 되었지요.

과학자들은 어미 태양곰이 뒷다리로 서서 앞다리로 새끼를 안고 있는 모습을 보곤 해요.

윙 시우 테는 나탈리를 살찌우기 위해서 특수한 우유를 먹였어요.

윙은 야생에서 어미 곰이 하듯이 나탈리를 지켜보곤 했어요.

물에서 사는 동물

별난 상어 파티

놀랍고 신기한 상어 **5**종류의 축제에 끼어 봐요!

상어라고 해서 다 무시무시한 이빨이 가득한 포식자는 아니에요. 상어 약 500종 중에는 놀라운 종류들도 있어요. 이빨이 아주 작아서 아예 물어뜯을 수 없는 상어가 있지요. 사실상 채식주의자인 상어도 있고요! 놀라운 특징을 지닌 상어 5종을 알아봐요.

무리를 짓는 상어도 있어요.

바하마 제도 주변에서 레몬상어 두 마리가 돌아다녀요.

1 사이좋은 친구들: 레몬상어

친구들과 어울리기를 좋아하나요? 레몬상어도 그래요! 어린 레몬상어는 큰 상어 같은 포식자로부터 자신을 지키고자 여럿이 몰려다니곤 해요. 같은 친구들끼리 여러 해 동안 함께 지내요. 포식자가 없는 환경에 사는 새끼 상어들도 혼자 다니기보다는 어울려서 헤엄치곤 하지요. 정말로 돈독한 우정을 자랑하는 상어예요.

2 초록빛을 뿜는 상어: 사슬두톱상어

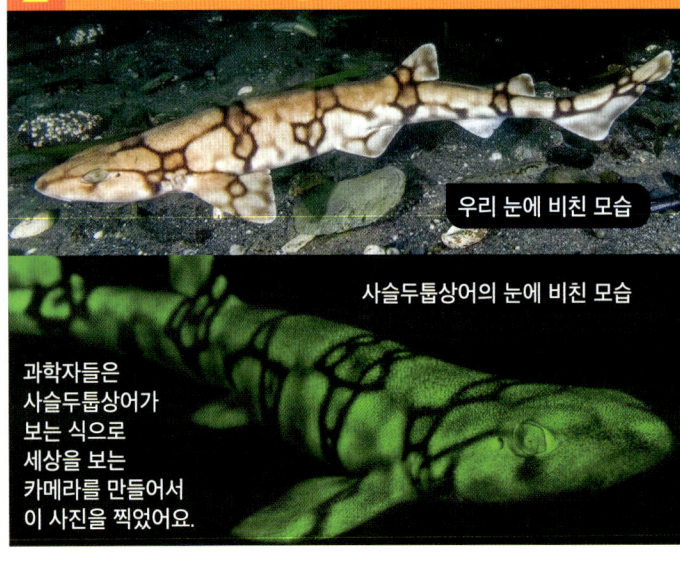

우리 눈에 비친 모습

사슬두톱상어의 눈에 비친 모습

과학자들은 사슬두톱상어가 보는 식으로 세상을 보는 카메라를 만들어서 이 사진을 찍었어요.

우리 눈에 사슬두톱상어는 사슬 모양의 검은 무늬가 있는 황갈색으로 보여요. 하지만 수심 488~610미터의 어둠 속에서 헤엄치는 다른 사슬두톱상어에게는 초록빛으로 보이지요! 피부에 있는 색소가 파란빛은 흡수하고 초록빛은 반사하기 때문이에요. 사슬두톱상어의 눈에는 특별한 세포, 즉 초록빛을 보는 광수용기가 있어서 다른 상어가 초록색으로 보이지요. 암수의 발광 무늬가 다르기 때문에, 과학자들은 이 능력이 짝을 꾀는 데 쓰인다고 생각해요.

동물의 세계

3 샐러드가 취향인 상어: 보닛헤드귀상어

보닛헤드귀상어가 플로리다키스의 물속을 탐사하고 있어요.

보닛헤드귀상어는 식물도 잘 먹어요. 다른 상어들은 거의 다 육식 동물이지만, 이 보닛헤드귀상어는 식물에서 영양분을 흡수할 수 있는 소화계를 지녔거든요. 이 상어가 일부러 식물을 뜯어 먹는 것인지, 아니면 해초에 숨어 있는 조개류를 먹을 때 딸려 오는 식물까지 먹는 것인지는 아직 불분명해요.

4 오래 사는 상어: 그린란드상어

지금 북극해의 차디찬 깊은 물속을 헤엄치는 그린란드상어는 조지 워싱턴이 미국 초대 대통령이 되었을 때부터 살았을 수도 있어요! 이 상어는 수명이 거의 300년이에요. 어쩌면 500세까지 살지도 몰라요. 척추동물(등뼈를 지닌 동물) 중 가장 오래 산다고 알려져 있어요. 과학자들은 얼듯이 추운 서식지와 느린 생활(그린란드상어의 심장은 12초마다 뛰는데 우리 심장은 1초에 한 번 꼴로 뛰어요)이 오래 사는 비법일 수도 있다고 생각해요.

그린란드상어 한 마리가 캐나다의 차가운 북극해에서 헤엄치고 있어요.

> 상어는 나무보다 먼저 지구에 출현했어요.

5 점잖은 거인: 고래상어

> 상어는 쥐가오리의 친척이에요.

고래상어는 입이 아주 커요. 10세 어린이도 그 안에 들어갈 수 있어요. 하지만 걱정 마요. 이 상어는 모래알이 몇 개 모인 것만큼 아주 작고 새우처럼 생긴 플랑크톤을 먹으니까요. 세계에서 가장 큰 어류인 고래상어는 스쿨버스보다 길고 무게가 약 2만 2680킬로그램에 달할 정도예요. 고래상어는 입을 벌린 채 천천히 헤엄치면서 입에 들어오는 물에서 작은 동식물을 걸러 먹지요.

입을 벌린 채 헤엄치는 고래상어 주위에 빨판상어들이 몰려 있어요.

물에서 사는 동물

바다의 유니콘

과학자들은 일각돌고래의 **거대한 엄니***에 얽힌 **수수께끼**를 풀려고 애쓰고 있어요.

차가운 바닷물이 북극해의 빙산에 철썩철썩 부딪혀요. 갑자기 유니콘처럼 머리에 뿔이 하나 나 있는 고래 종인 일각돌고래(외뿔고래) 무리가 물 위로 솟아올랐어요. 일각돌고래는 북극해에 살아요. 고래류가 대부분 그렇듯이 아주 커서 무게가 약 1600킬로그램까지 나가고, 물 위로 올라와서 호흡해요. 범고래 같은 몇몇 고래 종처럼 무리를 지어 대개 15~20마리가 함께 지내요. 일각돌고래는 머리에서 삐죽 튀어나온 거대한 엄니가 있지요.

수세기 동안 사람들은 일각돌고래 엄니의 용도를 알아내고자 애썼어요. 실제로는 아주 커진 이빨이지요. 과학자들은 이 놀라운 수수께끼를 풀 수도 있는 이론을 내놓았어요.

먹이를 기절시켜요

칼처럼 생긴 일각돌고래의 엄니는 생후 3개월쯤에 턱에서 윗입술을 뚫고 나오기 시작해요. 엄니는 고래가 성장하면서 자라는 이빨이에요. 시간이 흐르면 엄니는 몸길이의 절반까지 자라기도 해요. 일각돌고래가 이 엄니를 휘둘러서 북극대구 같은 먹이를 기절시킨 뒤 먹는다는 연구 결과가 있어요.

멋진 모습을 뽐내요

한편 일각돌고래 수컷이 엄니로 암컷을 꾄다는 이론도 있어요. 공작의 화려한 꼬리 깃털처럼, 엄니로 자신이 좋은 짝이라고 뽐낸다고요. 이들이 마치 펜싱을 하듯이 엄니를 맞대고 긁는 모습이 관찰되기도 했어요. 같은 무리의 수컷들이 서로를 알아보는 행동인지도 모르죠.

일각돌고래는 아직도 많은 수수께끼를 간직하고 있지만, 과학자들은 답을 찾으려 계속 노력할 거예요. 아무튼 당분간 엄니의 비밀은 풀리지 않겠죠?

*엄니: 크고 날카롭게 발달한 포유류의 이빨.

일각돌고래 무리가 호흡을 하기 위해 물 위로 올라와요.

수컷 일각돌고래 무리가 북극해에서 헤엄쳐요.

어미 일각돌고래가 새끼와 함께 여행해요.

동물의 세계

4가지 알록달록 매혹적인 갯민숭달팽이

1 먹는 대로 몸에 나타나는 편

미국 캘리포니아주와 멕시코 바하칼리포르니아주의 바위 투성이 해안에서는 **스페인숄갯민숭달팽이**가 산호 위를 기어가거나 헤엄치는 모습을 흔히 볼 수 있어요. 길이가 사람 손가락만 한 갯민숭달팽이의 선명한 색깔은 작은 식물처럼 생긴 히드라충류라는 먹이로부터 얻은 색소를 재활용해 나타나요.

갯민숭달팽이도 굴과 조개와 마찬가지로 연체동물에 속하지만 껍데기는 없어요.

2 치명적인 파도타기 선수

사람 엄지손톱만 한 **파란갯민숭달팽이**는 위장에 든 공기 방울을 이용하여 열대 바다의 수면에 떠다녀요. 좋아하는 먹이인 작은부레관해파리를 찾지요. 파란갯민숭달팽이를 만나면 조심해야 해요! 술 같은 파란 돌기의 끝에 먹이로부터 모은 강력한 독이 들어 있거든요.

3 무늬 바꾸기 놀이

형광 줄무늬와 물방울무늬가 눈에 확 띄는 **가변네온갯민숭달팽이**는 포식자라면 못 보고 지나칠 수가 없는 경고판 같아요. 대개 주황색 테두리도 지니고 있어요. 이 종은 서태평양과 인도양의 열대 지역에 살며, 길이 12센티미터까지 자라요.

4 반점, 뿔, 날개

술 같은 돌기, 수염, 꽃무늬처럼 알록달록한 반점이 현란한 **뱀장어긴갯민숭달팽이**는 새끼손가락만 한 갯민숭달팽이가 아니라 만화 속 주인공처럼 보여요. 헤엄치는 모습이 뱀장어 같은 이 종은 서태평양과 인도양의 열대 지역에 살아요.

물에서 사는 동물

혹등고래는 여럿이 협력해서 사냥하는데, 먹이를 덮칠 때를 맞추기 위해 먹이 주위를 빙글빙글 맴돌면서 행동을 맞추지요.

혹등고래는 대개 **혼자 다니지만**, 먹이를 잡을 때에는 여럿이 모이곤 해요.

혹등고래 수컷이 **'바다의 가수'**로 알려지게 된 이유는 **복잡한 노래를 반복해서 부르기** 때문이에요.

혹등고래들은 '공기 방울 그물 치기'라는 행동을 해요. 물고기 떼 주위를 빙빙 돌면서 공기 방울을 뿜어내어 물고기들을 헷갈리게 만들어요. 공기 방울 고리에 갇힌 물고기들이 수면으로 올라오면 위에서 기다리던 다른 혹등고래들이 입을 쩍 벌리고 덮치지요.

동물의 세계

혹등고래는 **하루에 먹이를 1360킬로그램까지** 먹기도 해요. **작은 어류**와 **아주 작은 갑각류**도 먹지요.

여름마다 태평양의 혹등고래는 **미국 하와이에서** 먹이가 풍부한 섭식 지역인 **미국 알래스카 해안까지 이주해요.** 동물계에서 가장 멀리 이주하는 종에 속해요.

물에서 사는 동물

앉아! 꼼짝 마! 헤엄쳐!

바다사자가 개처럼 보일 수 있는 놀라운 행동들

바다사자는 입가의 수염을 써서 근처에 있는 물고기의 움직임을 알아내요.

오스트레일리아 포트링컨 근처에서 오스트레일리아바다사자 한 쌍이 카메라를 살펴보고 있어요.

오스트레일리아바다사자 수백 마리가 해안에 모여 있어요. 몸을 쭉 펴고 햇볕을 쬐는 바다사자들이 있어요. 파도 속에서 서로 뒤쫓으면서 짖어 대는 바다사자들도 있지요. 지느러미발만 아니라면 여기가 반려견 공원이라고 해도 믿을 거예요.
실제로 어떤 사람들은 이 해양 포유류를 볼 때 우리 털북숭이 친구들, 개를 떠올려요. 태평양 갈라파고스 제도에서 사람과 바다사자의 상호 작용을 연구하는 디나 와이스버그는 이렇게 말했어요. "바다사자는 호기심이 많고 놀기 좋아해요. 개와 아주 비슷하지요. 물에 들어가서도 개와 아주 비슷하게 행동해요." 그렇다면 바다사자가 아니라 바다개라고 불러야 하지 않을까요? 다음 5가지 행동을 살펴보고 나서 판단해 봐요.

바다사자는 아주 큰 무리를 짓고 살아요.
미국 알래스카주의 어느 해변에 큰바다사자 수백 마리가 옹기종기 모여 볕을 쬐고 있어요. 이보다 더 많이 모일 수는 없을 것 같다고요? 하지만 큰바다사자들 사이사이에 새끼들이 더 낄 수 있어요. 바다사자는 쌍쌍이 지내거나 떼를 지어서 지내기를 좋아하는 사회적 동물이에요. 그리고 고양이와 한 집에 사는 개처럼, 바다사자도 바다에 사는 다른 동물들과 어울리곤 해요. 고래와 함께 헤엄치고 해변에서 물범과 뒤섞여 있기도 하지요.

동물의 세계

갈라파고스바다사자가 남아메리카 에콰도르의 해변에서 짖고 있어요.

바다사자는 아주 크게 짖어요.

개 공원 옆을 지나간 적이 있다면, 몇몇 개들이 아주 크게 짖을 수 있다는 사실을 알 거예요. 갈라파고스바다사자가 짖을 때 개와 비슷한 소리를 내요. 단, 수백 마리가 함께 짖는다는 점이 다르지요! 개처럼 바다사자도 주의를 끌기 위해서 짖거나, 흥분하거나 화가 나서 짖어요. 때로는 누가 가장 크게 짖을 수 있는지 알아보기 위해서 짖기도 하지요. 우승자는 해변에서 가장 좋은 자리를 차지해요. 그러면 짝짓기에 성공할 가능성이 높아져요.

'가져오기' 놀이를 해요.

개는 테니스공을 쫓아다니고 소리 나는 장난감 뼈를 씹어 대요. 바다사자도 놀기를 좋아하지만, 갖고 놀 만한 장난감은 바다에 있는 갖가지 색깔을 띤 것들이에요. 불가사리를 집거나, 조개를 파내거나, 바위 밑에 숨어 있는 문어를 찾아내거나, 점심거리로 물고기를 뒤쫓는 온갖 행동을 놀이처럼 해요. 바다사자는 활발하게 움직이는 것을 좋아해요. 개처럼요!

캘리포니아바다사자가 멕시코 코르테스해에서 불가사리를 갖고 놀아요.

멕시코 연안에서 캘리포니아바다사자가 잠수부의 손에 무엇이 있는지 살펴보려고 해요.

몸에 저장해 둔 에너지가 많아요.

개의 넘치는 에너지를 소비시킬 필요가 있을 때, 반려인은 산책을 오래 시키거나 마당에서 뛰어다니게 해요. 바다사자는 돌고래처럼 빠르게 헤엄쳐서 수면 위로 뛰어올랐다가 풍덩 잠수하곤 해요. 바다사자는 가장 빠른 해양 포유류 중 하나예요. 하루에 몇 킬로미터를 헤엄쳐 갔다가 돌아오곤 하지요!

바다사자는 개처럼 호기심이 많은 동물이에요.

바다사자는 사람을 ♥해요.

개처럼 바다사자도 호기심이 많아요. 새끼는 더욱 그래요. 해변에서 사람을 향해 뒤뚱뒤뚱 다가오거나 헤엄치는 사람에게 다가가서 유심히 살피곤 해요. 물속에서는 스쿠버 다이버와 잠수 장비를 살펴보고, 쿡 찔러 보기도 해요. 그런데 바다사자는 공격성을 띨 수도 있어요. 그러니 바다사자가 다가오면 침착하게 가능한 한 거리를 벌려요. 바다사자가 싫증이 나서 떠날 때까지요.

야생 동물의 능력

얼음 위의 여우

영리한 북극여우는 눈, 얼음, 영하의 기온에도 살아가요.

북극점에서 그리 멀지 않은 곳에서 북극여우가 겨울에 해빙 위를 총총 걷고 있어요. 먹이를 먹은 지 벌써 며칠이 지났고, 바람이 매섭게 휘몰아쳐요. 여우는 눈에 구멍을 파고 들어가서 고양이만 한 몸을 웅크린 채 꼬리로 몸과 얼굴을 감싸요. 체온을 지키기 위한 행동이지요. 털은 따뜻한 침낭 역할을 해서 기온이 영하 18도 밑으로 떨어져도 체온을 유지해 줘요. 하지만 따뜻한 털만으로는 북극권의 겨울을 버틸 수 없을 거예요. 추위를 견디는 다른 전략들도 쓰기에 북극권에서도 잘 살아갈 수 있어요.

먹이 찾기 비법

북극여우는 레밍이라는 작은 설치류를 주로 먹지만, 상황이 좋지 않으면 닥치는 대로 먹어요. 북극곰이 먹고 남긴 물범 잔해나 얼음 밑에 달라붙은 게, 바닷말까지 먹지요. 먹이가 부족할 때를 대비해서 굴 근처에 레밍 사체를 숨겨 두기도 해요.

레밍

체온 유지 비법

날씨가 몹시 추워지면 암컷 북극여우는 눈굴을 파고 들어가서 최대 2주까지 버티곤 해요. 심장 박동과 대사*가 느려지며 에너지를 절약하지요. 겨울잠과 비슷하지만 오래 그러고 있지는 않아요. 또한 북극여우는 다리가 짧아서 몸에서 내려오는 따뜻한 피와 발에서 올라오는 차가운 피 사이에 열 교환이 금방 이루어져요. 북극여우가 다시 눈굴 밖으로 나오면 눈 속에서 무엇인가가 돌아다니는 소리가 나는지 귀를 기울여요. 그런 다음 천천히 다가가서 눈 속으로 와락 뛰어들지요. 잠시 후 북극여우의 머리가 나오고 입에는 갈색 털 뭉치를 물고 있어요. 다시 에너지를 채웠으니, 길고 컴컴한 겨울에 살아남을 가능성이 높아진 거죠.

*대사: 생물체가 먹은 물질로 필요한 에너지를 만들고 찌꺼기를 몸 밖으로 내보내는 일.

동물의 세계

닌자 같은 기린의 비밀

기린은 매우 은밀하게 움직일 수 있어요.

기린이 15세기 일본에서 정찰 임무를 하던 닌자와 공통점이 많다고 하면, 믿기지 않을 거예요. 무엇보다도 기린은 움직임이 별나고 목이 아주 기니까 은밀하게 움직이기 어렵지 않을까요? 하지만 이 발굽 동물은 놀랍도록 날래고 몸을 잘 숨겨요. 기린이 어떻게 노련한 닌자처럼 움직이는지 알아봐요.

숨바꼭질 기술

권력를 다투는 통치자에게 고용되었던 닌자는 평범한 농민이나 상인처럼 꾸미고 적을 정찰했어요. 기린은 모습이 독특하지만 완벽한 위장 능력으로 주변 환경과 잘 섞여요. 갈색 반점은 햇빛이 나뭇잎 사이로 비칠 때 생기는 그늘처럼 보여서, 포식자의 눈에 잘 안 띄어요.

빠른 달리기 실력

닌자는 적에게 추적당할 때 날쌔게 달아나서 쉽게 몸을 빼낼 수 있도록 훈련을 받았어요. 기린도 긴 근육질 다리를 써서 아주 잘 달려요. 시속 56킬로미터까지 속도를 내서 사자 같은 포식자로부터 멀리 벗어날 수 있어요.

놀랍도록 뛰어난 감각

예전에는 닌자가 어둠 속에서도 보고 아주 작은 움직임도 소리로 알아차릴 수 있다고 믿었어요. 실제로는 아니지만요. 그런데 기린은 정말로 시력과 청력이 아주 뛰어나요. 예리한 시각으로 0.8킬로미터 떨어진 곳에 있는 동물의 움직임도 알아차릴 수 있어요. 또 사람이 못 듣는 소리도 들을 수 있지요. 기린이 닌자보다 더 뛰어난 전사가 될 수 있을까요?

무기의 달인

닌자는 적과 맞닥뜨리면 칼과 단검으로 싸웠어요. 기린에게도 무기가 있어요. 끝이 날카로운 발굽이지요. 사실 기린의 발차기에 얻어맞으면 다른 기린도 포식자도 죽을 수 있어요. 기린 수컷들은 무거운 목과 머리를 서로 부딪치면서 누가 더 강한지를 가르는 싸움을 하기도 해요.

59

야생 동물의 능력

지구에는 6000종이 넘는 개구리가 살아요. 그중 많은 수가 동전만 하지요. 이 작은 양서류는 아주 놀라운 특징들을 지녀요. 5종의 개구리가 각각 별난 특징을 이용해서 어떻게 살아가는지 알아볼까요?

놀라운 개구리들

이 멋진 양서류의 특징을 알면 개구리를 사랑할 수밖에 없게 될 거예요.

남아메리카 코스타리카에서 빨간눈청개구리가 어느 식물 줄기에 앉아 있어요.

감은 눈
눈꺼풀이 투명해서 눈을 감고 쉬면서도 주변을 살필 수 있어요.

뜬 눈
눈을 크게 떴어요! 갑자기 눈을 크게 뜨면 새빨간 눈에 포식자가 깜짝 놀랄 수도 있어요.

신기한 눈

우림에 사는 빨간눈청개구리는 멕시코 남부에서 남아메리카 콜롬비아 북서부 끝까지 퍼져 있어요. 빨간눈청개구리 한 마리가 나뭇가지에 앉아서 눈을 감고 있어요. 자고 있는 것처럼 보이지만, 사실은 주변을 지켜보고 있어요. 눈꺼풀이 투명하거든요. 눈을 감고도 새, 뱀, 커다란 거미 같은 포식자가 있는지 주변을 살필 수 있어요. 움직임을 감지하면 눈을 뜨고서 새빨간 눈동자를 드러내요. 굶주린 포식자가 깜짝 놀라서 움찔하기를 바라면서요.

보르네오급류개구리는 동남아시아 보르네오섬에서만 발견되었어요.

작은 귀, 큰 코

천둥이 치듯 요란한 폭포 주위에서는 물소리 외에 다른 소리가 거의 들리지 않아요. 동남아시아 우림에 사는 보르네오급류개구리는 다르지요. 이 개구리의 머리에서 구멍처럼 보이는 것은 사실 귀예요. 이 개구리는 청력이 아주 뛰어나요.

보르네오급류개구리는 초음파를 내고 들을 수 있는 개구리 두 종 중 하나예요. 즉 사람과 다른 동물이 들을 수 없는 높은 소리로 울어 대요. 덕분에 시끄럽게 흐르는 하천 주변에서 의사소통할 수 있어요.

60

동물의 세계

거대한 입

아프리카황소개구리는 입이 아주아주 커요! 입을 쩍 벌리면 13센티미터까지도 벌어져요. 자기 몸 길이(20센티미터)의 절반이 넘지요. 게다가 입안에 먹이를 잡기 좋은 도구도 갖추고 있어요. 힘센 혀가 설치류, 새, 도마뱀 같은 먹이를 끌어당긴 다음 아래턱에 난 이빨처럼 생긴 구조물인 피부이빨로 찔러요. 그리고 입천장에 난 날카로운 이빨로 먹이를 꽉 물지요. 이제 식사를 즐기면 돼요. 참 맛있겠네요.

아프리카황소개구리가 다음 먹이로 아프리카대왕노래기를 노리고 있어요.

물갈퀴 발을 낙하산처럼

동남아시아의 어느 우림에서 월리스날개구리가 옆 나무의 아래쪽 가지를 보고 있어요. 기어서 내려갔다가 옆 나무를 타고 오르려면 시간이 좀 걸리겠지요? 이 개구리는 날아가는 방법을 택해요. 펄쩍 뛰어 발가락 사이의 물갈퀴를 쫙 펼쳐요. 물갈퀴가 공기를 받아서 작은 낙하산처럼 변해요. 또 몸 양쪽의 얇은 피부도 공기 저항을 늘려요. 무사히 활공해서 옆 나무에 사뿐히 내려앉아요. 발가락의 넓적하고 끈적한 바닥은 착륙할 때의 충격을 줄여 줘요. 이 개구리는 15미터까지도 활공할 수 있어요. 양서류 생존 연맹의 자문가인 과학자 필 비숍은 이렇게 말했어요. "아마 포식자를 피하기 위해 멀리 활공하는 듯해요." 멀리까지 날아가면 먹히지 않겠지요?

월리스날개구리가 말레이시아의 우림에서 활공하고 있어요.

무적의 피부

염색독화살개구리의 선명한 무늬는 눈에 잘 띄어요. 가까우면 안 보일 수 없어요.

남아메리카 북동부의 우림에 사는 염색독화살개구리의 파랑, 노랑, 검정 무늬는 눈에 금방 띄어요. 그러나 이 양서류는 포식자를 겁낼 필요가 없어요. 피부에 상대를 마비시키거나 죽일 수도 있는 독이 있거든요. 선명한 색깔은 자기를 먹으면 위험하다고 포식자에게 경고하는 거예요. 원주민들은 이 독을 사냥용 화살촉에 바르곤 했어요. 그래서 '독화살개구리'라는 이름이 붙었지요.

61

야생 동물의 능력

놀라운 능력이 있는 뱀

아마존나무보아

뱀은 위장술의 대가이자 노련한 사냥꾼이며 커다란 먹이를 꿀꺽 삼키는 능력자예요. 이 파충류는 전 세계에 3000종 넘게 있어요. 뱀이 얼마나 놀라운 동물인지 알아볼까요?

톱비늘살무사

뱀은 혀로 냄새를 맡는다

'생쥐 냄새인데?' 뱀은 혀로 냄새를 맡아요. 끝이 갈라진 긴 혀를 날름거리면서 공기, 땅, 물에서 나오는 화학 물질을 감지해요. 혀는 냄새 분자를 입천장에 있는 작은 구멍 두 개, 즉 야콥슨 기관으로 보내요. 야콥슨 기관에 있는 세포들이 냄새를 분석하지요. '음, 점심거리군!'

뱀독은 사람도 죽일 수 있다

많은 뱀은 독니로 먹이에 두 개의 구멍을 내고 독을 주입해 마비시키거나 죽여요. 그런 뒤 통째로 꿀꺽 삼키지요. 아프리카의 뻐끔살무사는 가장 치명적인 뱀에 속해요. 몸길이 1.8미터, 몸무게 6킬로그램까지 자라며, 날쌔게 공격하죠. 이 뱀독은 사람에게 심한 통증뿐 아니라 조직 손상, 사망까지 일으킬 수 있어요. 이 뱀에게서는 멀리 떨어지세요.

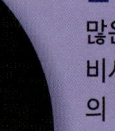
뻐끔살무사

뱀은 허물을 벗는다

뱀은 말 그대로 피부를 찢고 자라요. 대개는 몇 달마다 땅이나 나뭇가지에 몸을 문질러서, 바깥쪽 피부를 입부터 벗어요. 양말을 벗듯이 안팎이 뒤집히면서 허물이 벗겨지지요. 그러면 반지르르한 새 피부로 덮여 있어요. 멋진 변신이죠!

황금나무뱀

왕뱀은 먹이를 꽉 감아서 잡는다

보아, 아나콘다, 비단뱀 같은 왕뱀들은 죄는 힘이 아주 세요. 왕뱀은 근육질 몸통으로 먹이를 칭칭 감아서 꽉 조여요. 옥죄인 먹이는 질식해서 죽어요. 그렇게 감고 죄는 힘은 200개 이상의 척추뼈에 붙은 근육에서 나와요. (사람은 척추뼈가 33개에 불과해요.)

누룩뱀

동물의 세계

치명적인 귀염둥이

자바늘보로리스

늘보로리스는 동남아시아에 9종이 살아요.

이 귀여운 동물은 매우 무시무시한 무기를 지니고 있어요.

늘보로리스는 너무나 귀여워 보여요. 하지만 겉모습에 속지 마요. 사랑스러워 보이는 이 동물은 영장류 중에서 유일하게 독을 지니고 있어요. 늘보로리스에게 물린 먹이는 몇 초 사이에 죽지요. 사람도 물리면 심하게 앓거나 죽을 수 있어요. 하지만 사람이 성질을 긁지 않았는데 늘보로리스가 먼저 사람을 무는 일은 거의 없어요.

그리고 늘보로리스가 지닌 치명적인 무기가 독만은 아니에요. 귀여운 늘보로리스가 실제로는 얼마나 위험한지 살펴볼까요?

무시무시한 표정
늘보로리스의 얼굴은 우리에게 "안녕!" 인사하듯 귀여운 표정이지만, 다른 동물들에게는 "위험!" 경고판처럼 보여요. 커다란 뱀이나 매 같은 포식자에게 늘보로리스의 얼굴 무늬는 입가에서 빨간 불빛이 번쩍이는 것처럼 보여요. 맹독으로 맞서 싸울 수 있다는 경고판이지요.

숨은 사냥꾼
동그랗고 큰 눈을 보면 포근하게 안을 수 있을 것 같아요. 하지만 이들이 뛰어난 사냥꾼인 데에 이 눈이 한몫해요. 망막 뒤쪽에 휘막이라는 특수한 층이 있거든요. 이 휘막을 통해 빛을 다시 망막으로 반사해서 빛이 약한 밤에도 잘 볼 수 있지요.

두 배로 강한 독
독을 지닌 다른 동물들은 대부분 독을 만드는 기관이 한 개이지만, 늘보로리스는 두 개예요. 침샘과 겨드랑이 아래의 샘이지요. 늘보로리스는 이 샘들을 혀로 핥아서 나온 독을 침과 섞어요. 그렇게 만든 더욱 강력한 독을 상대를 깨물고 주입해서 공격하지요.

인도네시아 자바섬에서 자바늘보로리스가 나무에 매달려 있어요.

야생 동물의 능력

바닷가의 늑대

해안 늑대가 바닷가에서 살아가는 5가지 방법

많은 지역의 전통문화에서 해안 늑대를 귀하게 여겨요. 어떤 문화권에서는 해안 늑대를 조상이라고 믿기도 해요.

늑대는 때로 합창하듯이 울부짖어요.

늑대 한 마리가 모래사장으로 들어섰어요. 젖은 모래를 킁킁거리며 냄새로 숨어 있는 조개를 찾아내요. 우두둑! 늑대는 조개를 씹어서 부순 뒤 삼켜요. 그래도 배가 고픈지, 첨벙 물로 뛰어들어서 먹이를 찾아 가까운 섬으로 헤엄쳐 가요. 늑대가 해안에 산다니까 좀 이상하지요? 하지만 이 회색늑대는 수천 년 전부터 바닷가에 살았어요. '해안 늑대'라고 불리는 이 늑대는 캐나다 브리티시컬럼비아 서부의 해안과 섬에 약 2000마리가 살고 있어요.(미국 알래스카 남동부에도 살아요.) 야생 동물 연구자 크리스 더러먼트는 말했어요. "다른 늑대들과 전혀 다른 환경에 살지요. 그러니 이 독특한 환경에 적응해야 했지요." 이 늑대들이 해안에서 어떻게 살아가는지 알아볼까요?

1

바닷가에 어울리는 털이야. 문제없어!

대다수의 회색늑대와 달리, 해안 늑대는 털에 주황색 줄무늬가 나 있기도 해요. 해안에 자라는 바닷말과 잘 어울리는 색깔이어서 사냥할 때 몸을 숨길 수도 있어요. 또 해안 늑대는 다른 회색늑대보다 긴 털 속의 빽빽한 잔털이 적어요. 미국 몬태나주처럼 눈이 쌓이는 곳에서는 솜털 같은 잔털이 체온 유지를 돕지만, 해안 늑대의 서식지는 따뜻해서 잔털이 필요 없어요.

동물의 세계

> 늑대는 사람보다 후각이 약 100배 더 뛰어나요.

바닷가에 맞춤한 몸집

해안 늑대는 독일셰퍼드만 해요. 북아메리카 숲에 사는 회색늑대보다 약 20퍼센트 작아요. 과학자들은 늑대가 해산물을 먹기 때문에 근력이 많을 필요가 없어서 몸집이 작아진 것이 아닐까 추측해요. 거대한 말코손바닥사슴이 아니라 작은 해달을 잡아먹으니까요. 더러먼트는 이렇게 말했어요. "커다란 먹잇감을 쫓는 것이 아니라서, 커다란 몸집이 필요하지 않아요."

먹이를 찾아 헤엄쳐요

해안 늑대 한 무리는 매일 약 3킬로그램의 먹이를 찾아 먹어야 하는데, 작은 섬에는 대개 먹이가 그렇게 많지 않아요. 그래서 먹이를 찾아 이 섬 저 섬으로 헤엄쳐 다녀요. 환경 운동가 이언 매캘리스터는 말했어요. "우리가 인도를 걷듯이 섬 사이를 헤엄쳐 다니지요." 사실 해안 늑대들은 헤엄을 아주 잘 쳐요. 과학자들은 약 1000개에 달하는 이 지역의 거의 모든 섬과 바위섬에서 해안 늑대를 목격했어요. 12킬로미터 떨어진 곳까지 헤엄친다고 해요.

> 몇몇 해안 늑대는 먹이의 90퍼센트를 바다에서 얻기도 해요.

갑자기 첨벙, 먹이를 덮쳐요

툰드라 같은 탁 트인 서식지에 사는 회색늑대는 넓은 평원을 달려가 커다란 발굽 동물을 사냥해요. 빽빽한 숲이 많은 해안이나 작은 섬에서는 그렇게 달려서 먹이를 잡는 방식이 맞지 않아요. 대신에 해안 늑대는 슬그머니 다가가서 와락 덮치지요. 매캘리스터는 말해요. "물범은 범고래를 피해 물 밖으로 나왔다가 땅에 매복해 있는 늑대의 공격을 받아요."

해산물이 좋아!

무엇을 먹을까요? 해안 늑대는 뛰어난 후각을 써서 아무 먹이나 가리지 않고 다 찾아 먹어요. 모래를 파서 게와 조개를 잡고, 바닷말에 붙어 있는 물고기 알도 먹고, 햇볕을 쬐고 있는 물범이나 해달 같은 더 큰 동물도 사냥하지요. 연어 같은 물고기로 배를 채우기도 해요. 더러먼트는 말해요. "연어의 등이 물 밖으로 드러나는 얕은 물에서 기다리고 있다가 가장 맛있어 보이는 연어를 꽉 물어요." 해안 늑대는 아침에 연어를 10마리까지 잡기도 해요. 배불리 먹지요!

거미집의 모든 것

동물의 세계

거미 한 마리는 1년에 곤충 2000마리까지 잡아먹을 수 있어요. 거미는 맛있는 곤충 먹이를 어떻게 잡을까요? '방적돌기'라는 특수한 샘에서 나오는 거미줄로 끈적거리는 거미집을 지어 먹이를 잡아요. 그런데 거미집에는 놀라운 사실들이 숨어 있어요!

0.001~0.004 밀리미터
거미집을 짓는 데 쓰는 거미줄의 굵기

-60도~150도
거미줄이 견딜 수 있는 온도 범위

25 미터
세상에서 가장 큰 거미집을 짓는 다윈나무껍질거미가 지은 거미집의 지름!

무당거미

2~8 쌍
거미줄을 만드는 데 쓰는 실이 나오는 방적 돌기의 수

5배
같은 굵기의 강철보다 거미줄이 강한 정도

 가장 오래된 거미집이 만들어진 때(호박에서 발견되었음)
140,000,000년 전

고양이과 야생 동물

큰 고양이과, 나와라!

야생 고양이가 다 큰 고양이과는 아니에요. 그럼 큰 고양이과란 무엇일까요? 야생 생물 전문가는 호랑이, 사자, 표범, 눈표범, 재규어, 퓨마, 치타를 큰 고양이과라고 해요. 앞의 다섯 종류는 표범속의 동물들이에요. 모두 우렁차게 울 수 있고, 육식 동물이라서 다른 동물을 잡아먹지요. 강한 턱, 날카로운 발톱, 칼날 같은 이빨을 갖춘 뛰어난 사냥꾼들이에요.

보츠와나에서 새끼 사자가 쓰러진 나무 위에 앉아 놀고 있어요.

내셔널지오그래픽 큰 고양이과 사업단은 연구, 보전, 교육, 홍보를 통해서 사자 같은 큰 고양이과를 보전하기 위해 일해요.

동물의 세계

어느 종일까?

표범속의 큰 고양이과 동물들은 공통점이 많아요. 하지만 차이점을 알면, 금방 구별할 수 있어요.

털

눈표범
눈표범은 산에서 사계절 내내 숨기 좋게 털에 점무늬가 있어요. 겨울에는 눈과 잘 섞이도록 새하얀 털이 나고, 여름에는 식물 사이에서 잘 들키지 않도록 황갈색 털로 덮여 있어요.

재규어
재규어의 털은 무늬가 표범과 비슷해요. 둘 다 장미 모양(로제트)의 검은 무늬가 있지요. 차이점은 뭘까요? 재규어의 장미 무늬는 가장자리가 울퉁불퉁하고 한가운데에 검은 점이 한 개 이상 있어요.

호랑이
호랑이는 대부분 몸에 세로로 줄무늬가 나 있어요. 호랑이가 웃자란 풀 사이에 숨어서 먹이를 기다릴 때, 이 줄무늬 덕분에 잘 안 보여요. 사람의 지문처럼, 이 줄무늬는 호랑이마다 다 달라요.

사자
사자는 털이 옅은 갈색이나 황갈색이고, 꼬리 끝에 검은 털 뭉치가 달려 있어요. 수컷들은 대개 목덜미에 덥수룩한 갈기가 자라요. 갈기 덕분에 몸집이 크고 강해 보이지요.

표범
표범은 누런 털로 덮여 있는데 등과 옆구리에 검은 장미 무늬가 있어요. 이 무늬는 가장자리가 매끄럽고 원 모양이에요. 털 색깔과 무늬가 주변 환경과 비슷해서 눈에 잘 띄지 않아요.

표범
무게: 30~80kg
몸길이: 1.3~1.9m

벵골호랑이(인도호랑이)
무게: 109~227kg
몸길이: 1.5~1.8m

재규어
무게: 45~113kg
몸길이: 1.5~1.8m

눈표범
무게: 27~54kg
몸길이: 1.2~1.5m

아프리카사자
무게: 120~191kg
몸길이: 1.4~2m

고양이과 야생 동물

가장 기이한 고양이 서벌

서벌은 생김새가 조금 별나요. 하지만 사냥하기에 아주 유리한 모습이라고 해요.

서벌은 물에서 사냥할 때 3시간 동안 개구리를 30마리까지 잡을 수 있어요.

새끼 서벌은 어미 곁에서 2년까지 머물다가 독립해요.

서벌은 치르르, 푸르르, 쉿쉿, 크르르, 으르렁 등 여러 울음소리를 내요.

아주 중요한 귀

서벌의 커다란 귀는 사냥에 아주 중요한 역할을 해요. 서벌은 돌아다닐 때 다른 감각보다 소리에 더 의지해요. 고양이과 야생 동물 중에서 몸집에 비해 가장 큰 귀를 지녔고, 사바나*에서 아주 작은 소리도 들을 수 있어요. 뛰어난 청력을 잘 활용하기 위해서, 서벌은 사냥할 때 소음을 내지 않아요. 그래서 일부 고양이들처럼 슬그머니 다가가는 대신에, 빈터에 가만히 쪼그려 앉아 먹잇감이 내는 소리에 귀를 기울여요.

서벌은 주위를 살피는 부엉이처럼, 풀밭에 가만히 앉아 머리만 앞뒤로 움직이곤 해요. 열대 초원인 사바나를 훑으며 먹이를 찾는 중이에요. 눈이 아니라 커다란 귀로요. 빽빽한 덤불 아래 설치류가 움직이는 소리를 들으면, 서벌은 공격을 준비해요. 몸을 웅크렸다가 키 큰 풀 위로 폴짝 뛰어올라요. 오로지 소리만 듣고서 보이지 않는 쥐를 덮쳐요.
아주 긴 다리, 쭉 늘어나는 목, 커다란 귀를 지닌 서벌은 보기에 따라서는 생김새가 정말 이상해 보일 수도 있지요. 하지만 아프리카에서 서벌을 연구하는 생물학자 크리스틴 틸벤더는 이렇게 말해요. "이 이상해 보이는 신체 부위들이 한데 모여서 정말로 뛰어난 사냥꾼이 된 거예요."
실제로 서벌의 사냥 성공 가능성은 절반 이상이에요. 고양이과 야생 동물 중에서 가장 뛰어난 쪽이지요. 사자는 무리가 함께 사냥해도 성공률이 약 20퍼센트밖에 안 돼요.

*사바나: 열대와 아열대 지방에 발달한 초원.

동물의 세계

재규어의 정처 없는 여행

이 점박이 고양이는 새 집을 찾아 이곳저곳으로 돌아다니고 있어요.

재규어는 밤눈이 사람보다 거의 2배 가까이 밝아요. 그래서 밤에 먹이에게 몰래 다가갈 수 있지요.

재규어는 예전에 남북아메리카 전체에서 1800제곱킬로미터에 달하는 면적에 퍼져 살았어요. 하지만 지난 세기에 소 목장과 도시가 늘어나면서 재규어의 활동 면적은 절반으로 줄었어요. 이제 재규어는 미국에서 거의 다 사라졌고, 남쪽으로도 겨우 아르헨티나까지만 퍼져 있어요. 또 지역별로 고립되어 있어서 재규어들이 짝을 만나기가 더 힘들어졌어요. 해마다 태어나는 새끼의 수가 줄어들고 있어요.

안전한 생태 통로

지난 10여 년 동안 재규어가 한 서식지에서 다른 서식지로 이동할 수 있는 특수한 생태 통로들이 마련되었어요. 하지만 사람들이 이 통로의 나무, 관목, 풀을 없애는 바람에 재규어는 몸을 숨길 곳이 없어져 오히려 위험해졌지요. 그래서 야생 동물 생태학자 앨런 래비노위츠는 재규어들이 이용하는 '고속도로'와 서식 범위 전체를 보호하기 위한 재규어 통로 사업단을 만들었어요.

목장의 울타리

재규어를 지키는 데 중요한 요소가 하나 더 있어요. 바로 생태 통로 주변에 사는 농민들을 교육하는 거예요. 예전에 재규어는 소 목초지를 지나면서, 잡기 쉬운 먹이인 소를 잡아 먹으려고 했어요. 농민들은 가축을 지키기 위해서 재규어를 죽이려고 했고요. 하지만 지금은 가축들을 밤에 울타리 안에 몰아넣는 새 지침이 나왔지요. 그 덕에 재규어와 가축이 모두 더 안전해졌어요.

재규어가 헤엄쳐서 브라질의 파라과이강을 건너고 있어요.

어미 재규어는 대개 한 배에 새끼를 2~4마리씩 낳아요.

브라질의 쿠이아바강에서 재규어가 먹이에 슬그머니 다가가고 있어요.

고양이과 야생 동물

눈 위의 호랑이

러시아 동부의 심한 추위도 견뎌 내는 고양이과 야생 동물들이 있어요.

> 시베리아호랑이는 해안가에 많이 살아요. 우리나라의 동해에 접한 러시아의 숲에 살지요.

암호랑이는 나무 사이로 소리 없이 먹이를 향해 다가가요. 눈이 쌓여 걸음을 내딛을 때마다 발이 푹 빠져서 배까지 닿지요. 호랑이는 눈이 소리를 줄여 주는 것을 알기에, 눈을 헤집고 솔방울을 찾는 멧돼지에게 몰래 다가갈 수 있어요. 거리가 몇 미터로 줄면, 멈추어 127킬로그램의 몸을 웅크렸다가 펄쩍 뛰어 먹이를 향해 달려요. 접시만 한 앞발로 멧돼지를 덮치지요. 공중에 눈이 마구 흩날려요. 눈이 가라앉으면, 길이 0.9미터의 꼬리와 주황색, 검은색, 흰색의 몸통이 보여요. 이제 호랑이는 붉게 물든 이빨로 멧돼지를 입에 꽉 물고 있어요.

호랑이가 먹이를 물고 낙엽송 뒤쪽으로 가요. 가까운 언덕에 새끼 두 마리가 있어요. 새끼들은 나무 사이에 몸을 숨긴 채, 어미가 사냥하는 모습을 지켜봤지요. 곧 새끼들도 사냥을 시작할 거예요. 하지만 지금은 어미가 주는 먹이를 먹고 낮잠을 즐겨요.

시베리아호랑이 또는 아무르호랑이라고 하는 이 동물은 러시아 동쪽 끝에 살아요. 호랑이 아종 중에서 가장 북쪽에 살지요. 두꺼운 털가죽으로 얼어붙을 듯한 겨울 추위를 막아요. 여름에는 털의 무늬가 숲과 잘 어울려서 거의 눈에 띄지 않아요.

먹이가 없어요

시베리아호랑이는 야생에 약 600마리가 남아 있어요. 50년 전만 해도 시베리아에는 호랑이의 먹이인 사슴과 멧돼지가 많았어요. 지금은 먹이를 찾기가 어려워요. 또 사람들은 호랑이를 사냥하고, 벌목 회사는 호랑이가

새끼 호랑이는 적어도 18개월 동안 어미 곁에 머물러요.

사는 숲에서 나무를 베고 불을 놓아요. 호랑이 보호 서식지가 있지만, 먹이가 부족해요. 새끼 호랑이 중 절반은 병들거나 사냥꾼에게 잡히거나 어미를 잃고서 죽어요. 살아남은 새끼는 태어난 지 18개월쯤 되면 독립해 그동안 배운 사냥 기술로 살아가지요. 다 자란 수컷은 먹이가 많은 곳을 찾아서 아주 멀리 가기도 해요. 그러다 보면 사람이 사는 곳으로 들어가곤 하지요.

어떻게 해결할까요?

늦겨울에 다 자란 수컷이 어미 곁을 떠났어요. 호랑이는 나무를 긁다가 뭔가가 발에 걸렸어요. 올가미였죠. 얼마 뒤 소리가 들렸어요. 사람들이었지요. 그중 한 명이 총을 겨냥했어요. 호랑이는 비명을 지르고 잠시 후 쓰러졌어요. 다행히 호랑이의 등에 꽂힌 건 사냥꾼의 총알이 아니라 연구자가 쏜 진정제였어요. 눈 덮인 숲에서 먹이를 찾기 힘들자, 이 호랑이는 인근 마을에서 가축과 개를 잡아먹기 시작했지요. 이 문제를 해결하기 위해 데일 미켈레와 그의 연구진이 나섰어요. "다른 곳으로 이주시켜서 새로운 기회를 마련해 줄 거예요. 그렇지 않으면 농민들이 추적해서 쏘아 죽일 테니까요."
연구자들은 재빨리 잠든 호랑이의 몸무게와 크기를 쟀어요. 그런 뒤 무선 송신기가 달린 추적 장치를 채웠지요. 적어도 3년 동안 호랑이가 어디를 다니는지 살필 수 있을 거예요.

새로운 터전을 찾아서

두 시간 뒤 호랑이는 마을에서 약 241킬로미터 떨어진 곳에 선 트럭 짐칸에서 깨어났어요. 우리 문이 열리자 호랑이는 뛰쳐나갔어요. 낯선 곳에 온 호랑이는 다른 호랑이의 흔적을 찾았지요. 한 자작나무에서 냄새가 강하게 났어요. 다른 수컷이 오줌을 뿌려 남긴 냄새였지요. 줄기를 할퀸 자국도 있었어요. "여기는 내 땅임. 들어오지 말 것."이란 표시였어요.
호랑이는 계속 나아갔어요. 미켈레 연구진은 추적 장치의 신호를 통해 호랑이를 지켜보았어요. 호랑이가 먹이를 찾고, 다른 수컷을 피하고, 자기 영역을 찾아내고, 암컷과 짝을 짓기를 바라면서요. 호랑이는 사슴을 발견했어요. 나무에서 눈이 녹아 똑똑 떨어지는 소리 때문에 발소리가 가려졌어요. 먹이를 잡을 가능성이 높아졌지요.

이 호랑이는 나무를 긁어서 다른 호랑이들에게 표시를 남기고 있어요.

시베리아호랑이는 1930년대에는 야생에 약 30마리밖에 없었어요.

얼음장 같은 물로 목을 축여요.

반려동물 소식

말썽꾸러기 반려동물

참치 조각을 차에 적셨으니까 아주 맛있겠지.

제발, 들여보내 줘요. 풀밭에서 아주 조금 뒹굴뒹굴했을 뿐이에요.

이름: 벨라
즐겨 하는 행동: 다과 시간에 낚시하기
좋아하는 장난감: 고무로 만든 꽥꽥 소리 나는 벌레
싫어하는 것: 커피

이름: 에드
즐겨 하는 행동: 풀밭에 굴러서 털을 초록색으로 물들이기
좋아하는 장난감: 식용 색소
싫어하는 것: 겨울에 갈색으로 말라붙은 풀

너무 웃겨. 내가 소파 틈새로 빠져 버린 줄 아나 봐.

원격 학습은 영 별로야.

이름: 컬런
즐겨 하는 행동: 반려인들 몰래 숨는 숨바꼭질
좋아하는 장난감: 갉아 댈 수 있는 휴지 심
싫어하는 것: 문이 잠긴 사육장

이름: 이토
즐겨 하는 행동: 배경 화면 바꾸기
좋아하는 장난감: 컴퓨터 마우스
싫어하는 것: 배터리 부족 상태

반려동물 이야기

개가 새끼 돼지를 돌보아요

독일 회르스텔

갓 태어난 베트남포트벨리돼지가 어미를 잃고 농장에서 떨고 있는 모습을 보았을 때, 롤란트 아담은 뭘 어떻게 해야 할지 몰랐어요. 하지만 로디지안리지백 품종견인 카팅가는 뭘 해야 하는지 알았지요. 카팅가는 물병만 한 새끼 돼지(이름은 파울리헨)에게 다가가서 혀로 핥아 주고 자기 새끼에게 하듯이 젖을 물렸어요. "카팅가는 엎드려서 새끼를 먹이고 따뜻하게 감쌌지요." 사실 카팅가가 고아 동물을 돌본 것은 이번이 처음이 아니에요. 토끼와 오리도 돌보았지요. "아픈 양을 따뜻하게 감싸기도 했어요." 아담의 말은 마치 카팅가가 보모 역할을 하는 개라는 이야기처럼 들려요!

츄 바르카 / 털이 포터

반려동물은 과연 자기 이름을 알까요?

알아요. 개는 사람의 말을 못하지만, 소리는 알아들어요. 개가 자기 이름과 비슷하게 들리는 다른 단어를 구별한다는 연구 결과도 있어요. 낯선 사람이 말할 때에도요. 과학자들은 개와 고양이가 자기 이름을 이루는 소리에 귀를 기울이는 법을 배운다고 생각해요. 자기 이름에 반응하면 사람이 쓰다듬고 먹이도 주니까요. 그렇다면 왜 고양이는 불러도 안 오는 때가 있을까요? 그건 아마 자기 이름을 알아들었지만, 그냥 무시하기 때문일 가능성이 높아요.

반려동물 소식

고양이는 어떻게 말할까?

이리 와, 같이 놀자!

고양이는 성공한 종이에요. 전 세계에 퍼져 있고, 새끼 고양이는 세계에서 가장 인기 있는 반려동물이지요. 놀랄 일도 아니에요. 고양이가 야옹거리고 다리에 몸을 비벼 대고 무릎 위에 드러누우면 너무나 기분이 좋아지니까요.
하지만 한 가지 확실히 해 둘 말이 있어요. 고양이는 개가 아니에요! 모습도 행동도 생각도 달라요(확실해요). 개는 우리가 돌보는 방법에 따라 행동이 달라져요. 반면에 고양이는 우리가 어떻게 대하든 야생성을 많이 간직해요. 고양이는 매우 독립심이 강해서 자신의 감정을 숨겨요. 정확히 무엇을 봐야 할지 모른다면, 행복한 고양이와 불쌍한 고양이를 구별할 수 없어요. 고양이는 의사소통을 할 수 있어요. 고양이가 우리에게 말하는 방법을 통해서 고양이의 기분을 읽는 법을 알아봐요.

흐음, 이게 바로 냥생이지.

행복한 고양이

나긋나긋한 몸, 반쯤 처진 귀, 축 늘어진 수염은 고양이가 행복하다는 뜻이에요. 이때 다가가면 힘차게 "안녕" 하는 투로 야옹거리고 꼬리를 곧추세워서 여러분을 환영할 거예요. 그런 뒤 당신의 무릎에 뛰어올라 크게 가르랑거리면서 손 아래로 몸을 밀어 넣을 거예요. 좋아하는 부위를 쓰다듬어 주면 고양이는 계속 행복해할 거예요.

놀고 싶은 새끼 고양이

새끼 고양이는 늘 놀고 싶어 해요. 거의 깨어 있는 내내 놀고 장난치면서 지내요. 달리고 뒤쫓고, 덮치고 엎치락뒤치락하고, 공격하고 후퇴하면서요. 약 7주 된 새끼는 서로 놀자고 초대하는 신호를 보내는 법을 배워요. 새끼가 느긋하고 만족한 표정을 짓고 있나요? 그러면 놀자는 거예요. 등을 대고 구르거나 뒷다리로 서는 것도 놀 준비가 되었다는 신호예요. 꼬리를 물음표처럼 든 채 옆으로 뛰는 행동도 놀이를 시작하자고 친구에게 알리는 신호일 수 있어요!

돈 한 푼 안 들이고도 최고의 고양이 장난감을 만들 수 있어요. 신문이나 종이 포장지를 잔뜩 구겨 줘요.

모든 고양이는 품종에 상관없이 태어날 때 눈이 파래요. 진짜 눈 색깔은 생후 12주쯤에 나타나요.

동물의 세계

사냥하는 고양이

쉿! 이 회색 고양이는 무엇인가를 뒤쫓고 있어요. 집중한 시선, 씰룩이는 꼬리, 앞을 향한 귀와 수염을 보면 알 수 있지요. 땅에 낮게 웅크린 채 먹이를 향해 소리 없이 다가가는 일에 온 정신이 쏠려 있어요.

사냥은 어렵고 위험한 일이에요. 인류는 오랫동안 고양이의 용기와 사냥 기술에 감탄했지요. 고양이가 없었다면, 고대 이집트인들의 식량 중 상당량을 쥐들이 먹어 치웠을 거예요. 뱃사람들의 식량도요. 그래서 뱃사람들은 항해할 때 쥐를 잡을 고양이를 데려갔어요. 덕분에 고양이가 전 세계로 퍼졌지요. 고양이는 성가신 집파리처럼 집에 몰래 들어오는 곤충들도 잡을 수 있어요. 여러분과 고양이 자신이 행복하게 지낼 수 있도록요.

고양이는 주변 환경에 따라 닥치는 대로 사냥해요. 뉴욕에서는 쥐, 조지아에서는 도마뱀, 아프리카의 셰이셸 제도에서는 새끼 거북을 잡아먹어요.

호호, 내가 다가가는 소리를 듣지 못할 거야.

낙심한 고양이

낙심한 고양이는 눈을 크게 뜨고 귀를 앞쪽으로 세워요. 앞발을 휘두르고, 이빨을 부딪치고, 꼬리를 천천히 휘두를 수도 있어요. 사람처럼 고양이도 기대가 꺾일 때 낙심해요. 예를 들어, 실내에 있는 고양이의 눈에 창밖에 있는 새가 보여요. 하지만 나갈 수 없다고 해 봐요. 고양이가 창가에 앉아 밖을 오래 내다볼수록, 좌절감은 더욱 커져요. 결국 누구를 공격할 수도 있어요.

고양이는 종종 낙심할 수 있어요. 하지만 그렇다는 신호를 알아차린다면, 부루퉁한 고양이를 행복한 고양이로 돌려놓을 방법이 있어요. 새를 잡지 못해서 화가 난 고양이는 낚싯대 장난감을 휘둘러 놀아 주면 기분이 풀어질 거예요. 낚싯대 끝에 달린 '생쥐'를 잡으면, 곧 새는 잊어버릴 거예요.

고양이는 중국어로는 마오, 이탈리아어로는 가토, 네덜란드어로는 푸스, 튀르키예어로는 케디예요.

차라리 사냥하고 싶어.

공룡의 특징

선사 시대 연대표

현생 인류*는 약 4만 년 전에 지구에 출현했어요. 약 46억 년이라는 지구 역사와 비교하면 아주 짧은 기간을 존재했지요. 지구가 처음 생겨난 뒤로 많은 일이 일어났어요. 선캄브리아 시대에는 수백만 년 동안 산소 농도가 아주 높았어요. 고생대에는 단단한 껍질이 있는 연체동물, 척추동물, 양서류, 파충류가 등장했어요.

공룡은 중생대 내내 지구를 지배했어요. 약 6600만 년 전 공룡이 모두 사라졌고, 신생대에는 현생 인류가 등장했어요. 작은 연체동물이 출현한 이래로 쥐라기의 거대한 공룡이 돌아다니고 그 뒤로 인류가 등장할 때까지 지구에는 많은 변화가 일어났지요.

*현생 인류: 현재 살고 있는 인류와 같은 종. '호모 사피엔스 사피엔스'를 이른다.

선캄브리아 시대
46억 년~5억 4100만 년 전
- 지구(그리고 다른 행성들)는 가스와 먼지로 이루어진 거대한 구름에서 태양이 생겨나고 남은 것으로 만들어졌어요. 그 구름은 근처의 초신성들이 폭발한 충격으로 만들어진 것이지요.
- 지구 대기에는 산소가 거의 없어서 숨이 막힐 듯했어요.
- 초기 생명체가 출현했어요.

고생대
5억 4100만 년 전~2억 5200만 년 전
- 육지에 최초의 곤충과 다른 동물들이 출현했어요.
- 4억 5000만 년 전, 상어의 조상이 바다에서 헤엄치기 시작했어요.
- 4억 3000만 년 전, 식물이 육지에 자라기 시작했어요.
- 3억 6000만 년 전, 양서류가 물 밖으로 나왔어요.
- 대륙은 오랜 시간 동안 하나로 뭉쳤다가 쪼개지기를 반복했어요. 쪼개졌던 땅덩어리들이 다시 서서히 합쳐져서 '판게아'라는 하나의 초대륙이 되었어요.
- 3억 년 전, 파충류가 육지를 지배하기 시작했어요.

공룡은 왜 사라졌을까?

수 세기 동안 과학자들을 괴롭혀 온 수수께끼가 있어요. 공룡에게 과연 어떤 일이 일어난 것일까요? 지금까지 여러 이론이 나왔지만, 최근 연구를 보면 거대한 크레이터(주로 운석이 부딪혀 생긴 구덩이)를 만든 소행성이나 혜성의 충돌이 원인일 가능성이 가장 높아요. 그 충돌로 지진 해일, 지진 같은 자연재해가 일어나서 공룡의 생태계와 먹이 사슬을 파괴했어요. 또 화산이 뿜어낸 연기로 햇빛이 가려져 기후 변화가 심하게 일어났고요. 그 결과로 지구 생물 종의 절반이 사라졌고, 공룡까지 전멸했지요.

동물의 세계

공룡 시대

중생대
2억 5200만 년~6600만 년 전
중생대는 파충류의 시대이며, 최초의 공룡이 출현한 시대예요. 공룡은 1억 5000만 년 넘게 지구를 지배했어요. 크게 세 시기로 나뉘어요.

트라이아스기
2억 5200만 년~2억 100만 년 전
- 최초의 포유류가 출현했어요. 생쥐만 했지요.
- 최초의 공룡이 출현했어요.
- 꽃이 없는 양치류가 육지의 주된 식물이었어요.
- 트라이아스기 말에 거대한 초대륙 판게아가 쪼개지기 시작했어요.

쥐라기
2억 100만 년~1억 4500만 년 전
- 거대한 공룡이 육지를 지배했어요.
- 판게아가 계속 쪼개지면서 그 사이로 바다가 생겨났어요. 덕분에 상어와 바다악어 같은 해양 동물들도 번성했어요.
- 잎이 뾰족한 침엽수가 각 대륙으로 널리 퍼졌지요.

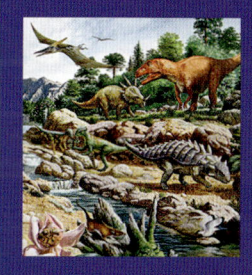

백악기
1억 4500만 년~6600만 년 전
- 대륙들이 현재의 모습을 갖추었어요.
- 가장 큰 공룡들이 출현했어요.
- 꽃식물이 육지에 널리 퍼졌어요.
- 포유류가 번성했고, 거대한 익룡이 하늘을 지배했어요. 작은 새들도 나타났고요.
- 기온이 극단적으로 변했어요. 공룡은 남극 대륙부터 북극권까지 넓은 지역의 사막, 습지, 숲에 살았어요.

신생대~제3기
6600만 년~260만 년 전
- 공룡이 멸종한 뒤, 포유류가 지구를 지배하게 되었어요.
- 조류는 계속 번성했어요.
- 화산 활동이 많이 일어났어요.
- 기온이 내려가기 시작했고, 빙하기가 찾아왔어요.
- 대륙끼리 이어진 부분을 통해 많은 동식물이 새로운 땅으로 퍼져 나갔어요.

공룡의 특징

공룡, 이렇게 분류하자

공룡을 비롯해 여러 생물을 분류하는 일은 꽤 복잡해요. 그래서 과학자들은 분류를 더 쉽게 할 체계를 생각해 냈어요. 공룡은 아주 다양한 특징을 토대로 종류를 나누어요.
과학자들은 공룡을 크게 두 집단으로 분류해요. 골반이 새의 골반과 비슷하면 조반목, 도마뱀의 골반과 비슷하면 용반목이지요.

조반목

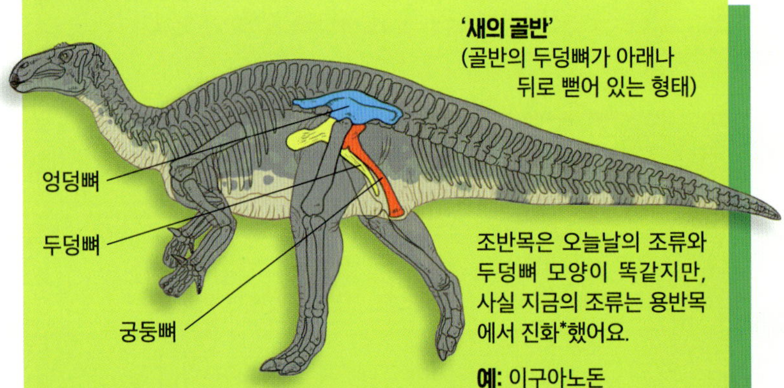

- 엉덩뼈
- 두덩뼈
- 궁둥뼈

'새의 골반'
(골반의 두덩뼈가 아래나 뒤로 뻗어 있는 형태)

조반목은 오늘날의 조류와 두덩뼈 모양이 똑같지만, 사실 지금의 조류는 용반목에서 진화*했어요.

예: 이구아노돈

*진화: 생물이 세대를 거치며 환경에 적응해 변화하는 것.

용반목

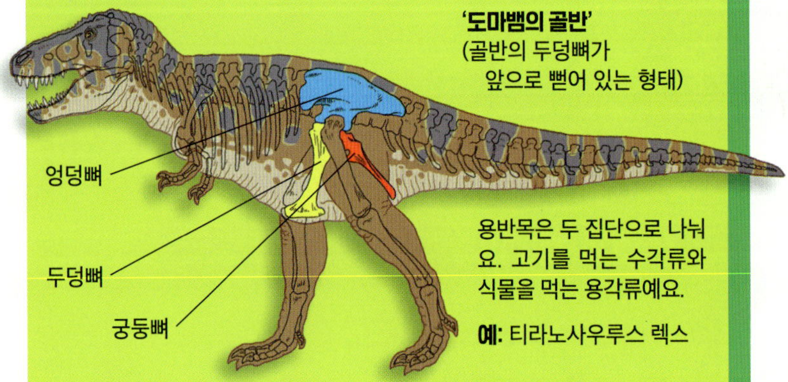

- 엉덩뼈
- 두덩뼈
- 궁둥뼈

'도마뱀의 골반'
(골반의 두덩뼈가 앞으로 뻗어 있는 형태)

용반목은 두 집단으로 나눠요. 고기를 먹는 수각류와 식물을 먹는 용각류예요.

예: 티라노사우루스 렉스

모든 공룡은 이렇게 크게 두 갈래로 나눈 뒤, 비슷한 종끼리 묶어 더 나누지요. 예를 들어서 스테고사우루스는 목과 등에 골판이 있고 꼬리에 가시가 나 있어요. 같은 검룡과에 속하는 공룡들은 이런 특징이 있지요.

벨로키랍토르의 **이름**의 **'날쌘 도둑'**을 뜻해요.

남아메리카에는 **티라노사우루스 렉스**가 없었어요.

트리케라톱스는 **이빨**이 **800**개나 되었어요.

공룡 알은 **부화**하기까지 **6개월**이 걸리기도 했어요!

동물의 세계

새로 발견된 공룡 4종류

인류는 수백 년 전부터 공룡의 화석을 찾아다니고, 발견하곤 했어요. 지금까지 전 세계에서 적어도 1000종이 발견되었고, 앞으로도 수천 종이 더 발견될 수도 있어요. 다음은 최근에 발견된 화석들이에요. 2번 공룡은 일본의 아마추어 화석 사냥꾼이 발견했어요.

① 루칼칸 알리오크라니아누스 (용반목)

- **학명**: *Llukalkan aliocranianus*
- **이름 뜻**: 루칼칸은 마푸체족 말로 '두렵게 하는 존재'를 뜻해요.
- **길이**: 5m
- **시대**: 후기 백악기
- **지역**: 아르헨티나

② 야마토사우루스 이자나기이 (조반목)

- **학명**: *Yamatosaurus izanagii*
- **이름 뜻**: 야마토는 일본을 뜻하고, 이자나기는 일본 신화에서 일본 섬을 만든 신이에요.
- **길이**: 7~8m
- **시대**: 후기 백악기
- **지역**: 일본

③ 틀라톨로푸스 갈로룸 (조반목)

- **학명**: *Tlatolophus galorum*
- **이름 뜻**: 틀라톨로푸스는 나우아틀어로 '단어'라는 말과 그리스어로 '볏'이라는 말을 합친 이름이에요.
- **길이**: 8~12m
- **시대**: 후기 백악기
- **지역**: 멕시코

④ 아락카르 리카난타이 (용반목)

- **학명**: *Arackar licanantay*
- **이름 뜻**: 쿤자어로 아타카마족의 뼈라는 뜻이에요.
- **길이**: 8m
- **시대**: 후기 백악기
- **지역**: 칠레

공룡의 특징

공룡의 비밀이 드러나다

첨단 기술 덕분에 공룡의 놀라운 특징들이 밝혀지고 있어요.

공룡이 멸종한 지 6600만 년이 흘렀어요. 그리고 지금도 인류는 공룡의 새로운 모습들을 알아내고 있어요. 레이저, 3D 모형, X선 그리고 로봇 공학 같은 첨단 기술 덕분이에요. 예를 들어, 전문가들은 컴퓨터 프로그램으로 뼈 화석들을 연결하며 빠진 조각을 재현하고, 그 동물이 실제로 어떻게 살았는지를 더 잘 이해할 수 있어요. 더 알고 싶다고요? 과학자들이 최신 기술을 통해 발견한 놀라운 사실 세 가지를 살펴봐요.

스피노사우루스는 선사 시대의 톱상어를 사냥했어요.

강의 짐승

사하라사막의 강에 공룡이 살았어요. 좀 이상하게 들리나요? 하지만 현재 북아프리카 모로코의 드넓은 사막은 9500만 년 전에는 자동차만 한 물고기가 헤엄칠 만큼 깊은 하천들이 흘렀어요. 티라노사우루스 렉스보다 몸이 더 긴 포식자인 스피노사우루스가 이곳에 살았지요.

처음에 과학자들은 등에 돛이 달린 이 동물이 물 가까운 곳에 살았다고 믿었어요. 마치 곰처럼 물가에서 물고기를 사냥했을 것이라고 여겨졌지요. 그러나 2014년에 일부 뼈대가 발견된 뒤, 과학자들은 이 공룡이 물속에서 많은 시간을 보냈을 것이라고 판단했어요.

고생물학자들은 그것으로 만족하지 않았어요. 연구진은 2018년에 다시 발굴에 나섰고 길이가 최대 5미터에 달하는 스피노사우루스 꼬리 화석을 발견했어요. 처음에는 척추뼈 하나만 발굴했지요. 연구진은 고속 카메라와 로봇으로 길이 20센티미터의 기계 꼬리를 만들어서 물속에 넣어 움직여 가며 실험을 했어요.

과학자들은 그 짐승이 악어처럼 물속을 헤엄쳤고, 친척인 육상 공룡들보다 8배나 더 센 힘으로 물속을 나아갔다는 것을 알아냈어요. 사실 스피노사우루스는 헤엄치는 데 알맞은 꼬리를 지닌 최초의 대형 공룡이었어요.

동물의 세계

성체가 지켜보는 가운데 어린 무스사우루스가 린코사우루스 두 마리를 살펴요.

새끼의 걸음

공룡은 스테고사우루스처럼 네 다리로 느릿느릿 걸었거나, 티라노사우루스처럼 두 다리로 허겁지겁 걸었어요. 그러나 모든 공룡이 자라는 동안 계속 같은 방식으로 움직인 것은 아니에요.
고생물학자 알레한드로 오테로는 초음파와 컴퓨터를 이용한 첨단 장치인 CT 스캐너로 무스사우루스의 뼈를 X선 촬영했어요. 그런 뒤 컴퓨터 프로그램으로 X선 영상을 3D 모형으로 바꾸어서 공룡이 나이에 따라 어떻게 섰는지 자세를 그려 냈어요. 이 시뮬레이션은 무엇을 보여 주었을까요? 사람의 아기처럼 무스사우루스 새끼도 처음에는 네 발로 걸었다가 자라면서 뒷다리로 걷기 시작했다는 것이 드러났어요.

갓 부화한 새끼 데이노니쿠스는 아빠가 돌봐요.

알껍데기 분석 결과

공룡 알 화석은 바위처럼 보여요. 그래서 과학자들은 데이노니쿠스의 알이 파란색이었을 가능성이 높다는 것을 발견하고 놀랐어요! 공룡의 사체에 열과 압력이 가해지면 수백만 년 동안 남아 있을 수 있는 물질이 생기기도 해요. 과학자들은 이런 물질을 자세히 조사했어요. 고생물학자 야스미나 비만이 데이노니쿠스 알에 레이저를 쬐어 봤더니, 빛이 반사되면서 껍데기에 현대의 동물 알이 밝은색과 반점을 띠게 하는 화합물이 들어 있음이 드러났어요.
그래서 비만 박사는 데이노니쿠스 알이 파란색이라는 사실을 알아냈어요. 이 사실은 또한 비슷한 색깔의 알을 낳는 현대 조류처럼, 데이노니쿠스도 겉으로 드러난 둥지에 알을 낳고 품었을 가능성이 높음을 시사*했어요.

*시사: 어떤 것을 간접적으로 나타내는 것.

더 알아보기

잠깐 퀴즈!

동물에 대해서 내가 얼마나 아는지 퀴즈로 확인해 봐요!

답을 종이에 적은 뒤, 아래 정답과 맞추어 봐요.

① 다 자란 황금사자타마린은 몸집이 _____ 만 하다.
a. 다람쥐
b. 골든리트리버
c. 비버
d. 햄스터

② 참일까, 거짓일까? 바다사자는 무리를 지어요. ( )

③ 과학자들은 일각돌고래 또는 외뿔고래가 엄니로 _____고 생각한다.
a. 먹이를 찔러서 기절시킨다
b. 짝에게 뽐낸다
c. 서로를 알아본다
d. 보기 a, b, c 모두 다 한다

④ 뒷다리로 일어선 새끼 고양이는 _____ 준비가 된 것이다.
a. 싸울
b. 놀
c. 달아날
d. 달려들

⑤ 절지동물에 대한 설명 중 거짓은 무엇일까?
a. 물과 육지 양쪽에 다 살아요.
b. 겉뼈대를 지녀요.
c. 부속지가 달린 몸마디로 이루어져 있어요.
d. 동물 집단 중에서 가장 작아요.

너무 쉽다고요?
다음 장에 나오는 퀴즈에도 도전해 봐요!

정답: 1.a, 2.참, 3.d, 4.b, 5.d

동물의 세계

이렇게 해 봐요!
아주 훌륭한 동물 보고서 쓰기

해마

선생님이 해마에 관한 보고서를 쓰라는 과제를 내 주더라도 걱정 마요. 보고서를 잘 쓰는 방법을 알려 줄게요.

잘 쓰기 위한 3단계: 보고서는 서술과 설명을 담아요 (129쪽 '완벽하고 훌륭한 보고서를 쓰는 법' 참조). 주요 개념을 제시하고, 뒷받침할 증거를 자세히 적고, 결론을 내려야 해요. 이 기본 구조와 전체 흐름을 생각하면서 한 문단씩 써 나가면 보고서를 제대로 쓸 수 있을 거예요.

1. 서론
주요 개념을 제시해요.
  해마는 독특한 특징을 많이 지닌 흥미로운 물고기예요.

2. 본론
주요 개념을 **뒷받침하는 증거**를 제시해요.
  해마는 아주 작은 물고기예요.
  해마는 머리가 말 모양이라서 '바다의 말'이라는 이름이 붙었어요.
  해마는 거의 모든 지구 동물들과 다른 특이한 행동을 해요.

이어서 서술하고, 설명하고, 논술하여 이 요점들을 **확장**해요.
  해마는 아주 작은 물고기예요.
  해마는 태어날 때 건포도만 하고, 성체 해마는 대부분 찻잔 안에 들어갈 크기예요.
  해마는 머리가 말 모양이라서 '바다의 말'이라는 이름이 붙었어요.
  해마는 주둥이가 긴 관 모양이에요. 말처럼 생겨서 해마라고 해요.
  해마는 거의 모든 지구 동물들과 다른 특이한 행동을 해요.
  다른 대다수 물고기와 달리, 해마는 평생을 같은 짝과 함께 살아요. 또 암컷이 아니라 수컷이 새끼를 낳는 유일한 종이기도 해요.

3. 결론
보고서 전체 내용을 **요약**해요.
  독특한 생김새와 독특한 행동 때문에, 해마는 바다에서 가장 흥미로우면서 쉽게 알아볼 수 있는 동물에 속해요.

핵심 정보

보고서에는 다음과 같은 내용을 포함시킬 생각을 해야 해요.
  내가 다룰 동물은 어떤 모습일까요?
  어떤 종과 가까울까요?
  어떻게 움직일까요?
  어디에 사나요?
  무엇을 먹나요?
  포식자는 어떤 동물일까요?
  얼마나 오래 사나요?
  멸종 위기에 있나요?
  왜 관심을 갖게 되었나요?

사실과 허구 구분하기: 여러분이 보고서를 쓸 동물은 영화나 신화나 전설에 나왔을 수도 있어요. 그 동물이 묘사된 모습과 현실에서 실제로 어떻게 행동하는지를 비교하고 대조해요. 예를 들어, 펭귄은 애니메이션 영화 「해피 피트」에서처럼 춤을 출 수는 없어요.

교정과 수정: 어떤 글이든 마찬가지로 다 쓰고 나면 맞춤법, 문법, 문장에 오류가 있는지 검사해요. 남에게 교정을 맡기는 것도 도움이 되곤 해요. 여러분이 놓친 오류를 찾아낼 수도 있으니까요. 또 문장과 문단을 더 다듬을 수도 있지요. 설명을 덧붙이고, 글이 훨씬 더 잘 전달될 만한 동사, 부사, 형용사를 골라요.

창의력을 발휘하기: 시각 자료를 덧붙여서 보고서에 활기를 불어넣어요. 잡지나 웹사이트에서 찾아낸 흥미로운 동물 사진을 보고서에 추가해요. 직접 그려 넣어도 되지요! 또 동물 서식지 모형을 만들 수도 있어요. 창의력을 발휘해서 자신이 아주 좋아하는 동물을 알릴 방법을 찾아봐요.

최종 결과물 완성하기: 이 모든 사항들을 다 모으고 다듬어서 최종 보고서로 만들어요. 깨끗하고 말끔하게 작성하고, 인용한 참고 문헌도 적어 두어요.

아이슬란드 겔딩가달루르에서 파그라달스퍄들 화산이 분화하고 있어요.

우주와 지구

우주의 천체들

15가지 태양계 행성에 관한 흥미로운 사실들

토성의 고리는 **수천 개**가 있는데, 그중 하나만 해도 **지구가 10억 개**는 들어갈 수 있을 만큼 커요.

행성은 **암석, 기체, 기타 물질**로 이루어진 **커다란 천체**로서 별(태양 같은 항성)의 주위를 돌아요.

목성은 우리 태양계에서 **가장 큰 행성**이에요. 태양계의 다른 행성 7개가 그 속에 **다 들어갈** 만큼 커요.

화성의 암석이 **지구에서 발견**되곤 해요.

지구를 뜻하는 영어 단어 **어스(earth)**는 **'땅'**을 뜻하는 **중세 영어 어타(ertha)**에서 나왔어요.

금성의 표면 온도는 매우 높아서 **납이 녹을 정도**예요.

명왕성은 태양성의 아홉 번째 행성이었어요. 그런데 2006년에 과학자들이 명왕성을 **왜소행성**으로 재분류했어요.

지구는 45억 년 전에 먼지와 바위가 뭉쳐서 생겨났어요.

우주와 지구

목성의 대적점은 태풍 같은 폭풍으로 지름이 **지구**보다 더 크고, **수백 년째** 불고 있어요.

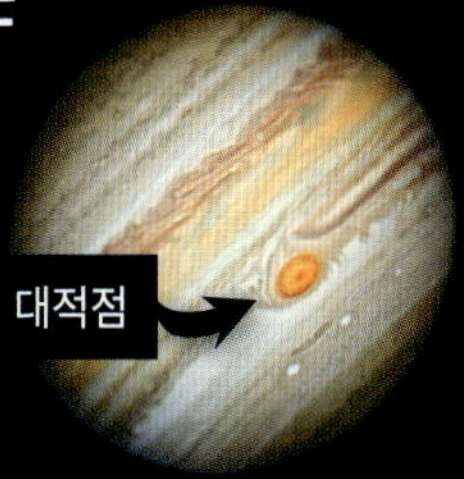

대적점

지구는 시속 약 **10만 7000** 킬로미터의 속도로 **태양** 주위를 돌아요. 항공기의 평균 속력보다 **100배 이상** 빨라요.

천왕성에는 두 계절뿐이에요. 비교적 따뜻한 **여름**과 몹시 추운 **겨울**이지요. 각각 지구 시간으로 **42년씩** 이어져요.

지금까지 알려진 목성의 달 79개 중 하나인 **유로파**에는 얼음으로 뒤덮인 짠 바다가 있어요. 지구의 바다보다 약 10배 더 깊어요.

타이탄은 **토성의 달** 중 하나이고, 행성인 **수성**보다 더 커요.

화성에서 가장 높은 봉우리인 **올림푸스몬스**는 지구의 **에베레스트산**보다 **3배 더 높아요**.

수성은 태양에 가장 가까이 있어서 **태양계 행성 중에서 1년이 가장 짧아요.** 수성의 1년은 **지구 시간으로** 약 **88일**에 불과해요.

89

우주의 천체들

태양계 행성들

수성
- 태양으로부터 떨어진 평균 거리: 57,900,000킬로미터
- 적도에서 잰 지름: 4,878킬로미터
- 하루의 길이: 지구 시간으로 59일
- 1년의 길이: 지구 시간으로 88일
- 알려진 위성의 수: 0개

지구
- 태양으로부터 떨어진 평균 거리: 149,600,000킬로미터
- 적도에서 잰 지름: 12,750킬로미터
- 하루의 길이: 24시간
- 1년의 길이: 365일
- 알려진 위성의 수: 1개

금성
- 태양으로부터 떨어진 평균 거리: 108,200,000킬로미터
- 적도에서 잰 지름: 12,100킬로미터
- 하루의 길이: 지구 시간으로 243일
- 1년의 길이: 지구 시간으로 224.7일
- 알려진 위성의 수: 0개

화성
- 태양으로부터 떨어진 평균 거리: 227,936,000킬로미터
- 적도에서 잰 지름: 6,794킬로미터
- 하루의 길이: 지구 시간으로 25시간
- 1년의 길이: 지구 시간으로 1.9년
- 알려진 위성의 수: 2개

우주와 지구

이 그림은 우리 태양계의 행성 8개와 5개의 왜소행성을 나타내요. 상대적인 크기라든가 위치는 실제와 같지만, 천체들 사이의 상대적인 거리는 실제와 달라요.

왜소행성에 대해서는 92쪽을 참고하세요.

토성 · 천왕성 · 해왕성 · 명왕성 · 하우메아 · 마케마케 · 에리스

목성
- 태양으로부터 떨어진 평균 거리: 778,412,000킬로미터
- 적도에서 잰 지름: 142,980킬로미터
- 하루의 길이: 지구 시간으로 9.9시간
- 1년의 길이: 지구 시간으로 11.9년
- 알려진 위성의 수: 79개*

토성
- 태양으로부터 떨어진 평균 거리: 1,433,600,000킬로미터
- 적도에서 잰 지름: 120,540킬로미터
- 하루의 길이: 지구 시간으로 10.7시간
- 1년의 길이: 지구 시간으로 29.5년
- 알려진 위성의 수: 82개*

천왕성
- 태양으로부터 떨어진 평균 거리: 2,871,000,000킬로미터
- 적도에서 잰 지름: 51,120킬로미터
- 하루의 길이: 지구 시간으로 17.2시간
- 1년의 길이: 지구 시간으로 84년
- 알려진 위성의 수: 27개

해왕성
- 태양으로부터 떨어진 평균 거리: 4,498,000,000킬로미터
- 적도에서 잰 지름: 49,528킬로미터
- 하루의 길이: 지구 시간으로 16시간
- 1년의 길이: 지구 시간으로 164.8년
- 알려진 위성의 수: 14개

*국제 천문 연맹에서 확인해 정식 이름이 붙기 전인 임시 위성을 포함해요.

우주의 천체들

왜소행성

하우메아

에리스

명왕성

케레스
- 하루의 길이: 지구 시간으로 9.1시간
- 1년의 길이: 지구 시간으로 4.6년
- 알려진 위성의 수: 0개

명왕성
- 하루의 길이: 지구 시간으로 6.4일
- 1년의 길이: 지구 시간으로 248년
- 알려진 위성의 수: 5개

하우메아
- 하루의 길이: 지구 시간으로 3.9시간
- 1년의 길이: 지구 시간으로 282년
- 알려진 위성의 수: 2개

마케마케
- 하루의 길이: 지구 시간으로 22.5시간
- 1년의 길이 지구 시간으로 305년
- 알려진 위성의 수: 1개*

에리스
- 하루의 길이: 지구 시간으로 25.9시간
- 1년의 길이: 지구 시간으로 561년
- 알려진 위성의 수: 1개

기술이 발달한 덕분에 천문학자들은 망원경으로 예전에는 결코 볼 수 없었던 여러 천체들을 발견했어요. 새롭게 발견된 사실을 알려 줄까요? 명왕성 너머에 태양 주위를 돌고 있는 차가운 얼음 같은 천체들 무리가 있어요. 그 중 가장 큰 천체는 명왕성과 마찬가지로 왜소행성으로 분류되죠. 왜소행성은 달보다는 작지만 질량이 충분해서 스스로를 공 모양으로 유지할 수 있을 만큼 중력을 갖고 있어요. 거의 구체에 가까워요. 하지만 자기 궤도상의 작은 천체들을 다 흡수할 만큼의 중력은 없어요. 그래서 보다 크고 무거운 다른 행성들은 자기만의 공전 궤도를 가진 데 비해 왜소행성들은 다른 왜소행성이나 자기보다 작은 바위, 얼음덩어리와 함께 궤도를 돌아요.

지금까지 천문학자들이 발견한 왜소행성 중에 잘 알려진 5개는 케레스, 명왕성, 하우메아, 마케마케, 에리스죠. 이름을 붙이기에 앞서 추가 연구가 더 필요한 왜소행성들도 최근에 많이 발견되었어요. 천문학자들은 우리 태양계의 추운 바깥쪽에서 수백 개의 새로운 천체들을 관찰하고 있어요. 시간이 지나 기술이 더 발전하면, 우리에게 알려진 왜소행성의 무리는 분명 계속해서 늘어날 거예요.

*국제 천문 연맹에서 확인해 정식 이름이 붙기 전인 임시 위성을 포함해요.

우주와 지구

블랙홀

← 블랙홀

블랙홀은 정말로 우주에 난 구멍 같아 보여요. 대부분의 블랙홀은 거대한 별의 중심이 붕괴해 사라지는 과정에서 만들어져요. 블랙홀은 중력이 강해서 우주의 그 어떤 것도 끌어당기죠. 마치 바닥없는 구덩이처럼 가까이 다가오는 모든 것을 집어삼켜요. 빛마저 끌어당기기 때문에 검은색이지요. 블랙홀은 크기가 다양해요. 가장 작은 블랙홀은 질량이 태양의 약 3배예요. 지금껏 과학자들이 발견한 것 중 가장 큰 블랙홀은 질량이 태양의 약 66억 배나 된대요. 은하 한가운데에 있는 정말 큰 블랙홀은 오랜 세월 엄청난 양의 기체를 삼키며 만들어졌을 거예요. 2019년에는 과학자들이 최초로 블랙홀의 그림자 사진(왼쪽)을 찍는 데 성공했어요. 예전이라면 기록하기 어려웠을 이 이미지는 6개 대륙에 걸친 망원경 네트워크를 통해 얻어 냈어요.

우리 인류가 지금까지 가장 먼 우주로 보낸 것은 무엇일까?

지구로부터 약 222억 킬로미터 이상 가 있는 물체예요! 1977년 미국 국립 항공 우주국(NASA) 과학자들은 우주 탐사선 보이저 1호와 보이저 2호를 발사했어요. 태양계 외행성들과 그 너머를 탐사하기 위해서였지요. 현재 보이저 1호는 우리가 우주로 보낸 것 중 가장 멀리까지 갔어요. 보이저 2호도 무려 185억 킬로미터를 날아갔고요. 두 탐사선에는 외계 생명체에게 전하는 메시지를 기록한 레이저 디스크인 '골든 디스크'가 실려 있어요. 이 안에는 무엇이 들어 있을까요? 디스크에는 음악, 고래 울음소리, 55가지 언어로 된 환영 인사 그리고 우주 비행사와 항공기, 교실에 있는 아이들의 사진도 실려 있어요. 외계인이 이 메시지를 접할 때를 대비해서 디스크를 재생하는 방법도 적어 뒀어요.

우주의 천체들

탐사 목적지
우주 공간

외계 바다

우주선 밖은 주황색 안개로 흐릿해요. 우리는 토성의 위성 82개 중 가장 크고, 지구의 달보다 1.5배 큰 타이탄에 내려가요. 옅은 스모그*를 지나면 표면이 보여요. 골짜기로 강이 흐르고, 바다에 파도가 쳐요. 하지만 타이탄은 지구와 전혀 달라요. 우주선은 타이탄의 가장 큰 바다인 크라켄해에 떨어져요. 호박색 해안에는 험한 절벽이 늘어섰고, 암석이 점점이 있어요. 기온이 영하 179도로 매우 낮아서, 암석은 단단한 얼음으로 덮여 있지요.

비가 내려요. 물이 아니라 메테인과 에테인이에요. 이것은 지구에서 대기 오염을 일으키는 위험 물질이지만 타이탄에서는 구름이 되고 비로 내려 강과 바다를 채워요. 바다의 액체를 살펴본 과학자들은 타이탄에 외계 생명체가 살 가능성이 있다고 생각해요.

그렇다면 정말 별날 거예요. 지구 생물은 대부분 물로 이루어져요. 타이탄 표면에는 액체 상태의 물이 전혀 없기에, 생물은 주로 메테인이나 에테인으로 이루어지겠죠. 또 너무 추워서 아주 느릴 거예요. 검사에 쓸 시료를 조사하려는데, 갑자기 우르릉 소리가 들려요. 수천 미터 높이의 얼음 화산이 분화해요. 얼음과 암모니아(지구에서 세제로 쓰는 화학 물질)가 뿜어 나와요. 빨리 몸을 피해요!

*스모그: 가스가 안개처럼 된 상태.

목적지
타이탄

위치
토성 궤도

거리
지구에서 14억 3000만 km

이동 시간
3년

날씨
평균 영하 179도,
곳곳에 메테인 폭풍우

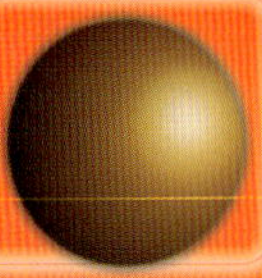

토성의 위성
타이탄

타이탄은 영하 179도로 너무 추워서 외계 생명체가 못 살지 않을까요? 아닐 수도 있어요. 지구에도 꽁꽁 어는 영하의 온도에서 번성하는 호냉균이 있거든요. 어휴, 추워!

우주와 지구

천문 관측 달력 2023년

목성

금환 일식

슈퍼문

- **1월 3일~4일**
  용자리(사분의자리) 유성우가 가장 잘 보이는 날
  시간당 최대 40개의 유성이 보여요. 매년 처음으로 볼 수 있는 유성우예요.

- **5월 6일~7일**
  물병자리 에타 유성우가 가장 잘 보이는 날
  시간당 약 30~60개의 유성이 보여요.

- **6월 4일**
  금성이 동방 최대 이각*에 있는 날
  해가 진 뒤 서쪽 하늘에서 보이기 시작하는 금성이 지평선 위로 가장 높이 올라가는 때예요.

- **7월 3일**
  슈퍼문이 뜨는 날
  달이 지구에 가까이 오면서 평소보다 크고 밝게 보여요. 8월 31일과 9월 29일에도 슈퍼문을 볼 수 있어요.

- **8월 12일~13일**
  페르세우스자리 유성우가 가장 잘 보이는 날
  유성이 시간당 90개씩 관찰되기 때문에 볼 만한 유성우로 꼽혀요! 페르세우스자리 쪽에서 가장 잘 관찰돼요.

- **10월 14일**
  금환 일식이 일어나는 날
  달이 멀리 있어서 일식이 일어나도 해를 완전히 가리지 못하여, 검은 달의 가장자리에 빛의 고리가 생겨요. 캐나다 남부, 미국 남서부, 중앙아메리카, 콜롬비아, 브라질에서 볼 수 있어요. 남북아메리카의 다른 대부분의 지역에서는 부분 일식이 일어나요.

- **10월 21일~22일**
  오리온자리 유성우가 가장 잘 보이는 날
  1시간에 최대 20개의 유성이 보여요. 유성우를 가장 잘 관찰하려면 오리온자리 쪽을 잘 살피세요.

- **10월 28일**
  부분 월식이 일어나는 날
  달이 지구의 그림자를 지나가면서 일부가 가려져요. 유럽, 아시아, 아프리카, 오스트레일리아 서부에서 볼 수 있어요.

- **11월 3일**
  목성이 충*의 위치에 오는 날
  2023년에 목성을 관찰하기 가장 좋은 기회예요. 기체로 이루어진 거대한 행성이 하룻밤 내내 하늘에 밝게 뜬 채 잘 보일 거예요. 쌍안경이 있나요? 그렇다면 목성의 가장 큰 위성 4개도 같이 관찰할 수 있어요.

- **12월 13일~14일**
  쌍둥이자리 유성우가 가장 잘 보이는 날
  다양한 색의 유성이 시간당 최대 120개가 떨어지는 장관이 펼쳐져요!

- **2023년의 여러 날**
  국제 우주 정거장(ISS)이 잘 보이는 날
  국제 우주 정거장이 언제 어디를 지나가는지 알고 싶다면 NASA의 홈페이지를 참고하세요.
  https://spotthestation.nasa.gov

여러분이 사는 지역에 따라 천문 관측 날짜는 조금씩 다를 수 있어요. 가까운 천문대를 방문해서 천체를 더 자세히 관찰해 봐요.

*동방 최대 이각: 지구에서 볼 때 지구보다 안쪽 궤도에 있는 내행성이 태양의 동쪽으로 가장 멀리 떨어져 있는 상태.
*충: 지구보다 바깥쪽에 위치한 외행성이 지구를 중심으로 태양과 정반대 위치에 오는 상태.

지구의 구조

지구 속 들여다보기

지구 표면에서 중심까지의 거리는 적도에서 쟀을 때 약 6400킬로미터예요. 지구는 4개의 층으로 이루어졌어요. 바깥에서부터 얇고 단단한 지각, 암석으로 구성된 맨틀, 녹은 철로 이루어진 외핵, 마지막으로 고체에 가까운 철로 여겨지는 내핵이에요.

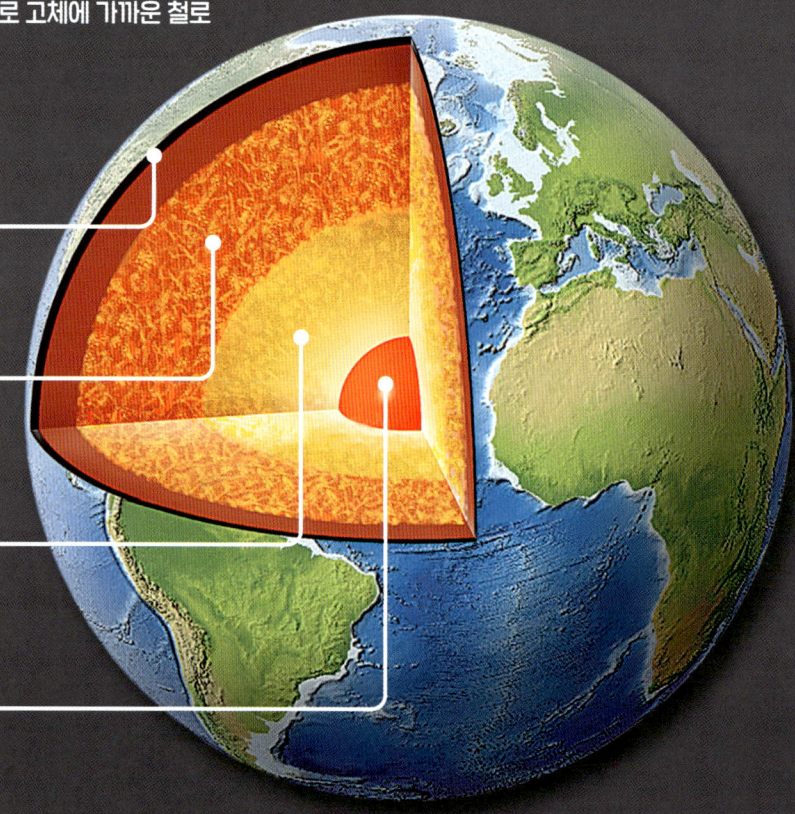

지각은 판*의 윗부분으로, 대륙 지각과 해양 지각을 포함해요. 두께는 5~100킬로미터예요.

맨틀은 뜨겁고 두꺼운 암석으로 약 2900킬로미터 두께예요. 상부 맨틀(적갈색)과 하부 맨틀(주황색)로 나눌 수 있어요.

외핵은 주로 철과 니켈로 이루어져 있고, 암석이 녹아 액체 상태예요.

내핵은 지구의 단단한 중심부이고, 주로 고체 상태의 철과 니켈로 이루어져 있어요.

*판: 지구의 표면을 덮고 있는 단단한 조각으로 지각과 최상부 맨틀로 구성되며, 여러 개로 나뉘어 있고 계속해서 움직여요.

지구 반대편까지 땅을 파 들어가면 어떻게 될까?

마그마로부터 몸을 보호할 옷을 입고 성능 좋은 드릴을 챙기면 어느 지표면이든 뚫고 들어갈 수 있을까요? 땅을 파서 지구 반대편에 닿으려면 1만 2714킬로미터는 뚫어야 해요. 그 전에 지표면에서 가장 단단한 지각을 32킬로미터쯤 파고 들어가 맨틀에 도달해야 하죠. 맨틀의 열과 압력은 너무 높아 탄소가 다이아몬드로 바뀔 정도예요. 사람은 쭈그러들고 말겠죠. 살아남더라도 2900킬로미터를 더 파 들어가야 해요. 그러면 온도가 6000도 이상 되는 화성 크기만 한 핵에 도착할 거예요. 핵을 뚫고 계속 가면 지구 반대편의 맨틀과 지각을 만나요. 다 파면 지구 반대편에 머리를 내밀 수 있겠죠. 하지만 구멍을 빠르게 빠져나와야 해요. 땅속에 큰 구멍이 생기면 주변 암석이 무너져 빈 공간을 채우려고 할 테니까요. 빈 곳이 메워지며 작은 지진이 생길지도 몰라요. 그럼 돌아갈 길은 완전히 막히겠죠. 행운을 빌어요!

우주와 지구

여러 가지 암석 알아보기

암석과 광물은 지구상 어디에나 있어요! 두 가지를 구별하기는 쉽지 않죠. 암석과 광물은 어떻게 다를까요? 암석은 주로 광물로 이루어졌고 자연에 존재하는 고체 물질이에요. 광물은 자연에 존재하는 고체인 무생물로 암석을 이루는 기본 요소예요. 암석은 흑연처럼 한 가지 광물로 구성될 수도, 여러 종류의 광물로 이루어질 수도 있어요. 하지만 모든 암석이 광물로 이루어지지는 않아요. 석탄은 식물성 성분으로 만들어졌고, 호박은 먼 옛날 나무에서 나온 송진으로 만들어졌어요.

화성암

화성암은 '불로 만들어진' 암석이란 뜻이죠. 마그마, 즉 암석이 뜨거워 녹은 액체가 차갑게 식어서 만들어져요. 마그마는 땅속 깊은 곳에 고였다가 지표면으로 천천히 나오는데, 폭발하듯 분출된 것을 '용암'이라고 해요. 용암층이 켜켜이 쌓여 만들어진 산이 화산이지요. 흔히 볼 수 있는 화성암으로 흑요석, 현무암, 부석이 있어요. 부석은 기포가 빠져나온 구멍이 많기 때문에 가벼워서 물 위로 떠요.

안산암   화강 반암

변성암

변성암은 변신을 아주 잘하는 암석이에요! 이 암석은 한때 화성암이거나 퇴적암이었다가 땅속 깊은 곳의 강한 열과 압력 때문에 변형된 거예요. 변성암은 완전히 녹지 않아요. 그 대신 열과 강한 압력이 암석을 뒤틀고 구부려서 모양이 아주 많이 바뀌지요. 변성암으로는 점판암, 대리암이 있어요. 대리암은 건물이나 기념물 조각상의 재료로 쓰인답니다.

운모 편암   호상 편마암

퇴적암

바람과 물, 얼음은 암석 표면을 끊임없이 닳게 해요. 이 과정에서 퇴적물이라는 작은 조각이 생겨요. 자갈, 모래, 진흙은 다 퇴적물 알갱이예요. 물은 경사진 곳을 흐르면서 퇴적물 알갱이를 호수나 바다에 옮겨 놓아요. 퇴적물 더미가 계속 쌓이다 보면 알갱이는 결국 압축되거나 한데 결합해요. 그 결과 새로운 퇴적암이 만들어져요. 사암, 석고, 석회암, 셰일은 이런 식으로 생겨난 퇴적암이에요.

석회암   암염

지구의 구조

이런저런 광물 감별하기

지구에는 너무도 다양한 광물이 있기 때문에 뭐가 뭔지 구별하기가 쉽지 않아요. 다행히도 각 광물에는 물리적인 특징이 있어요. 색깔, 광택, 조흔색, 쪼개짐, 깨짐, 굳기 같은 여러 특징에 따라 어떤 광물인지 확인해 봐요.

색깔

어떤 광물을 볼 때 첫눈에 들어오는 특징은 색깔이에요. 몇몇 광물은 대부분 같은 색을 띠기 때문에 색깔이 가장 큰 특징이에요. 예컨대 아래 사진의 남동석은 항상 파란색이에요. 하지만 어떤 광물은 불순물이 들어가면 색깔이 바뀌기도 해요. 위 사진의 형석은 초록색, 붉은색, 보라색을 비롯한 여러 색깔을 띠어요. 그러니 이런 광물을 감별할 때는 색깔만으로는 안 돼요.

형석

광택

광택은 빛이 광물의 표면에서 반사되는 방식에 따라 구분돼요. 광물이 금이나 은처럼 금속과 비슷하게 보이나요? 아니면 오피먼트처럼 진주 같거나 다이아몬드처럼 반짝반짝 빛나나요? 광택을 묘사할 때는 '흙 같은', '유리 같은', '비단 같은', '윤기 없는' 등의 표현을 쓰기도 해요.

오피먼트(웅황)

다이아몬드

남동석

조흔색

'조흔색'이란 광물 가루의 색깔이에요. 광물을 가루가 될 때까지 갈면 결정일 때와는 다른 색을 띠는 경우가 많아요. 예컨대 황철석이라는 광물은 겉으로는 금과 비슷해 보여요. 하지만 황철석을 '조흔판'이라는 초벌구이 도자기 타일에 문지르면 검은색 흔적이 남아요.

황철석

우주와 지구

쪼개짐

'쪼개짐'이란 특성은 광물이 부서지는 모양에서 드러나요. 한 종류의 광물은 구조가 언제나 동일하기 때문에 같은 모양으로 쪼개져요. 모든 광물이 잘 쪼개지지는 않아요. 하지만 사진 속 미사장석처럼 한 방향 또는 여러 방향으로 고르게 쪼개지는 광물도 있어요. 이런 광물은 '완전 쪼개짐'을 가졌다고 해요. 쪼개진 단면이 매끈하거나 깔끔하지 않은 정도에 따라 '양호', '명료' 또는 '불완전' 쪼개짐을 보인다고 하죠.

미사장석

깨짐

금

지질학자들에 따르면 금 같은 몇몇 광물은 쪼개지면서 부서지는 대신 깨져요. 깨지는 방식은 광물에 따라 다양해요. '조개껍질 모양', '깔쭉깔쭉한', '고른', '고르지 않은' 같은 말로 묘사할 수 있어요.

굳기

광물이 얼마나 잘 긁히고 그렇지 않은지, 단단한 정도를 나타내는 기준을 '굳기'라고 해요. 굳기는 '모스 굳기계'라는 특별한 표준에 따라 측정할 수 있어요. 모스 굳기계는 1에서 10까지 숫자로 나타내요. 표에서 낮은 단계에 있는 무른 광물은 높은 단계에 있는 단단한 광물에 긁혀요.

굳기(도)	광물 이름	굳기가 비슷한 것
1	활석	비누
2	석고	손톱
3	방해석	구리 동전
4	형석	무른 쇠못
5	인회석	강철 주머니칼 칼날
6	정장석	창문 유리
7	석영	단단한 쇠줄
8	황옥(토파즈)	에메랄드
9	강옥	루비, 사파이어
10	금강석	다이아몬드

지구의 구조

가장 넓은 대양인 태평양에서 과학자들이 최근에 수심 **약 8 킬로미터까지** 해저를 파고 들어가 새로운 종류의 **암석**을 발견했어요.

> 예전에는 **달의 검은 부분**이 **달의 바다**라고 생각했어요. 사실은 바다가 아니라 **현무암으로 뒤덮인 드넓은 평원**이에요.

> 지표면에 있는 **화산암**의 90퍼센트 이상은 **현무암**이에요.

태평양 해저 깊숙이 채굴을 했더니 지금까지 본 적이 없던 현무암이 발견되었어요. 화학 물질과 광물의 조성이 우리가 알고 있던 현무암과 전혀 달랐어요. 과학자들은 이 현무암이 약 5000만 년 전에 유달리 뜨거운 화산이 대규모로 분화했을 때 생긴 것이라고 생각해요.

우주와 지구

현무암은 **화산의 용암이 식어서** 만들어지는데, 며칠에서 몇 달이 걸려 단단한 암석으로 **굳어지지요.**

전문가들은 이 **새로운 암석**이 생긴 시기가 불의 고리가 생겨난 시대와 같다고 말해요. **불의 고리**는 태평양 가장자리를 둘러싼 말굽 모양의 지대이며, **세계의 화산** 중 약 75퍼센트가 이곳에 있어요.

지구의 구조

뜨거운 화산

증기가 부글부글 솟아오르는 화산 속에서는 대체 무슨 일이 벌어지고 있을까요?

화산 내부를 들여다보면, '화도'라 불리는 길쭉한 통로가 보일 거예요. 불의 길을 뜻하는 화도를 통해 지각 아래의 마그마 방에 괴어 있던 마그마가 산꼭대기에 난 구멍, 분화구까지 연결돼요. 화도에서 마그마가 가지를 뻗어 갈라진 틈을 만들기도 해요.

화산 안쪽의 압력이 높아지면 화산 가스는 빠져나갈 구멍을 찾아서 결국 지표면을 향해 올라와요! 이때 용암, 화산 가스, 화산재, 돌멩이가 분화구에서 뿜어져 나와요. 이를 화산이 분화한다고 해요.

- 분화구, 화구
- 화도
- 갈라진 틈
- 마그마 방
- 용암과 화산재가 쌓여 단단히 굳어진 지층

우주와 지구

화산의 여러 종류

분석구
캐나다 이브콘산

분석구는 우묵한 그릇을 뒤집어 놓은 듯한 모양이에요. 뜨거운 용암과 화산재가 격렬하게 뿜어나와 만들어지지요. 몇 년에 걸쳐 연기를 뿜다가 크게 분화하기도 해요.

성층 화산
칠레 리칸카부르산

원뿔 모양의 성층 화산은 이전에 분화했을 때 나온 용암과 화산 쇄설물이 단단히 굳고 시간이 갈수록 겹겹이 쌓여서 만들어져요. 이 화산에서 뿜어낸 자욱하고 뜨거운 화산재는 시간당 수백 킬로미터의 속도로 날아가요.

순상 화산
미국 하와이주 마우나로아산

비탈면이 완만하고 넓은 모습이 전사들이 쓰던 방패를 닮았어요. 보통 느리게 분화해서, 용암이 맹렬히 공중으로 솟구치는 대신 후드득 떨어지거나 줄줄 흘러내리지요.

용암돔
미국 워싱턴주 세인트헬렌스산

끈적한 용암이 쌓여서 종 모양을 이룬 화산이에요. 분화구는 용암이 굳어서 막혀 있는 경우가 많아요. 화산 속 압력이 높아지면 다시 분화할 수 있어요.

불의 고리

화산은 모든 대륙에서 발견되지만, 대부분은 '불의 고리'라고 하는 환태평양 조산대를 따라 자리해요. 말굽 모양으로 생겼으며, 약 4만 킬로미터에 이르는 태평양 연안 지역을 가리켜

요. 지구 표면을 이루는 단단하고 커다란 판 여러 개가 이곳에서 만나요. 판들은 서로를 향해 움직이다가 부딪치곤 해요. 그러면 어떻게 될까요? 화산이 분화하고 지진이 발생해요. 실제로 전 세계에서 기록된 지진의 90퍼센트와 활화산의 약 75퍼센트가 이 불의 고리에서 나타나요. 책장을 넘겨 불의 고리에 대한 멋진 사실들을 알아봐요!

103

지구의 구조

블루파이어 파란 화산

기이한 화산 분화로 현란한 빛의 쇼가 펼쳐져요.

아주 컴컴한 밤이에요. 그런데 인도네시아 카와이젠 화산의 분화구 안쪽의 컴컴한 비탈에서는 축제 때처럼 빛의 쇼가 펼쳐져요. 파랗게 빛나는 용암의 강이 흐르는 듯한 이 광경을 보기 위해서 관광객들이 몰려들어요. 하지만 이것은 용암의 강이 아니라 황으로 이루어진 강이지요.

타오르는 파란 불

분화하는 화산에서 붉게 빛나는 용암이 흘러내리는 광경은 종종 볼 수 있어요. 빛나는 황도 흘러요. 카와이젠 분화구에서는 분기공이라는 틈새를 통해서 황이 풍부한 뜨거운 기체가 끊임없이 새어 나와요. 이 뜨거운 기체는 공기에 닿으면서 식어요. 일부는 응축하여 액체 황이 되어서 비탈을 흘러내려요. 황과 나머지 기체에 불이 붙으면 파란색으로 타오르며 밤하늘을 밝혀요.
화산에서 황을 채취하는 사람들은 종종 황에 불을 붙여 횃불로 쓰기도 해요. 카와이젠의 파란 불빛을 보기 위해 많은 관광객이 찾아와 안전한 곳에서 구경하지요. 과학자들은 이곳에서 황과 기체가 자연 발화한다는 것도 알아냈어요.

화산 광부들

황은 화산에서 흔히 나오는 기체이며, 고무 같은 다양한 물건을 제조하는 데 쓰여요. 카와이젠 분화구에는 황이 아주 많아서 광부들은 매일 화산을 오르내려요. 분화구 안쪽 산성 호수 근처의 분기공을 돌아다니면서 황을 채취하는 위험한 일을 하지요.
워싱턴 캐스케이드 화산 관측소의 지질학자 존 팰리스터도 보호용 가스 마스크를 쓰고서 호수에서 올라오는 산성 구름을 뚫고 분화구로 갔어요. 팰리스터가 말했어요. "지역 주민들은 분기공에 세라믹 관을 꽂아서 기체를 빼내고 물을 주변에 뿌려요." 그러면 기체가 식으면서 응축해 액체 황이 돼요. 더 식으면 굳어서 광석이 되지요. 이 방법은 이곳저곳에 흩어져 있는 광석 조각보다 유용한 광석을 더 빨리 채취할 수 있어요. 분기공 근처에 굳은 황 광석은 금속 막대로 두드려서 깬 뒤에 조각을 바구니에 담아 등에 지고 옮기지요. 광석이 담긴 바구니는 무게가 45~91킬로그램이나 나가요.

위험 지대 파악하기

광부들에게는 또 다른 위험이 있어요. 바로 대규모 분화예요. 카와이젠은 약 200년 전에 크게 분화한 뒤로 계속 잠잠하지만, 그래도 활화산이에요. 만약 대분화가 일어나면 광부도 관광객도 위험하겠지요.
인도네시아 과학자들은 모두가 안전할 수 있도록 대분화를 예측할 방법을 찾고자 애써요. 그러나 깊은 산성 호수가 형성되어 있어서 화산 분화를 알려 줄 신호를 포착하기가 쉽지 않아요.
과학자들이 이 별난 화산의 행동을 예측할 방법을 찾으려 노력하는 동안, 관광객들은 경이로운 파란 불을 보기 위해 계속 몰려들지요.

우주와 지구

카와이젠 화산은 어떻게 분화할까?

지구의 표면은 조각 퍼즐처럼 여러 개의 판으로 나뉘어 있어요. 거대한 암석 판은 끊임없이 움직여요. 인도네시아에서는 해양판인 **오스트레일리아판**이 **섭입대***에서 **유라시아판** 밑으로 밀려들어요. 밑으로 들어가는 판은 지구 내부의 열로 뜨거워지면서 일부가 녹아요. 이 녹은 암석은 **마그마**라고 하며, 지표면으로 솟아올라요. 올라오면서 압력이 약해지면, 마그마에 들어 있는 기체가 팽창해요. 이윽고 폭발하듯이 화산이 분화하지요.

*섭입대: 판과 판의 경계에서 더 무거운 해양판이 대륙판 아래로 들어가는 곳.

인도네시아에 관한 재미있는 사실

인도네시아는 1만 7500개가 넘는 섬으로 이루어져 있어요. 동남아시아에서 가장 큰 나라지요.

1883년 8월 크라카타우라는 작은 섬에서 화산이 분화했을 때, 수천 킬로미터 떨어진 곳에서도 소리가 들렸어요.

세계에서 가장 큰 꽃인 라플레시아는 인도네시아에 자라요. 이 꽃은 지름 약 0.9미터, 무게 10.9킬로그램까지 자라고, 썩은 고기 냄새를 풍겨요.

인도네시아에서 가장 인구가 많은 도시인 자카르타에는 약 1100만 명이 살아요. 뉴욕보다 약 250만 명이 더 많아요.

105

더 알아보기

잠깐 퀴즈!

우주와 지구에 대해서라면 확실히 알고 있다고요? 다음 문제를 풀어 보세요!

답을 종이에 적은 뒤, 아래 정답과 맞추어 봐요.

1 **참일까, 거짓일까?** 자갈, 모래, 진흙은 모두 퇴적암을 설명할 때 쓰는 용어예요. (   )

2 불의 고리는 어느 바다에 있을까?
a. 태평양 c. 인도양
b. 대서양 d. 북극해

3 빈칸을 채워 보자.
동남아시아에 있는 인도네시아는 1만 7500개가 넘는 ＿＿＿＿＿＿으로 이루어져 있다.

4 금환 일식은 일식이 일어날 때 검은 ＿＿＿＿＿의 주위에 빛의 고리가 생기는 것이다.
a. 해 c. 토성
b. 달 d. 금성

5 **참일까, 거짓일까?** 지구는 항공기의 평균 속력보다 100배 이상 더 빠르게 태양 주위를 돌아요. (   )

너무 쉽다고요?
다음 장에서 나오는 **퀴즈**에도 도전해 봐요!

정답: ① 참, ② a, ③ 섬, ④ b, ⑤ 참

우주와 지구

이렇게 해 봐요!

과학전람회 준비하기

책을 통해서도 과학을 많이 배울 수 있어요. 하지만 과학을 직접 경험하기 위해서는 실험실에 가서 실제로 해 봐야 하죠. 청소년을 위한 과학전람회나 과학 탐구 대회에 나가 보세요. 도전할 수 있는 과학 프로젝트는 많아요. 자, 고글과 실험용 가운을 챙기고 실험을 시작해 봐요. 과학 탐구 주제는 여러분이 고르는 경우가 많을 거예요. 자신이 흥미를 느끼는 주제를 고르도록 해요.

과학에서 조사와 발견의 기초는 바로 과학적 방법이에요. 다음 여러 단계를 거쳐 실험을 해 봐요.

관찰과 조사: 질문하고 문제를 발견해요.

가설: 여러분이 알아보고 싶은 질문을 떠올렸다면, 그 질문에 대해 가능한 답도 생각해요.

실험: 여러분의 가설이 맞는지 틀리는지 어떻게 알까요? 시험해 보면 되죠. 실제로 실험을 하는 거예요. 여러분의 질문에 답할 수 있는 실험을 설계해야 해요.

분석: 실험 결과를 모으고 일관된 과정을 거쳐 조심스레 측정해요.

결론: 여러분이 얻은 결과가 가설을 뒷받침하나요?

발견한 결과 보고: 실험하고 발견한 결과를 논문으로 작성해 사람들에게 알려요. 논문은 여러분의 실험 전체를 요약해야 하죠.

보너스!
여러분의 프로젝트를 한 단계 더 밀고 나가 봐요. 학교에서 해마다 과학전람회나 과학 탐구 대회가 열릴 수도 있지만, 지역 대회와 전국 대회도 열려요. 상을 놓고 다른 학생들과 겨루어 봐요.

실험 설계하기
여러분이 할 수 있는 실험 유형 3가지!

모형 만들기: '분출하는 화산' 모형을 만들어요. 간단하고 분명하게 해요.

시연하기: 터널형 인공 장치인 풍동에 토네이도를 일으키는 것처럼 과학 원리를 직접 보여 줘요.

조사하기: 과학전람회에서 잘 쓰이는 방법이에요. 가설을 세우고 적절한 과학 실험을 하고 과학적 방법을 활용해 질문에 대한 답을 찾아요.

알프스산맥의 일부인 오스트리아 그로스베네디거에서 산악인이 얼어붙은 암벽을 오르고 있어요.

탐험과 발견

발견한 사실

이 높은 **암벽**에 빼곡하게 그려진 **수만 점**의 그림에는 **고대**의 **동물들**과 **사람들**의 모습이 담겨 있어요. **약 12000년** 전에 그려진 작품이에요.

> 전문가들이 말하길 이 **암벽화**는 **그려진 시기**가 **빙하기 말**이고, 아마존 서부에 최초로 살았던 사람들이 그렸다고 해요.

과학자들은 콜롬비아 아마존 우림에서 약 13킬로미터에 걸쳐 뻗어 있는 암벽에 새겨진 미술 작품을 발견했어요. 이 암벽화에는 한때 지구에 살았지만 지금은 멸종한 동물뿐 아니라 식물, 사람, 기하학적 모양도 그려져 있어요.

탐험과 발견

선사 시대에 살았던 코끼리의 친척인 **마스토돈**, **큰나무늘보**, **빙하기의 말**을 그린 그림도 있어요.

또 무엇이 발견되었느냐고요? **과일, 악어, 아르마딜로** 등 당시 예술가들이 먹고 남긴 **음식물 쓰레기**도 나왔지요.

어떤 그림들은 **아주 높은 곳**에 있어서 연구자들이 **드론으로 영상**을 찍어서 살펴보고 있어요.

2023년 사이언스 챌린지

대단한 나무에 대해 우리 함께 알아보자!

2023년 사이언스 챌린지
NATIONAL GEOGRAPHIC KiDS

'나무탐사가'인 마거릿(메그) 로우먼 박사는 높은 나무 꼭대기에 올라가서 그곳에 사는 생물들을 연구하면서 많은 시간을 보내요. 박사는 내셔널지오그래픽 탐험가이자 영화 「로렉스」 속 캐릭터의 실제 인물이라고 할 수 있어요. 이제부터 로우먼은 자신이 어떤 일을 하고 왜 나무를 구하는 일에 모두가 나서야 하는지를 말해 줄 거예요.

나무탐사가가 뭐예요?
우주 비행사가 우주를 탐사하듯이, 나무탐사가는 나무 꼭대기를 탐사해요. 새로운 과학이지요. 육상 생물 종의 절반은 나무 꼭대기에 살면서 결코 땅으로 내려오는 일이 없어요. 그러니 이 과학 분야가 얼마나 중요한지 알 수 있지요. 나무는 여러 방면에서 우리 삶에 대단히 중요한 역할을 해요.

어릴 때부터 나무 타기를 좋아했나요?
그럼요! 어릴 때 친구들과 나무 요새를 지었고, 늘 나무에 푹 빠져 있었어요. 아주 높이 자라는 나무에 경외심을 느끼기도 해요. 또 오르면 오를수록 놀라운 생물을 더욱 많이 발견하니까 호기심도 점점 커져요.

나무 꼭대기에서 발견한 가장 놀라운 것을 하나 꼽는다면 무엇인가요?
나는 새로운 곤충 종을 발견하는 데 많이 기여했어요. 내 이름이 붙은 종들도 있지요. 그중 '메그진드기'는 에티오피아의 숲에 살아요. 그리고 발견은 아니지만 내가 가장 뿌듯하게 여기는 일은 숲에 우듬지 통로를 설계하고 건설하는 데 기여했다는 거예요. 지금은 전 세계에서 이런 통로를 찾을 수 있어요. 높은 산을 오르기 힘든 사람까지도 나무 꼭대기까지 올라가면 우듬지 통로를 통해 멋진 풍경을 볼 수 있지요.

나무를 연구할 때 주로 가는 곳이 있나요?
페루의 아마존 상류예요. 아마존강 어귀에서 아주 멀리 떨어져 있고, 아직 사람의 발길이 거의 닿지 않은 곳이에요. 나무를 쓰러뜨리고 다니는 밀렵꾼들도 없어요. 세상에서 생물 다양성이 가장 높은 곳이라서 좋아요.

현장에 나가는 나무탐사가에게 꼭 필요한 물품은 뭐예요?
물과 쿠키요! 농담이에요. 과자를 좋아하긴 하지만, 대개는 줄자, 연필, 공책, 카메라, 쌍안경, 중요한 곤충을 채집할 작은 병이 든 통을 허리에 매고 올라가요. 참, 빨대 두 개를 이용해서 작은 벌레를 짓누르지 않은 채 잡을 수 있는 흡충관도 챙겨요.

나무 연구가 왜 중요한가요?
나무에 사는 다양한 종에 대해 알 수 있고, 또 잎이 기후를 어떻게 조절하는지, 꽃가루받이가 어떻게 이루어지는지, 나무가 환경에 어떤 영향을 미치는지 등 많은 것을 배울 수 있거든요. 우리는 말 그대로 나무 덕분에 살고 있어요. 나무가 건강하도록 돌보지 않는다면 우리도 살아남지 못해요.

탐험과 발견

2023년의 챌린지 주제

나무는 우리 인류를 돌보고 있어요. 우리도 나무를 잘 돌보는 좋은 이웃이 되어야 해요! 나무에 관심을 갖는 일부터 시작해요. 올해의 챌린지 주제가 바로 이것이에요. '내가 나무라면!'이지요.

내 안에 있는 나무탐사가를 발견해 봐요! 읽고 조사하고 직접 관찰하면서 나무를 알아 가는 거예요. 뿌리부터 우듬지까지 나무의 세계를 탐사하면서 종마다 어떤 특징을 지니는지 알아봐요. 가장 마음에 들고 갖고 싶은 특징들을 생각해요. 자신이 되고 싶은 나무를 떠올리고, 그 나무가 된 자신에 대해 짧은 자서전을 쓰고 그림도 그려 보세요.

힌트: 나무를 더 깊이 이해할수록, 더 창의적인 나무 자서전을 쓸 수 있어요.

 올해의 도전 과제를 온라인 게시판에 올려 주세요.
www.bir.co.kr/challenge

애디티는 바다거북 그림과 함께 바다거북의 서식지를 지키자는 내용의 시도 함께 제출했어요.

슬아는 그림과 함께 바다거북을 위해 우리가 할 수 있는 일을 적었어요.

2022년 내셔널지오그래픽 키즈 챌린지 결과

'우리의 소중한 바다를 소개하기' 챌린지에 바다를 사랑하는 많은 어린이가 참여했어요. 자신이 좋아하는 해양 동물의 놀라운 모습을 알리기 위해 애썼지요. 참여 결과를 요약해 볼게요.

- 그림이 86퍼센트, 글이 14퍼센트였고, 참여자 중 절반 이상은 둘 다 제출했어요!
- 가장 인기 있는 동물은 돌고래, 범고래, 고래, 상어, 바다거북, 해달, 문어, 해파리였어요.
- 산호, 씬벵이, 날치, 오징어, 참오징어, 꼼치, 흰동가리, 아귀, 공작갯가재, 소라게도 인기가 조금 있었어요.
- 해양 동물들과 그 생태계를 보호하는 것은 우리 모두에게, 그리고 지구에 아주 중요해요!

그림 부문: 애디티 순다/ 전슬아
글 부문: 쇠돌고래 이야기를 쓴 울라 브린라이언/ 장완흉상어 이야기를 쓴 이지안

탐험가의 지구 소식

용감한 탐험가들

머리 좋은 과학자들이 지구를 지키는 일을 어떻게 돕는지 알아봐요.

인도네시아 수마트라섬의 우림에서 늘보로리스가 나뭇가지를 타고 돌아다녀요.

마치나무타기캥거루를 더 자세히 알기 위해서 과학자들은 활동을 추적할 수 있는 목걸이를 달아요.

생물학자

리사 대벅은 멸종 위험에 처한 마치나무타기캥거루를 연구해서 야생에서 더 잘 보호할 방법을 찾고 있어요. 뉴기니섬에서 마치나무타기캥거루를 추적하던 일화를 들어 봐요.

"가장 어려운 문제라도 반드시 해결책이 있어요. 나는 천식이 있지만, 그래도 파푸아 뉴기니의 산맥을 오르는 법을 알아냈어요."

"이 지역의 연구자들과 함께 산맥 높은 곳의 운무림으로 마치나무타기캥거루 한 마리를 포획하러 갔어요. 나무타기캥거루는 다른 캥거루처럼 주머니가 있고 총총 뛸 수 있지만, 나무 위에서 살아요. 이 동물이 나무 위에서 어떻게 지내는지 알기 위해 우리는 한 마리의 몸에 카메라를 달려고 했지요. 나무줄기에 난 발톱 자국과 땅에 있는 배설물을 살피면서 찾아다니다가, 드디어 나무 위 18미터 높이에 있는 한 마리를 발견했어요. 원주민 한 명이 나무에 올라갔어요. 우리는 마치나무타기캥거루가 포식자가 다가오면 아래로 뛰어내린다는 것을 알고 있었어요. 나는 숨을 죽이고 보았어요. 그 녀석이 팔다리를 쫙 펼치고 활공해서 내려오더니 이끼 낀 부드러운 바닥에 착륙했어요. 우리가 다가가 카메라가 달린 목걸이를 매는 동안 녀석은 가만히 있더니 총총 뛰어 사라졌어요. 5일 뒤 목걸이가 바닥으로 떨어졌어요. 가져와서 촬영된 동영상을 살펴보니, 마치나무타기캥거루가 30미터 높이에서 난초를 뜯어 먹고 주머니를 청소하는 모습이 보였어요! 이 동물은 알려진 것이 거의 없어요. 연구하는 사람들이 더 많아져서 이 동물을 함께 지킬 수 있으면 좋겠어요."

생물학자가 되고 싶다면?

- **공부할 거리** 생물학, 화학
- **볼거리** 영화 「푸른 골짜기」, 「도리를 찾아서」
- **읽을거리** 사이 몽고메리, 『나무타기캥거루를 찾아서 Quest for the Tree Kangaroos』, T. J. 레슬러, 『동물 천재를 위한 남다른 지식 사전』

탐험과 발견

야생 동물 지킴이

"우리는 세상이 더 나아지도록 노력해야 해요. 특히 스스로 버틸 수 없는 야생 동물들에게 더 나은 곳이 되도록 힘써야 해요."

온쿠리 마줌다르는 아시아와 아프리카의 야생에서 밀렵꾼들이 몰래 빼돌린 동물을 구조하는 야생 동물 보호 활동가예요. 밀렵꾼들이 잡은 늘보로리스를 구조했던 일을 들려줄 거예요.

"태국에서 일할 때, 아시아 전역에 사는 영장류인 늘보로리스가 야생에서 불법으로 포획된다는 소문이 들려왔어요. 관광객들은 동물과 함께 사진을 찍고 소셜 미디어에 올리기를 좋아하잖아요? 그래서 야생 동물이 그런 용도로 관광지에 팔린다는 거예요. 또 밀렵꾼들은 숨어 사는 이 작은 야생 동물을 반려동물로 삼으라며 팔아요.

밀렵꾼들을 잡기 위해서 우리는 지역 경찰관들에게 추적 기법을 가르쳤어요. 경찰은 동물을 안전하게 구하려고 체포와 구조를 동시에 하는 작전을 펼쳤지요. 나도 현장에 있었는데, 구조한 늘보로리스들의 상태가 심각했어요. 체온 유지를 위해 담요로 감싸 주었어요. 늘보로리스들은 스트레스를 너무 심하게 받았는지 담요를 씹어 댔어요. 야생 동물 구조 센터에 보내고야 안도했어요. 그곳 사람들은 동물들이 건강을 되찾을 수 있게 정성껏 돌봐 줄 테니까요.

늘보로리스를 구하며 느낀 뿌듯함이 바로 내가 이 일을 하는 이유예요. 나는 밀렵꾼을 잡는 일을 돕고 이런 끔찍한 범죄를 막아 줄 법을 만들도록 요구하는 일을 해요."

야생 동물 지킴이가 되고 싶다면?
- **공부할 거리** 수의학, 법학
- **볼거리** 영화 「토드와 코퍼」
- **읽을거리** 로잔느 패리, 『늑대 원더』, 소소한소통, 『멸종위기 야생동물』

모험가

캐스턴 피터는 화산 분화 사진을 찍기 위해서 김이 피어오르는 화산을 오르내리는 생물학자예요. 분화가 며칠 동안 계속되는 바람에 꼼짝 못 했던 일을 들려줄 거예요.

사진 작가인 캐스턴 피터가 이탈리아 에트나 화산의 폭발 순간을 이 사진에 담아냈어요.

"우리는 이탈리아의 에트나 화산을 탐험하고 있었어요. 초대규모 분화가 일어나는 장면을 찍기를 바라면서요. 그럴 때면 마그마가 마구 뿜어 나오면서 산이 온통 불바다가 돼요.

우리는 산을 절반쯤 올라가서 텐트를 치고 기다렸어요. 그런데 한밤중에 우리 바로 앞에서 갑자기 땅에 균열이 생겼어요. 화산재와 먼지가 휘몰아치면서 눈이 따가워졌죠. 화산 가스 냄새가 코를 찔렀고, 화산 번개가 치기 시작했어요. 땅이 뜨겁게 달아올라서 동료의 신발 바닥이 녹을 지경이었어요. 분화는 며칠 동안 이어졌어요. 우리는 식량이 부족했지만 계속 머물면서 모든 것을 기록하기로 했어요. 그래서 초대규모 분화를 몇 차례나 목격했어요. 잠시 잠잠해질 때면 식은 재를 파서 그 밑에 깔린 얼음을 채취하고 녹여서 식수로 썼지요.

화산의 과학을 이해하기 위한 일이지만, 분화구에 그렇게 가까이 가다니 제정신이 아니었어요. 누구나 나처럼 화산에 갈 수는 없어요. 내가 이 일을 하는 이유가 바로 여기 있어요. 자연이 얼마나 무시무시한 힘을 지니고 있는지 사람들에게 보여 주려는 것이죠."

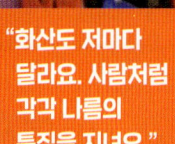

"화산도 저마다 달라요. 사람처럼 각각 나름의 특징을 지녀요."

모험가가 되고 싶다면?
- **공부할 거리** 사진술, 환경 과학, 지리학
- **볼거리** 다큐멘터리 「화산 Volcanoes: The Fires of Creation」, EBS 다큐프라임 「화산」
- **읽을거리** 캐스턴 피터와 글렌 펠런, 『극한의 행성 Extreme Planet』

탐험가의 지구 소식

세상을 향한 탐험가의 카메라 렌즈

자연 보호에 힘쓰는 사진작가 가브 메히아를 만나요

자연 보호 사진작가이자 내셔널지오그래픽 탐험가인 가브 메히아는 강렬한 장소, 사람, 동물을 찍은 사진으로 기후 변화, 오염 등 지구에 심각한 영향을 미치는 문제를 사람들에게 널리 알리기 위해 애써요. 메히아는 필리핀에서 태어나서 자랐고, 주로 자기 나라의 모습을 찍어요. 멸종 위기종과 원주민을 많이 찍지요. 메히아는 사진으로 보여 주는 자신의 이야기와 함께 카메라 너머에서 본 것들을 들려줄 거예요.

필리핀독수리

Q: 어떻게 사진작가가 되기로 마음먹었나요?

A: 13세 때 아빠를 따라 필리핀 우림을 돌아다녔어요. 그때 다른 세상이 눈앞에 펼쳐지는 것을 봤지요. 자연을 보면서 그 아름다움과 원초적인 모습에 푹 빠져들었어요. 그리고 남들에게 그 모습을 알리고 싶어졌지요. 나는 새로운 곳을 여행하기를 좋아했어요. 세상을 돌아다니면서 사진을 찍는 것도요.

Q: 사진작가로서 가장 어려운 점은 무엇인가요?

A: 빛을 추적하는 거예요! 사람들이 잘 모르는 것이 있는데, 완벽한 사진을 찍으려면 알맞은 빛이 필요하다는 사실이에요. 나는 해가 뜨는 때의 황금빛을 포착하기 위해서 새벽에 일어나거나, 별빛을 찍기 위해서 한밤중까지 깨어 있곤 해요. 야외에 촬영을 나가면 잠을 거의 안 자요.

탐험과 발견

Q: 이 일을 하면서 기억에 남는 순간은 언제였나요?

A: 필리핀독수리를 찍을 때였어요. 아주 멋진 동물이기에, 계속 이런 생각을 하면서 사진을 찍었지요. "이 장엄한 새를 직접 보고 있다니 믿을 수가 없어." 게다가 멸종 위기종이기에, 내 작업은 더욱 중요한 의미를 지니지요. 나는 단순히 그 필리핀독수리의 모습을 사진으로 찍는 것이 아니에요. 필리핀독수리들이 얼마나 놀라운 존재인지를 사람들에게 알리는 거예요.

Q: 야생에서 무서웠던 순간이 있었나요?

A: 어느 밤에 파타고니아의 피츠로이산에서 사진을 찍었어요. 혼자 밤늦게 텐트로 돌아왔는데, 갑자기 텐트 맞은편 덤불에서 새하얗게 빛나는 눈 두 개가 보였어요. 공포 영화의 한 장면 같았지요. 나는 틀림없이 퓨마라고 생각했고, 겁에 질렸어요. 재빨리 헤드램프를 집어서 덤불 쪽을 비췄어요. 남방안데스사슴이었지요. 아르헨티나에서는 아주 보기 힘든 종이에요. 무서웠던 순간이 갑자기 무척 기쁘고 기억에 남는 순간으로 바뀌었죠.

Q: 원주민 공동체를 널리 알리는 일도 하고 있잖아요. 그 일을 하면서 어떤 느낌을 받나요?

A: 원주민들은 모습을 잘 드러내지 않지만, 자기 이야기를 들려주고 싶어 해요. 원주민의 고향은 벌목과 기후 변화로 파괴되고 있어요. 따라서 우리 도움이 필요하지요. 그런 부족의 사진을 찍고자 할 때면, 먼저 함께 많은 시간을 보내면서 신뢰를 얻어요. 그다음에 비로소 카메라를 꺼내지요. 그 사람들은 내가 자신들의 이야기에 귀를 기울이는 같은 필리핀 사람이라고 받아들여요. 나는 부족 지도자들과 좋은 친구가 되었지요.

Q: 사진을 통해 전하고 싶은 메시지가 있나요?

A: 결코 탐험을 멈추지 말라는 거예요! 나는 사진을 통해서 사람들에게 각자 자신의 모험을 추구하도록 영감을 불어넣으려 해요. 야생 동물을 관찰하고, 놀라운 자연 세계를 찾아가고, 더 나은 세상을 만들기 위해 나름대로 노력할 마음을 품게 하는 거죠. 또 내 사진을 보면서 우리 세계가 너무나 아름다운 곳이고 미래 세대를 위해 보호할 필요가 있음을 모두가 깨닫기를 바라요.

탐험가의 지구 소식

엉뚱한 과학자의 실수들

내셔널지오그래픽 탐험가들이 겪었던 가장 당혹스러웠던 순간을 공개합니다.

아주 명석한 과학자도 실수를 해요! 너무나 창피할 때도 있지요. 하지만 과학자는 실수를 통해 무언가를 배운답니다.

얼음이… 팡!
과학자: 안네 융블루트
직업: 환경 미생물학자
조사 지역: 남극 대륙 근처 남대서양 사우스조지아섬

융블루트가 사우스조지아섬의 임금펭귄 수천 마리 사이에서 토양 표본을 채집하고 있어요.

게으른 사자들!
과학자: 레이 윈그랜트
직업: 대형 육식 동물 생태학자
조사 지역: 아프리카 탄자니아

"사바나에서 사자의 움직임과 사냥 행동을 조사할 때였어요. 돌아다니다가 사자를 발견했어요. 사자는 졸고 있었지요. 배가 잔뜩 불러 있었어요. 막 배불리 먹었다는 뜻이었지요. 지켜보는 동안 사자는 아무것도 안 하고 오로지 잠만 잤어요. 밤이 될 때까지요. 다음 날 아침에 다시 갔을 때에도 여전히 그대로였어요.

나는 넉 달 동안 사자 일곱 마리를 찾았는데… 모두 배불리 먹고서 마냥 누워 있더군요. 내가 연구하고 싶은 사자의 행동을 한 번도 볼 수 없었어요. 대신에 그 지역 사람들을 만나서 사자의 움직임을 묻는 인터뷰를 했지요. 굳이 아프리카에서 몇 달씩 돌아다닐 필요가 없는 일이었죠!

나는 야생 동물이 언제나 내 일정에 맞추어 움직이지 않는다는 것을 깨달았어요. 덕분에 포식자들이 자연스레 행동하는 모습을 실컷 봤지요. 사자는 대부분의 시간을 잠자면서 보내요."

레이 윈그랜트에게는 안타깝게도, 사자는 하루에 20시간까지 자거나 쉬면서 보내요.

탐험과 발견

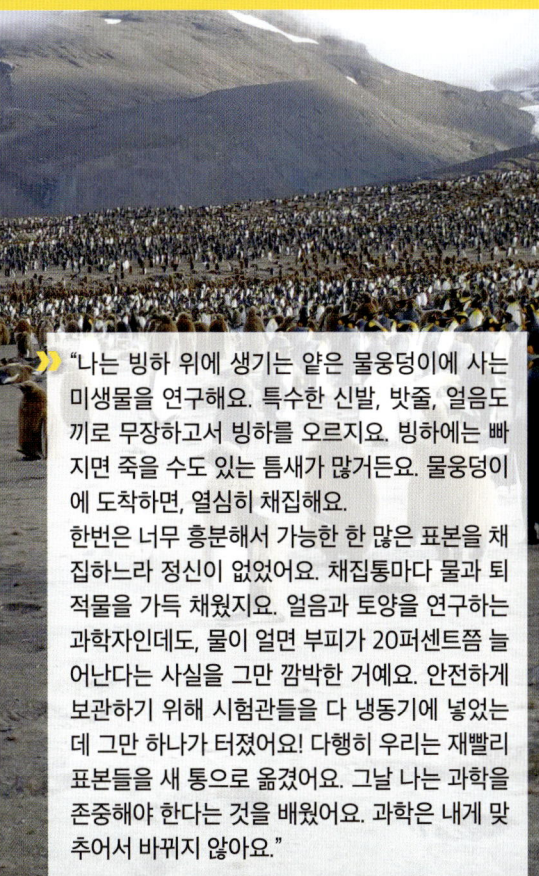

탈출한 뱀

과학자: 루치라 소마위라
직업: 파충류학자
조사 지역: 오스트레일리아 북부

루치라 소마위라가 오스트레일리아에서 아라푸라줄판비늘뱀을 들고 있어요.

▶ "나는 빙하 위에 생기는 얕은 물웅덩이에 사는 미생물을 연구해요. 특수한 신발, 밧줄, 얼음도끼로 무장하고서 빙하를 오르지요. 빙하에는 빠지면 죽을 수도 있는 틈새가 많거든요. 물웅덩이에 도착하면, 열심히 채집해요.
한번은 너무 흥분해서 가능한 한 많은 표본을 채집하느라 정신이 없었어요. 채집통마다 물과 퇴적물을 가득 채웠지요. 얼음과 토양을 연구하는 과학자인데도, 물이 얼면 부피가 20퍼센트쯤 늘어난다는 사실을 그만 깜박한 거예요. 안전하게 보관하기 위해 시험관들을 다 냉동기에 넣었는데 그만 하나가 터졌어요! 다행히 우리는 재빨리 표본들을 새 통으로 옮겼어요. 그날 나는 과학을 존중해야 한다는 것을 배웠어요. 과학은 내게 맞추어서 바뀌지 않아요."

▶ "나는 뱀을 산 채로 잡아서 건강 상태를 조사하고 있었어요. 우리는 밤에는 천 주머니 안에 뱀을 넣어 두었다가 다음 날 낮에 살펴보곤 했어요. 모기와 개미가 득실거렸기에, 나는 뱀이 불편할까 봐 주머니를 곤충이 없는 텐트 안으로 들여놓았어요.
그런데 새벽 3시쯤 너무나 지독한 냄새가 나는 바람에 난 잠에서 깼어요. 알고 보니 칠드런비단뱀이 탈출해서 내 따뜻한 침낭 안으로 들어온 거예요. 그런데 내가 몸을 뒤척이다가 뱀을 눌렀고, 뱀이 반쯤 소화된 개구리를 토했던 거지요! 다행히 뱀은 멀쩡했어요. 우리는 다음 날 뱀을 풀어 주었어요. 지금은 뱀을 넣은 주머니를 꽉 묶었는지 늘 확인해요."

수수께끼의 뼈 화석

과학자: 대니얼 딕
직업: 고생물학자
조사 지역: 남아메리카 콜롬비아

고생물학자 대니얼 딕과 에린 맥스웰은 콜롬비아에서 이크티오사우루스 화석을 찾고 있어요.

▶ "우리는 멸종한 거대 해양 파충류인 이크티오사우루스의 길이 2.4미터짜리 뼈대를 조사하고 있었어요. 현장 조사를 하는 첫날이었고, 나는 다른 과학자들에게 깊은 인상을 주고 싶었죠. 머리뼈를 살펴보다가 남들이 놓친 특이한 뼈를 하나 발견했어요. 나는 그 뼈의 특징을 자세히 기록하기 시작했어요. 그런 뼈는 이 화석이 전혀 새로운 종이라는 증거일 수도 있거든요!
그때 지도 교수가 말했어요. '그건 진흙이야.' 난 너무나 창피했어요. 하지만 과학은 실수로부터 배우는 거예요. 지금은 진흙과 뼈를 아주 잘 구별할 수 있답니다."

여기저기 긁히면서

과학자: 파트리시아 메디치
직업: 보전생물학자
조사 지역: 브라질 판타날

▶ "우리는 커다란 맥 수컷에게 진정제 주사기로 만든 화살을 쏘았어요. 건강 상태를 살펴보기 위해서였죠. 때로는 진정제를 맞은 맥이 숲으로 달아나기 때문에, 우리는 뒤쫓아야 했어요. 맥이 물속에서 잠들면 위험할 수도 있어요. 무거워서 건져 올릴 수가 없을 테니까요. 다 자란 맥은 227킬로그램까지도 나가거든요.
그래서 우리는 온몸이 찔리고 긁히면서 가시덤불을 뚫고 계속 달렸어요. 대부분 긴 바지와 긴 셔츠를 입었지만, 한 명은 반바지와 반소매 차림이었지요. 온몸이 상처투성이가 될 즈음에야 맥을 따라잡았어요. 우리는 그 맥에게 '반창고'라는 이름을 붙였어요. 반소매 차림이었던 동료는 야생 동물을 뒤쫓을 때 어떤 옷을 입어야 하는지 절대로 잊지 않을 거예요."

파트리시아 메디치가 브라질 야생 동물 재활 센터에서 새끼 맥에게 먹이를 주고 있어요.

탐험가의 지구 소식

순간 포착 지구의 동물들

NATIONAL GEOGRAPHIC
PHOTO ARK
JOEL SARTORE

내셔널지오그래픽 사진가가 동물을 지키기 위한 여정의 뒷이야기를 들려줘요.

사진가 조엘 사토리는 돼지처럼 비명을 크게 지르고, 잉꼬로부터 카메라를 지키고, 지독한 냄새를 맡으며 고생해요. 멋진 사진을 찍어서 동물들을 보호하는 데 도움이 되기 위해서죠. "나는 사람들이 이 동물들의 모습을 보고 보호하겠다는 생각이 들었으면 좋겠어요." 사토리는 포획된 채 살아가는 1만 5000종 이상의 동물들을 사진으로 남기는 내셔널지오그래픽 '포토 아크: 동물들을 위한 방주' 프로젝트를 맡았어요. 촬영을 할 때마다 사토리는 동물원 사육사, 수족관 관리자, 야생 동물 관리인들과 협력해서 동물들을 안전하고 편안한 상태에서 찍으려고 애썼어요. 하지만 예기치 못한 일이 생기곤 하지요. 사토리의 기억에 남는 순간들에 대해 들어 봐요.

쿨쿨 잠드는 순간

대왕판다(중국 토착종)
애틀랜타 동물원(미국 조지아주 애틀랜타)

이 대왕판다들은 태어난 지 겨우 몇 달이 되었어요. 축구공만 한 쌍둥이를 하얀 촬영용 텐트에 넣어 두 마리가 뒹굴뒹굴할 때 사진 몇 장을 찍었죠. 하지만 새끼들이 슬슬 피곤한 기색이어서 깨어 있는 모습을 찍으려면 서둘러야 했어요. 한 마리가 다른 한 마리의 등에 머리를 기댄 이 사진은 새끼들이 잠들기 직전에 겨우 찍은 멋진 한 컷이에요.

어떤 북극여우 굴은 만들어진 지 300년도 넘었어요.

하! 피식하는 순간

북극여우(유라시아, 북아메리카, 그린란드, 아이슬란드의 북극 지역 토착종)
그레이트벤드 브릿 스파우 동물원(미국 캔자스주 그레이트벤드)

북극여우 토드는 무엇이건 냄새를 맡아요. 너무 잽싸게 움직이는 바람에 좋은 사진을 찍기가 어려웠죠. 그래서 난 토드의 주의를 끌려는 생각에 돼지처럼 꽥꽥 소리를 냈답니다! 이상한 소리가 들리자 토드는 멈춰 앉아서 대체 무슨 일이냐고 묻듯이 고개를 갸우뚱 기울였어요. 그때 얼른 사진을 찍는 데 성공해서 정말 다행이었죠. 돼지 소리가 또다시 효과가 있지는 않을 테니까요. 다음번에는 내가 소리를 내도 토드는 완전히 무시할 게 분명했어요.

자연의 동물들을 더 만나자!

'포토 아크' 프로젝트는 온갖 종류의 동물을 소개해요. 조엘 사토리가 찍은 동물들 중 가장 기묘한 네 마리를 만나 보세요.

버젯프로그

주황점박이쥐치

지중해별노린재

알비노* 캐나다산미치광이

*알비노: 색소가 만들어지지 않아 피부와 털 등이 흰 동물.

탐험과 발견

사토리는 동물에 시선이 집중될 수 있도록 사진 배경은 검은색이나 흰색으로 해요. 그러면 작은 생쥐도 코끼리처럼 중요해 보이지요.

갓 태어난 대왕판다는 몸무게가 작은 우유갑과 비슷해요.

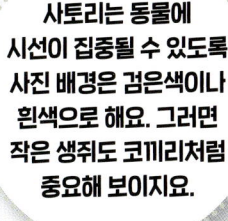

회색머리날여우박쥐 군락* 한 곳에는 최대 약 100만 마리가 모여 살 수도 있어요.

기린은 가끔 혀를 이용해서 귀 청소를 하지요.

야호, 신나는 순간

회색머리날여우박쥐 (오스트레일리아 남동부 토착종)

오스트레일리아 박쥐 진료소 (어드번스타운)

"박쥐 진료소에 도착해서 깜짝 놀랐어요. 온갖 종류의 박쥐들이 마치 건조대에 넌 빨래처럼 구조 센터 곳곳에 매달려 있었거든요. 내가 방을 따라 걷는 동안 박쥐들은 졸린 듯이 나를 바라봤죠. 나는 관리인에게 친근해 보이는 한 회색머리날여우박쥐를 사진에 담아도 되는지 물었어요. 그러자 관리인은 박쥐를 움켜잡고 내 앞에 놓인 철사 선반 걸이로 옮겨 주었어요. 박쥐는 아주 얌전해서 카메라 앞이라는 걸 신경도 쓰지 않는 듯했어요. 가장 좋았던 점이 뭐냐고요? 이 진료소는 날개가 찢어진 박쥐들에게 재활 치료를 해 줘요. 사진 속 박쥐도 치료를 받고 야생으로 돌아갔어요."

*군락: 같은 지역에 모여 사는 집단.

냠냠 먹는 순간

그물무늬기린 (아프리카 토착종)

글래디스 포터 동물원 (미국 텍사스주 브라운스빌)

"기린은 사람이 시킨다고 해도 자기가 하기 싫은 행동은 결코 하지 않아요. 그래서 나는 사진을 잘 찍기 위해 기린이 좋아하는 활동을 촬영에 덧붙였죠. 바로 점심 식사였어요. 우리는 기린의 식사가 준비된 곳 뒤쪽 울타리 가로대에 큼직한 검은색 배경용 막을 매달았어요. 기린은 나를 전혀 신경 쓰지 않고 천천히 먹이 앞으로 다가왔어요. 약 10분간 이 동물이 대나무 잎을 우적우적 씹는 동안 나는 바라던 사진을 다 찍었어요. 기린은 점심 식사가 끝나자마자 떠나 버렸고 우리의 촬영도 막을 내렸죠."

동물 사진의 촬영 비결

야생에서 동물 사진 찍기

야생 동물의 생생한 모습을 담은 좋은 사진을 찍기란 쉽지 않아요. 멋진 사진을 찍기 위해 사진가들은 야생의 현장으로 직접 들어가고, 사진을 찍으려는 동물처럼 생각하거나 행동하기까지 하죠. 치명적인 독사를 뒤쫓거나 펭귄과 함께 헤엄치는 동물 사진가들은 아주 용감해야 해요. 동시에 조금은 거리를 두는 법도 알아야 하지요. 여기, 놀라운 사진가 세 명이 멋진 야생 동물 사진 촬영에 얽힌 믿기지 않는 뒷이야기를 들려줄 거예요.

독니에 초점을 맞추다

사진가: 마티아스 클룸
동물: 제임슨맘바
촬영 장소: 아프리카 카메룬

"제임슨맘바라는 독사는 아름답지만 위험해요. 독성이 강한 독액을 만들거든요. 우리 연구 팀은 몇 주 동안 지역 주민들에게 이 파충류가 많이 나타나는 지점이 어디인지 물어보며 계속 찾아다녔어요. 결국 나뭇잎 사이에서 고개를 내민 제임슨맘바를 발견했죠. 나는 조금씩 조심스레 다가갔어요. 내가 녀석을 못 본 것처럼 구는 게 중요했죠. 그러지 않으면 뱀이 위협을 느껴서 공격할 수도 있거든요. 난 1.4미터쯤 떨어진 곳까지 다가가서 사진을 찍는 데 성공했어요. 그 뒤 내가 물러서자 뱀은 스르륵 미끄러져 사라졌죠."

탐험과 발견

사진가들이 들려주는
놀라운 야생 동물 사진의 비밀

장완흉상어는 보통 혼자 생활하지만 거두고래과의 여러 고래 무리와 함께 헤엄치는 모습이 발견되기도 해요.

상어와 마주하다

사진가: 브라이언 스케리
동물: 장완흉상어
촬영 장소: 바하마

"나는 멸종 위험에 처한 장완흉상어를 찍고 싶었어요. 그래서 과학자들과 함께 바다에 나가 이 상어가 이전에 발견되었던 구역을 찾았죠. 며칠 뒤 배 가까이에 상어의 큰지느러미가 물 위로 솟아올랐어요. 과학자 한 명이 상어를 관찰하기 위해 금속 우리 안에 들어가서 바다에 잠수했죠. 이어서 나도 바다에 뛰어들었어요. 나는 안전을 지켜 줄 금속 우리가 없었기 때문에 아주 조심했죠. 몸길이가 2.7미터에 이르는 장완흉상어는 공격적일 때도 있지만 이 상어는 그저 호기심에 찬 듯 보였어요. 2시간 동안 우리 주위를 맴돌면서 내가 사진을 찍을 기회를 주었죠. 완벽한 모델이었어요."

펄쩍 뛰어오를 때

사진가: 닉 니컬스
동물: 인도호랑이
촬영 장소: 인도 반다브가르 국립 공원

야생에 남은 인도호랑이는 이제 2500마리도 채 되지 않아요.

"나는 절벽을 따라 호랑이 한 마리를 뒤쫓았고, 이 호랑이가 절벽 가장자리에서 자기의 비밀 샘물로 풀쩍 뛰어올라 물 마시는 모습을 봤어요. 호랑이를 크게 찍고 싶었지만 가까이 다가가면 위험할 수 있었죠. 그래서 이 장소에 언젠가 호랑이가 다시 올 거라 믿고 절벽에 적외선 센서가 달린 카메라를 설치했어요. 감지 범위 안으로 들어오면 사진이 찍혀요. 이 장치를 3개월 동안 설치해 놨는데 내가 건진 사진은 이 한 장뿐이에요. 나는 호랑이에 가까이 가기만 해도 팔에서 털이 쭈뼛 서요. 이렇게 놀라운 동물과 마주할 수 있었던 건 대단한 행운이에요."

탐험을 위한 지식

야생 동물 수의사의 야생 모험담

쿤차이(왼쪽)는 우유를 하루에 다섯 번 먹어야 해요.

동물은 어디가 아프다고 의사에게 말하지 못해요. 그래서 야생 동물 수의사는 일하기가 조금… 힘들어요. 전 세계를 돌아다니며 동물원, 쉼터, 국립 공원, 구조 센터에 있는 동물들을 치료하는 개비 와일드를 만나 봐요. 이 야생 동물 수의사는 동물을 돌보려면 약간의 약과 많은 정성이 필요하다고 말해요.

새끼 코끼리가 정성껏 보살핌을 받아요

"동남아시아의 태국에서는 코끼리를 농장 일꾼으로 쓰곤 해요. 한 농민이 숲에서 불법으로 새끼 코끼리를 잡아 왔어요. 어른 코끼리를 사는 것보다 더 싸다고 생각했겠지요. 하지만 곧 새끼는 죽어 가기 시작했어요. 농민은 코끼리가 치료를 받아야 한다는 것을 알아차렸어요. 그는 내가 일하는 야생 동물 병원으로 새끼 코끼리를 데려왔어요. 우리는 그 새끼에게 쿤차이라는 이름을 붙였어요. 태국어로 '왕자'라는 뜻이에요. 쿤차이는 다른 코끼리들과 놀지 않으려 했고, 우리가 주는 우유도 거부했어요.

나는 코끼리의 행동을 연구한 적이 있었기에, 귀찮게 굴지 말라는 뜻이라고 짐작했지요. 그래서 나는 코끼리 우리에 들어가서 가만히 바닥에 앉아 딴 곳을 바라보고 있었어요. 쿤차이를 곁눈질로 계속 보면서요. 30분쯤 지나자 내 어깨를 살짝 건드리는 무언가가 느껴졌어요. 쿤차이가 코로 내 어깨를 두드리고 있었어요!

그때부터 쿤차이는 구조 센터에서 나를 졸졸 따라다녔어요. 나는 하루에 다섯 번씩 우유를 먹이고, 세 번씩 산책을 시키고, 일주일에 몇 번씩 목욕을 시켰지요. 먹고 체중이 늘면서, 쿤차이는 건강해졌어요. 우리는 쿤차이가 사람의 손에 자랐기 때문에, 숲에 풀어놓는 것은 위험하다고 판단했죠. 그래서 지역 보전 센터로 보내서 다른 코끼리들과 어울려 살아가도록 했어요. 나는 쿤차이가 건강하고 행복하게 자라도록 도울 수 있어서 무척 기뻤어요."

수컷 아시아코끼리는 대개 태어나서 5년쯤 어미와 살다가 떠나요.

탐험과 발견

극한 직업! 화산학자

새로운 연구 장비를 시험 중인 존 스티븐슨

존 스티븐슨이 하는 일은 결코 평범하지 않아요. 화산학자인 스티븐슨은 화산 분화를 평가하고, 용암의 흐름을 뒤쫓고, 화산에 대해 더 배우기 위해 외딴 지역까지 찾아가요. 다음 글을 읽어 보면 화산학자의 일이 얼마나 위험한지, 하지만 얼마나 보람찬지 알 수 있어요.

과학이 좋아서 "어릴 때 나는 과학과 자연을 정말 좋아했어요. 대학교에서는 화학 공학을 전공했지만 지질학도 공부했죠. 과학 분야의 배경 지식을 두루 갖추니 화산 관찰부터 분화 과정을 더 큰 관점에서 이해하는 데 도움이 되었답니다."

깊이 땅 파기 "나는 아이슬란드에서 4200년 전에 폭발했던 부석과 재 표본을 모으는 작업을 열흘 동안 한 적이 있어요. 우리는 우리가 찾는 재 층이 나올 때까지 흙을 파고 또 팠어요. 그다음에는 2시간 동안 사진을 찍고 표본을 채집했어요. 밤에는 개울가의 경치 좋은 곳을 찾아 저녁을 먹고 캠핑을 했죠."

위험한 공기 "흘러가는 용암 가까이 있으면 위험해요. 주변 공기가 뜨거운 데다 독성이 있는 이산화 황 기체가 잔뜩 떠다닐 수 있거든요. 아이슬란드의 활화산 바우르다르붕카산에서 일할 때, 주변을 떠다니는 먼지 농도를 재기 위해 방독면을 쓰고서 전자 가스 계량기를 사용했어요."

비처럼 내리는 재 "멕시코의 콜리마 화산에서 작업할 때 우리는 분화구에서 몇 킬로미터 떨어진 곳에 텐트를 치고 지냈어요. 어느 밤 쉭쉭대는 소리에 나는 잠에서 깼어요. 그 소리는 텐트에 비가 거세게 내리는 듯한 후드득 소리로 빠르게 바뀌었죠. 손을 뻗어 비를 받자 거친 회색 모래가 묻었어요. 화산이 폭발해서 화산재가 내린 것이었어요. 우리는 급히 짐을 싸서 안전한 곳으로 대피했죠."

이 직업의 장점 "멋진 장소에 가서 흥미로운 도구로 연구해요. 여가 시간에도 산을 오르거나 캠핑을 하고, 장비나 컴퓨터를 이리저리 만지며 보내죠. 나는 정확한 데이터를 얻고 방법을 찾아 문제를 해결하는 것을 좋아해요. 그런 과정에서 세계가 어떻게 돌아가는지 알 수 있으니까요."

현장에서 일하는 모습

탐험을 위한 지식

세계의 8가지

여러분! 이 묘기들은 절대 시도하지 마요!

1 공중 뒤집기

프리라이드 산악자전거 경주에서 선수들은 대부분의 사람들에게 불가능해 보이는 경로를 달려요. 산길뿐 아니라 나무다리, 계단, 심지어 절벽 너머로도 달려요! 미국 자전거 선수 캐머런 징크는 미국 유타주에서 열린 프리라이드 산악자전거 경주에서 24미터 거리를 백플립 기술로 날아갔어요. 이 대회 역사상 가장 긴 거리였지요.

캐머런 징크가 백플립을 하면서 24미터를 날아가는 장면을 찍은 사진을 모아 합성했어요.

공중 스포츠

이렇게 중력을 거스르려면 높은 곳을 좋아해야 하겠지요?

2 중력에 맞서기

체조 선수는 힘, 민첩성, 조정 능력, 균형 감각을 두루 발휘하여 공중에서 뛰고 뒤집고 움직여요. 미국의 체조 선수 시몬 바일스는 두 차례의 올림픽 경기에서 금메달 4개, 은메달 1개, 동메달 2개를 땄어요. 자신의 이름을 붙인 동작도 4개나 창안했지요. 정말 대단하죠?

탐험과 발견

3 앨리웁 덩크 슛

확실하게 덩크 슛을 할 수 있는 방법이 여기 있어요. **트램펄린 농구**예요. 즉 트램펄린의 도움을 받아 높이 뛰어오르며 하는 농구예요. 슬램볼이라고도 해요. 미국 전역에서 트램펄린 공원이 늘어나면서 점점 인기를 얻고 있어요.

4 다이빙

아래를 봐요! 이 다이빙 선수는 멕시코 마사틀란 절벽에서 바다로 뛰어내려요. **절벽 다이빙**은 수백 년 전부터 있었던 스포츠예요. 하와이 전사들은 충성심과 용맹함을 증명하기 위해서 라나이섬의 절벽에서 뛰어내렸다고 해요.

5 미래의 비행

사진 속 **플라이 보드**가 널리 쓰이게 된다면, 호버 보드는 구식 탈것 취급을 받을 수도 있겠지요? 아직 개발 중인 이 플라이 보드는 엔진 네 개를 장착했고, 손에 든 장치로 조종해요. 연료는 등유를 쓰고 한번 날아오르면 거의 2200미터를 날 수 있어요. 나중에는 공중에서 경주를 하겠죠?

6 발로 굴러 도약하기

미국 캘리포니아주에서 이 사람은 **포고스틱**을 타고 공중으로 1.8미터 이상 뛰어오를 수 있어요. 스카이콩콩이라고도 알려진 포고스틱은 본래 스프링의 힘으로 튀어 올라요. 하지만 이 포고스틱은 압축 공기를 써서 더 높이 튀지요.

7 벽 타기

이 스포츠에서는 말 그대로 벽에 부딪쳤다가 튕겨 나와요. 기계 체조와 파쿠르를 합친 **벽 트램펄린** 도약에서는 선수들이 공중에서 몸을 뒤집고 비틀어요. 일부 서커스 곡예사는 오래 전부터 벽 트램펄린을 이용해 왔어요. 현재 선수들은 이 운동이 정식 스포츠 종목이 되기를 기대하고 있어요.

캐나다 퀘벡의 서커스 학교에서 두 사람이 벽 트램펄린을 연습하고 있어요.

8 연을 타고 하늘로

바람을 타고 날아 볼까요? 마다가스카르 옆 모리셔스의 앞바다에서 **카이트 보딩**으로 바람을 이용해 보드를 타고 있어요. 카이트 보딩은 힘과 조정 능력을 써서 연을 조종하여 물 위를 달리는 운동이며, 공중으로 15미터까지 뛰어오를 수 있어요.

더 알아보기

잠깐 퀴즈!

탐험에 대해서 얼마나 많이 아는지 다음 문제를 풀어서 확인해 볼까요!

답을 종이에 적은 뒤, 아래 정답과 맞추어 봐요.

① 플라이 보드는 _____를 쓰고 한번에 2000미터 이상 날 수 있다.
a. 휘발유   c. 전기
b. 등유   d. 태양력

② **참일까, 거짓일까?** 밀렵꾼은 늘보로리스를 반려동물로 팔아요. (   )

③ 장완흉상어는 어느 해양 동물 무리와 함께 헤엄치곤 할까?
a. 바다코끼리
b. 장수거북
c. 범고래
d. 거두고래

④ 콜롬비아의 한 절벽에는 _____를 비롯한 고대 동물들을 그린 그림이 수만 점 있다.
a. 큰나무늘보
b. 빙하기 말
c. 마스토돈
d. 보기 a, b, c 모두

⑤ 아시아코끼리 수컷은 대개 약 _____년 동안 어미 곁에 머무른다.

너무 쉽다고요?
다음 장에 나오는 퀴즈에도 도전해 봐요!

정답: ① a, ② 참, ③ d, ④ d, ⑤ 5

탐험과 발견

이렇게 해 봐요!
완벽하고 훌륭한 보고서를 쓰는 법

과제로 보고서를 써야 한다고요? 숙제가 에베레스트산에 오르는 것처럼 부담스러운가요? 겁내지 마세요. 여러분은 도전할 준비가 됐으니까요! 다음 각 단계별 도움말을 차근차근 따라 하다 보면 엄청나 보이는 숙제도 끝낼 수 있어요.

1. 브레인스토밍
보고서의 주제는 정해져 있기도 하지만, 가끔은 그렇지 않기도 하죠. 어떤 경우든 여러분은 무슨 내용을 쓰고 싶은지 정해야 해요. 먼저 자유롭게 아이디어를 떠올려 봐요. 주제에 대해 생각나는 걸 뭐든지 적는 거예요. 그런 다음 적은 내용을 읽으면서 어떤 아이디어가 가장 좋은지 생각해 봐요. 어떤 내용을 가장 다루고 싶은지 스스로에게 묻고요. 보고서의 목적을 계속 떠올려야 해요. 이 주제로 숙제의 목표를 달성할 수 있나요? 그렇다면 다음 단계로 넘어가요.

2. 주제를 문장으로 써 보기
여러분이 쓸 보고서의 주제, 어떤 대상에 대한 여러분의 생각을 문장으로 적어 봐요. 다시 한번 이 보고서의 목표에 맞나 고민해야 해요. 주제 문장이 보고서의 내용을 독자들에게 잘 설명할 수 있는지 생각해 봐요.

3. 아이디어의 윤곽 그리기
일단 훌륭한 주제 문장을 썼다면, 이제 그 문장을 보다 자세한 정보와 사실, 생각, 사례로 뒷받침해야 해요. 이런 뒷받침하는 내용은 여러분의 주제 문장에 던지는 단 하나의 질문, '왜 그럴까?'에 대한 답이에요. 바로 이 점이 연구와 조사, 때로는 보다 많은 브레인스토밍이 이루어져야 할 대목이에요. 그런 다음 이 내용들을 가장 의미가 잘 통하는 방식으로 짜요. 예컨대 중요한 순서로 배열할 수 있겠죠. 그러면 끝!

4. 제자리에, 준비, 쓰기 시작!
앞서 그린 윤곽을 따라 주제 문장을 뒷받침하는 각각의 내용을 문단의 줄거리로 삼아요. 독자들이 잘 이해할 수 있도록 내용을 정확히 서술하는 단어를 사용해요. 보다 자세한 부분은 구체적인 정보를 활용해 이야기를 전개하거나 여러분의 주장을 펼쳐요. 그리고 그 내용이 보고서 전체의 주제 문장과 관련이 있는지 점검해요. 글이 매끄럽게 흘러가도록 내용을 메워 넣어요.

5. 마무리하기
보고서 전체를 요약하는 결론을 내고, 주제를 다시 이야기하면서 글을 마무리해요.

6. 고치고 다듬기
맞춤법이 맞는지, 오탈자가 없는지, 문법에 맞는지 확인해요. 명료하고 이해하기 쉬우며, 흥미로운 글인지 살펴봐요. 서술하는 동사와 형용사를 적절히 활용해요. 다른 사람에게 글을 읽고 여러분이 실수한 부분을 지적해 달라고 하는 것도 도움이 돼요. 그런 다음 필요한 만큼 수정해서 두 번째 원고를 만들어요. 만족할 만한 최종 원고가 나올 때까지 이런 교정 과정을 최소 한 번 이상 반복해요.

게임과 퍼즐

토케이도마뱀붙이가 나무에 달라붙어 있어요.

뱀이 뿜는 불은?
뱀파이어!

수다쟁이 동물들

동물이 소셜 미디어를 한다면, 무슨 말을 할까요? 이 말코손바닥사슴이 하루에 주고받은 메시지를 지켜볼까요?

말도 못 하게 재밌지요?

말코손바닥사슴

사는 곳: 북아메리카, 유럽, 아시아의 북쪽 지역
사용자 이름: 나사슴
친구들 ⌄

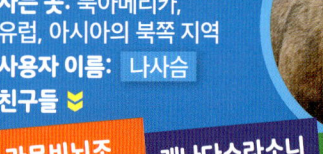

가문비뇌조	캐나다스라소니	눈신토끼
숲새	멋진고양이	눈깡총이

오전 7:00

 **나사슴**
내 멋진 뿔이랑 바이바이 인사해 줘. 다음 달에 떨어져 나갈 예정이니까. 내 뿔 폭이 1.8미터인 건 알지? 굉장하지?

 **숲새**
뿔이 그렇게 크면 불편하지 않아? 암컷한테 잘 보여야 할 때만 쓰잖아. 우리 가문비뇌조 수컷들은 달라. 저 탐스러운 깃털 좀 보라고.(저 친구 꽤 멋진데?)

 **멋진고양이**
그 뿔 무게가 18킬로그램쯤 된다며? 내 귀털 봐. 가볍고 멋지잖아? 난 옆 동네 스라소니와 벌써 데이트 약속을 했지.

 **눈깡총이**
오! 뿔이 떨어지고 나면 너인 줄 못 알아보는 거 아냐? 근데 나도 조만간 여름맞이 털갈이 할 예정. 놀라지들 말라고. 😊

오후 12:00

 **나사슴**
호수가 얼기 전에 나는 수영이나 좀 더 해야지. #수영셀피

 **눈깡총이**
몇 시간 뒤에 난 물속으로 들어갈 거야. @멋진고양이가 해 질 때쯤 나올 테니까. 사실 나는 먼지 목욕이 더 좋아.

 **숲새**
@나사슴은 냄새가 꽤 지독하다며. @멋진고양이가 나오기 전에 나는 나무 위로 가야겠다.

 **멋진고양이**
어휴, 재미없어. 난 숨바꼭질 좋아해… 미식도 좋아하고. 😎

오후 6:00

 **나사슴**
이야, 첫눈이다! 눈밭에 있는 나 말이야, 진짜 멋지지 않아?

 **숲새**
와! 눈이 계속 내리면 나는 굴 파고 들어가 잘 거야. 진짜 편함! #눈내린날꿀잠

 **멋진고양이**
그래, @숲새 넌 마음대로 해. 그나저나 @눈깡총이는 어디로 갔으려나.

 **눈깡총이**
흥! 나는 못 찾을걸. 내 겨울털이 눈 색깔이랑 어울려서 눈인지 나인지 몰라볼 테니까. #토끼마술

 **나사슴**
어라, @눈깡총이가 어디로 갔지?

게임과 퍼즐

알쏭달쏭 세상 관찰
이건 뭘까?

꿈틀꿈틀 벌레들
다음은 기어다니는 작은 동물들을 가까이에서 찍은 사진들이에요. 사진 아래 적힌 힌트를 보고 무슨 동물인지 알아맞혀 봐요.

정답: 354쪽

미 거

갈 전

레 딱 벌 정

개 미 흰

래 노 기

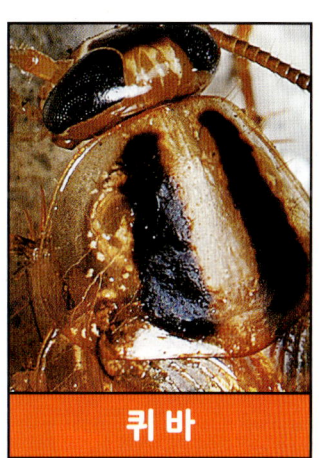
퀴 바

렁 지 이

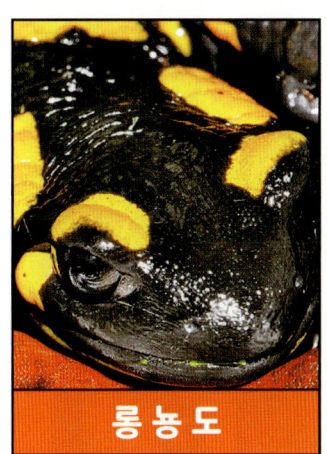
롱 눙 도

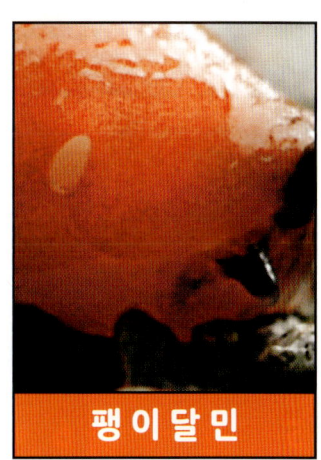
팽 이 달 민

133

진짜? 가짜? 옛 표지판

보이는 것이 다 진짜는 아니에요. 다음 중 5개는 진짜이고 2개는 가짜예요. 어느 것이 가짜일까요?   정답: 354쪽

1

2

3

4

5

6

7

재미있고 우스운
빈칸 채우기

친구와 함께 빈칸 아래 힌트를 살펴보고 빈칸을 웃기는 단어로 채워 각자 이야기를 완성해 봐요. 누구의 이야기가 더 웃길까요?

_____와(과) 나는 여름휴가를 떠나기 위해서 유명한 해적선 _____ _____호에
　　친구 이름　　　　　　　　　　　　　　　　　　　　　　　　　　　　　형용사　　　　　명사:동물

탔어요. 배가 _____을(를) 떠난 뒤, _____ 수염이 난 선장의 안내로 배 안을 구경했지요.
　　　　　　명사　　　　　　　　　색깔

그때 갑자기 하늘이 컴컴해지더니 _____가(이) 오기 시작했어요. 천둥이 치면서 _____가(이)
　　　　　　　　　　　　　　　　　명사　　　　　　　　　　　　　　　　　　　　　　　명사

하늘을 가르고, 옆에서 거대한 _____가(이) 솟구쳐 배를 덮쳤어요. 사방에 물고기들이 쏟아졌고,
　　　　　　　　　　　　　　　　명사

한 마리는 내 _____에 떨어졌어요. 일등 항해사 _____는(은) _____을(를) 데리고
　　　　　　명사:신체 부위　　　　　　　　　　　　이름:유명 인물　　　　　이름:역사적 인물

피했어요. 선장이 돛을 내리고 있는데, 돌풍이 _____ 불어와 공중에 붕 떠올랐어요. 선장은
　　　　　　　　　　　　　　　　　　　　　　　　부사

_____을(를) 꽉 붙들었지만, 바지가 바람에 벗겨지는 바람에 _____ _____ 팬티가
　　명사　　　　　　　　　　　　　　　　　　　　　　　　　　　　　　　색깔　　　　　　명사

드러났어요! 선장이 다시 갑판에 내리자, 우리 모두는 갑판 아래로 숨었어요. 폭풍이 잠잠해질 때까지요.

선장의 바지는 _____일이 지난 뒤에야 발견되었어요. _____의 지느러미에 걸려 있었어요.
　　　　　　　　수사:큰 숫자　　　　　　　　　　　　　　　　명사:해양 동물

135

게임과 퍼즐

숨바꼭질 동물 탐정 — 숨은 동물 찾기

동물은 주변 환경과 잘 어울리는 색깔과 모습을 띠고 천적에게 들키지 않도록 위장하곤 해요. 다음의 동물들을 사진에서 찾아 알맞은 답을 괄호에 써 보세요.

정답: 354쪽

1. 통구멍 (   )
2. 북극여우 (   )
3. 피그미해마 (   )
4. 해삼게 (   )
5. 베짱이 (   )
6. 카멜레온 (   )

알쏭달쏭 세상 관찰
이건 뭘까?

오스트레일리아와 뉴질랜드

다음은 오스트레일리아와 뉴질랜드에 있는 것들을 가까이 또는 멀리 찍은 사진들이에요. 사진 아래 적힌 힌트를 보고 무엇인지 알아맞혀 봐요.

정답: 354쪽

서프드보

초보대

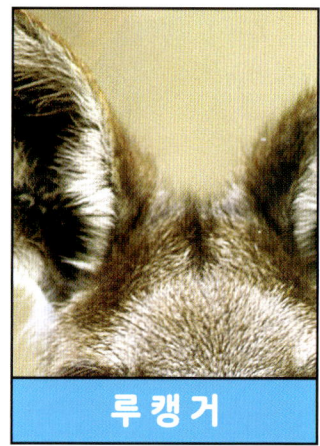
루캥거

조식화

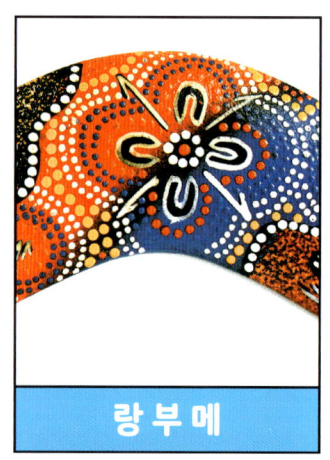
랑부메

룰루울

발깃

알라코

하우오스페라

온 가족이 함께하는 깜짝 퀴즈

게임과 퍼즐

다른 종이를 가져와서 답을 적어 봐요.
가장 많이 맞힌 사람에게 무슨 상을 줄지
의논하고 시작해요! 정답: 354쪽

1 다음의 별난 축제 중에서 진짜는 무엇일까요?
- a. 벌목 세계 선수권 대회, 미국 위스콘신주 헤이워드
- b. 맨손으로 메기 잡기 대회, 미국 오클라호마주 폴스밸리
- c. 무지개 모임, 미국 뉴멕시코주 샌타페이
- d. 보기 a, b, c 모두

2 태양에서 가장 멀리 있는 행성은 _____이에요.
- a. 지구
- b. 해왕성
- c. 수성
- d. 토성

3 나침반은 _____에서 최초로 만들어졌어요.
- a. 중국
- b. 포르투갈
- c. 페루
- d. 짐바브웨

4 나무를 연구하는 사람은 누구일까요?
- a. 산림학자
- b. 어원학자
- c. 천문학자
- d. 지질학자

5 미국 아이들은 고등학교를 졸업하기 전까지 땅콩버터 젤리 샌드위치를 평균 _____개 먹어요.
- a. 800
- b. 1500
- c. 2600
- d. 3500

6 다음 중 거짓은 무엇일까요? 두발가락나무늘보는 _____.
- a. 몸이 조류로 덮여 있곤 해요.
- b. 나뭇가지에 거꾸로 매달려요.
- c. 몸을 부르르 떨어요.
- d. 나뭇잎을 먹어요.

7 사자는 대부분의 시간을 _____ 보내요.
- a. 낮잠을 자면서
- b. 놀이를 하면서
- c. 먹이를 추적하면서
- d. 서로 싸우면서

8 세계에서 가장 큰 설치류는 무엇일까요?
- a. 줄무늬다람쥐
- b. 뉴욕쥐
- c. 카피바라
- d. 마멋

9 노벨상을 만든 알프레드 노벨은 _____를 발명했어요.
- a. 전구
- b. 침낭
- c. 핫초콜릿
- d. 다이너마이트

10 나라와 화폐 이름을 연결해요.
- a. 캐나다
- b. 영국
- c. 폴란드
- d. 에스파냐
- e. 모잠비크

1. 메티칼
2. 유로
3. 달러
4. 파운드
5. 즈워티

139

재미있고 우스운
빈칸 채우기

친구와 함께 빈칸 아래 힌트를 살펴보고 빈칸을 웃기는 단어로 채워 각자 이야기를 완성해 봐요. 누구의 이야기가 더 웃길까요?

_____! 내 생일 선물로 _____ 엄마의 삼촌의 이모의 고모의 큰누나의 숙모가
　　감탄사　　　　　　　　　형용사

무려 _____ 원을 보내 주셨어요. 이 _____ 로(으로) 뭘 할지 생각해 둔 게 있어요.
　　큰 수　　　　　　　　　　　　명사

먼저 _____ 을(를) 인수할 거예요. 아마 _____ 을(를) 내 _____ 로(으로)
　좋아하는 운동 팀　　　　　　　좋아하는 운동선수　　　　　명사:직업

고용할 수도 있겠지요. _____ 로(으로) 만든 _____ 을(를) 쫙 빼입을 거고,
　　　　　　　　　　　명사　　　　　　　옷 종류

새 _____ 에 롤러코스터를 설치할 거예요. _____ 을(를) 타고서 학교에 가겠지요.
　집의 장소　　　　　　　　　　　　　　　　명사

버스는 이제 안녕이에요. _____ 에게 늘 갖고 싶어 하는 _____ 을(를) 사 줄 수 있어요.
　　　　　　　　친구 이름　　　　　　　　　　　　　　명사

또 _____ 을(를) 구하는 일을 하는 단체에 _____ 을(를) 기부할 거예요. 나는
　　동물　　　　　　　　　　　　　　　　　명사

부자니까, 부모님께도 용돈을 드릴 수 있어요.

게임과 퍼즐

키득키득 웃기는 이야기

"건성 비늘용 로션은 어디에 있나요?"

"고맙지만 사양할게요."

"핼러윈 특별 전등이야."

"쟤는 왜 우리처럼 입으로 소리를 내지 않아?"

"좀 이상하게 들리겠지만…
나는 목이 말라."

"GPS는 꺼. 그냥 쟤들 따라가면 돼."

141

알쏭달쏭 세상 관찰
이건 멀까?

해변의 풍경

다음은 해변에서 볼 수 있는 것들을 가까이에서 찍은 사진들이에요. 사진 아래 적힌 힌트를 보고 사진의 정체를 알아맞혀 봐요.   정답: 354쪽

야 나 무 자

모 성 래

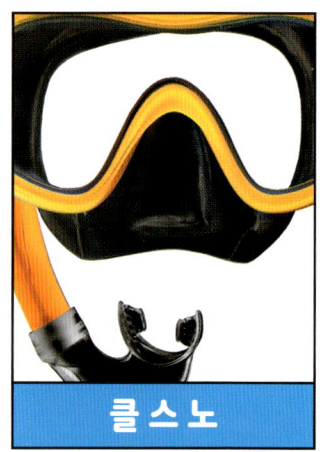
클 스 노

영 수 복

볼 비 치

말 바 닷

껍 조 개 데 기

타 비 치 월

파 솔 라

142

게임과 퍼즐

숨바꼭질 동물 탐정 — 숨은 동물 찾기

동물은 주변 환경과 잘 어울리는 색깔과 모습을 띠고 천적에게 들키지 않도록 위장하곤 해요. 다음의 동물들을 사진에서 찾아 알맞은 답을 괄호에 써 보세요.

정답: 354쪽

1. 가랑잎벌레 (   )
2. 넙치 (   )
3. 바다코끼리 (   )
4. 섬여우 (   )
5. 개오지* (   )
6. 납작꼬리도마뱀붙이 (   )

*힌트: 개오지는 고둥의 한 종류예요.

143

재미있고 우스운
빈칸 채우기

친구와 함께 빈칸 아래 힌트를 살펴보고 빈칸을 웃기는 단어로 채워 각자 이야기를 완성해 봐요. 누구의 이야기가 더 웃길까요?

여름 방학을 맞이해서, 우리 가족은 _____ 마을로 여행을 떠났어요. 옛날 _____ 와(과)
　　　　　　　　　　　　　　　　　　역사 시대　　　　　　　　　　　　　　　　　　　　　명사:옷 종류

_____ 차림을 한 사람들을 보니 무척 신이 났어요. 남동생은 _____ 을(를) 보느라 온통
　명사　　　　　　　　　　　　　　　　　　　　　　　　　　　동물

정신이 팔렸어요. 우리가 은행 옆에서 _____ 데 온통 _____ 의 옷을 입은 사람이 건물
　　　　　　　　　　　　　　　　　동사　　　　　　　　색깔

밖으로 _____. 그는 어깨에 _____ 주머니를 올린 채 거리를 _____. "도둑이야,
　　　동사　　　　　　　　　　명사　　　　　　　　　　　　　　　　　　동사

거기 서!" _____ 이(가) 우리 뒤에서 소리쳤어요. 나는 은행 옆에 서 있는 _____ 에게 달려가서
　　　　　직업　　　　　　　　　　　　　　　　　　　　　　　　　　　　　　동물

_____ 올라탔어요. 내가 악당을 뒤쫓아 달려갈 때 동생이 내게 _____ 을(를) 던졌어요.
　부사　　　　　　　　　　　　　　　　　　　　　　　　　　　명사

나는 그것을 공중에 빙빙 돌리다가 _____ 도둑을 향해 _____. 내가 도둑을
　　　　　　　　　　　　　　　　　　형용사　　　　　　　　　　　동사

잡았어요! _____ 은(는) 나와 동생에게 도움을 주어 고맙다는 표시로 특별 배지를 달아 주었어요.
　　　　　직업

"_____ 보안관, 고맙네!"라고 했지요. 흠, 보안관은 내게 딱 어울리는 것 같아요!
　여러분의 이름

게임과 퍼즐

온 가족이 함께하는
깜짝 퀴즈

다른 종이를 가져와서 답을 적어 봐요. 가장 많이 맞힌 사람에게 무슨 상을 줄지 의논하고 시작해요!

정답: 354쪽

1 콧물이 하는 일은 무엇일까요?
  a. 폐가 산소를 들이마시도록 도와요.
  b. 맛있는 음식의 냄새를 더 잘 맡게 해요.
  c. 몸에 침입하는 유해 세균을 걸러 내요.
  d. 코가 납작해지지 않게 막아요.

2 다음 중 타조가 할 수 없는 일은 무엇일까요?
  a. 알 낳기
  b. 달리기
  c. 발차기
  d. 날기

3 세계에서 가장 높은 폭포는 무엇일까요?
  a. 캐나다와 미국 사이에 있는 나이아가라 폭포
  b. 베네수엘라 앙헬 폭포
  c. 잠비아와 짐바브웨 사이에 있는 빅토리아 폭포
  d. 아르헨티나와 브라질 사이에 있는 이구아수 폭포

4 그리스 신화에서 지혜와 기술을 맡은 신은 누구일까요?
  a. 아테나   c. 아프로디테
  b. 아르테미스   d. 아레스

5 새끼 사자가 할 수 없는 일은 무엇일까요?
  a. 어미 따라다니기
  b. 놀기
  c. 사냥 연습하기
  d. 강 건너기

6 모든 개 혈통의 공통 조상은 누구일까요?
  a. 공룡   c. 늑대
  b. 하이에나   d. 백구

7 풍뎅이는 고대 이집트에서 신성한 곤충이었어요. 풍뎅이는 다음 중 어디에 속할까요?
  a. 바퀴벌레   c. 말벌
  b. 딱정벌레   d. 잠자리

8 지구에는 있고 달에는 없는 것은 무엇일까요?
  a. 물   c. 대기
  b. 암석   d. 알루미늄

9 사람들은 언제부터 입에 살살 녹는 초콜릿 바를 먹었을까요?
  a. 1800년대
  b. 1700년대
  c. 1600년대
  d. 1500년대

10 개구리에게 뽀뽀를 한 디즈니 공주는 누구일까요?
  a. 에리얼
  b. 라푼젤
  c. 티아나
  d. 재스민

145

알쏭달쏭 세상 관찰
이건 뭘까?

빨간 경고색

다음은 빨간 것들을 확대한 사진들이에요. 사진 아래 적힌 힌트를 보고 빨간색의 정체가 무엇인지 알아맞혀 봐요. 정답: 354쪽

딸 나 기 무

전 거 자

비 루

갑 장

여 붉 우 은

추 고

화 동 운

류 석

관 조 홍

게임과 퍼즐

수다쟁이 동물들

캥캥? 루루? 어떻게 짖을까 생각 중이야!

동물이 소셜 미디어를 한다면, 무슨 말을 할까요? 이 동부회색캥거루가 하루에 주고받은 메시지를 지켜볼까요?

동부회색캥거루

- 사는 곳: 오스트레일리아 동부
- 사용자 이름: 나홀로폴짝
- 친구들 ⌄

오리너구리	해안공작거미	푸른혀도마뱀

오리비버	반짝거미	깜놀헛바닥

시작 →

오전 7:00

 나홀로폴짝: 우리 애를 본 동물 있나요? 애가 주머니 밖으로 나가더니 들어올 생각을 안 하네.

반짝거미: 나 눈이 8개잖아. 잘 찾아볼게.

오리비버: 어이구, 앵두🍒만 하던 녀석이 많이 컸구나! 그때 우리 애는 강낭콩만 하게 알 속에 있었는데.(내가 알을 낳는 포유류인 거 알지?)

깜놀헛바닥: 나도 폴짝네 애는 본 지 좀 됐는데. 내가 저번에 봤을 때 혀를 좀 내밀었더니 겁을 먹었더라고. #미안안미안

 나홀로폴짝: 다들 고마워! 우리 애가 주머니로 돌아왔어. 당분간 못 나다니게 하려고.

오후 3:00

 나홀로폴짝: 야호. 9미터예요! 멀리뛰기 최고 기록이에요! #금메달은내꺼

오리비버: 대단하네! 근데 수영대회는 내가 이길걸. 나랑 한번 붙고 싶으면 석호로 와.

 반짝거미: 별것 아니네. 다들 내가 여자 친구 앞에서 몸을 흔드는 걸 봤어야 해.

깜놀헛바닥: 봤지, 그럼. 맛있어 보이는 춤이더라. 😊

오후 4:55

 나홀로폴짝: 휴, 이제야 좀 시원하네. 캥거루들 풀 뜯는 시간이다! 다 같이 가자!

오리비버: 너희는 떼로 다니는구나. 나는 혼자 수영하는 게 좋더구만.

깜놀헛바닥: 난 자러 간다. 방금 매가 내 꼬리를 물어뜯었어. 잘 자야 꼬리가 다시 잘 자라나지. 나중에 톡 할게.

반짝거미: 도마뱀은 자러 갔어? 그럼 사냥이나 한 번 더 해야겠다. 와! 귀뚜라미 발견!

147

보너스

우리를 행복하게 하는 20가지

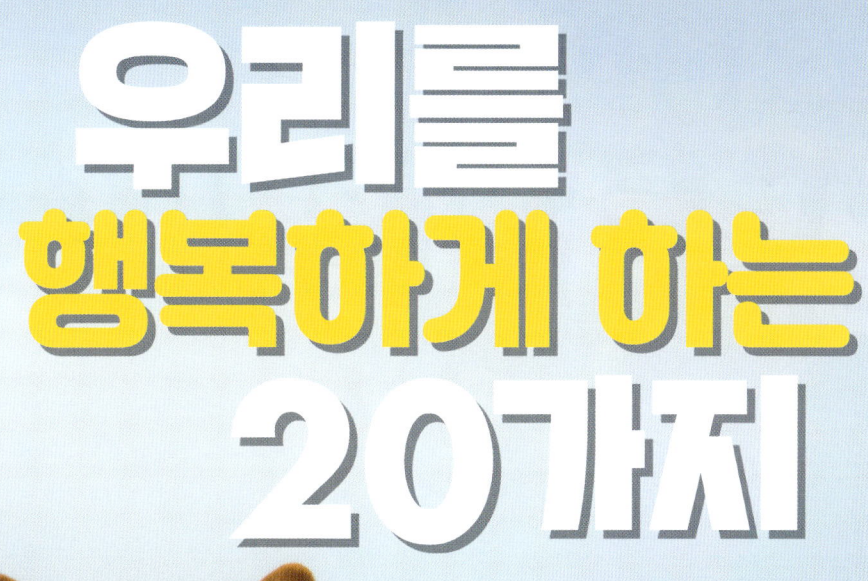

귀여운 동물의 사진을 보면 행복해질 뿐더러 다른 이점도 있어요! 한 일본 연구진은 귀여운 새끼 동물의 사진을 보면 주의력이 향상되고 전반적으로 공부나 일도 더 잘하게 된다고 발표했어요.

무엇이 우리를 행복하게 할까?

맛있는 간식?
트램펄린에서 뛰어놀기?
간식 먹으면서 만화책 보기?

기분을 좋게 하는 모든 것들을 적어 '행복 목록'을 작성해 둔 뒤,
기운을 북돋을 필요가 있을 때
하나씩 해 봐요.

우리를 행복하게 하는 20가지

강아지와 함께 놀기

사실 귀여운 멍멍이를 안을 때 기분이 좋아지는 데는 화학적 이유가 있어요. 사람이 개와 어울릴 때 옥시토신이라는 호르몬이 분비되어요. 옥시토신은 혈압을 낮추고 스트레스를 줄여 주는 화학 물질이에요.

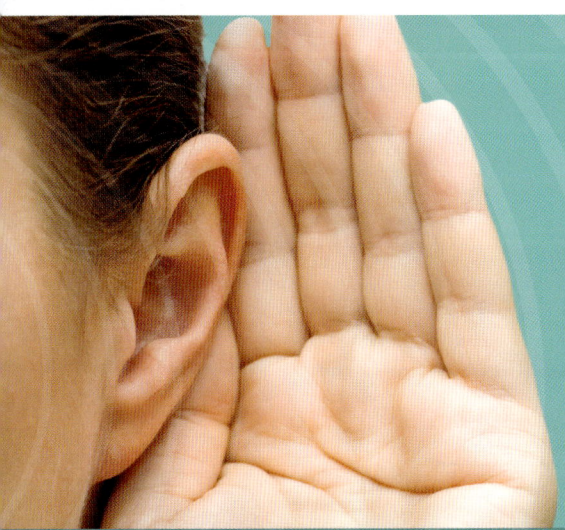

남의 말에 귀 기울여 경청하기

요령 1

이해하려고 노력해요. 자신이 **이 다음에 무엇을 이야기할지**, 상대의 말에 동의할지 말지 생각하기를 멈춰요. 대신에 상대가 무슨 말을 하려고 하는지, 그것이 왜 중요한지, 그 일을 상대가 어떻게 받아들이고 있는지, **귀를 기울여 잘 들어요.**

요령 2

이야기를 잇는 질문을 해요. 상대가 어떤 이야기를 하거나 감정을 터놓다가, 말을 멈춘다고 해서 **곧바로 화제를 돌리지 말아요.** 관련된 **질문을 함으로써** 관심 있게 듣고 있다는 것을 보여 줘요. 이렇게 물어봐요. 그래서 어떻게 되었어요? 그때 기분이 어땠어요?

단순한 기쁨을 제대로 누리기

거품 목욕을 하거나,
저녁놀을 바라보거나,
따끈한 쿠키를 먹는
기쁨을 누려요.

친구에게 전화를 걸어 대화하기

우리를 행복하게 하는 20가지

몸을 힘차게 움직이기!

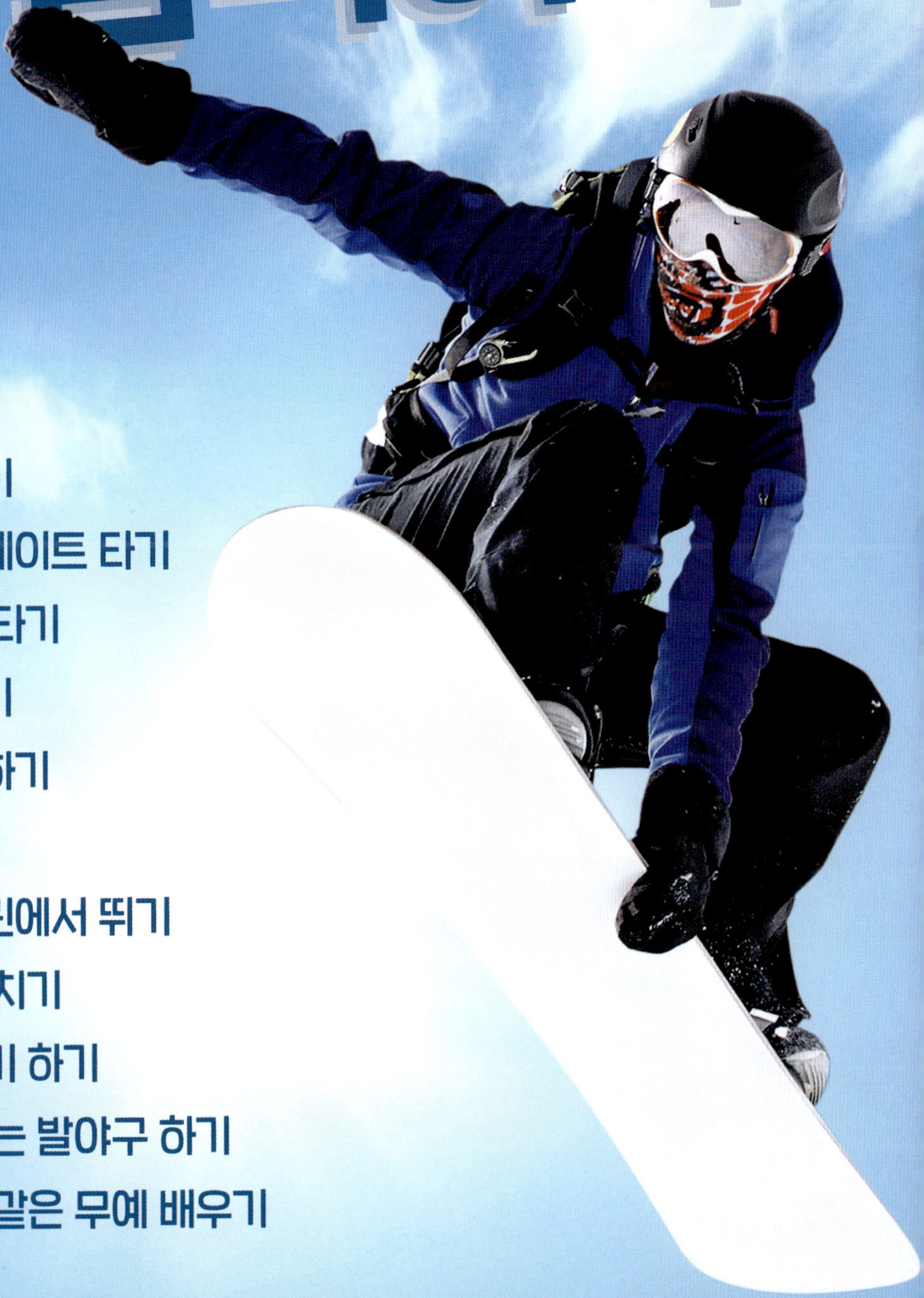

- 농구하기
- 롤러스케이트 타기
- 자전거 타기
- 수영하기
- 줄넘기하기
- 춤추기
- 트램펄린에서 뛰기
- 펀치백 치기
- 술래잡기 하기
- 티볼 또는 발야구 하기
- 태권도 같은 무예 배우기

실패를 두려워 마요!

아무도 실패를 좋아하지 않아요.
실패는 우리를 슬픔과 절망에 빠뜨리고 창피하게 만들기도 해요. 하지만 여러분이 꿈을 크게 꾸고 원대한 목표를 갖고 있다면, 그만큼 많은 장애물과 맞닥뜨릴 가능성이 높아요. 실망감을 추스를 시간을 좀 가진 뒤에, 기운을 차려서 다시 시도하는 것이야말로 성공의 열쇠이지요. 실패할 거라고 지레 겁을 먹은 채 시도조차 하지 않는 것이야말로 가장 좋지 않은 태도예요.

우리를 행복하게 하는 20가지

명상에 빠져들기

명상에 관한 5가지 놀라운 사실

1 명상은 마음을 다스리고 훈련하는 방법이에요.

2 명상을 매일 8주 동안 계속했더니 뇌에 변화가 일어났다는 연구 결과가 있어요. 뇌에 좋은 변화가 일어난다는 뜻이에요. 대단하죠!

3 명상은 통증, 불안, 혈압을 낮추고 기억력, 집중력, 창의성을 높이는 것으로 드러났어요.

4 명상은 마음속에서 떠오르는 생각을 없애거나 그냥 무시하는 것이 아니에요. 사실 생각이 떠오르는 것은 명상 훈련의 정상적인 일부예요. 의사이자 저술가이며 명상가인 디팩 초프라는 이렇게 말했어요. "명상은 마음을 고요하게 만드는 방법이 아니에요. 이미 존재하는 고요한 상태로 들어가는 방법이지요. 보통 사람이 매일 하는 5만 가지 생각 아래에 묻혀 있는 고요한 곳으로요."

5 명상은 종교 활동이 아니에요. 종교와 생활 방식에 상관없이 사람들은 명상을 해요.

좋아하고 푹 빠질 수 있는 취미 찾아 하기

다시 기운 내기

우리를 행복하게 하는 20가지

행복한 생각으로 머릿속을 채우기

행복했던 경험과 기억을 떠올리면 더 행복해질 수 있어요.
그러니 다음과 같은 것들을 종종 떠올려 보기로 해요.

- 정말로 신나게 깔깔 웃었던 때
- 남을 정말로 행복하게 해 주었던 때
- 앞으로 기대하고 있는 것
- 지금까지 먹은 것 중 가장 맛있었던 음식

절대로, 포기하지 마요!

요가 배우기

요가가 뭐예요?
요가는 우리 몸의 다양한 부위들이 조화롭게 움직이도록 몸과 호흡, 마음을 하나로 모으는 훈련이에요.

행복한 활동
소 자세와 고양이 자세를 번갈아 취하면서 행복 수준을 높이기 시작해 볼까요?

1단계: 이 자세를 취하기 위해 먼저 무릎을 꿇고서 양손을 바닥에 대요. 손은 어깨 바로 밑에 오도록 하고, 무릎은 엉덩이 밑으로 와야 해요. 이제 손가락을 넓게 펴요.

2단계: 숨을 깊이 들이 마시면서 등을 아래로 움푹하게 구부려요. 동시에 어깨를 아래로 당기면서 천장을 쳐다봐요. 등뼈 전체가 멋지게 활처럼 휘게 해요. 이게 소 자세예요.

3단계: 그런 다음 숨을 내쉬면서 등을 위로 둥글게 말고 어깨를 쭉 펴면서 배꼽 쪽을 쳐다봐요. 이게 고양이 자세이지요.

4단계: 등을 말았다가 구부리는 동작을 3~5회 반복해요. 원한다면 더 많이 해도 돼요. 천천히 깊게 호흡하면서 각 움직임을 정확히 하세요.

5단계: 몸과 마음에 어떤 변화가 일어났는지 살펴봐요. 산소를 몸 깊숙이 들이마시고, 호흡과 신경계를 조절했으니까, 행복감이 찾아올 무대가 마련된 거예요.

우리를 행복하게 하는 20가지

용서하기

누가 내게 나쁜 짓을 하거나 내 감정을 상하게 하면,

그 생각을 떨쳐 내기가 힘들 수 있어요. 하지만 분노와 불쾌함에 사로잡힌다면, 사실은 상대가 아니라 나 자신에게 해를 끼치는 거예요. 누군가를 용서하면 우울증, 불안, 분노가 줄어들 수 있다는 연구 결과가 있어요. 그러니 자신의 건강과 행복을 위해서, 잊고 용서하는 법을 배워요.

마음을 활짝 열기

어떤 일이든 다른 각도에서
바라보기로 마음먹는다면,
좋은 일이 일어나기 시작해요.
재미있는 사람들을 만나고,
놀라운 발견을 하고,
경이로운 모험을 시작하게
될 거예요.

무엇이든 누구든 돌보아 주기

강아지 같은 반려동물이든 식물이든 간에, 자신에게 의지하고 자신이 보살펴야 할 무언가가 있다면, 나에게 목표가 생겨요. 그리고 목표가 있으면 사람은 행복해질 수 있어요.

꽃을 따서 꽃꽂이를 해요

(이웃집이 키우는 꽃을 뽑아 오지는 말고요)!

우리를 행복하게 하는 20가지

음악을 들어요

연구 결과에 따르면 **음악은** 불안을 줄이고, **스트레스**를 줄이고, 듣는 사람의 기분을 좋게 해요. 그러니 즐거운 음악을 켜서 **행복하게 즐겨요!**

잠을 푹 자기

잠은 매일 밤, 우리 몸이 재충전을 하는 방법이에요. 그리고 우리 건강에 아주 중요해요. 잠은 새로운 것을 배울 능력을 향상시키고, 기억력을 높이고, 주의를 집중하는 시간도 늘려요. 또 머리를 더 맑게 하고, 기분을 안정시키고, 더 행복한 느낌이 들게 하지요. 잠의 효과가 이렇게 크니까 전문가들이 하루에 8.5~9.5시간을 자라고 권하는 것도 놀랄 일이 아니에요.

잠을 잘 자는 5가지 요령

- 적어도 잠자기 1시간 전에 TV, 컴퓨터, 휴대 전화 같은 기기들을 꺼요.
- 매일 같은 시간에 자고 일어나도록 노력해요.
- 매일 오후에는 콜라, 초콜릿 같은 카페인 섭취를 피해요.
- 규칙적으로 운동을 해요.
- 스트레스를 줄이려고 노력해요. 불안한 기분이 들면 자기 전에 명상을 하거나 긍정적인 것 떠올리기, 호흡 훈련을 해요.

우리를 행복하게 하는 20가지

감사를 표현하기

감사 일기를 써요

매일 밤 약 5분 정도 시간을 내서 하루를 돌아보고 고마운 일들이 있었는지를 생각해 봐요. 좋은 일을 떠올리기가 어렵다면, 다음과 같은 질문들에 답하려고 애써 봐요.

- 오늘 잘된 일은 뭔가요?
- 내가 사랑하는 사람들은 누구예요? 그들을 위해 내가 한 일은 무엇인가요?
- 건강을 위하여 어떤 활동을 했나요?
- 깔깔 웃었던 일은 뭐였죠?
- 오늘 보거나 하거나 먹은 것 중에 기분이 좋았던 것은 무엇인가요?

감사 쪽지를 써요

고맙다고 마음속으로 생각만 하는 것보다 행동으로 보여 주면 더 좋겠지요? 도움을 받았거나, 고마운 마음이 드는 사람에게 고맙다고 말해요. 곁에 있어 주거나 도움을 주는 부모님, 선생님, 형제자매, 친구에게 감사 쪽지를 써요. 구체적으로 어떤 점이 고맙고, 그 덕분에 어떻게 기분이 좋아졌는지 적어서 건네요. 그러면 감사 쪽지를 받는 사람도 행복해지고, 여러분도 더 행복해질 거예요!

야외 나가기

사람은 집 밖으로 나와서 햇빛을 쬐고 맑은 공기를 마시고 자연을 느낄 필요가 있어요. 그러니 컴퓨터나 휴대 전화의 화면을 끄고 바깥으로 나서요!

5가지 야외 활동 방법

1. 등산을 하거나 둘레길 같은 산책로를 걸어요.
2. 나무를 타요.
3. 롤러스케이트나 인라인스케이트를 타요.
4. 수영장에서 싱크로나이즈드 스위밍 흉내를 내거나 술래잡기를 해요.
5. 도감을 들고 나가서 눈에 보이는 꽃, 나무, 새가 어떤 종류인지 알아봐요.

영국 런던에서 음력 새해인 설날을 맞이하여 아시아의 전통 사자탈 춤을 공연하고 있어요.

문화와 생활

세계의 기념일과 휴일

2023년 세계의 여러 가지

설날
1월 22일

아시아의 일부 국가에서 음력으로 쇠는 새해 첫날이에요. 한국에서는 가족들이 모이고, 차례를 지내고 성묘를 하기도 해요. 쌀로 만든 가래떡을 얇게 썰어 육수에 넣고 끓인 떡국을 나누어 먹어요. 아이들은 어른들에게 세배를 하고 세뱃돈을 받기도 해요.

나우르즈
3월 21일

카자흐스탄 달력에서 매우 중요한 전통 축제일이에요. 봄의 시작을 알리는 날로서 사람들은 유르트라는 전통 천막을 세우고, 놀이를 하고, 록 콘서트 같은 음악회를 열고, 맛있는 음식을 먹어요.

부활절
4월 9일†

예수의 부활을 기념하는 기독교 기념일이에요. 부활절에는 아이들에게 바구니에 사탕이나 색칠한 달걀을 담아 선물해요.

백야 축제
6월 둘째 주부터 7월 첫째 주까지

여름에 태양이 밤에도 지지 않는 '백야'가 이어지는 동안, 러시아의 상트페테르부르크는 밤새도록 활기가 넘치는 도시가 되어요. 한밤중의 태양 아래 다양한 축제가 열리지요. 붉은 돛 축제에서는 네바강에 높이 새빨간 돛을 올린 배를 띄우고 화려한 불꽃놀이를 펼쳐요.

메데인 꽃 축제
7월 말/8월 초

해마다 콜롬비아 메데인에서는 지역 농민들이 가꾼 아름다운 꽃들을 도시 전체에 전시하고 축제를 열어요. 일주일 동안 펼쳐지는 이 축제에서는 경연 대회도 열리고 꽃으로 덮인 수레, 말, 자동차 등의 행진도 이어지지요.

로쉬 하샤나
9월 15일*~17일

유대교 달력에 따른 유대인의 새해 첫날이에요. 로쉬 하샤나는 해의 머리를 뜻해요. 이날을 기념하기 위해 기도하고, 전통 음식을 먹고, 쉬면서 보내요.

문화와 생활

기념일

각 기념일은 해마다 날짜가 달라지기도 해요. 그러니 해가 바뀌면 달력을 꼭 확인하세요.

팀푸 세츄
9월 24일~26일

부탄의 팀푸에서 사흘 동안 화려한 불교 축제가 열려요. 장터, 기도와 예배, 전통 가면을 쓰고 펼치는 춤 공연 등 행사가 가득해요.

디왈리
11월 12일

힌두교인들이 새해의 시작으로 여기는 날로 점토 램프에 불을 켜서 집을 밝혀요. 어둠의 악귀에 맞서는 내면의 불을 상징하지요. 인도에서 가장 중요하고 가장 큰 축제예요.

하누카
12월 7일*~15일

유대교 기념일로서 8일 동안 이어져요. 빼앗겼던 예루살렘 성전을 다시 찾은 것을 기념하는 축제예요. 전통 촛대에 8일 동안 불을 켜고, 선물을 주고받아요.

크리스마스
12월 25일

예수의 탄생을 기념하는 기독교 축일이에요. 대개 나무를 장식하고, 선물을 교환하고, 모임을 갖지요.

†정교회의 부활절은 4월 16일이에요.
*해가 진 뒤에 시작돼요.

2023년 달력

1월
일	월	화	수	목	금	토
1	2	3	4	5	6	7
8	9	10	11	12	13	14
15	16	17	18	19	20	21
22	23	24	25	26	27	28
29	30	31				

2월
일	월	화	수	목	금	토
			1	2	3	4
5	6	7	8	9	10	11
12	13	14	15	16	17	18
19	20	21	22	23	24	25
26	27	28				

3월
일	월	화	수	목	금	토
			1	2	3	4
5	6	7	8	9	10	11
12	13	14	15	16	17	18
19	20	21	22	23	24	25
26	27	28	29	30	31	

4월
일	월	화	수	목	금	토
						1
2	3	4	5	6	7	8
9	10	11	12	13	14	15
16	17	18	19	20	21	22
23	24	25	26	27	28	29
30						

5월
일	월	화	수	목	금	토
	1	2	3	4	5	6
7	8	9	10	11	12	13
14	15	16	17	18	19	20
21	22	23	24	25	26	27
28	29	30	31			

6월
일	월	화	수	목	금	토
				1	2	3
4	5	6	7	8	9	10
11	12	13	14	15	16	17
18	19	20	21	22	23	24
25	26	27	28	29	30	

7월
일	월	화	수	목	금	토
						1
2	3	4	5	6	7	8
9	10	11	12	13	14	15
16	17	18	19	20	21	22
23	24	25	26	27	28	29
30	31					

8월
일	월	화	수	목	금	토
		1	2	3	4	5
6	7	8	9	10	11	12
13	14	15	16	17	18	19
20	21	22	23	24	25	26
27	28	29	30	31		

9월
일	월	화	수	목	금	토
					1	2
3	4	5	6	7	8	9
10	11	12	13	14	15	16
17	18	19	20	21	22	23
24	25	26	27	28	29	30

10월
일	월	화	수	목	금	토
1	2	3	4	5	6	7
8	9	10	11	12	13	14
15	16	17	18	19	20	21
22	23	24	25	26	27	28
29	30	31				

11월
일	월	화	수	목	금	토
			1	2	3	4
5	6	7	8	9	10	11
12	13	14	15	16	17	18
19	20	21	22	23	24	25
26	27	28	29	30		

12월
일	월	화	수	목	금	토
					1	2
3	4	5	6	7	8	9
10	11	12	13	14	15	16
17	18	19	20	21	22	23
24	25	26	27	28	29	30
31						

세계의 기념일과 휴일

세계의 8가지 축제 행렬

1 밤의 빛 축제

미국 플로리다주 세인트피터즈버그의 보카시에가만은 겨울 축제가 열리면 화려한 조명을 켠 배들이 오가면서 활기를 띠어요. 해마다 이곳 세인트피트 해변 축제의 배 퍼레이드에 참가한 사람들은 아이들에게 장난감을 선물하기도 하지요. 정말 완벽한 행렬이에요!

이처럼 화려한 장관을 보고 있으면 절로 흥이 나서 함께하고 싶을 거예요.

2 꽃차 행진

한 세기 넘게 해마다 새해 첫날 열리는 미국 캘리포니아주 패서디나의 장미 퍼레이드에서는 꽃으로 뒤덮인 환상적인 수레와 군악대가 행진하면서 관중을 흥분에 빠뜨려요. 꽃을 별로 좋아하지 않는다고요? 행진 뒤에 근처 대학에서 열리는 미식축구 경기도 있어요.

문화와 생활

3 불타는 배

해마다 1월에 영국 스코틀랜드 러윅에서 열리는 업헬리아 축제는 배가 불타오르면서 끝나요. 바이킹 전통을 되새기는 이 축제에서는 수백 명이 횃불을 들고 도심을 행진한 뒤에 길이 9미터의 갤리선*에 불을 붙여요.

*갤리선: 돛과 노를 쓰는 배로 중세 유럽에서 쓰였어요.

4 화려한 의례

인도의 쿰브 멜라 축제는 성스러운 강이 흐르는 네 도시에서 열려요. 알라하바드, 하르드와르, 우자인, 나시크에서 번갈아 개최되어요. 힌두교도 수백만 명이 신성한 강물에 몸을 담그거나 적시는 의례를 치르기 위해 모이지요. 코끼리와 낙타가 등장하여 함께 행진하는 종교 행사도 열리고, 음악과 춤 공연도 펼쳐져요.

5 풍선으로 가득한 거리

300만 명이 넘는 사람들이 이 헬로키티 대형 풍선을 보려고 미국 뉴욕의 메이시 추수 감사절 퍼레이드에 모였어요. 이 행진은 1924년부터 거의 매년 추수 감사절 아침에 이루어지고 있어요.

6 댄스파티

브라질 리우데자네이루 카니발 축제 때는 화려한 머리 모양과 옷차림을 한 춤꾼들이 아프리카계 브라질 사람들의 춤인 삼바를 추면서 행진해요. 카니발 축제에서는 누구나 흥겹게 놀고 맘껏 먹으면서 즐겨요.

7 수상 축제

이탈리아 베네치아에서는 물 위에 축제 행렬이 펼쳐져요. 이 도시에서는 운하가 도로 역할을 하니까요. 카니발 축제가 열릴 때면 사람들은 이 거대한 생쥐 모양의 곤돌라처럼 갖가지 장식을 한 곤돌라와 배를 타고 대운하를 행진하면서 흥겹게 즐겨요.

8 광대 축제

미국 루이지애나주 뉴올리언스의 유서 깊은 지역인 프렌치쿼터에서는 거대한 어릿광대 인형을 앞세운 행렬이 등장해요. 마르디그라 축제를 위한 것이지요. 100여 팀의 참가자들이 관중에게 장난감, 봉제 인형, 마르디그라 구슬 등을 던지면서 행진을 펼치지요.

세계의 기념일과 휴일

나는 무슨 띠일까?
내가 태어난 해를 찾아봐요.

동아시아에서는 음력에 따라 12년 주기로 운세가 돌아간다고 여겨서 순서를 나타내는 띠가 있어요. 띠를 상징하는 동물도 있어요. 어떤 사람이 태어난 해에 그해의 동물 이름을 붙여 '○○띠'라고 하지요. 나는 무슨 띠일까요? 내 띠의 동물은 어떤 성격을 말해 줄까요?

쥐띠
1972, 1984, 1996, 2008, 2020년생
'치즈' 하고 웃어 봐요! 난 매력적이고 인기 있고 창의적이에요. 화가 나면 날카로운 이빨을 드러내기도 해요!

말띠
1966, 1978, 1990, 2002, 2014년생
행복이 삶의 목표예요. 영리하고 열심히 일하지요. 말이 너무 많다고 선생님이 주의를 줄 수도 있어요.

소띠
1973, 1985, 1997, 2009, 2021년생
영리하고 끈기 있고 강한 사람이에요. 지도자이긴 하지만, 결코 뽐내지 않아요.

양띠
1967, 1979, 1991, 2003, 2015년생
새끼 양처럼 점잖고, 예술성이 있고 동정심이 많고 지혜로워요. 수줍음이 많은 사람도 있어요.

호랑이띠
1974, 1986, 1998, 2010, 2022년생
친절한 사람이에요. 하지만 누군가 자기 방에 허락도 없이 들어오면 무척 화를 낼 거예요!

원숭이띠
1968, 1980, 1992, 2004, 2016년생
원숭이처럼 성급하게 행동하는 사람은 아니에요. 기억력이 뛰어나고, 문제를 해결하는 능력도 뛰어나요.

토끼띠
1975, 1987, 1999, 2011, 2023년생
야심과 재능이 있어서 기회를 잘 잡아요. 또 소문에 늘 귀를 기울이고 있지요.

닭띠
1969, 1981, 1993, 2005, 2017년생
자신의 모험담을 자랑하곤 하지만, 사실 수줍음이 많아요. 생각이 깊고, 유능하고, 용감하고, 재주가 많지요.

용띠
1976, 1988, 2000, 2012, 2024년생
기운이 넘쳐요! 건강하고, 활기차고, 정직하고, 용감해서 살아 있는 전설이 될 수도 있어요.

개띠
1970, 1982, 1994, 2006, 2018년생
무리의 지도자가 되는 일이 종종 있어요. 충직하고 정직해요. 비밀도 잘 지키는 사람이에요.

뱀띠
1977, 1989, 2001, 2013년생
말수가 적은 편이고, 아주 영리한 사람이에요. 늘 비상금을 지니고 있는 듯해요.

돼지띠
1971, 1983, 1995, 2007, 2019년생
용감하고 정직하고 친절한 사람이에요. 하지만 한 가지 일에 집중하지 않는 편이에요.

문화와 생활

이건 몰랐을 걸!

6 핼러윈에 관한 가지 오싹한 사실

1 고양이 **오줌**은 **자외선**을 쬐면 **빛날 수 있어요.**

2 **유령 공포증**은 병적으로 **유령**을 두려워하는 증상이에요.

3 자신의 **머리카락, 치아, 손톱**으로 자신의 **조각상을 만든** 사람이 있어요.

4 **흡혈박쥐**는 사실 **피를 빨지** 않아요. **헛바닥으로 핥아 먹지요.**

5 '마이크'라는 **닭**은 머리가 잘린 상태로 1945년부터 1947년까지 **18개월을** 살았어요.

6 고대 이집트에서는 **미라**를 만들 때 **코**를 통해 **뇌**를 빼냈어요.

173

예술 활동

전 세계에서 가장 큰 모래성은 높이가 자그마치 6층 건물 높이예요.

> 이 덴마크의 모래성은 이전까지 세계에서 가장 큰 모래성으로 기록을 세웠던 독일의 모래성보다 약 3미터 더 높아요.

> 모래성이 있는 블록후스에서 즐겨 하는 스포츠인 윈드 서핑과 카이트 서핑 하는 장면도 모래성 벽면에 새겨 넣었어요.

2021년 덴마크에서 조각가 30명이 함께 큰 모래성을 지었어요. 이 거대한 모래성은 아주 튼튼해서 폭풍도 견딜 수 있어요. 모래성에 이렇게 버틸 수 있는 비밀 성분이 들어 있을까요? 점토 약간과 접착제를 썼대요.

문화와 생활

코로나19가 대유행할 때 만들었기에 모래성 **꼭대기**에는 **왕관을 쓴 코로나바이러스 모형**을 새겼다고 해요.

이 **거대한 모래성**을 만드는 데 들어간 **모래**는 **4536톤**이 훌쩍 넘어요.

음식 문화

진짜 같은 케이크들

제빵사들이 만들어 낸 진짜인지 가짜인지 헷갈리는 디저트

케이크 예술가들은 케이크를 만들 때 최고의 순간은 먹을 때가 아니라고 말해요. 자신이 만든 멋진 케이크를 고객에게 건넬 때 가장 좋대요. 케이크 장식 전문가인 세르다르 예너가 말해요. "50년 동안 이 일을 하고 있지만, 나는 늘 케이크를 내놓는 순간 손님이 어떤 반응을 보일지가 가장 기대돼요." 예너 같은 케이크 예술가들은 손님의 감탄사를 이끌어 낼 자신만의 탁월한 비법을 지니고 있지요. 그리고 진짜 다른 물건처럼 보이는 케이크도 내놓아요. 여기서 케이크 예술가들이 자신의 비법을 몇 가지 알려 줄 거예요.

두루마리 휴지… 맛있을까?

제빵사 케이트 프리쳇은 남편이 냉장고에서 케이크를 꺼내어 버리려는 순간, 자신이 만든 두루마리 휴지 모양의 케이크가 진짜처럼 보인다는 것을 알아차렸어요. "진짜 휴지라고 생각했대요. 대체 휴지가 왜 냉장고에 있는지 모르겠다면서요!" 이 가짜 휴지는 사실 3단 초콜릿 케이크에 마시멜로 맛 아이싱을 덮은 거예요. 프리쳇은 몇 가지 도구로 아이싱을 긁어서 휴지 표면의 오톨도톨한 무늬를 만들었지요.

달콤한 이빨, 엉? 이빨이라고?

분장 전문가 몰리 로빈스는 고객의 반려동물을 닮은 케이크를 한번 만들어 본 뒤에 사람이 아니라 케이크를 분장하기로 마음먹었어요. 이윽고 나무늘보, 기린, 무시무시한 상어 같은 만들기 복잡한 야생 동물 모양의 디저트를 만들기에 이르렀지요. 포식자 상어의 날카로워 보이는 이빨을 만들기 위해서 로빈스는 각설탕을 30개쯤 깎았어요. 진짜 백상아리는 이빨이 300개쯤 있으니까 10분의 1만 채운 셈이지요.

완벽한 피자

기름기가 자르르 도는 이 페퍼로니 피자를 베어 물면 너무나 달콤해서 깜짝 놀랄 거예요. 초콜릿 케이크와 바닐라 버터크림, 페퍼로니처럼 보이게 칠한 초콜릿 조각으로 이루어졌으니까요. 제빵사 벤 컬런은 '치즈' 위에 설탕 옷을 입혀서 기름이 자르르 도는 양 꾸몄고, 오븐에서 막 꺼낸 것처럼 보이도록 집게로 초콜릿 페퍼로니의 가장자리를 살짝 구부렸어요. 갓 구운 듯해 보이도록 노랑, 빨강, 갈색 식용 색소를 써서 살짝 타 보이게도 했지요.

문화와 생활

한 숟가락만 먹을게요, 제발!

이 아이스크림선디는 보다시피 달콤해요! 아이스크림도 좀 들어갔지만, 대부분은 케이크예요. 케이크 장식가 베스앤 골드버그는 폰던트*라는 특수한 아이싱을 써서 매끄러운 표면을 만들었어요. 위에 올린 체리는 뭐냐고요? 폰던트 덩어리예요. 그릇과 숟가락은요? 마찬가지예요. "폰던트로 하는 작업은 고무찰흙으로 노는 것과 비슷해요." 동그랗게 떠 놓은 아이스크림도 케이크인데, 아이스크림 맛이 나요.

*폰던트: 케이크나 쿠키를 장식하기 위해 설탕을 끓여 만든 재료.

호랑이맛

이 호랑이 케이크는 무게가 4.5킬로그램이고 에어브러시로 식용 색소를 뿌려서 진짜 호랑이처럼 보이게 만들었어요. 먼저 에어브러시로 주황색과 흰색의 털을 그린 뒤, 검은색을 뿌려서 줄무늬를 만들었어요. 눈알은 둥글게 깎은 백설탕을 진짜 호랑이 눈처럼 칠한 거예요. 이 무거운 케이크의 머리가 떨어지지 않도록, 케이크 장식 전문가 예너는 목 양쪽에 젓가락을 넣어서 머리를 받쳤어요.

튕기면 달콤한 기타

이 기타 케이크는 줄을 튕겨 칠 수 있어요. 하지만 기타를 친 뒤에 손가락을 핥아야 해요. 기타 줄을 흉내 낸 실만 빼고, 길이 0.9미터인 이 악기는 다 먹을 수 있어요. 게다가 반들거리도록 설탕 옷도 입혔지요. 예너는 설탕 반죽을 아주 단단히 굳혀서 기타 목을 만들었어요. 기타 몸통은 스펀지 케이크에 색깔 폰던트를 입혔어요. "어떤 케이크든지 고객에게 전달하는 일이 가장 힘들어요. 부드럽게 착륙해야 하는 항공기 조종사처럼 아주 조심하지요."

더러운 운동화

골드버그는 일부러 이렇게 더러워 보이는 신발 모양의 케이크를 만들었어요. 군데군데 찢어진 새 청바지처럼요. "이렇게 하니까, 진짜 신발처럼 보이는 거예요." 골드버그는 먼저 바닐라 스펀지케이크를 신발 모양으로 깎았어요. 그 위에 폰던트를 씌워 스니커즈처럼 꾸몄지요. 마지막으로 식용 색소 가루를 뿌려서 천처럼 보이게 했고, 작은 붓을 써서 더러워 보이게 칠했지요.

음식 문화

달콤한 초콜릿의
은밀하고 비밀스러운 역사

이 놀라운 사실들을 입 안에서 살살 녹여 봐요.

남아메리카 우림 깊은 곳에 초콜릿 나무가 있어요. 사실 초콜릿이 열리는 게 아니라 나뭇가지에 길이 30센티미터짜리 샛노란 꼬투리가 달려요. 그 안에는 작고 맛이 씁쓸한 씨앗이 들어 있어요. 이 씨앗 때문에 카카오나무라고 해요. (나무의 학명은 테오브로마 카카오이고, 테오브로마는 그리스어로 '신들의 음식'을 뜻하지요.) 우리는 이 씨앗으로 초콜릿을 만들어요. 적도 근처에서만 자라는 카카오나무의 씨는 별로 맛 있어 보이지 않아요. 하지만 옛사람들은 이 카카오콩으로 맛있는 음식을 만드는 법을 알아냈어요. 초콜릿의 달콤한 역사를 살펴볼까요?

① 기원전 3300년경

카카오나무를 가장 먼저 이용한 사람들은 현재 남아메리카 에콰도르 지역인 마요-친치페 사람들로 알려져 있어요. 학자들은 당시에 이 식물을 음식이나 음료로 썼는지, 아니면 약재로 썼는지 아직 밝혀내지 못했어요. 그래도 고대 마요-친치페 문화에서 카카오가 자주 쓰인 것은 알았어요. 마요-친치페 지역의 고고학 유적지에서 발굴된 유물들에 테오브로민의 흔적이 남아 있었거든요. 테오브로민은 카카오나무에 들어 있는 천연 화학 물질이에요.

② 기원전 약 1800년경

메소아메리카(지금의 멕시코와 중앙아메리카)의 고대 올메카 사람들은 코코아콩이라고도 부르는 카카오 씨로 맛 좋고 따뜻한 음료를 만들기 시작했어요. 역사학자들도 올메카인이 쓴맛 나는 카카오콩으로 어떻게 맛있는 음료를 만들었는지는 잘 몰라요. 모닥불 앞에서 카카오콩을 먹다가 씨를 불에 뱉었는데 향기로운 냄새가 나자, 음료로 만들 생각을 했으리라 추측하고 있어요.

카카오 씨는 이런 꼬투리 안에서 자라요. 꼬투리의 색깔은 나무가 자라는 위치 등 몇 가지 요인에 따라 달라져요.

역사학자들도 역사적 사건의 정확한 연대를 모를 때가 있어요. 여기서 연대를 말할 때 '약'이라는 말을 붙이는 이유도 그 때문이에요.

미국과 러시아는 우주 탐사를 갈 때 초콜릿 바를 챙겼어요.

③ 서기 약 8세기

차르르르! 돈 세는 소리처럼 들리나요? 메소아메리카의 다른 고대 민족인 마야인은 코코아콩을 화폐로 쓰기 시작했어요. 고고학자들은 점토로 만든 가짜 카카오콩도 발견했어요. 진짜 카카오콩인 양 속이려고 했나 봐요.

문화와 생활

④ 1500년대

지금의 멕시코 중부에 살았던 고대인인 아스테카족은 카카오 씨를 고추와 섞어서 거품이 나는 짜릿한 음료를 만들어 매일 마셨어요. 1519년 에스파냐 탐험가 에르난 코르테스는 아스테카 왕국의 통치자 몬테수마 2세가 하루에 50잔을 마셨다고 기록했어요. 코르테스는 1528년에 그 카카오 음료를 에스파냐로 들여왔고, 에스파냐 사람들은 설탕을 넣어 먹었지요.

⑤ 1600년대~1700년대

오늘날의 커피숍과 비슷한 초콜릿하우스가 유럽과 미국의 부자들에게 인기 있는 상점이 되었어요. 사람들은 초콜릿하우스에 모여 따뜻한 초콜릿 음료를 마시곤 했지요. 1775년부터 1783년까지 이어진 미국 독립 전쟁 동안에는 다친 병사들에게 따뜻한 초콜릿 음료를 주어서 기운을 차리게 했어요. 카카오콩을 봉급으로 줄 때도 있었어요. 1785년에 토머스 제퍼슨은 핫초콜릿이 차나 커피만큼 인기를 얻을 것이라고 내다보았어요.

카카오 속 어떤 화학 물질은 뇌에서 기분이 좋아지는 화학 물질을 분비시켜요.

⑥ 1800년대

영국의 J. S. 프라이 앤 선즈라는 회사가 액체 초콜릿에 카카오 버터를 넣어서 굳혔어요. 이로써 초콜릿 바를 대량 생산할 길이 처음 열렸어요. 그 뒤로 수십 년이 지나는 동안 초콜릿 제조사들은 밀크 파우더를 넣어서 밀크 초콜릿도 만들어 냈지요.

그래도 아직 초콜릿은 씹어 먹어야 했어요. 그러다가 1879년 스위스의 로돌프 린트가 콘칭이라는 가공 방법을 개발했어요. 기계로 초콜릿을 천천히 휘저어서, 입에서 살살 녹는 초콜릿을 만드는 방법이지요. 콘칭 공법을 써서 수십 개 회사가 저마다 다른 상표를 붙인 초콜릿 바를 만들어 팔기 시작했어요.

⑦ 1900년대 초

20세기 초에 초콜릿의 주성분인 카카오 씨 가루(코코아)의 가격이 많이 떨어졌어요. 초콜릿은 더 이상 부자들의 사치품이 아니었지요. 전 세계의 상점에서 누구나 사 먹을 수 있는 가격으로 초콜릿 바가 팔리게 되었어요.

⑧ 2023년 현재

오늘날 초콜릿은 편의점, 사탕 가게는 물론이고 런웨이에서도 볼 수 있어요. 프랑스 파리에서 시작된 세계 최대의 초콜릿 박람회인 살롱 뒤 쇼콜라에서는 모델이 초콜릿으로 된 옷을 입고 나오는 초콜릿 패션쇼도 열려요. 초콜릿 옷은 잘 부서져서 팔 수 없어요. 그래서 축제가 끝난 뒤에 전시해요. 아마 세계에서 가장 달콤한 향기가 나는 전시물일 거예요.

화폐와 문화

돈의 비밀 세계 각국의 동전과 지폐

브라질 동전에는 남십자자리*를 이루는 남십자성이 새겨져 있어요.

어떤 사람들은 캐나다의 **100달러 지폐**에서 메이플시럽 냄새가 난다고 해요.

한 영국인 사업가는 자신이 소유한 영국의 섬에서 쓸 수 있는 **퍼핀**이라는 화폐를 만들었어요.

2015년 2월 스쿠버다이버들은 이스라엘 앞바다에서 서기 9세기에 만들어진 금화를 2600개 넘게 발견했어요.

보츠와나의 화폐는 **풀라**라고 해요. '비'라는 뜻이지요. 보츠와나는 건조한 나라여서 비가 아주 **귀하거든요.**

독일의 어느 도서관에서 청소원이 **동전이 든 상자**를 발견했는데, 수십만 달러의 가치가 있는 희귀한 동전으로 밝혀졌어요.

*남십자자리: 남쪽 하늘에 나타나는 십자가 모양의 별자리로 북위 30도 이남에서만 볼 수 있어서 한국에서는 보이지 않는다.

문화와 생활

고대 그리스인은 사후 세계로 가는 뱃삯으로 쓰라고 **죽은 사람의 입에 동전을 넣어 주었어요.**

1666년 만들어져 오늘날의 **버뮤다 제도***에서 쓰던 동전은 **호기**라는 별명이 붙었어요. 호기는 영어로 **돼지**를 뜻해요. 동전에 돼지가 새겨져 있었거든요.

1935년 이래로 인쇄된 **모노폴리*** 게임용 돈은 합하면 **5조 달러**가 넘어요.

인도에서 10만 루피는 여행 가방을 뜻하는 **페티**라는 **별명으로 불려요.** 큰 가방이 필요할 만큼 큰돈이라는 뜻이에요!

이집트의 1파운드짜리 동전에는 고대 이집트왕 **투탕카멘**이 새겨져 있어요.

용돈을 더 받는 요령!
부모님께 쿠폰을 만들어 드려요. 내 돼지 저금통에 용돈을 넣어 주시면 부모님께서 쓸 수 있는 심부름 쿠폰을 만들어 선물하세요.

한 영국 미술가는 전 세계의 **헌 지폐**를 모아서 **옷을 지었어요.**

*버뮤다 제도: 북대서양에 있는 섬의 무리이며 영국의 영토이다.
*모노폴리: 주사위를 굴려 나온 수만큼 칸을 이동해 그 칸을 사고 건물도 짓는 보드게임.

언어와 문화

사라질 위기에 처한 언어를 살리자!

현재 세계에서는 7000가지가 넘는 언어가 사용되어요. 그러나 2100년경에는 그중 절반 이상이 사라질 수도 있어요. 전문가들은 2주마다 언어 하나가 사라지고 있다고 말해요. 영어, 에스파냐어, 중국어 같은 많이 쓰는 언어들의 사용이 늘면서 밀려나는 것이지요.

그렇다면 어떻게 해야 언어가 사라지는 것을 막을 수 있을까요? 우선 내셔널지오그래픽 탐험가들은 전 세계에서 다양한 계획을 추진하고 있어요. 세계에서 가장 심각한 소멸 위기에 처한 언어를 구하고, 그 언어가 속한 문화를 지키고 보전하려고 노력하지요. 언어를 구하려는 탐험가들의 이야기를 들어 볼까요?

탐험가: 탐 티 톤
언어: 바나르어

활동: 톤은 수수께끼와 재담 등 전래 설화를 모아서 초등학생들에게 바나르어를 가르치는 교재를 만들고 있어요. 바나르어는 베트남 중부 고지대에 사는 바나르족의 언어이지요.

바나르족 교실에서 이야기하는 톤

탐험가: 산댜 나라야난
언어: 케추아어와 아이마라어

활동: 나라야난은 페루와 볼리비아의 국경을 따라 흩어져 있는 안데스 지역의 원주민 언어들을 조사하여, 원주민 부족들 사이의 상호 작용이 시간이 흐르면서 언어에 어떤 영향을 미치는지를 이해하고자 애쓰고 있어요.

나라야난이 내셔널지오그래픽 본부에서 현장 조사의 내용을 발표하고 있어요.

문화와 생활

탐험가: K. 데이비드 해리슨
언어: 코로-아카어

활동: 해리슨은 인도를 탐사하다가, 학자들에게 전혀 알려지지 않은 코로-아카어라는 새 언어를 찾아냈어요. 또한 해리슨은 소규모 부족의 언어를 알리고 되살리는 일을 하는 '멸종 위험 언어를 위한 살아 있는 말 연구소'의 부소장이기도 해요.

인터뷰를 하는 해리슨

탐험가: 수전 바필드
언어: 마푸둥군어

활동: 바필드는 세 가지 언어로 된 어린이 책 『엘 코피후』를 써서 칠레 남부에 사는 마푸체족의 언어인 마푸둥군어를 알리고 있어요. 마푸체족 설화에 마푸체족 학생들의 그림을 곁들인 책이에요.

바필드가 출판 기념회에서 선물을 건네주고 있어요.

펄린이 마을 지도자를 인터뷰하고 있어요.

탐험가: 로스 펄린
언어: 세케어

활동: 네팔 북부의 세케어를 보전하기 위해서, 펄린은 그곳 마을과 뉴욕에서 세케어를 쓰는 사람들과 긴밀하게 협력해 왔어요. 현재 그 지역 출신으로 뉴욕에 사는 젊은이들도 자신의 언어를 기록하기 위해 애쓰고 있어요.

탐험가: 랄 라파차
언어: 키란티-코이츠어

활동: 네팔 카트만두의 키라톨로지 연구소 설립자이자 소장으로서, 라파차는 덜 알려진 히말라야 원주민 언어들을 연구하고 있어요. 소멸 위기에 처한 라파차의 모어*인 키란티-코이츠어도 연구 대상이에요.

*모어: 자라나면서 배운 말로 첫 번째 언어.

네팔 현장에서 일하고 있는 라파차

183

고대 신화

세계의 신화

그리스 신화

이집트 신화

고대 그리스인은 많은 신들이 우주를 지배한다고 믿었어요. 그리스 신화에서 신들은 그리스의 올림포스산 위에 살았다고 해요. 주요한 12명의 신들은 각자 성격이 달랐고, 사랑이나 죽음처럼 삶의 어떤 측면을 맡았어요.

올림포스의 신들

데메테르는 풍요와 자연의 여신이에요.
아레스는 신들의 왕인 제우스와 헤라의 아들이며 전쟁의 신이에요.
아르테미스는 제우스의 딸이자 아폴론의 쌍둥이로서, 사냥과 출산의 여신이지요.
아테나는 제우스의 머리를 깨고 나왔어요. 지혜와 기술의 여신이지요.
아폴론은 제우스의 아들이며 태양, 음악, 치유의 신이에요. 아르테미스의 쌍둥이지요.
아프로디테는 사랑과 미의 여신이에요.
제우스는 가장 강력한 신이에요. 벼락을 휘둘렀고, 하늘과 천둥의 신이에요.
포세이돈은 제우스의 형제이며, 바다의 신이지요.
하데스는 제우스의 형제이며, 지하 세계와 죽음의 신이지요.
헤라는 제우스의 아내이며, 여성과 결혼의 여신이에요.
헤르메스는 제우스의 아들이며, 신들의 전령이에요.
헤파이스토스는 제우스와 헤라의 아들이며, 불의 신이에요.

고대 이집트의 창세 신화에서는 바다에 알이 나타나면서 이야기가 시작돼요. 알이 깨지자 태양의 신, 라가 나왔다고 하지요. 그래서 고대 이집트인들은 태양과 함께, 대부분 라의 자식과 손주인 9명의 신을 숭배했어요.

9명의 신

게브는 슈와 테프누트의 아들이자, 땅의 신이에요.
네프티스(네베트-후트)는 게브와 누트의 딸이며, 죽은 사람의 수호자예요.
누트는 슈와 테프누트의 딸이자, 하늘의 여신이에요.
라(레)는 태양의 신이며, 일반적으로 창조신이라고 여겨져요. 삶과 죽음을 다스려요.
세트는 게브와 누트의 아들이고, 사막과 혼돈의 신이에요.
슈는 라의 아들이며, 공기의 신이에요.
오시리스(우시르)는 게브와 누트의 아들이며, 사후 세계의 신이에요.
이시스(아스트)는 게브와 누트의 딸이며, 풍요와 모성애의 여신이에요.
테프누트는 라의 딸이며, 비의 여신이에요.

문화와 생활

전 세계의 모든 문화에는 대대로 전해지는 나름의 전설과 전통이 있어요. 많은 신화에는 세계에서 일어나는 일들을 다스리는 신과 초자연적인 영웅이 등장해요. 북유럽 신화에서는 붉은 수염의 토르, 번개와 뇌우를 일으키는 천둥의 신을 이야기해요. 한편 많은 창세 신화, 특히 몇몇 북아메리카 원주민 문화의 신화는 깊은 바다에서 어떤 동물이 모래나 진흙을 갖고 올라와서 땅이 만들어졌다고 이야기해요. 그 작은 조각에서 세계 전체가 생겨났다고 하지요.

북유럽 신화

로마 신화

북유럽 신화는 유럽 북부 스칸디나비아에서 생겨났어요. 무지개다리를 건너야만 갈 수 있는 아스가르드라는 천상의 세계에 사는 신들이 나오지요. 북유럽 신화는 우리에게 덜 알려져 있지만, 영어권에서는 일상생활에서 자주 쓰여요. 영어의 요일 이름은 대부분 북유럽 신들의 이름을 땄어요. 다음은 주요 신들이에요.

북유럽 신들

발데르(발드르) 는 빛과 미의 신이에요.

프레이야 는 사랑, 미, 풍요의 여신이에요.

프리그 는 아스가르드의 여왕이자 결혼, 모성애, 가정의 여신이에요. 영어로 금요일(Friday)의 어원이지요.

헤임달 은 무지개다리 비프로스트의 감시자이자 신들의 수호자예요.

헬 은 로키의 딸이며, 죽음과 저승의 여신이에요.

로키 는 변신 능력자예요. 신들을 돕는 책략가이긴 하지만, 때로 말썽도 일으켜요.

스카디 는 겨울과 사냥의 여신이에요. '눈의 여왕'으로 표현되기도 해요.

토르 는 천둥과 번개의 신이에요. 영어로 목요일(Thursday)의 어원이에요.

티르 는 하늘과 전쟁의 신이에요. 영어로 화요일(Tuesday)의 어원이에요.

오딘(우단) 은 전쟁, 지혜, 죽음, 마법의 신이에요. 영어로 수요일(Wednesday)의 어원이지요.

로마 신화는 그리스 신화에서 따온 내용이 많지만, 로마인들은 독창적인 신화도 많이 만들었어요. 로마 신화의 신들은 어디에나 살았고, 각자 맡은 역할이 있었어요. 신이 수천 명이나 되었지요. 그중에서 몇몇 주요 신들을 살펴볼까요?

고대 로마 신들

넵투누스 는 유피테르의 형제이며, 바다의 신이에요.

디아나 는 유피테르의 딸이며, 사냥과 달의 여신이에요.

마르스 는 유피테르와 유노의 아들이며, 전쟁의 신이에요.

메르쿠리우스 는 유피테르의 아들이며, 신들의 전령이자 여행자의 신이에요.

미네르바 는 지혜, 공부, 예술과 기술의 신이지요.

베누스 는 사랑과 미의 여신이에요.

베스타 는 불과 화덕의 여신이지요. 로마에서 가장 중요한 신 중 한 명이에요.

유노 는 유피테르의 아내이며, 여성과 출산의 여신이에요.

유피테르 는 로마의 수호자이자 신들의 왕이에요. 하늘의 신이지요.

케레스 는 수확과 모성애의 여신이에요.

세계의 종교

세계의 종교

전 세계에는 다양한 종교가 있어요. 기독교, 이슬람교, 유대교처럼 초월적이며 오직 하나인 신을 믿는 일신교가 있지요. 반면에 힌두교, 대다수의 토속 신앙처럼 여러 신을 믿는 다신교도 있어요.

모든 주요 종교는 아시아 대륙에서 기원해서 전 세계로 퍼졌어요. 신자가 가장 많은 기독교는 크게 세 종파가 있어요. 로마 가톨릭교, 동방 정교회, 개신교로 나뉘지요. 종교가 있는 인구의 약 4분의 1을 차지하는 이슬람교는 주요 종파가 두 개 있어요. 수니파와 시아파이지요. 힌두교와 불교는 종교인의 5분의 1을 차지해요. 그리고 약 4000년 전에 출현한 유대교는 신자가 거의 1500만 명이지만 종교인 전체의 1퍼센트에 못 미쳐요.

기독교

약 2000년 전 현재의 이스라엘 지역에서 태어난 예수의 가르침을 토대로 한 기독교는 사람들을 적극적으로 개종시키면서 전 세계로 퍼졌어요. 사진은 스위스의 기독교도들이 부활절에 등불과 십자가를 들고 행진하는 모습이에요.

불교

약 2400년 전 인도 북부에서 힌두 왕자 고타마 싯다르타가 불교를 창시했어요. 불교는 동아시아와 동남아시아에 퍼져 있어요. 사진에 나온 스리랑카의 미힌탈레처럼 불교 사원에는 불상이 있어요.

힌두교

4000여 년 전에 생겨난 힌두교는 주로 인도에서 따라요. 베다 같은 경전의 가르침을 따르고 다시 태어나는 환생을 믿지요. 사진은 두르가 여신을 기리는 나브라트리 축제 때, 신자들이 가르바 춤을 추는 모습이에요.

문화와 생활

촛불 늘어놓기

인도의 전통 옷을 입은 자매가 디왈리를 기념하기 위해 촛불을 담은 점토 그릇을 랑골리 위에 올려놓고 있어요. 랑골리는 색깔 있는 가루나 모래 같은 물질로 바닥에 만드는 장식 무늬예요. 디왈리는 빛이 어둠을 이긴 것을 기념하는 힌두교 축제로서 5일 동안 이어져요.

이슬람교

이슬람교도(무슬림)는 경전인 코란을 알라(신)가 약 610년부터 예언자 무함마드에게 한 말씀을 기록한 것으로 믿어요. 사진은 이슬람교 신앙의 중심지인 사우디아라비아 메카의 대모스크에서 신자들이 카바 신전을 둘러싼 모습이에요.

유대교

유대교의 전통, 율법, 신앙은 유대인의 민족 시조인 아브라함과 율법서인 토라에서 나왔어요. 사진은 예루살렘의 바위 사원 아래 있는 서쪽 벽에서 유대교 신자들이 기도하는 모습이에요.

더 알아보기

잠깐 퀴즈!

여러분은 문화와 생활에 대해서 얼마나 알고 있나요? 이 퀴즈를 풀면 알 수 있어요!

답을 종이에 적은 뒤, 아래 정답과 맞추어 봐요.

① 고대 이집트에서는 미라의 뇌를 어떻게 빼냈을까?
a. 입을 통해서   c. 코를 통해서
b. 배꼽을 통해서   d. 빼내지 않았다.

② 커다란 어릿광대 인형이 등장하는 마르디그라 축제 행진이 벌어지는 도시는 어디일까?
a. 미국 뉴욕
b. 미국 뉴올리언스
c. 인도 뉴델리
d. 영국 스코틀랜드 러윅

③ 인도에서 10만 루피를 가리키는 별명은 무엇일까?
a. 보물
b. 페니
c. 토큰
d. 페티

④ 카카오나무를 처음으로 이용했다고 알려진 민족은 _____ 이다.
a. 마요-친치페인   c. 이집트인
b. 중국인   d. 올메카인

⑤ **참일까, 거짓일까?** 오른쪽 사진의 운동화는 신발 끈까지 전부 다 먹을 수 있어요! (   )

너무 쉽다고요?
다음 장에 나오는 퀴즈도 풀어 봐요!

정답: ① c, ② b, ③ d, ④ a, ⑤ 참

188

문화와 생활

이렇게 해 봐요!

새롭고 낯선 문화 탐사하기

브라질 우표

브라질 지폐와 동전

브라질 국기

여러분은 학생이지만, 세계의 시민이기도 해요. 내가 사는 나라 또는 다른 나라를 조사하여 보고서를 쓰면 사람들이 어떻게 살아가는지를 더 잘 이해할 수 있어요. 한국도 좋고, 뉴스에서 본 나라도 좋고, 언젠가 방문하고 싶은 나라를 골라도 좋아요.

잘 쓰기 위한 요령

자신이 고른 나라에 관한 상세한 정보를 제공하는 것이니까, 설명문의 형식을 따르는 것이 좋아요.

다음 단계들을 따라가면 멋진 보고서를 쓸 수 있어요.

1. 조사하기
나라 조사 보고서를 쓸 때 가장 중요한 단계는 정보를 모으는 거예요. 인터넷, 백과사전, 책, 잡지, 신문 등을 조사해서 중요한 내용이나 흥미로운 내용을 모아요.

2. 조사한 내용 정리하기
모은 정보를 정리해서 어디까지 쓸지 대강 윤곽을 정해요. 예를 들면 역사, 정부, 기후 등으로 자료를 나누어서 정리하는 식이에요.

3. 작성하기
좋은 글의 기본 구조를 따라 서론, 본론, 결론의 순서로 쓰는 거예요. 각 문단에 주제 문장을 적고 뒷받침해 주는 사실 자료와 세세한 내용을 덧붙여요. 모은 정보를 적는 한편, 자기 생각도 적어야 해요. 다른 사람이 이해하기 쉽도록 자세하게 쓰려고 노력해요.

4. 시각 자료 덧붙이기
지도, 그림, 사진 같은 시각 자료를 찾아 덧붙여요.

5. 교정하고 수정하기
잘못 쓴 단어나 표현을 바로잡고, 문장을 다듬어요.

6. 참고 문헌과 출처 표시하기
조사하며 참고한 책이나 자료는 꼭 적는 습관을 들여요.

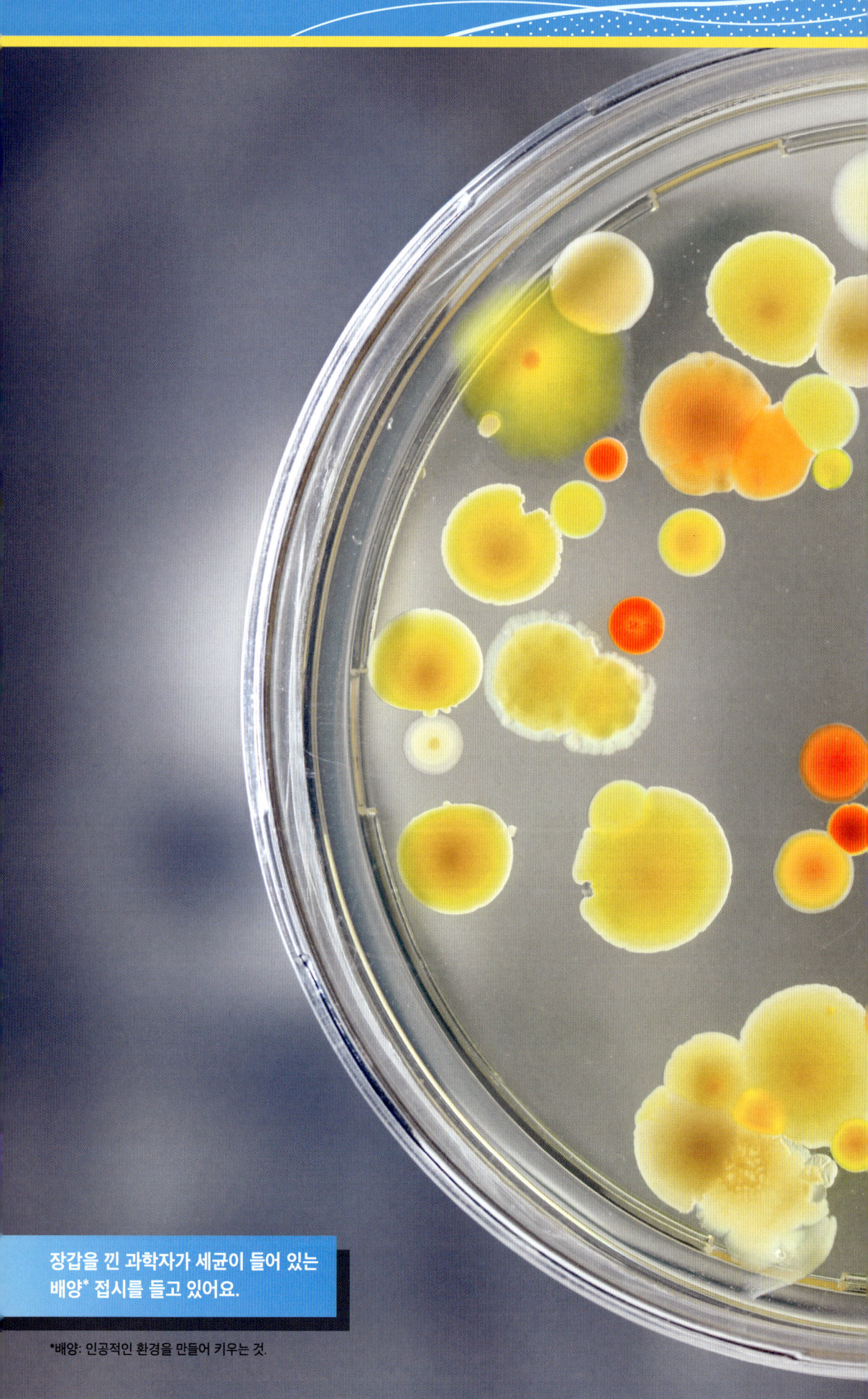

장갑을 낀 과학자가 세균이 들어 있는 배양* 접시를 들고 있어요.

*배양: 인공적인 환경을 만들어 키우는 것.

과학과 기술

발명을 돕는 기술

이 경주용 자동차는
최고 주행 속도를 시속 322킬로미터 이상 낼 수 있어요. 평균적인 고속도로 제한 속도의 약 3배 이상 빠르지요.

하이퍼카는 정지 상태에서 **시속 97킬로미터까지** 가속하는 데 3초도 안 걸리고, 4초쯤 되면 미니밴보다 더 빨리 달려요.

비행 자동차는 잠시 잊어요. 날아서 자동차 경주를 하는 건 미래의 일이에요. 여기 보이는 하이퍼카는 주문 제작된 아주 가벼운 경주차이며 전기 부품을 갖춘 강력한 엔진을 장착해서 경이로운 속도를 낼 수 있어요. 프랑스의 르망 24시간 레이스 같은 경주 대회에서는 하이퍼카가 참가하는 경주가 열려요.

과학과 기술

2021년 도요타의 GR010 하이브리드 자동차는 르망 대회의 하이퍼카 경주에서 **우승한 첫 번째 차**로 기록되었어요.

하이퍼카는 **전기 모터**를 써서 휘발유만 쓰는 차보다 **더 빨리 속도를** 올릴 수 있어요.

하이퍼카의 차체는 대개 **탄소 섬유**로 만들어요. 강철보다 최대 10배 튼튼하지만 무게는 5분의 1밖에 안 나가는 물질이지요.

도요타 GR010 하이브리드

발명을 돕는 기술

6가지 멋진 발명품

우리의 삶을 바꿀 **대단히 영리한 전자 기기, 주변 기기, 탈것들**

① 하늘을 나는 바이크

스피더는 모터사이클처럼 좌석과 손잡이가 있지만, 보통 바이크가 결코 갈 수 없는 곳까지 갈 수 있어요. 바로 **하늘**이지요! 단추를 누르기만 하면 이륙해요. 앞뒤에 있는 4개의 **터보제트 엔진**이 돌면서요. 손잡이를 움직여서 방향을 잡고 **공중을 날아요**. 무게가 약 104킬로그램인 이 바이크는 조종사 면허가 없어도 탈 수 있을 거예요. 아직 시험 중이지만, 스피더는 **시속 96.6킬로미터로 날고 해발 4572미터까지 오를 수 있어요.** 자 날아 볼까요!

② 연기 없는 난로

대개 연기가 나면 불이 있고, 불이 있으면 연기가 나기 마련이에요. 그런데 **신형 난로 '르푸'**는 불을 깜박이며 열을 내지만… 연기가 안 나요. 왜 그럴까요? 이 둥근 난로 속 버너는 **바이오에탄올 연료를 써요.** 바이오에탄올은 **옥수수와 사탕수수 같은 식물로 만들며,** 연기를 전혀 내지 않는 연료예요. 그래서 르푸는 집 안을 아늑하게 만들 뿐 아니라 **환경에도 좋아요.** 왜냐하면 **바이오에탄올이 탈 때는 유해 가스가 전혀 생기지 않거든요.** 그러니 지구 온난화를 일으키지 않으면서 난방을 할 수 있지요.

과학과 기술

③ 가상 키보드

식탁을 두드려서 전자 우편을 읽거나 방바닥을 두드려서 문서를 작성할 수 있어요. 매직큐브를 쓰면 불투명하고 편평한 표면은 모두 키보드가 될 수 있어요. 정육면체 모양의 이 작은 장치를 스마트폰, 태블릿, 컴퓨터에 연결해요. 그러면 큐브가 레이저로 표면에 키보드를 비춰요. 큐브 속 감지기가 손가락이 어디를 두드리는지 추적해서 손가락의 움직임을 화면의 숫자로 바꾸어요. 기존 키보드 자판을 누를 때 나는 딸깍 소리를 원하는 사람을 위해서 두드리는 소리까지 낼 수 있어요.

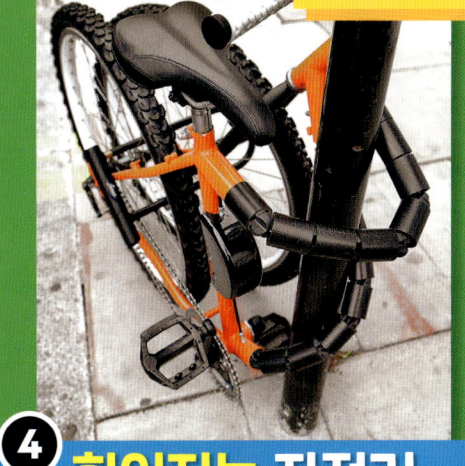

④ 휘어지는 자전거

여기 자전거 도둑을 어리둥절하게 만드는 방법이 하나 있어요. 자전거를 기둥에 감아 놓는 거예요! 휘어지는 자전거는 틀이 유연해서 전봇대나 가로등 기둥에 감을 수 있어요. 디자인을 전공하는 한 학생이 도둑맞는 자전거 수를 줄일 방법을 생각하다가 이 놀라운 자전거를 떠올렸어요. 탈 때는 보통 자전거와 똑같아요. 보관할 때는 안장 아래의 케이블을 풀면 자전거가 두 부분으로 나뉘어요. 그리고 양쪽으로 180도까지 구부릴 수 있지요. 이제 보통 자전거 잠금장치를 써서 기둥에 묶어 두면 돼요. 도둑은 어떻게 훔쳐 가야 할지 고민하게 되겠지요?

⑤ 귓속 통역기

미국 사람이 파리에 갔는데, 프랑스어를 못한다고요? 걱정 마요! 파일럿 이어폰을 귀에 꽂기만 하면 앱이 알아서 모든 말을 영어로 통역해 줄 거예요. 에스파냐어, 이탈리아어 같은 언어를 실시간으로 통역하지요. 곧 한국어 통역도 가능해질지 몰라요. 부알라!*

*Voilà!: 프랑스어로 "바로 이거야!"예요.

⑥ 스마트 반지

소파에서 책을 읽으려는데 조명이 너무 약하다고요? 그러면 엄지로 집게손가락을 세 번 두드려요. 이런 식으로 전화도 걸 수 있어요. 스마트폰을 건드리지 않아도 돼요. 오리라는 스마트 반지가 있거든요. 반지를 손가락에 끼고, 반지의 블루투스 칩이 무선으로 스마트 기기들을 제어해요. 스마트 기기와 연결한 뒤, 반지에 든 마이크로 친구에게 전화를 걸거나, 말을 문자로 바꾸어 메시지를 보낼 수도 있어요. 개인 비서 수준은 아니지만, 꽤 일을 잘해요.

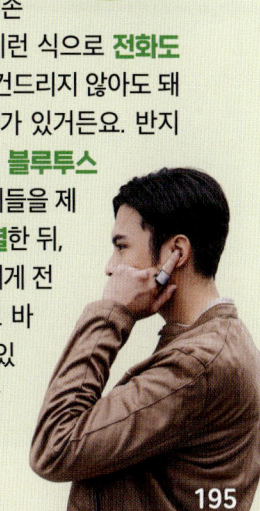

생물학의 기초

생명이란 무엇일까?

대답하기 쉬운 질문이지요? 지저귀는 새가 살아 있고 바위는 살아 있지 않다는 것은 누구나 알아요. 그러나 세균과 다른 미생물을 떠올리면, 점점 복잡해져요.

생명이란 정확히 무엇일까?

대부분의 과학자는 번식할 수 있고, 자라면서 구조가 더 복잡해지고, 영양소를 얻어서 살아가고, 노폐물을 배출하고, 햇빛과 기온 변화 같은 외부 자극에 반응한다면, 살아 있는 생물로 보아요.

생명의 종류

생물학자들은 에너지를 얻는 방식에 따라서 생물을 분류해요. 조류, 식물, 몇몇 세균은 햇빛을 에너지원으로 삼아요. 사람을 비롯한 동물, 균류, 고세균 같은 단세포 미생물은 화학 물질을 써서 에너지를 얻어요. 우리가 음식을 먹으면, 몸에서 음식에 든 화학 물질이 소화되고 화학 반응을 거쳐서 에너지로 바뀌죠.

생물은 땅, 바다, 하늘에 있어요. 사실 생명은 바다 밑, 수 킬로미터 깊이의 땅속, 얼음 속 등 극한 환경에서도 살아요. 이 혹독한 환경에서 번성하는 생물이 극한 생물이에요. 어떤 생물은 주변의 화학 물질을 바로 흡수해 에너지를 만들어요. 우리에게 친숙한 생물들과 전혀 달라서, 때로는 살아 있지 않다고 착각하기도 하지만, 극한 생물들은 살아 있어요.

생명은 어떻게 살아갈까?

생물이 살아가는 방식을 이해하려면, 가장 단순한 생물인 단세포 세균, 연쇄상 구균을 살펴보는 것이 좋아요. 종류가 아주 다양하고, 사람에게 병을 일으키는 것도 있어요. 우리 몸속에서 독소를 뿜어내 우리를 아프거나 불편하게 만드는 세균도 있지요.

연쇄상 구균은 아주 작아서 마침표 하나에 500마리 이상 들어가요. 이런 세균은 우리가 아는 가장 단순한 생물에 속해요. 움직이는 부위도 없고, 허파도 뇌도 심장도 간도 없고, 잎도 열매도 없지요. 그러나 이 생명체는 번식을 해요. 또 긴 사슬처럼 자라고, 영양소를 흡수하고 노폐물을 배출하지요. 우리처럼 이 작은 생물도 살아 있어요.

감기와 코로나19 바이러스에 대해 연구할 때면, 살아 있다는 기준이 모호해져요. 바이러스는 우리 몸을 이루는 세포 안에 들어가서 불어나요. 하지만 세포도 없고, 영양소를 분해하여 에너지를 얻지 못하고, 숙주가 없으면 증식도 못하기에, 과학자들은 바이러스가 과연 살아 있다고 할 수 있을지 의심해요. 바이러스는 아주 성능 좋은 현미경이 있어야 볼 수 있어요. 세균보다 수백 배 더 작거든요.

> 과학자들은 생명이 약 40억 년 전에 시작됐다고 생각하지만 그렇게까지 오래된 화석은 없어요. 가장 오래된 화석은 약 35억 년 전에 살았던 원시 생명체예요. 그 뒤로 곧 다른 생물들이 출현했어요. 과학자들은 지구에서 생명이 어떻게 진화했는지를 계속 연구해요. 생명은 다른 행성에서 왔을 수도 있지요.

미생물

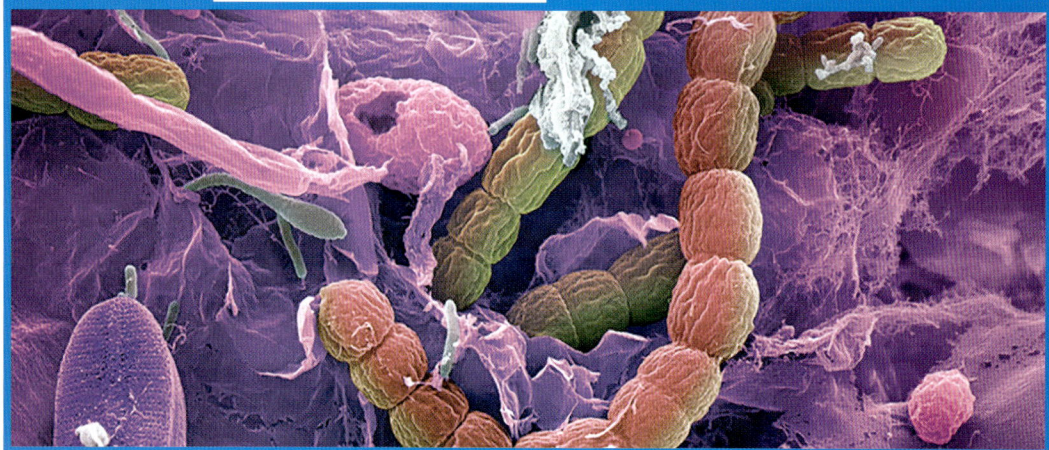

과학과 기술

생명의 가장 큰 분류 단위, 역

생물학자들은 모든 생물을 세 집단(역)으로 나누어요. 세균, 고세균, 진핵생물이지요. 세균과 고세균은 세포에 핵이 없어요. 핵은 번식을 비롯한 세포 기능에서 핵심적인 역할을 하는 소기관이에요. 공통점이 있지만 세균과 고세균은 여러 면에서 서로 달라요. 사람 세포는 핵이 있어서 우리 인류는 진핵생물에 속해요.

① 세균역

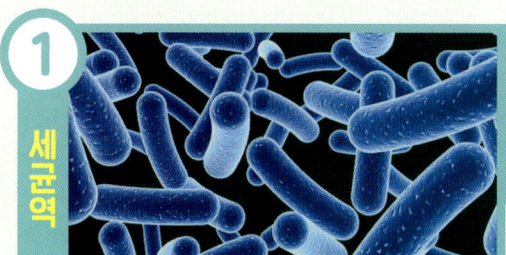

이 단세포 미생물은 박테리아라고도 하는데, 지구의 거의 모든 곳에 있어요. 세균은 작고 핵이 없어요. 막대나 나선, 공 모양이에요. 사람에게 유용한 것도 있고, 해로운 것도 있어요.

② 고세균역

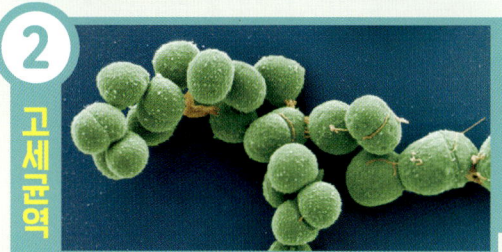

이 단세포 미생물은 극도로 살기 힘든 환경에 살아요. 과학자들은 오늘날 살아 있는 고세균이 지구에 최초로 출현한 생명체와 가장 비슷하다고 생각해요. 고세균은 세균처럼 핵이 없지만, 진핵생물과 공통된 유전자도 있어요.

③ 진핵생물역

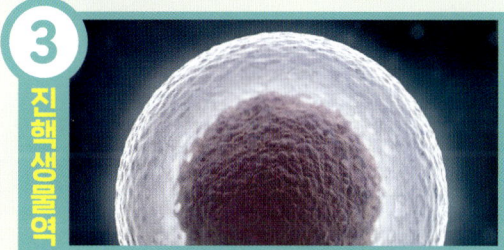

이 다양한 생명체 집단은 세균과 고세균보다 더 복잡해요. 진핵생물은 세포에 핵이 있거든요. 우리 몸은 이 작은 세포들로 이루어져 있어요. 진핵생물은 네 집단으로 나뉘어요. 균류계, 원생생물계, 식물계, 동물계이지요.

더 알아두기

역이란 무엇일까? 과학에서 생물을 관련 있는 계통끼리 분류할 때 쓰는 가장 큰 단위예요.

균류계

균류는 대부분 다세포 생물이고, 스스로 먹이를 만들 수 없어요. 버섯과 효모는 균류예요.

원생생물계

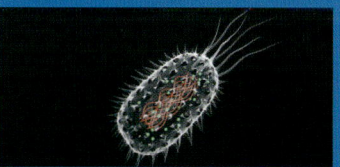

대부분 세포가 하나뿐인 단세포 생물이에요. 간혹 다세포 생물도 포함돼요. 아메바는 단세포 원생동물이에요.

식물계

식물은 다세포 생물이며, 광합성을 통해 스스로 먹이를 만들 수 있어요. (198쪽 '광합성' 참조)

동물계

동물은 대부분 다세포 생물이며 호흡계, 소화계 등 기관계가 있어요. 식물이나 다른 동물을 먹어 에너지를 만들지요.

식물의 세계

정원의 식물은 어떻게 자랄까?

식물의 3가지 특징:
1. 대부분 엽록소(광합성을 해서 햇빛을 에너지로 바꾸는 초록 색소)가 있어요. 다른 식물에 기생하는 식물도 있어요. 기생 식물은 스스로 먹이를 만들지 않아요.
2. 식물은 스스로 옮겨 다닐 수 없어요.
3. 셀룰로오스라고 하는 튼튼한 물질로 된 세포벽이 있어요.

식물계에는 약 40만 종이 있어요. 식물은 전 세계에서 자라요. 산꼭대기, 바다, 아주 추운 곳에서도 자라지요. 식물이 없다면, 지구의 생명은 살아갈 수 없을 거예요. 식물은 사람을 포함한 모든 동물에게 먹이와 산소를 제공해요.

광합성

식물은 운이 좋아요. 대개는 사냥을 하거나 먹이를 구할 필요가 없으니까요. 대부분의 식물이 햇빛을 써서 스스로 먹이를 만들어요. 식물의 엽록체(세포 안에서 엽록소가 들어 있는 곳)는 광합성을 통해서 햇빛의 에너지를 공기 중의 이산화 탄소와 땅에서 빨아들인 물과 결합하여 포도당을 만들어요. 식물은 포도당을 분해하여 자라는 데 필요한 에너지를 얻어요. 한편 식물이 광합성을 할 때 더불어 생기는 부산물로 산소가 나와요. 바로 사람을 비롯한 동물이 호흡할 때 필요한 것이지요. 우리는 호흡할 때 산소를 마시고 이산화 탄소를 내뿜어요. 식물은 이 이산화 탄소로 광합성을 하고요. 그러니 생태계는 아주 치밀하게 맞추어진 체계예요. 다음에 식물 화분 옆을 지나칠 때면, 고맙다고 말해 봐요.

과학과 기술

식물의 냄새가 고약하다!

모든 식물이 장미처럼 좋은 향기를 풍기지는 않아요. 식물계에서 **가장 악취를 풍기는** 두 식물을 만나 볼까요?

아모르포팔루스 티타눔
Amorphophallus titanum

아모르포팔루스는 꽃차례의 높이로 따지면 세상에서 가장 큰 꽃이에요.

이 꽃의 냄새를 맡은 파리가 꼬여요.

서부아메리카앉은부채

동부아메리카앉은부채

아모르포팔루스 티타눔이나 아메리카앉은부채 옆을 지나가면, 깜짝 놀랄 수도 있어요. 이 식물들에서 고약한 냄새가 나기 때문이에요. 아모르포팔루스는 인도네시아 우림에 자라며, 아주 큰 꽃을 피워요. 이 꽃은 악취를 풍겨서 '시체꽃'이라고도 해요. 고기나 생선이 썩는 냄새와 비슷하다고 말하는 사람도 있어요! 아메리카앉은부채는 북아메리카 숲의 축축한 습지에서 자라요. 잎과 꽃을 짓이기거나 문지르면 고약한 냄새가 나요.

이 식물들은 왜 지독한 냄새를 풍길까요? 이 냄새는 사실 이 식물들이 지닌 놀라운 능력이에요! 아모르포팔루스의 악취는 파리와 딱정벌레를 끌어들여요. 이런 곤충들은 알을 낳으러 꽃 속을 돌아다니다가 꽃가루받이를 도와요. 아메리카앉은부채의 악취도 파리, 나비, 말벌 같은 꽃가루 매개자를 끌어들여요. 두 식물은 열도 내요. 식물에는 아주 드문 형질*이지요. 따뜻해서 곤충들이 머물면서 알을 낳기 좋은 아늑한 환경이 돼요.

사람은 이 악취를 맡으면 코를 감싸 쥐겠지만, 곤충은 정반대 반응을 보여요. 그래서 바람직하지요. 식물은 꽃가루받이가 대단히 중요하니까요. 꽃가루를 옮겨 줄 곤충이 없다면 이 식물들은 씨를 맺지도 번식하지도 못해요. 또 모든 식물은 건강한 생태계를 유지하는 데 나름의 역할을 해요. 그러니 고약한 냄새를 풍기는 식물도 필요하지요.

*형질: 모양, 크기, 성질 따위의 고유한 특징.

인체 탐구하기

놀랍고 신기한 우리 몸!

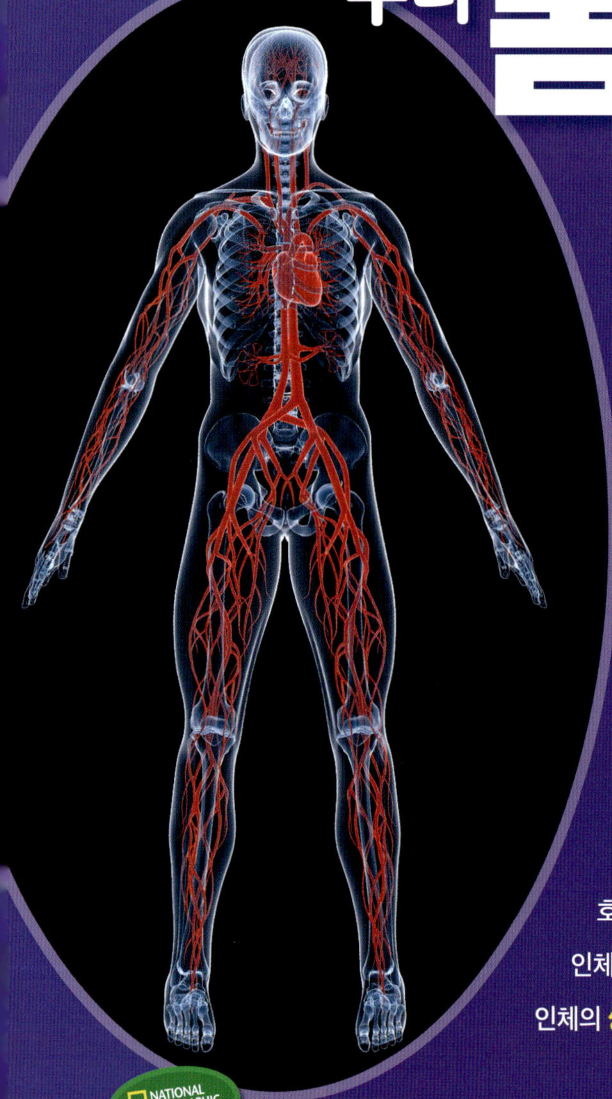

우리 몸의 **세포**는 약 **10000개**가 **침핀** 머리 한 개에 올라갈 수 있을 만큼 작아요.

인체는 복잡한 여러 기관계들로 이루어져 있어요. 정확히 말하면 9가지 기관계예요. 각 기관계는 몸에서 저마다 다른 중요한 일을 해요. 사람이 살아가려면 모든 기관계가 다 필요해요.

인체의 **신경계**는 몸을 제어해요.
인체의 **근육계**는 몸을 움직여요.
인체의 **골격계**는 몸을 지탱해요.
인체의 **순환계**는 온몸으로 피를 운반해요.
인체의 **호흡계**는 몸에 산소를 공급해요.
인체의 **소화계**는 음식을 영양소로 분해하고 노폐물을 제거해요.
인체의 **면역계**는 질병과 감염으로부터 몸을 보호해요.
인체의 **내분비계**는 신체 기능을 조절해요.
인체의 **생식계**는 자식을 낳을 수 있게 해요.

NATIONAL GEOGRAPHIC KIDS

기발하고 괴상하고 웃긴 과학 사전!

머리카락을 평생 한 번도 **자르지 않는다면**, 죽을 때까지 계속 자라서 **9미터**가 훌쩍 넘을 거예요.

사람의 **뇌**에서 보내는 **메시지**가 신경을 지나가는 속도는 **최대 시속 322킬로미터**에 달해요.

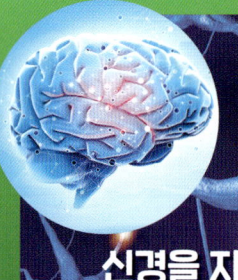

내 혈액형은 무엇일까?

모든 사람의 피는 똑같은 성분으로 이루어져 있지만, 모든 피가 똑같지는 않아요. 피는 크게 네 가지로 나누어요. 수혈을 할 때, 혈액형이 서로 맞지 않으면 피를 받는 사람의 면역계가 거부 반응을 일으킬 수 있어요. 아래 그림은 어느 혈액형들이 서로 들어맞는지를 보여 줘요.

 **O형**은 모든 사람에게 적혈구를 줄 수 있어요.

 **A형**은 A형과 AB형에게 적혈구를 줄 수 있어요.

 **B형**은 B형과 AB형에게 적혈구를 줄 수 있어요.

 **AB형**은 같은 AB형에게만 적혈구를 줄 수 있어요.

 A+형은 한국에서 가장 흔한 혈액형으로 한국인의 **33.9%**가 이 혈액형이에요. 미국인은 O+형이 가장 많아요.

 혈액형은 Rh 양성(+)과 음성(−)으로 나눌 수도 있어요. 한국인의 **0.5%**, 미국인의 **18%**가 Rh 음성 혈액형이에요.

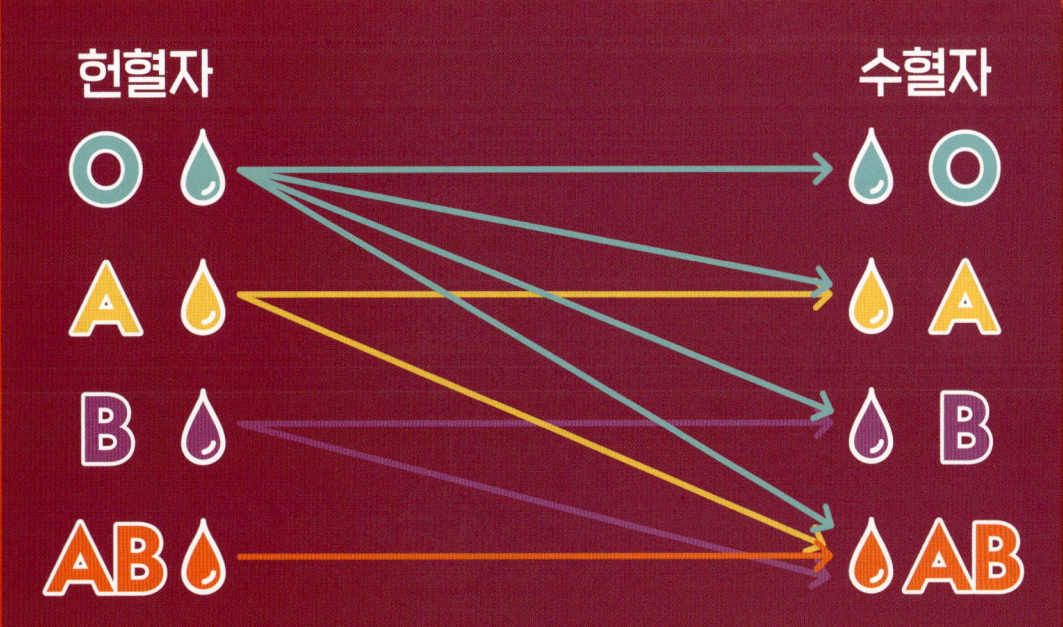

인체 탐구하기

나는 왜 땅콩을 먹거나 개털을 만지면 몸이 안 좋아질까?

그건 땅콩이나 개털에 알레르기가 있다는 뜻이에요. 여러분만 그런 것이 아니에요! 어른의 약 30퍼센트와 아이의 약 40퍼센트는 알레르기가 있어요. 가려움, 재채기, 기침, 콧물, 구역질, 발진, 호흡 곤란 같은 반응이 나타나지요. 알레르기는 병균과 싸워야 할 몸의 면역계가 음식이나 약 같은 무해한 것을 위험한 침입자로 대할 때 생겨요. 알레르기 항원이라는 침입자를 알아차리면, 면역계는 경고를 보내요. 그러면 항체가 만들어져서 침입자와 싸워요. 이때 알레르기 항원 주위의 조직은 염증이 생기거나 부어올라요. 호흡기 쪽이라면 숨쉬기가 힘들어지지요. 반응이 너무 심하면 온몸에 아나필락시스 쇼크라는 치명적인 증상이 나타나기도 해요. 즉시 가려움증, 두드러기가 생기거나 심하면 사망할 수도 있어요.

끔찍하고 심각한 알레르기 항원

땅콩
조개류 및 게, 새우 같은 갑각류와 더불어 가장 흔한 식품 알레르기 항원이에요.

반려동물
동물의 몸에서 떨어진 작은 털이나 깃털 때문에 눈물이 나고 재채기가 일어나요!

집먼지진드기
아주 작은 거미류로서 집에 수백만 마리가 살면서 우리 몸에서 떨어진 죽은 피부 조각을 먹어요. 집을 청소하면 진드기 껍데기와 미세한 배설물이 구름처럼 피어올라요.

페니실린
페니실린 같은 항생제는 우리를 아프게 하는 세균을 죽이지만, 알레르기가 있는 환자에게는 오히려 해를 끼칠 수 있어요.

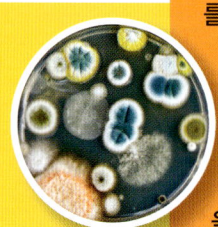

꽃가루
식물은 미세한 꽃가루를 바람에 날려서 다른 식물로 보내 수분*해요. 꽃가루는 알레르기가 있는 사람의 코를 자극해서 재채기와 눈물을 일으켜요. 이런 증상을 알레르기 비염이나 꽃가루 알레르기, 건초열이라고도 하지요.

알레르기는 왜 있을까?

알레르기 이야기는 고대 이집트 때부터 전해 오지만 그 원인은 거의 몰랐지요. 모든 사람이 알레르기를 지닌 것은 아니에요. 알레르기는 어릴 때 생기는 것도 있고, 더 늦게 생기는 것도 있어요. 또 나이를 먹으면서 사라지는 것도 있어요. 부모님께 알레르기를 물려받기도 하지만, 대개 특정한 알레르기를 물려받는 것은 아니에요. 과학자들은 이런 수수께끼 같은 면역 반응이 기생충이나 독소처럼 치명적인 위협과 맞서 싸우기 위해서 진화한 것이라고 생각해요. 의사들은 알레르기를 완전히 없앨 수 있을지 확신을 못하지만, 검사하는 방법을 많이 찾아냈고 증상을 줄이는 약을 처방해서 대응하고 있어요.

> 식품 알레르기를 일으키는 8대 원인은 우유, 달걀, 생선, 조개, 견과, 땅콩, 밀, 콩이에요.

*수분: 꽃가루가 수술에서 암술로 옮겨지는 것.

과학과 기술

나는 왜 왼손을 오른손보다 (또는 오른손을 왼손보다) 잘 못 쓸까?

이 책을 읽는 사람 열 명 중 아홉 명은 아마도 오른손으로 책장을 넘길 거예요.

글을 쓰고 공을 던지는 일도 같은 손으로 하겠죠. 사람은 약 90퍼센트가 오른손잡이예요. 즉 주로 쓰는 손이 오른손이라는 뜻이에요. 나머지 10퍼센트는 왼손잡이예요. 주로 쓰는 손으로 할 때 자연스럽게 느껴지는 행동을 다른 손으로 하면 어색하거나 어렵게 느껴져요. 주로 쓰지 않는 손으로 이름을 써 봐요. 쉽지 않을걸요?

5000여 년 전의 동굴 벽화들을 보면 당시 사람들도 지금처럼 오른손잡이 대 왼손잡이의 비율이 9 대 1임이 드러나요. 그리고 150만 년 전에 인류의 조상들이 썼던 석기들을 보아도 마찬가지예요. 화석 기록상 현생 인류인 호모 사피엔스 사피엔스가 등장하기 훨씬 전에도 마찬가지로 오른손잡이가 훨씬 더 많았어요.

그러면 왜 한쪽 손을 주로 쓸까?

과학자들은 일련의 유전자가 주로 쓰는 손과 관련이 있다는 것을 알아냈어요. 머리색이나 보조개처럼 오른손잡이(또는 왼손잡이)도 아이에게 전달되는 형질이라는 거죠. 이런 형질들은 우리 뇌가 어떻게 구성되느냐에 따라서 정해져요. 어떻게요? 뇌는 좌우로 절반씩 좌반구와 우반구로 나뉘어져 있어요. 인류의 약 90퍼센트는 좌반구에서 언어를 처리해요. 이들은 대개 오른손잡이지요. 왼손잡이 유전자를 지닌 사람은 인구의 10퍼센트인데, 대개 오른쪽 뇌에서 언어를 처리해요.

따라서 뇌의 어느 한쪽이 언어를 처리한다면, 주로 쓰는 손은 그 반대쪽이 되지요. 뇌는 왼쪽이 몸의 오른쪽을 제어하고, 오른쪽이 몸의 왼쪽을 제어해요. 그래서 과학자들은 주로 쓰는 손이 언어 능력의 발달과 어느 정도 관련이 있지 않을까 생각해요. 또 사람은 눈, 발, 귀에도 주로 쓰는 쪽이 있어요. 그러나 왜 그런지 이유는 확실하지 않아요. 그것이 바로 사람의 뇌가 우주에서 가장 복잡하다고 여겨지는 이유 중 하나예요.

혹시 나는 '양손잡이'일까?

양손을 거의 비슷하게 잘 쓰는 사람도 있지 않나요? 양손잡이 말이에요.(양손잡이라는 말은 주로 쓰는 손이 없다는 뜻이라서, 이 말을 안 쓰려는 과학자도 있어요.) 인구의 약 1퍼센트는 양손잡이랍니다. 여러분은 어떤가요? 종이에 글씨를 써 보면 알 수 있지요!

인체 탐구하기

15가지 잠에 관한 놀라운 사실

고대 그리스 사람들은 **상추 즙**을 마시면 잠이 잘 온다고 믿었어요.

프랑스와 스위스의 국경에 걸쳐 있는 한 호텔에서는 **머리와 발**을 **서로 다른 나라에 두고** 잘 수 있어요.

잠자는 자세가 **그 사람의 성격**을 어느 정도 알려 줄 수도 있어요. 몸을 웅크리고 자면 소심하다는 뜻일 수 있어요.

사람은 생애의 약 **3분의 1**을 **잠자며** 보내요.

대체로 사람은 누구나 **하루에 14번씩 방귀를 뀌어요.** 대부분은 잠잘 때 뀌지요.

사람들은 **보름달**이 뜰 때 잠을 **덜 자는 경향**이 있어요.

코골이 소리는 **생각보다 커서 100데시벨**을 넘을 수도 있어요. **고속 도로**만큼 시끄럽지요!

우리 뇌는 때로는 **깨어 있을 때보다** 잠잘 때 더 활발하게 활동하곤 해요.

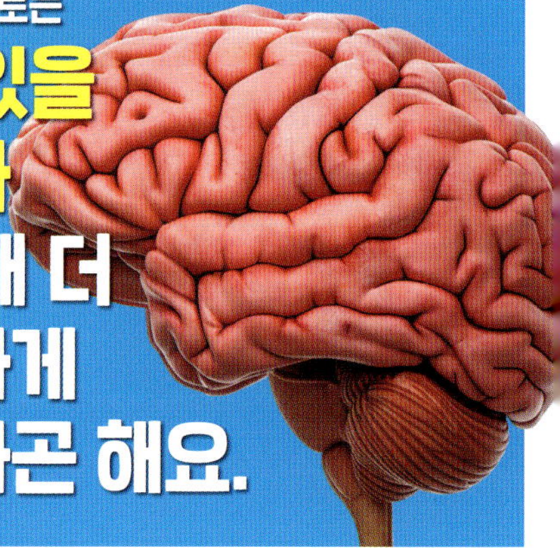

과학과 기술

우주 탐사선에서 **우주 비행사**는 대개 **벽에 매달아 둔 침낭 안에 들어가서** 잠을 자요.

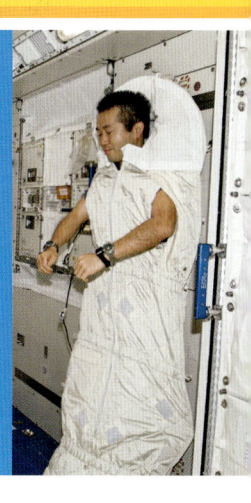

주변에서 누가 하품을 하면, 특히 **아는 사람이 하품을 하면, 나도 하품할 가능성**이 더 높아요.

베개는 **고대 이집트 무덤**에서도 발견되었어요.

우리 뇌는 잠자는 동안 기억을 저장해요.

1927년 비행사 찰스 린드버그는 처음으로 대서양을 건너기 위해 **홀로 떠난 비행**에서, 잠을 자지 않기 위하여 손가락으로 눈꺼풀을 벌리고 있었다고 하지요.

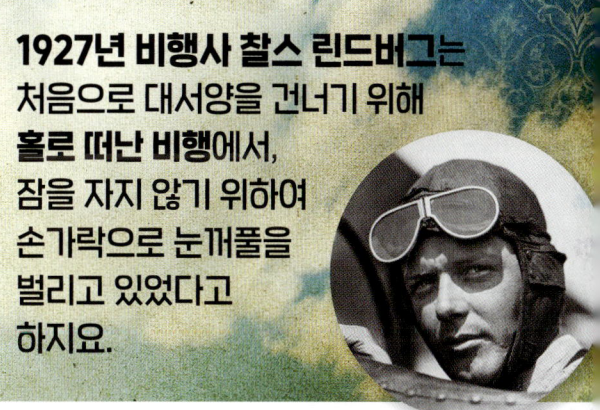

평균적으로, 10세 어린이는 **잠이 드는 데 약 20분이 걸려요.**

잘못된 속설: 칠면조에는 **트립토판**이라는 수면을 돕는 화학 물질이 있지만, 칠면조 고기를 먹으면 **졸음이 온다는 말은 사실이 아니에요.**

인체 탐구하기

으스스한 무서움의 과학

무시무시하고 오싹한 것들이 우리 뇌에 미치는 영향

밤에 들리는 저 이상한 소리가 뭐지요? 바람 소리일까요? 아니면 다른 무엇?

심리학자 마틴 앤터니는 이렇게 말해요. "무서운 것과 마주치면, 뇌는 화학 물질을 분비해요. 그러면 심장이 두근거리고, 숨이 가빠지고, 땀이 나요. 신경계가 몸이 위협에 맞서 싸우거나 달아날 수 있도록 준비시키는 거예요." 과학자들은 이를 '투쟁-도피 반응'이라고 해요. 그런데 어떤 것이 이런 기분을 느끼게 할까요? 또 왜 그럴까요? 무서움을 느끼는 이유에 대해 알아볼까요?

무서운 것: 거미
병명: 거미 공포증
겁나는 이유: 인류의 조상들은 거미가 치명적인 질병을 옮긴다고 생각했어요. 그래서 사람들은 늘 거미를 무서워했지요. 심리학과 교수 카일 렉서는 이렇게 말해요. "지금은 그렇지 않다는 것을 알지만, 많은 사람들은 여전히 거미가 아주 위험하다고 잘못 생각하고 있지요." 치명적인 거미도 있긴 하지만, 대부분의 거미는 위험하지 않아요. 사실 인류는 거미에게 도움을 받고 있어요. 거미는 모기와 바퀴 같은 질병 매개체를 잡아먹어서 해충 방제에 중요한 역할을 하기 때문이에요. 또 과학자들은 거미 독을 통증 완화나 질병 치료에 쓸 수 있을지 연구하고 있어요.

무서운 것: 어릿광대
병명: 광대 공포증
겁나는 이유: 상대가 친구인지 적인지를 판단하는 방법 중 하나는 얼굴 표정을 보는 거예요. 광대는 짙게 화장을 하고 장신구를 달고 가짜 코를 붙여서 표정을 읽기가 어려워요. 그래서 어떤 사람들은 광대를 무섭다고 생각해요. 심리학과 교수 프랭크 맥앤드루는 이렇게 말해요. "광대가 어떤 기분인지 알기는 어려워요. 그래서 이런 생각이 들지요. 광대가 감정을 숨길 수 있다면, 딴것은 못 숨기겠어요?"

공포와 맞서 싸우는 법

무서운 것을 피하고 싶다고요? 당연해요. "하지만 거미든 광대든 어둠이든 간에 두려움을 이기려면 피하는 대신에 그것에 집중해야 해요." 렉서의 말이에요. 렉서는 두려움을 이기는 데 도움이 되는 방법이 몇 가지 있다고 말해요.

과학과 기술

무서운 것: 높이
병명: 고소 공포증
겁나는 이유: 우리가 단단한 바닥에 서 있을 때에는 눈이 속귀와 협력해서 몸의 균형을 잡도록 도와요. 그러나 낭떠러지에 서 있으면, 균형 감각이 어긋날 수 있어요. 속귀 전문가 데니스 피츠제럴드는 이렇게 설명해요. "속귀는 단단한 땅에 있다고 말하지만, 눈은 '아니야'라고 말하지요." 눈과 귀에서 받는 정보가 서로 다르니까 뇌는 혼란스러워요. 그래서 현기증이 생길 수 있고, 높은 곳을 무서워하게 되지요.

무서운 것: 어둠
병명: 어둠 공포증
겁나는 이유: 다른 공포증처럼, 어둠 공포증도 위험을 피하기 위해 생긴 거예요. 우리 조상들은 밤에는 포식자인 동물과 침입자인 사람 등을 막기 위해 더욱 신경을 써야 했어요. (전등이 없었으니까요!) 심리학자 앤터니는 이렇게 말해요. "많은 사람들이 지금도 어둠을 두려워해요. 뭐가 있는지 모르니까 두려운 거죠."

무서운 것: 좁은 공간
병명: 폐소 공포증
겁나는 이유: 승강기에 갇힌 적이 있지만 별것 아니었다고요? 하지만 그럴까 봐 겁이 나서 계단을 이용하는 사람도 있어요. 앤터니는 이렇게 말해요. "좁은 공간에 있으면 산소가 다 떨어지지 않을까, 못 나가게 될까 걱정하는 사람도 있어요. 갇힐 가능성이 실제로 없다고 해도요. 생존 기회를 높이기 위해 인류는 갇히는 상황을 피하는 성향을 갖도록 진화했어요. 그래서 좁은 곳이라면 어디든 갇힐 수 있다고 생각하는 사람도 있지요."

- 안전하다고 느끼는 환경에서 두려운 것을 접해요. 사람들 앞에서 말하는 것이 두렵다고요? 거울 앞에서 먼저 연습하고, 그다음에 가장 친한 사람 앞에서 말해 봐요.

- 마음이 불안하면, 손을 배에 대고 천천히 심호흡을 해요. 호흡에 집중하면서요. 그러면 보다 차분해지고 두려운 마음이 줄어들 거예요.

- 너무 자신을 몰아붙이지 말아요! 누구든 두려워하는 것이 있어요. 두려움에 빠져들지 말아요. 정 힘들면 주변 어른에게 말해요.

미래 기술 전망

미래 세계 보고서

때는 2070년, 미래의 여러분이 옷을 갈아입고 학교에 갈 시간이에요. 커다란 화면 거울 앞에 서서 여러 가지 옷을 띄워 봐요. 마음에 드는 티셔츠를 고르자, 로봇이 옷장에서 그 옷을 꺼내 와요. 짝이 맞는 양말을 찾느라 시간을 허비할 필요도 없어요. 잡다한 집안일은 어떻게 할까요? 집안일이 뭐죠? 전혀 새로운 가정생활을 만나 볼까요?

늘 연결되어 있어요

미래의 집이 도시의 고층 건물이든 수중 건물이든 간에, 모든 건물은 중앙 통신 허브를 통해 연결되어 있을 거예요. 거리가 먼 박물관에 티라노사우루스 뼈대가 있는지 알고 싶다고요? 직접 가 보는 것처럼 가상으로 박물관에 연결할 수 있어요. 멀리 떨어져 있는 것을 보기만 하는 것이 아니에요. 해변에 있는 집의 발코니에 연결하면 짠 바다 공기를 맡고 산들바람도 느낄 수 있어요. 또 건물은 날씨 정보도 알려 주고 비상시에 안전하게 지켜 주기도 하지요.

내게 맞춘 집

이제 집은 나에게 딱 맞춘 공간이 될 수 있어요. 열쇠도 필요 없어요. 감지기가 몸을 스캔해서 주인을 알아보고 문을 열어 줘요. 거실로 들어가면 조명이 내가 원하는 밝기로 켜져요. 목이 마르다고요? 주방에 가면 물이 담긴 컵이 나와요. 잠자기 전에 샤워하려면 욕실에 들어가며 말만 해요. "샤워 준비해 줘." 샤워기에서 원하는 온도의 물이 나오기 시작해요.

어디든 원하는 곳에

여러분의 방에서는 멋진 바다가 보여요. 집이 물에 떠 있거든요. 새로운 기술 덕분에 아주 별난 곳에도 집을 지을 수 있을 거예요. 도시가 더 혼잡해지면서 미래에는 지지대를 써서 물 위에 집을 띄우거나 산꼭대기처럼 접근하기 어려운 곳에 집을 짓는 사람도 늘어날 거예요. 지구의 육지에서만 살 필요도 없어요. 언젠가는 여러분의 가족이 우주에서 살 수도 있을 거예요!

과학과 기술

집이 궁금해!

계속 움직여요

미래의 집은 이리저리 계속 움직일 거예요. 벽을 늘리거나 좁힐 수도 있을 것이고, 에너지를 절약하기 위해서 태양의 움직임에 맞추어서 회전도 할 거예요. 누가 사는지에 따라서 집의 크기도 바꿀 수 있을 거예요. 집의 앞이나 뒤, 위쪽에 방을 덧붙일 수 있어서 할머니와 할아버지가 이사 와 함께 살 수도 있어요.

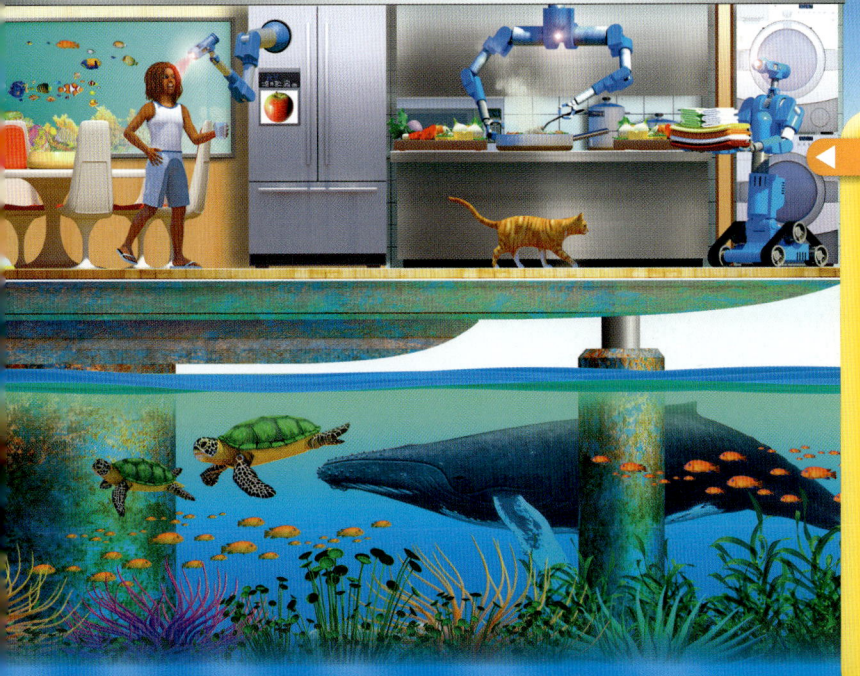

로봇이 일해요

친구들과 밖에서 노는 동안, 집에서는 로봇이 세탁하고, 진공 청소기를 돌리고, 욕실 청소를 해요. 또 드론이 채소와 식료품을 가게에서 집으로 배달해요. 잠시 뒤에는 로봇이 점심을 차려 줘요. 정말 일을 잘하지요. 어린이가 집안일을 돕지 못하면 어떻게 용돈을 벌 수 있을까요? 쓰레기를 버리거나 식탁을 차리는 대신에, 로봇을 닦고 관리하여 벌지요.

미래 기술 전망

미래 세계 보고서

십 년 뒤의 식당은 어떤 모습일까요? 미국 뉴저지주에 있는 럿거스 대학교의 식품학자 폴 타키스토프는 이렇게 답해요. "식량을 기르고 주문하는 기술에 많은 변화가 일어날 거예요. 또 더욱 각자에게 맞춘 식량이 생길 거예요." 미래의 이 식당에는 어떤 요리가 있는지 알아볼까요?

배고프다면? 인쇄 버튼을 눌러요!

탁자 위의 스캐너에 대고 손가락을 빠르게 스캔해요. 그러면 몸에 어떤 영양소가 부족한지 보여 주지요. 단추를 하나 누르면, 3D 프린터가 진한 퓌레가 든 음식 카트리지를 써서 당신의 몸이 필요로 하는 비타민이 든 파스타를 인쇄해요. 타키스토프는 이렇게 말해요. "어떤 건강 식품이 모두에게 좋은 것은 아니에요. 사람마다 몸 상태가 다르므로, 필요로 하는 영양소가 달라요." 음식 프린터는 효율이 높아서 요리사가 많은 사람들에게 개인별 맞춤 음식을 빨리 내놓을 수 있지요.

상자에 농장을 만들어요

이 주방에 있는 상추 중 일부는 슬퍼요. 커다란 컴퓨터 화면에 있는 상추 이모지 중 하나가 찌푸린 표정이에요. 화면 뒤 상자 안에서 실제 상추가 자라기에 알맞게 햇빛, 물, 영양소를 조합하지 않았기 때문이에요. 다시 화면을 누르면 온도가 더 내려가고, '상자 농장'에서 상추의 찌푸린 표정이 바뀌어요. 이 식당에서는 흙에 씨를 뿌리지 않고서도 필요한 모든 과일과 채소를 기를 수 있어요. 매사추세츠 공과 대학교의 선임 연구원 힐드레스 잉글랜드는 이렇게 말해요. "누구든 농부가 될 수 있어요. 아이슬란드에 살아도 마치 멕시코에서 키우는 것처럼 딸기를 재배할 수 있어요."

재활용

과학자들은 현재 사람의 배설물을 영양소로 바꿀 방법을 연구하고 있어요. 미래에 지구에서 먹든지 우주로 휴가를 가든지 간에, 우리의 음식 중 일부는 재활용한 성분으로 만들어질 거예요.

과학과 기술

음식이 궁금해!

실내에서 농작물을 재배해요

미래의 농장에는 어떤 일이 일어날까요? 농장이 수직으로 높아질 거예요. 인구가 90억 명으로 늘어나면서 도시는 계속 커지고, 경작할 땅은 점점 줄어들 거예요. 경작은 이런 도시의 고층 건물에서 이루어질 가능성이 높아요. 다행히도 실내 경작은 물을 덜 쓰고, 작물도 더 빨리 자라는 듯해요.

홀로그램으로 낚시해요

낚시를 하러 주방으로 갈까요? 요리사가 공중으로 휙 낚아 올리는 생선은 3D 홀로그램이에요. 언젠가 사람들은 가상 세계에서 각종 성분을 모아 주방을 채울 거예요. 디지털 덤불에서 열매를 따거나 가상 농장의 소에서 살코기를 잘라 낼 수도 있지요. 여러분이 요리 재료를 다 고르면, 홀로그램은 자세한 내용을 동네 시장으로 보내어 주문할 거예요. 이 프로그램을 연구하는 과학자들은 사람들이 더 재미있게 쇼핑하기를 원해요.

스마트 식당

좋아하는 식당에서 간편하게 주문할 수 있어요. 식탁을 두드려서 디지털 차림표를 열고 막 딴 채소와 3D 인쇄물을 골라요. 잠시 후 식탁 한쪽의 상자에서 음식이 준비되었다는 알림이 떠요. 그럼 문을 열어서 음식을 꺼내면 돼요. 뭔가 잊었다고요? 로봇 종업원이 더 필요한 것이 있는지 살피러 올 거예요.

더 알아보기

잠깐 퀴즈!

나는 과학과 기술에 대해서 얼마나 알고 있을까요? 이 퀴즈를 풀면 알 수 있어요!

답을 종이에 적은 뒤, 아래 정답과 맞추어 봐요.

1 거대한 아모르포팔루스 꽃은 _____ 때문에 '시체꽃'이라고도 한다.
- a. 핼러윈 때 피기
- b. 고약한 냄새를 풍기기
- c. 묘지에서만 자라기
- d. 죽은 동물처럼 보이기

2 **참일까, 거짓일까?** 땅콩은 가장 많이 알레르기를 일으키는 식품이에요. (   )

3 어릿광대를 두려워하는 것을 _____ 라고 한다.
- a. 눈 공포증
- b. 광장 공포증
- c. 폐소 공포증
- d. 광대 공포증

4 가까운 미래에는 _____ 것이 가능할 수도 있어요.
- a. 키보드를 모든 편평한 표면에 투영하는
- b. 손가락에 낀 반지로 전화를 거는
- c. 연기 없는 불로 몸을 따뜻하게 녹이는
- d. 위의 보기 a, b, c를 다 하는

5 고대 그리스인들은 상추 즙이 _____ 수 있다고 믿었다.
- a. 잠을 잘 오게 할
- b. 이를 깨끗이 할
- c. 근육을 키워 줄
- d. 기운을 내게

너무 쉽다고요?
다음 장에 나오는 퀴즈도 풀어 봐요!

정답: ① b, ② 참, ③ d, ④ d, ⑤ a

과학과 기술

이렇게 해 봐요!
어려운 문제를 푸는 방법

아주 복잡한 문제라도 단계를 하나하나 밟아 나아가면 풀 수도 있어요. 이렇게 차근차근 푸는 방법을 과정 분석이라고도 해요. 과학자와 공학자는 이와 같은 분석으로 로봇의 프로그램을 짜고 컴퓨터 코드를 짜요. 우리도 요리법을 따라 하는 것부터 새 장난감을 조립하는 것에 이르기까지 일상생활에서 여러 가지로 과정 분석을 활용해요. 간단한 과정 분석 보고서를 써 볼까요?

1단계: 주제 문장 고르기
쓰고자 하는 내용을 명확하게 요약한 주제 문장을 하나 골라요. 그 주제가 왜 중요한지를 설명하는 문장이어야 해요. 그리고 해내는 데 몇 단계가 걸리는지도 설명하면 좋고요.

2단계: 필요 목록 작성하기
과정을 끝내려면 구성 요소나 장비가 필요하겠지요? 어떤 것들이 필요한지를 독자가 알 수 있도록 다 적어요.

3단계: 지시 사항 적기
명확하고 따라 하기 쉽게 자신의 방법을 적어야 해요. 처음 해 보는 사람에게 어떻게 하는지를 설명한다고 가정해요. 낯선 용어도 명확히 정의해야 해요. 읽는 사람이 정확히 순서대로 따르면 일을 끝낼 수 있도록 단계별로 나누어서 적어요. 하지만 6단계를 넘지 않도록 해요.

4단계: 주요 개념 반복하기
주제 문장으로 다시 돌아가서, 결론을 내리면서 그 주제가 왜 중요한지를 다시 설명해요.

과정 분석 보고서의 작성 사례

앱을 내려받는 것만으로도 우리는 태블릿 피시에 기능을 추가할 수 있어요. 오늘 나는 앱을 검색해서 태블릿 피시에 설치하는 방법을 설명하려고 해요.

첫째, 인터넷에 접속할 수 있는 태블릿 피시가 필요해요. 혹시나 나쁜 앱일 수도 있으니까, 먼저 부모님과 이야기해서 허락을 받으면 안전할 거예요.
다음은 태블릿 피시에서 앱스토어로 들어가서 검색창에 앱 이름을 넣고 검색해요. 앱을 찾으면, '다운로드'를 누르고 앱이 설치될 때까지 기다려요. 설치가 끝나면 앱 아이콘을 눌러요. 그러면 앱을 쓸 수 있어요.

이제 원하는 앱으로 태블릿 피시를 더 재미있게 사용할 수 있어요.

미국 알래스카주 페어뱅크스 하늘에서 북극광(오로라)이 환하게 일렁이고 있어요. 이러한 자연의 불빛 쇼는 태양풍이 지구 자기장과 상호 작용할 때 일어나요.

생태와 자연

생물 군계 알아보기

생물 군계

'주요 생활대' 또는 '생물 분포대'라고 불리는 생물 군계는, 동물과 식물을 비롯한 생물이 특정 환경에 적응해 살아가는 커다란 자연 공동체예요. 생물 군계는 두드러진 식생과 기후, 그 지역의 지리에 따라 구분하는 방식이 여러 가지예요. 여기서는 크게 여섯 유형으로 나누어 볼게요. 바로 숲, 민물, 바다, 사막, 초원, 툰드라예요. 각 생물 군계는 여러 생태계로 구성돼요.

생물 군계는 엄청나게 중요해요. 생물 군계 사이에 균형 잡힌 생태학적 관계가 이루어져야 우리가 아는 지구상의 환경과 생명을 유지할 수 있죠. 예를 들어 외부에서 들어온 침입종 식물이 한 종 늘어나면 연쇄 작용으로 생물 군계 전체에 효과를 미칠 수 있어요.

숲

숲은 지구에서 육지의 약 3분의 1을 차지해요. 숲은 3가지 주된 유형이 있어요. 열대림, 온대림, 냉대림(타이가)이에요. 숲은 다양한 식물의 서식지인데 숲에 사는 몇몇 식물은 사람뿐 아니라 수많은 동물에게 약으로 쓰이죠. 아직 사람이 모르는 식물들도 있고요. 또한 숲은 온실가스*인 이산화 탄소를 흡수하고 산소를 방출해요.

열대 우림에서 바닥까지 닿는 햇빛은 2퍼센트도 안 되어요.

민물

지구상의 물은 대부분 바다, 즉 짠물이에요. 호수, 연못, 습지, 강, 시냇물을 포함한 민물 생태계의 물은 염도가 1퍼센트도 되지 않죠. 민물 생물 군계에 사는 수많은 동물과 식물 종은 대륙에 따라 종류가 다양해요. 새, 개구리, 거북, 물고기, 여러 곤충의 애벌레 등이 있지요.

미국 플로리다주 에버글레이즈 국립 공원은 면적이 607,000헥타르에 달해서, 세계에서 가장 넓은 민물 생물 군계에 속해요.

*온실가스: 지구 대기를 이루는 기체 중에서 지구에서 우주로 나가는 적외선의 열을 흡수해 온실 효과를 일으키는 것으로 메테인 등이 있다.

생태와 자연

바다

바다는 지구 표면의 거의 4분의 3을 차지해요. 지구상에서 가장 큰 서식지이죠. 바다 생물 군계의 대부분을 차지하는 것은 대양이에요. 산호초는 이 생물 군계에서 가장 생물 다양성이 높은 서식지예요. 가장 여러 종류의 생물이 살고 있다는 뜻이죠. 바다 생태계는 100만 종 이상의 동식물 종이 머무는 집이에요.

과학자들은 생명이 바다에서 출현했다고 거의 확신해요.

사막

지표면의 약 5분의 1을 덮고 있는 사막은 강수량이 1년에 25센티미터도 되지 않아요. 사막은 대부분이 무덥긴 하지만 그렇지 않은 다른 종류의 사막도 있어요. 주로 열대 사막, 온대 사막, 해안 사막, 한랭 사막으로 구분해요. 사막은 황무지와 달리 생물학적으로 생물 다양성이 높은 서식지랍니다.

전 세계에서 10억 명이 넘는 사람들이 사막에 살아요.

초원

초원은 커다란 관목이나 나무 대신 풀이 자라는 게 특징이에요. 일반적으로 1년의 절반에서 4분의 3이 비가 내리는 우기이고요. 강수량이 그보다 더 많으면 숲이 되겠죠. 초원은 두 가지 유형으로 나뉘어요. 열대 초원(사바나)과 온대 초원이지요. 코끼리처럼 지구에서 가장 덩치 큰 육상 동물이 여기 살아요.

세계에서 가장 작은 돼지인 피그미호그(몸집이 새끼 고양이만 해요!)는 한때 멸종했다고 여겨졌어요. 그런데 최근에 히말라야 산자락의 초원에 다시 나타났어요.

툰드라

모든 생물 군계 가운데 가장 추운 툰드라는 기후가 굉장히 차고, 식생이 단순하며, 강수량이 적어요. 그리고 흙에 영양분이 적고, 식물이 자랄 수 있는 기간이 짧지요. 툰드라에는 남극과 북극 툰드라와 고산 툰드라가 있어요. 툰드라에는 아주 적은 종류의 식물이 살아요. 또 늑대, 순록의 일종인 카리부, 심지어 모기를 비롯해 몇몇 동물 종들이 툰드라의 극단적으로 추운 기후에서 살아가요.

'툰드라'는 핀란드어로 '나무 없는 평원'을 뜻하는 '툰투리아'에서 나온 말이에요.

바다의 이모저모

집중 탐구
그레이트 배리어 리프

그레이트배리어리프는 길이가 12미터에 이르는 거대한 고래상어와 길이가 8밀리미터에 불과한 인펀트피시가 함께 사는 물고기의 집이에요.

물고기들이 대보초의 주황색 부채뿔산호를 비롯한 화려한 산호들 사이에서 헤엄쳐요.

1770년 6월, 태평양 남서부의 산호해를 지나던 배가 가장자리가 아주 날카로운 산호초에 부딪쳤어요. 배를 누가 몰았을까요? 영국 탐험가 제임스 쿡 선장이었어요. 태평양을 탐험하고 오스트레일리아 동부 해안의 지도를 작성하면서 여기까지 왔지요. 쿡은 자신의 배를 거의 가라앉힐 뻔한 산호초가 평범하지 않다는 사실을 곧 깨달았어요. 이것이 바로 그레이트배리어리프(대보초)였어요. 세계 최대의 산호초 생태계였지요. 면적이 344,400제곱킬로미터에 이르는 그레이트배리어리프는 영국, 스위스, 네덜란드를 합친 것보다 커요! 사실 우주에서도 보일 만큼 커요.

전문가들은 그레이트배리어리프가 수백만 년 전에 처음 생겼다고 믿어요. 오스트레일리아 원주민들과 토러스 해협의 섬 주민들이 이 산호초의 주인으로 여겨져요. 6만 년 전부터 살고 있었으니까요.

위기에 처한 산호초

현재 그레이트배리어리프는 난파선보다 훨씬 더 심각한 위험을 겪고 있어요. 기후 변화, 수질 오염, 남획, 산호를 먹는 침입종 불가사리 등 여러 이유 때문에 산호와 상어, 거북, 악어 등 이곳에 사는 수천 종의 미래가 위험해요. 최근 들어서 그레이트배리어리프는 면적이 50퍼센트 넘게 줄어들었어요.

생태와 자연

숫자로 보는 그레이트배리어리프

붉은 안티아스가 가지산호 주위에서 헤엄치고 있어요.

1625종: 그레이트배리어리프를 집으로 삼는 어류 종의 수

3000개: 그레이트배리어리프를 구성하는 개별 산호초 수

980개: 그레이트배리어리프에 있는 섬의 수

1000년: 그레이트배리어리프에서 가장 오래 살고 있는 뇌산호 군집의 수명

240만 명: 1년에 그레이트배리어리프 해양 공원을 찾는 평균 관람객 수

잠수부가 산호 새끼를 키우는 양묘장에서 산호에 붙은 바닷말을 긁어내고 있어요.

미래를 지키려는 노력

좋은 소식이 있나요? 그레이트배리어리프가 해양 보호 구역으로 지정되었어요. 환경 보호 운동가들은 그레이트배리어리프를 보호하고 지키기 위해 열심히 노력하고 있어요. 지구 온난화를 사람들에게 널리 알리고, 해양 생물 남획을 막는 법을 제정하고, 건강하지 못한 산호를 구하고 회복시키는 '산호 양묘장'을 만들어 운영하면서 남아 있는 산호를 구할 수 있기를 기대하지요.

새로 발견된 거대한 산호초

최근에 과학자들은 오스트레일리아 퀸즐랜드주 앞바다에서 거대한 산호초를 새로 발견했어요. 폭이 1609미터에 높이가 500미터에 이르는 거대한 산호초예요. 뉴욕의 엠파이어스테이트빌딩보다 높지요! 대보초에서 떨어져 있는 이 산호초는 120년 만에 처음 발견된 거예요. 수면 아래에 건강한 생태계가 더 숨어 있을 수 있다는 의미이기 때문에, 해양 세계에 희망을 안겨 주는 발견이에요.

바다의 이모저모

대양들

태평양

통계 자료

면적: 165,200,000제곱킬로미터

지구 수권*에서 차지하는 비율: 47퍼센트

표면 온도:
여름 최고: 32도
겨울 최저: 영하 2도

조차*:
가장 클 때:
9미터, 한반도 근처
가장 작을 때:
0.3미터, 미드웨이섬 근처

멋진 서식 동물: 문어, 병코고래, 흰동가리, 백상아리

대서양

통계 자료

면적: 106,460,000제곱킬로미터

지구 수권에서 차지하는 비율: 25퍼센트

표면 온도:
여름 최고: 32도
겨울 최저: 영하 2도

조차:
가장 클 때:
16미터, 캐나다 펀디만
가장 작을 때:
0.5미터, 멕시코만과 지중해

멋진 서식 동물: 대왕고래, 대서양알락돌고래, 바다거북, 큰돌고래

흰동가리

돌고래

*수권: 물(과 얼음)이 지표면을 덮고 있는 부분.   *조차: 밀물과 썰물 때의 바닷물 높이의 차이.

220

생태와 자연

인도양

통계 자료

면적: 70,560,000제곱킬로미터

지구 수권에서 차지하는 비율: 21퍼센트

표면 온도:
여름 최고: 34도
겨울 최저: 영하 2도

조차:
가장 클 때:
11미터, 오스트레일리아 서해안
가장 작을 때:
0.6미터, 오스트레일리아 서해안

멋진 서식 동물: 혹등고래, 작은부레관해파리, 듀공, 장수거북

장수거북

북극해(북극양)

통계 자료

면적: 14,060,000제곱킬로미터

지구 수권에서 차지하는 비율: 4퍼센트

표면 온도:
여름 최고: 5도
겨울 최저: 영하 2도

조차:
0.5미터 미만으로
위치에 따라 조금씩 달라요.

멋진 서식 동물: 흰고래(벨루가), 범고래, 거문고바다표범(하프물범), 일각돌고래

일각돌고래

남극해(남극양)

통계 자료

면적: 20,330,000제곱킬로미터

지구 수권에서 차지하는 비율: 6퍼센트

표면 온도:
여름 최고: 10도
겨울 최저: 영하 2도

조차: 0.6미터 미만으로
위치에 따라 조금씩 달라요.

멋진 서식 동물: 황제펭귄, 대왕오징어, 남극빙어, 남극이빨고기

황제펭귄

대양을 접하는 대륙과 만은 272~273쪽 지도를 참고하세요.

바다의 이모저모

깊고 푸른 바다

바다는 지구 표면의 71퍼센트를 덮고 있어요. 드넓은 바다에서 어떤 곳은 지구에서 가장 높은 산이 푹 잠기고 남을 만큼 깊어요! 바다로 잠수하여 가장 깊은 곳을 살펴볼까요?

태평양 챌린저 해연
10984미터

인도양 자바 해구
7125미터

모든 대양의 평균 수심은 **3688미터**예요.

북극해 몰로이 해연
5669미터

대서양 푸에르토리코 해구
8605미터

남극해 사우스샌드위치 해구
7434미터

*해구: 대양 밑바닥에 좁고 길게 움푹 들어간 곳.

*해연: 해구 가운데 특히 깊이 들어간 곳.

생태와 자연

물의 순환

비, 눈, 우박이 내려요

물이 얼음과 눈에 저장돼요

수증기가 구름 속에서 응결돼요

물이 땅속에 스며들어요

녹은 물과 지표면의 물이 흘러요

민물이 저장돼요

증발

지하수가 빠져나가요

물이 바다에 저장돼요

지구에서 물의 양은 늘거나 줄지 않고 거의 일정해요. 물의 형태만 바뀌죠. 태양이 지표면을 데우면 액체인 물이 기체인 수증기가 되는데 이 과정을 '**증발**'이라고 해요. 또 식물 잎의 표면에서 물이 수증기로 변하는 과정은 '**증산**'이라 하죠. 수증기가 대기로 올라가면 차게 식으면서 다시 형태가 바뀌어요. 물방울이 되는 '**응결**'이라는 과정을 통해 모이면 구름이 만들어져요. 구름에서 떨어진 물방울은 비, 눈, 우박 등이 되어 땅에 내려요. 이런 물들을 '**강수**'라고 해요. 강수는 지하수로 스며들거나 호수, 강, 바다로 흘러요. 이러한 물의 순환 과정(위 그림 참고)은 계속 반복돼요.

날씨를 연구하는 과학자인 기상학자들의 기준에 따르면 비가 시간당 0.5밀리미터 이하로 내리면 '이슬비'이고, 시간당 4밀리미터 이상 내리면 '보통 비'예요.

여러분이 마시는 물은 공룡이 마셨던 물과 같은 물이에요! 지구가 지난 40억 년 넘게 물을 계속 재활용했기 때문이죠.

날씨와 기후

날씨는 특정한 시간과 장소에서 기온, 바람, 습도, 강수량 등 대기의 상태예요. 한편 기후는 일정한 장소에서 오랜 기간에 걸쳐 나타난 평균적인 날씨를 말해요. 장소에 따라 여러 기후가 나타나요. 이러한 기후는 위도, 고도, 탁월풍*, 해류의 온도, 물과 육지의 위치와 거리 같은 여러 요인에 따라 조절된 결과예요. 기후는 보통 일정하지만, 벌목, 온실가스 등의 요인이 기후를 바꾼다는 증거가 나오고 있어요.

*탁월풍: 어느 지역에서 어떤 시기나 계절에 따라 특정 방향에서부터 가장 자주 부는 바람.

극단적인 날씨의 사례

한 계절 동안 눈이 가장 많이 내린 기록:
미국 워싱턴주 베이커산, 29미터

기온이 가장 빠르게 올라간 기록:
미국 사우스다코타주 스페어피시, 2분에 27.2도

가장 무거운 우박이 떨어진 기록:
방글라데시 고팔간지, 1.02킬로그램

지구의 기후대

기후학자들은 기후를 분류하는 여러 체계를 만들었어요. 그중에 흔히 쓰이는 것은 '쾨펜의 기후 분류법'이에요. 강수량, 기온, 식생에 따라 기후대를 분류하는 체계이지요. 열대 기후, 건조 기후, 온대 기후, 냉대 기후, 한대 기후 등 주로 5가지 범주로 나눠요. 그 지역의 고도가 다른 요인들보다 중요한 요건이지요.

기후: 열대 기후 | 건조 기후 | 온대 기후 | 냉대 기후 | 한대 기후

 생태와 자연

기후 변화

북극곰 한 마리가 녹고 있는 빙하 조각 위에 있어요.

지구 온난화가 계속되다

과학자들은 그린란드의 대륙 빙하가 여름철에 녹기 시작한 현상을 걱정해요. 이 사진 속 버스데이 협곡도 빙하가 녹은 물에 깎여 나갔죠.

지구는 점점 더워지고 있다

지표면의 온도는 계속 올랐어요. 지난 50년 동안 지구는 그 이전 50년에 비해 2배는 더 빠르게 더워졌어요. 기후 변화에 직접적인 영향을 받은 결과예요. 지구의 평균 기온이 올라가는 것(지구 온난화)뿐 아니라, 바람과 비, 해류도 장기적으로 영향을 받지요. 지구 온난화 때문에 빙하와 극지방의 빙상(대륙 빙하)이 녹고 있어요. 그러면 해수면이 높아지고 생물들의 서식지가 줄어들어요. 이것은 몇몇 동물에게는 생존이 달린 큰 문제예요. 또 지구가 더워지면서 해안을 따라 홍수가 늘고 내륙에서는 가뭄이 늘어나요.

기온은 왜 오르는 것일까?

최근의 기후 변화 가운데 일부는 자연적인 원인과 관련이 있어요. 햇볕의 세기 변화, 가끔 일어나는 엘니뇨*로 인하여 따뜻해진 해류, 화산 활동 등이죠. 하지만 기후 변화를 일으키는 가장 큰 원인은 인간의 활동이에요.

사람들은 석유로 달리는 자동차를 모는 등 화석 연료를 태우는 활동을 매일 하면서 지구 온난화를 일으켜요. 이런 활동은 온실가스를 만들어 대기의 열이 밖으로 빠져나가지 않게 가두는 온실 효과를 일으키죠. 지금 같은 속도라면 전 지구의 평균 기온은 2100년까지 3도는 오를 거라 예상돼요. 이후에는 보다 더워지겠죠. 지구가 계속 온난화될수록 환경과 우리 사회에 여러 영향을 미칠 거예요.

*엘니뇨: 난류가 흘러들어 적도 부근의 수온이 올라가는 현상.

날씨와 기후

우리 눈에 다 보이지는 않지만 번개는 대략 1초에 40번씩 땅으로 떨어지고 있어요.

우리 눈에 **번갯불이 보일 때,** 그 번개는 대략 시속 **3억 6500만 킬로미터**의 속도로 나아가고 있어요.

번개는 태양보다 **5배 이상 뜨거운 열**을 낼 수 있어요.

번개는 얼마나 멀리까지 갈 수 있을까요? 맨 꼭대기에서 바닥까지 길이가 8킬로미터에 이르는 거대한 번개도 있어요. 남아메리카에서는 수평으로 무려 708킬로미터까지 뻗어 나간 번개가 목격된 적도 있어요!

생태와 자연

프랑스 파리의 **에펠탑**은 1년에 10번쯤 번개에 맞아요.

번갯불이 한번 번쩍할 때, **100와트 전구**를 3개월 동안 **켤 수 있는** 전기 에너지가 흘러요.

날씨와 기후

하늘에서 떨어지는 것

공기 중의 습기가 모여서 여러 모습으로 땅에 떨어져요.

'강수'란 지구 과학에서 비, 눈, 우박, 안개 등으로 구름에서 땅으로 떨어지는 물을 가리키는 말이에요. 강수 현상에는 어는비, 진눈깨비, 우박 등도 포함돼요. 공기 중의 수증기가 구름으로 응결된 다음, 점점 무거워져 땅으로 떨어지면서 생겨요. 강수가 소풍을 망칠 수도 있지만 지구상의 여러 생명체들에게는 꼭 필요하지요.

진눈깨비
얼음 알갱이가 반쯤 녹은 채 땅에 떨어졌다가 다시 녹으면서 생겨요. 주로 지면 근처의 기온이 영하로 떨어지는 겨울에 나타나는 현상이에요.

비
높고 차가운 구름 속에서 얼음 결정이 점점 무거워져서 떨어지며 생겨요. 여름에도 결정은 아직 얼어 있는 채로 떨어질 수 있지만 지면 근처의 따뜻한 공기를 만나면 녹아서 빗방울이 돼요.

어는비
겨울에 비가 내리다가 지면에 부딪힌 즉시 얼 때, 어는비를 볼 수 있어요. 어는비는 도로에 얼음 층을 만들기 때문에 운전할 때 위험해요.

눈
구름 속 얼음 알갱이가 너무 무거워져서 떨어질 때 생겨요. 얼음 결정이 떨어지는 동안 언 상태를 유지하도록 대기가 충분히 차가워야 볼 수 있지요.

우박
물방울로 덮인 얼음 알갱이가 적란운* 꼭 대기에서 얼어붙을 만큼 차가운 공기를 만날 때 생겨요. 얼음 알갱이를 둘러싼 물은 얼면서 커지지요. 점점 무거워지면 결국 땅에 떨어져요.

*229쪽을 참고하세요.

생태와 자연

여러 가지 구름의 종류

날씨가 어떨지 알고 싶다면 구름을 살펴요. 구름은 공기의 상태와 어떤 날씨가 올지에 대해 꽤 많은 것을 알려 주거든요. 구름은 공기와 물 둘 다로 이루어져 있어요. 맑은 날에는 따뜻한 공기의 흐름이 위로 올라가면서 구름 속 물방울을 밀어 올려 계속 떨어지지 않게 해요. 하지만 구름 속의 물방울이 점점 커지면 자유의 몸이 될 때가 오지요. 물방울이 너무 커지면 공기의 흐름으로 더 이상 떠받들 수 없게 되어 땅으로 떨어져요.

구름은 얼마나 무거울까?
가벼운 솜털처럼 푹신해 보이는 적운의 무게는 보통 50만 킬로그램쯤 돼요. 아프리카코끼리 78마리의 무게와 맞먹죠. 또 비를 품은 적란운은 보통 무게가 10억 킬로그램 정도여서 아프리카코끼리 15만 7000마리의 무게와 비슷해요.

1 층운(층구름) 이 구름이 뜨면 하늘이 걸쭉한 회색 죽처럼 보여요. 층운은 하늘에 낮게 걸려 으스스하고 어둑한 하늘을 만들지요. 지면 가까운 곳의 차갑고 습한 공기가 이동하는 곳에 만들어져요.

2 권운(새털구름) 이 얇고 성긴 구름 다발은 대기가 아주 차가운 곳에 높이 걸려 있어요. 권운은 작은 얼음 결정으로 이루어져 있죠.

3 적운(쌘구름/뭉게구름) 흰색 솜뭉치 같은 이 구름을 보면 사람들은 '오늘 아침엔 참 날씨가 좋다' 하고 콧노래를 부를 거예요. 대기권 아래에 수직으로 발달하며 말랑한 마시멜로와 비슷해서 푸른 하늘에 그림처럼 어우러지곤 해요. 따뜻한 공기가 위로 올라갈 때 만들어지는 적운은 밤이 되어 공기가 차가워지면 보통 사라져요.

4 적란운(쌘비구름) 적란운은 괴물 같은 구름이에요. 위로 올라가는 공기의 흐름이 솜털 같은 적운을 부풀리고 최대 12킬로미터 높이까지 올려 보낸 것이 적란운이에요. 이 구름이 대류권 계면*에 닿으면 마치 탁자처럼 윗부분이 편평해지죠.

*대류권 계면: 대기권에서 가장 아래층인 대류권이 위쪽 성층권과 만나는 경계면.

재난과 재해

허리케인이 온다

폭풍우가 와요! 그런데 이것은 사이클론일까요, 허리케인일까요, 태풍일까요? 이 기상 현상이 어디에서 발생했는지, 바람이 얼마나 빠른지에 따라 이름이 달라져요. 대서양과 태평양의 일부 지역에서 생기는 강한 열대 저기압은 허리케인이라 하고, 태평양 서부에서는 태풍, 인도양 북부에서는 사이클론이라 불러요. 지역에 따라 이름은 다르지만 어디에서든 이 폭풍들은 강력한 힘을 발휘하지요. 그리고 열대 저기압은 모두 대양에서 따뜻하고 습한 공기가 솟아오를 때 생기는 빈자리로 주변 지역의 공기가 빨려 들면서 생겨나요. 빨려 든 공기도 따뜻해지고 습해지면서 솟아오르지요. 이 과정이 반복되면서 큰 구름이 생겨나고, 이 구름은 지구의 자전에 따라 회전하기 시작해요. 따뜻한 물이 충분히 많으면 폭풍이 계속 커지다가 이윽고 태풍이 되지요. 바다의 수온이 따뜻할수록, 공기에 수분이 더 많아지고, 태풍도 더 강력해져요.

태풍의 이름은 어떻게 지을까?

태풍은 해마다 발생한 순서에 따라 번호와 이름을 붙여요. 태풍의 이름은 2000년부터 아시아-태평양 지역의 태풍위원회 회원국이 제출한 이름을 사용해요. 말레이시아, 미크로네시아, 필리핀, 한국, 태국, 미국, 베트남, 캄보디아, 중국, 북한, 홍콩, 일본, 라오스, 마카오 등 14개 나라가 각각 10개씩 제출한 이름 140개를 28개씩 5조로 구성해서 차례로 써요. 다음은 앞으로 발생할 태풍에 붙여질 이름들이에요.

선까	야마네코	탈림	담레이	볼라벤
네삿	파카르	독수리	하이쿠이	산바
하이탕	상우	카눈	기러기	즐라왓
날개	마와르	란	윈욍	에위니아
바난	구출	사울라	고이누	말릭시

태풍의 강도

구분	-	중	강	매우강	초강력
피해의 정도	간판이 날아감	지붕이 날아감	기차가 선로를 벗어남	사람이나 큰 돌이 날아감	건물이 무너짐
풍속	61~90km/h*	90~119km/h	119~158km/h	158~194km/h	194km/h 이상

(피해 정도는 바람과 비에 의한 피해를 합쳐서 판단해요.)

*속력의 단위로 1시간에 가는 거리를 킬로미터로 나타낸 것. '시속 61~90킬로미터'로 읽는다.

토네이도란 무엇일까?

생태와 자연

개량 후지타 등급(EF)

토네이도 전문가인 T. 시어도어 후지타의 이름을 딴 토네이도 위력의 기준이에요. 바람의 속도와 바람으로 파괴된 정도에 따라 토네이도를 분류해요.

EF0
풍속*: 시속 105~137킬로미터
기왓장이 뜯기거나 나뭇잎이 날림.

EF1
풍속: 시속 138~177킬로미터
지붕과 간판이 날림.

EF2
풍속: 시속 178~217킬로미터
나무가 뽑힘.

EF3
풍속: 시속 218~266킬로미터
조립식 벽이 무너짐.

EF4
풍속: 시속 267~322킬로미터
대부분의 집이 무너짐.

EF5
풍속: 시속 322킬로미터 이상
철제 콘크리트 건물이 무너짐.

*풍속: 단위 시간당 움직이는 공기의 속도로 바람의 세기를 나타낸다.

'회오리바람'이라고도 하는 토네이도는 깔때기 모양의 빠르게 회전하는 바람으로, 폭풍우가 치는 동안 만들어져요. 토네이도는 풍속이 시속 483킬로미터를 넘을 수 있어요. 지나가는 길의 모든 것을 감아올리고 파괴할 정도로 위력이 대단하지요.

회전하는 깔때기 같은 이 바람은 적운이나 적란운 속에서 형성돼요. 땅과 맞닿으며 토네이도가 되죠.

토네이도는 미국의 평원에서 주로 발생해요. 그리고 남극을 제외한 모든 대륙에서도 발생하지요.

재난과 재해

홍수와 물난리

지난 2020년 7월, 일본 본토를 이루는 4개의 큰 섬 중 가장 남쪽에 있는 규슈에 한 주 내내 폭우가 쏟아졌어요. 폭풍이 계속 상공에 머물면서 시간당 10센티미터에 달하는 비가 계속 쏟아졌어요. 결국 강들이 범람해서 큰길, 주거지, 다리, 상업 지구 할 것 없이 온통 물바다가 되었어요. 섬 전체 지역이 침수되었고, 수위가 2.5미터까지 올라간 지역도 있었어요. 산사태까지 일어나서 더욱 피해가 극심한 곳도 있었지요. 주택은 거의 1만 5000채가 파괴되었고, 80명 이상이 목숨을 잃었어요.

주민들을 돕기 위해서 당시 일본 총리는 구조대원 수만 명을 파견했어요. 구조대원들은 소방대원 및 해안경비대원과 협력해 배를 타고 거리를 돌아다니면서 사람들을 구조하고 도왔어요. 비가 잦아들고 물이 빠진 뒤에야 비로소 복구 활동을 시작할 수 있었죠.

한파와 동파

지난 2021년 2월 극심한 겨울 폭풍이 미국 텍사스주를 휩쓸어 주민들은 예기치 않게 재난을 이중으로 당했어요. 먼저 가정과 사무실에서 사람들이 추위를 견디려고 난방 시설을 가동했을 때, 갑자기 전기 불꽃이 튀면서 약 450만 명에게 전기를 공급하는 대규모 전력망이 끊겼어요. 70여 년 만에 극심한 추위가 닥쳤지만 사람들은 난방이 안 되는 집에서 벌벌 떨어야 했어요. 더 안전한 곳으로 가려고 집을 나온 사람들은 가로등 불빛 없이 컴컴한 가운데 꽁꽁 얼어붙은 도로를 이용해야 했어요. 빙판길 곳곳에서 차들이 충돌하는 바람에 더욱 고생을 겪었지요. 이 혹독한 날씨 때문에 적어도 111명이 목숨을 잃었어요.

며칠 뒤 전력망이 복구되었을 때 다시금 재앙이 일어났어요. 집들이 온통 물바다가 된 거예요. 많은 집에서 수도관이 얼어붙었다가 녹으면서 높아진 압력에 터져 버렸어요. 상수도 공급 설비도 손상되었기에, 주민 수백만 명이 수돗물 없이 지내거나, 물을 끓여서 유해 미생물을 죽인 다음 마셔야 했어요.

한파로 인한 피해가 극심했지만, 텍사스 사람들은 도시를 복구하고 재건할 수 있었어요. 가장 중요한 점은 앞으로 비슷한 재난이 닥쳐오더라도 더 잘 대처할 수 있다는 것이지요.

생태와 자연

보브캣을 산불에서 구조하라!

다친 보브캣 한 마리가 까맣게 탄 나무 그루터기들 사이에서 먹이를 찾고 있었지만, 아무것도 없어요. 야영장 모닥불이 옮겨붙는 바람에 미국 캘리포니아주 북부의 보브캣 서식지가 잿더미가 된 지 3주가 지났어요. 이 바짝 야윈 덜 자란 보브캣은 먹이가 없어서 얼마 살지 못할 처지였죠. 다행히도 지나가던 사람이 보브캣을 발견하고 골드 컨트리 야생 동물 구조 센터의 설립자 샐리수 스타인에게 전화를 했어요. 스타인은 보브캣을 센터로 데려왔어요. "발이 그을려 있었고 몹시 굶주려 있었어요. 안정시킨 뒤에 검사해 보니, 발바닥이 뼈까지 타 버린 상태였어요."

첨단 기술 치료

의학으로 고통을 덜어 줄 수는 있지만, 보브캣이 발을 원래대로 회복하려면 그 이상의 무언가가 필요했지요. 직원들은 동물 화상 전문가인 수의사 제이미 페이턴에게 연락했어요. 페이턴은 새로운 치료법을 써서 상처를 치료하자고 제안했어요. 바로 물고기 피부였지요. 민물고기인 틸라피아의 피부로 만든 붕대로 발을 감싸면, 발이 감염되는 것을 막을 수 있는 동시에, 틸라피아 피부에 든 단백질인 콜라겐이 상처를 더 빨리 낫게 할 수 있지요.
일주일 동안 치료를 하자 보브캣은 식욕이 늘었어요. 그래서 귀리죽만 먹이는 대신에 새와 생쥐 같은 먹이도 주었지요. "보브캣이 사육장에서 탈출하려는 시도를 시작했을 때, 우리는 이제 풀어 줄 때가 되었다는 것을 알았어요."

집으로 귀환

11주 동안 치료를 받은 뒤 보브캣은 빅 치코 크릭 생태 보전 구역으로 옮겨졌어요. 산불의 피해가 없던 곳이지요. 우리의 문이 열리자, 보브캣은 걸어 나오더니 곧장 큰 나무 위로 달려 올라가서 사라졌어요. "우리 목표는 보브캣에게 야생에서 살 두 번째 기회를 주는 것이었어요."

보브캣은 거의 눈에 띄지 않아 보기 어렵지만, 북아메리카에서 가장 흔한 고양이과 야생 동물이에요.

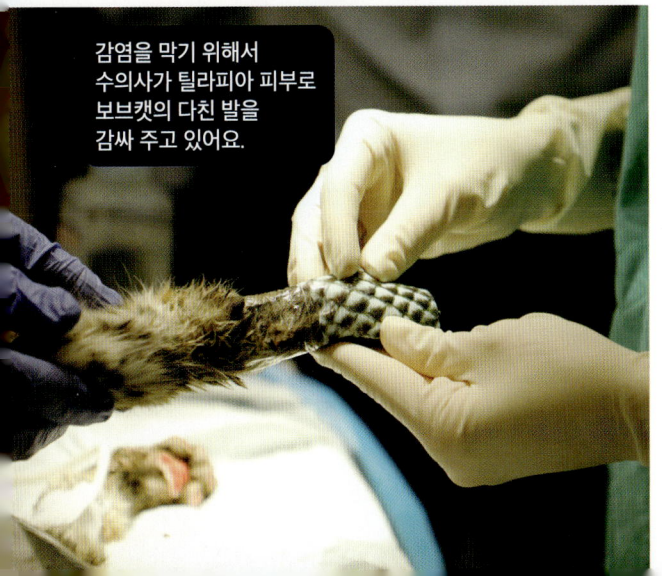

감염을 막기 위해서 수의사가 틸라피아 피부로 보브캣의 다친 발을 감싸 주고 있어요.

화상을 입고 약 4개월이 지난 뒤, 보브캣은 회복하여 다시 나무를 기어오를 수 있게 되었어요.

더 알아보기

잠깐 퀴즈!

자연에 대한 지식이라면 자신 있다고요?
자연을 얼마나 아는지 다음 문제를 풀어 확인해 봐요!

답을 종이에 적은 뒤, 아래 정답과 맞추어 봐요.

① 참일까, 거짓일까? 비를 흠뻑 머금은 쎈비구름은 판다 약 15만 7000마리 무게가 비슷해요. (　　　)

② 다음 중 강수에 속하지 않는 것은 무엇일까?
a. 비
b. 진눈깨비
c. 우박
d. 천둥

③ 2021년 2월 미국 텍사스주 사람들은 _____로 예기치 않게 이중으로 재난을 겪었어요.
a. 단전과 집 침수
b. 열파와 산불
c. 우박 폭풍과 차량 피해
d. 폭우와 도로 침수

④ 참일까, 거짓일까? 그레이트배리어리프는 영국, 스위스, 네덜란드를 합친 것보다 커요. (　　　)

⑤ 현재의 증가 속도라면, 지구 평균 기온은 2100년에 _____ 오를 것이라고 예상된다.
a. -17.5도
b. 3도
c. 12도
d. 282도

너무 쉽다고요?
다음 장에 나오는 **퀴즈**에도 도전해 봐요!

정답: ① 거짓, 아프리카코끼리 15만 7000마리와 비슷해요. ② d, ③ a, ④ 참, ⑤ b

생태와 자연

이렇게 해 봐요!
발표 잘하는 방법

팁: 실제 발표처럼 몇 번쯤 연습해 봐요. 거울을 보면서 하거나, 가족에게 영상으로 찍어 달라고 해서 뭔가 고칠 점이 없나 점검해요. 예컨대 여러분이 청중과 눈을 잘 마주치는지 살펴요.

많은 사람 앞에서 발표한다는 상상만 해도 배 속에서 폭풍이 치는 것처럼 속이 불편하다고요? 사람들 앞에서 발표하는 것보다 눈사태에 휘말리는 게 더 낫겠다고요?

발표 과제가 꼭 자연재해만큼 두려운 건 아니에요. 발표의 기본 원리는 보고서를 쓰는 것과 아주 비슷하죠. 발표를 하는 데는 두 가지 요소가 있어요. 원고 쓰기와 말로 전달하기예요. 발표용 원고를 쓸 때는 청중이 그 글을 읽는 것이 아니라 듣는다는 점을 염두에 두어야 해요. 다음 도움말을 따라 해 보면 어느새 발표 걱정을 잊게 될 거에요.

원고 쓰기

129쪽의 '완벽하고 훌륭한 보고서를 쓰는 법'을 참고하세요. 하지만 이번에는 글이 아닌 말로 해야 한다는 점을 기억해요.

문장을 짧고 간단하게 써요. 길고 복잡한 문장은 따라가기가 어렵거든요. 청중에게 몇 가지 핵심 요점만 전달하면 돼요. 너무 많은 정보를 욱여넣으면 듣는 사람이 부담스러울 거예요. 가장 효과적인 방법은 말하고 싶은 요점을 서론에 넣고, 본론에서 요점을 자세히 설명한 다음, 결론에서 요점을 다시 반복하는 거예요.

발표용 원고가 갖추어야 할 세 가지 기본 요소

- **서론:** 청중의 주의를 끌고 여러분이 발표하는 주제에 관심을 집중시킬 기회예요. 재미있는 경험담이나 극적인 이야기를 활용하거나, 흥미로운 질문을 맨 처음에 던져도 좋아요.
- **본론:** 원고에서 가장 긴 부분이에요. 여러분이 전달하고 싶은 사실과 아이디어를 보다 자세히 전해요. 중심이 되는 주제를 뒷받침할 정보를 넣고 구체적인 사례와 설명으로 확장시켜요. 즉, 글로 쓴 보고서와 똑같은 원리로 발표용 원고를 정리해요. 명료하고 잘 짜여진 방식으로 생각을 나타내도록 하는 거예요.
- **결론:** 앞서 말한 여러 정보를 요약하고, 청중에게 전달하고 싶은 가장 중요한 요점을 마지막으로 강조해요.

말로 전달하기

1 연습이 완벽을 만든다. 연습, 연습! 연습만이 살 길이에요! 효과적으로 발표를 하려면 자신감과 열정, 에너지가 중요하죠. 그리고 최고의 방법은 연습이에요. 가족이나 친구에게 연습하는 걸 봐 달라고 부탁해서 발표가 어땠는지 물어봐요. 여러분이 전하려는 아이디어가 전달되었나요? 발표자가 지식이 풍부하고 자신감이 넘쳐 보였나요? 말하는 속도가 너무 느리거나 빠르다든지, 말소리가 너무 작거나 너무 크지는 않았나요? 연습을 되풀이할수록 주제에 대해 더 숙달하게 될 거예요. 그러면 쪽지에 적은 내용을 많이 보지 않고도 보다 편안하고 자신감 있게 발표할 수 있어요.

2 최대한 여러 가지를 활용한다. 가능한 한 창의력을 발휘해요. 영상이나 음성 파일, 슬라이드, 차트, 도표, 사진을 활용해요. 시각적인 자료가 있으면 듣는 사람의 감각을 자극해서 흥미를 돋우죠. 여러분이 전달하려는 요점을 강조하는 데도 도움이 돼요. 그리고 발표를 할 때는 일종의 연기를 한다고 생각해요. 조명을 받은 채 최대한 활동적으로 재미있게 발표하면 좋아요. 발표 과정을 즐기세요.

3 마음을 편안하게 안정시킨다. 누구나 많은 사람 앞에서 말할 때는 떨리기 마련이에요. 평범한 반응이죠. 하지만 발표 준비를 많이 할수록, 다시 말해 연구와 조사, 연습을 많이 할수록 자신감이 생길 거예요. 준비가 무엇보다 중요하죠. 설사 말을 더듬거나 실수를 해도 다시 생각을 가다듬어 계속해요. 완벽한 사람은 아무도 없어요. 그리고 아무도 여러분이 완벽할 것을 기대하지 않아요.

역사와 사실

고고학자들이 이스라엘 베트셰메시에서 3년 동안 발굴한 비잔틴 제국의 1500년 된 교회 바닥에 남아 있는 모자이크를 조사하고 있어요.

유적과 옛이야기

숫자로 본
고대 이집트

1개 미라가 완성되었을 때 몸에 남아 있는 주요 장기의 수. 심장만 남겨 두고 다른 장기들은 다 빼냈어요.

9세 투탕카멘이 기원전 1332년 이집트의 파라오가 된 나이.

97 퍼센트 사막에 덮여 있는 고대 이집트 땅의 비율.

130개 지금까지 발견된 고대 이집트 피라미드의 수.
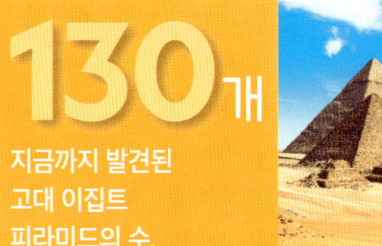

2.5톤 피라미드를 짓는 데 쓰인 벽돌 한 개의 무게.

1.6 킬로미터 고대 이집트 미라를 감싼 붕대의 평균 길이.

역사와 사실

두뇌를 자극하는 질문들

안녕, 똑똑이들!

이렇게 기발하고도 중요한 질문들을 봤니?

우리가 답을 알아냈어!

고대 조각상과 석조 건물은 왜 모두 흰색일까?

물감이 벗겨졌기 때문이지요! 고대 그리스와 로마에서는 조각상과 신전을 다양한 색깔로 칠했어요. 하지만 수천 년이 흐르는 동안 색이 다 바래서 사라졌어요. 고대 예술가들은 공작석 가루로 녹색을 내고 남동석 가루로 청색을 내는 등 색깔을 지닌 광물을 밀랍이나 달걀노른자와 섞어서 물감을 만들었어요. 오늘날 고고학자들은 자외선과 적외선을 이용해 조각상에 남아 있는 색깔과 무늬의 흔적을 찾아요. 화학 분석도 하고요. 또 당시 사람들이 색을 입히는 쪽을 좋게 봤다는 것도 알아요. 고대 그리스의 한 희곡에 조각상의 색깔을 지우면 추해질 것이라는 대목이 나오거든요.

기자의 대피라미드 안에는 무엇이 있을까?

지금은 별것 없어요! 지금은요! 대피라미드는 약 4570년 전에 이집트 파라오 쿠푸의 마지막 안식처로 지어졌어요. 죽은 뒤 내세에서 살아가는 데 필요한 빵, 과일, 가구, 옷, 보석 같은 것도 모두 함께 묻혔지요. 높이 147미터의 이 석조 건축물은 쿠푸 왕이 사람들에게 자신을 대단히 중요한 존재라고 알리는 수단이었어요. 하지만 "어이, 이 안에 훔칠 게 많아!" 하고 외친 것이기도 했어요. 지금은 피라미드 중심까지 난 통로를 따라 묘실에 걸어 들어갈 수 있어요. 그곳에 화강암 석관이 놓여 있어요. 그 외에는 아무것도 없어요.

유적과 옛이야기

잃어버린 도시 폼페이

고대 문명을 땅속에 파묻어 버린 화산, 언제 다시 폭발할까?

사람이 붐비는 이탈리아 폼페이의 시장에 귀를 찢는 듯한 우르릉 쾅 소리가 울렸어요. 땅이 격렬하게 흔들렸어요. 한낮에 장을 보던 사람들은 중심을 잃었고, 진열되어 있던 생선과 고기가 쏟아졌죠. 사람들은 비명을 지르면서 북적거리는 도시 가까이에 불쑥 솟은 거대한 화산, 베수비오산을 가리켰어요.

베수비오산은 지난 2000년간 조용했지만 이제 활동을 시작해 공중으로 재와 연기를 뿜어냈어요. 하룻밤 동안 도시 전체와 주민 대부분이 재와 용암에 깔려 사라졌죠.

그로부터 2000년이 지난 지금, 과학자들은 베수비오산이 또다시 분화를 할 때가 지났다는 데 동의해요.

하지만 언제 폭발이 일어날지는 아무도 모르죠. 나폴리 근처에 사는 약 300만 명이 화산 분화의 영향을 받을 거예요. 분명 아주 많은 사람들의 목숨이 위험하겠죠.

하늘이 무너지다

1748년에 시작된 화석 발굴이 오늘날까지 이어진 덕분에, 과학자들은 기원후 79년의 그날에 폼페이에서 벌어진 일을 거의 정확히 재현할 수 있어요.

"먼지가 잔뜩 끼어서 모든 게 검게 보였죠." 폼페이 전문가인 고고학자 앤드루 월리스해드릴은 이렇게 설명했어요. "사람들이 해를 보지 못할 정도였어요. 모든 지형지물이 사라졌죠. 그래서 사람들은 자기가 어디로 가고 있는지 알 도리가 없었어요."

몇몇 사람들은 귀중한 돈과 보석만 움켜쥔 채 살기 위해 뛰었어요. 자기 집에서 피신할 곳을 찾기도 했지요. 하지만 화산 폭발의 잔해가 떨어져 어떤 곳에는 거의 2.7미터 높이로 쌓였고, 집의 출입구가 막히고 지붕이 깎여 내려갔어요.

자정쯤 되자 화산재와 부석, 암석 덩어리, 유독한 화산 가스로 이뤄진 아주 뜨거운 화산 쇄설물이 산기슭을 타고 흘러 내려왔어요. 총 네 번의 분출 중 처음이었지요. 분출물은 최대 시속 290킬로미터의 속도로 폼페이를 덮쳐 모든 것을 태워 버렸어요. 분화가 일어나고 18시간이 지난 아침 7시쯤 되자 마지막 분출물이 도시를 파묻었어요.

역사와 사실

오늘날 수백만 명의 관광객이 폼페이 유적을 방문하고 있어요. 사진 속 광장도 사람들이 자주 찾는 곳이에요.

기원후 79년 베수비오산이 폭발하던 날 폼페이 광장의 모습을 재현한 그림이에요. 이 광장은 사람들이 모이는 중심이었어요.

잃은 것과 발견한 것

오늘날 폼페이 유적을 방문하는 것은 시간을 거슬러 올라가는 여행과 비슷해요. 온 도시를 뒤덮은 화산재 층 덕분에 당시의 건물, 예술품, 심지어 사람들의 시신까지 보존되었어요. "마치 손만 뻗으면 고대 세계에 닿을 수 있을 듯한 기분이 들 겁니다." 월리스 해드릴이 설명했어요.

사람들이 살던 집 부엌에는 난로 위에 냄비가 놓여 있고 오븐에 빵 덩어리가 까맣게 탄 채 남아 있어요. 좁은 골목을 따라가 보면 잘 꾸민 정원과 분수, 모자이크, 타일로 벽과 바닥을 장식한 멋진 저택이 나와요.

폭발을 알려 주는 신호

폼페이의 멸망은 먼 옛날 얘기일 수도 있어요. 하지만 어쩌면 이런 재난이 다시 닥칠지도 몰라요. 다행히도 오늘날 베수비오산 근처에 사는 사람들은 화산이 혹시 폭발한다 해도 그 전에 대피 신호를 받을 거예요.

과학자들은 베수비오산의 지표면에 움직임이나 지진이 없는지, 특정 기체의 농도가 높아지지 않는지 꼼꼼히 살펴봐요. 화산 분화가 가까워진다는 신호이기 때문이에요. 이탈리아 정부 역시 자연재해가 닥치면 주민들을 대피시킬 계획을 세우고 있어요.

무시무시한 모형

여러 희생자들이 사망하는 순간이 화산재로 인해 그대로 남았어요. 시신이 썩으면서 생긴 구멍이 단단하게 굳은 재 안쪽에 남아 있어요. 과학자들은 이 구멍에 석고를 부어서 희생자들의 모습을 그대로 되살려 냈어요.

241

유적과 옛이야기

아야 소피아는
튀르키예 이스탄불에 있는 건축물로서,
한때 대성당이었다가, 모스크였다가, 박물관이었어요.

아야 소피아는 한때는 세계에서 가장 큰 대성당이었어요 (지금은 18번째로 커요).

원래 있던 돔은 550년경에 **지진으로 무너졌어요.** 얼마 지나지 않아서 현재의 높이인 **55미터로 다시 지어졌어요.**

아야 소피아는 그리스어로 '신성한 지혜'라는 뜻이에요. 약 1500년 전에 지어질 때는 기독교의 대성당이었어요. 나중에 오스만 제국이 다스리던 시기에 이슬람교의 모스크가 되어서 죽 유지되다가, 1934년에 박물관이 되었지요. 2020년에 튀르키예 대통령은 아야 소피아를 다시 모스크로 바꾸겠다고 발표했어요.

역사와 사실

아야 소피아에는 **기둥이 140개** 있어요. 그중에는 만지면 축축해서 '**땀 흘리는 기둥**'이라고 불리는 기둥도 있어요. 이 기둥은 청동으로 일부를 감싸 놓았어요.

돔의 안쪽 회반죽 층 밑에 약 **700년** 전에 만든 **모자이크화**가 숨겨져 있던 것이 밝혀져 일부가 **발굴되었어요.**

유적과 옛이야기

전사들의
역사상 가장 무시무시했던 전사들이

여성을 위한 복장

예전에는 전쟁이 대부분 남자의 일로 여겨졌지만, 몇몇 유명한 여성들은 전쟁터로 달려 나가 아군에 승리를 안겼어요. 왕족이든 아니든 마찬가지였어요. 전쟁터에 나간 여성의 이야기는 그렇게 많이 알려지지 않았어요. 그래도 전쟁터에서 용감하게 싸웠던 몇몇 여성들에 대해 알아봐요.

남녀 모두를 위한 갑옷

몇몇 역사학자들은 왕족 여성들이 남성과 똑같은 장비를 갖추고 전쟁터에 나갔다고 생각해요. 아마도 중세의 쇠사슬 갑옷을 입었을 것이라 여겨지죠. 금속으로 만든 갑옷으로 팔과 몸통, 허벅지를 덮는 거예요.

신화 속 갑옷

로마 신화에서 지혜와 전쟁을 담당하는 여신 미네르바는 갑옷을 입은 모습으로 묘사돼요. 신화에 따르면 미네르바의 아버지 유피테르는 배 속의 아이가 자라면 자기를 이길 것이라는 예언을 듣고 임신한 아내를 삼켰다고 해요. 그래도 미네르바는 결국 유피테르의 몸속에서 탈출했어요. 갑옷을 갖춰 입은 채 아버지와 싸울 준비를 마친 상태로 태어났지요.

미네르바

여성용 갑옷의 수수께끼

비록 옛 그림에 금속 갑옷을 입은 여성들이 종종 등장하기는 하지만, 그 묘사가 얼마나 정확한지는 아무도 몰라요. 그 말은 옛날에 여성들이 정확히 어떤 갑옷을 입었는지 지금까지 수수께끼로 남아 있다는 뜻이죠. 하지만 역사가들에 따르면 전쟁터에서 여성들은 남성과 거의 같은 복장을 입었다고 해요. 16세기에 영국 귀족들이 입었던 복장, 바로 위 사진의 차림과 비슷했을 것이라 여겨져요.

기사가 되다

1149년, 침략자들이 에스파냐의 토르토사에 쳐들어오자 그 지역 여성들은 남자 옷을 급히 입고 적을 물리치러 나갔어요. 그 소식을 듣고 감명받은 에스파냐 왕 라몬 베렝게르 4세는 아트체트 훈장을 만들어 이 여성들에게 기사와 비슷한 권리를 주었어요. 세금을 내지 않아도 되는 권리도 주었지요.

맞춤형 갑옷

잔 다르크는 역사상 가장 유명한 전사로 꼽혀요. 15세기에 프랑스의 왕 샤를 7세는 군대를 이끄는 장군 잔 다르크에게 완벽하게 맞는 갑옷을 만들어 선물했어요.

자세한 내용이 궁금하다면 이 책을 찾아보세요.

전투복

전쟁터에서 입고 걸쳤던 것들

역사와 사실

금속투성이 갑옷

기사가 된다고 하면 어딘가 멋져 보이지만 갑옷을 입는 과정은 그렇지 않았어요. 기원전 3세기경에 발명된 쇠사슬 갑옷은 화살로부터 몸을 지키기 위해 누비 직물 위에 금속 고리를 얽어서 두 겹으로 만들었죠. 13세기 후반에 발명된 판금 갑옷은 무거운 데다 밖을 내다보기가 어려웠어요. 하지만 가죽옷 위로 강철 띠를 둘렀기 때문에 심한 타격을 받아도 몸을 지키며 움직일 수 있었죠. 어떤 갑옷이 몸을 더 잘 보호했을까요? 아마 사진처럼 두 가지를 조합한 갑옷일 거예요.

쇠사슬 갑옷
판금 갑옷

남성과 동물을 위한 복장

전쟁터에서는 튼튼한 갑옷을 입었는지 아닌지가 삶과 죽음을 갈랐어요. 좋은 갑옷을 입은 사람은 다양한 무기로부터 몸을 지키면서도 어렵지 않게 움직였죠. 역사적으로 왕과 군인들이 어떤 갑옷을 입었는지 살펴봐요.

예술적인 갑옷

오늘날 일본의 사무라이는 일본도라는 긴 칼을 들고 싸운 것으로 유명해요. 또 헤이안 시대(794~1185년)에 사무라이들이 입었던 갑옷도 꽤 유명하죠. '요로이(대개)'라 불린 사무라이 갑옷은 칼날이나 화살로부터 몸을 지키도록 금속과 가죽으로 만들었어요. 카부토(헬멧)와 멘포(얼굴에 쓰는 것), 팔다리를 감싸는 장비를 포함한 여러 조각으로 구성되었죠. 몇몇 갑옷은 아주 아름답게 장식되어 있어 오늘날 예술 작품으로 여겨져요.

재규어 전사들

1345년부터 1521년까지 멕시코 중부 지방을 통치했던 아스테카 왕국은 '오셀로틀'이라는 전사 집단이 유명해요. 오셀로틀은 '재규어'를 뜻해요. 이 재규어 전사들은 싸움터에서 갑옷을 갖춰 입은 다음 이름에 걸맞은 상징물을 걸쳤어요. 예컨대 재규어 머리처럼 생겨서 이빨 아래쪽으로 밖을 내다볼 구멍이 뚫린 투구를 썼지요. 가끔은 진짜 재규어 가죽으로 만든 망토를 걸치기도 했고요. 전사의 용감함을 드러내기 위한 복장이었다고 여겨져요.

재규어 전사를 묘사한 16세기의 조각상

동물들에게 입히는 갑옷

역사를 살펴보면 병사들과 전쟁터에 나서는 동물들도 갑옷을 입곤 했어요. 말은 물론이고 가끔 코끼리도 갑옷을 입었죠. 오늘날의 인도 지역에서 12세기부터 전쟁에 동원됐던 코끼리는 무게가 159킬로그램도 넘는 금속 갑옷을 멋지게 차려입었어요. 코끼리의 상아에 금속제 무기를 올려두는 '상아칼'로 치장하기도 했죠. 궁수들이 앞에 앉아서 적군을 향해 화살을 쏠 수 있도록 코끼리 등에 안장을 얹고 마차에 묶기도 했어요.

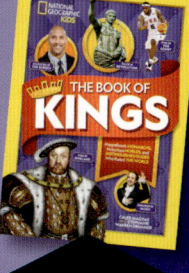

더 많은 정보는 이 책에 있어요!

유적과 옛이야기

황후를 기리기 위해

타지마할은 세계에서 가장 웅장한 무덤일 거예요.

인도의 타지마할은 국왕 부부가 살던 멋진 집처럼 보여요. 영화 「알라딘」의 궁전에 영감을 주었을 가능성이 높아요. 하지만 여기에는 아무도 살지 않았어요. 사실은 무덤이거든요. 누가 묻혔느냐고요? 읽어 보면 알아요!

건축주의 정체

무굴 제국은 약 330년간 지금의 인도, 파키스탄, 아프가니스탄, 네팔의 일부 지역을 통치했어요. 황제가 되기 위해, 우선 황가의 남성은 자신이 황태자로 가장 적합한 인물임을 증명해야 했어요. 물론 황태자가 정해진 뒤에도 황실은 마음을 바꿀 수 있었지요.

샤자한이 바로 그런 일을 겪었어요. 셋째 아들이었던 샤자한은 황태자가 되었지만, 나중에 황제의 눈 밖에 났어요. 하지만 부친이 세상을 떠나자 1628년에 돌아와서 황위를 되찾았지요. 그 과정에서 자신의 형제와 조카 몇 명을 비롯하여 경쟁자들을 죽음으로 내몰았어요.

새 황제 샤자한은 건축과 미술을 애호했고, 두 번째 아내인 뭄타즈 마할을 무척 사랑했어요. (샤자한은 아내가 세 명이었어요. 당시 황제는 여러 가문의 지지를 받기 위해 대개 부인을 여럿 두었어요.) 뭄타즈 마할은 어디든 황제와 함께했어요. 군대의 원정에도 함께 갔지요.

뭄타즈 마할(왼쪽)과 샤자한(오른쪽)의 초상화

무굴 미술 사학자 메흐린 치다-라즈비는 이렇게 말했어요. "그들은 진정한 동반자이자 진정한 연인이었어요." 샤자한 부부는 1631년 뭄타즈 마할이 사망할 때까지 거의 20년을 해로했어요. 전설에 따르면 아내가 죽고 비탄에 잠긴 샤자한은 까맣던 머리가 새하얗게 세었어요. 그는 사랑하는 아내의 무덤을 웅장한 기념물로 짓기로 결심했어요. "사망한 황후를 기리는 건축물을 이 정도 규모로 지은 사례는 유일해요."

역사와 사실

뭄타즈 마할은 '궁전의 선택된 자', '황궁의 보석'이라는 뜻이에요.

페르시아어로 샤자한은 '세계의 왕'이라는 뜻이에요.

샤자한은 공작좌라는 왕좌에 앉았어요. 황제의 금고에서 나온 보석들이 박혀 있는 아름다운 의자였어요.

인부들은 점토로 타지마할을 닦은 뒤, 증류수로 씻어 내요.

황갈색 얼룩의 수수께끼

몇 년마다 타지마할은 진흙 목욕을 통해 흰 대리석에 달라붙은 수수께끼 같은 황갈색 얼룩을 제거해요. 환경학자 마이크 버긴은 얼룩의 원인을 찾아낸다면 무덤을 더 잘 관리할 수 있으리라고 생각했지요. 2012년 버긴은 이 기념물에 대리석 타일을 붙여 두었어요. 두 달 뒤 특수한 고해상도 현미경으로 타일을 살펴보았고, 자동차에서 나오는 미세한 입자와 나무, 쓰레기, 배설물이 탈 때 나오는 재 같은 오염 물질이 달라붙은 것을 발견했어요. 오염 물질은 빛을 반사하는 대신에 흡수하기에 얼룩이 생겼지요. 결국 인도 정부는 오염 물질로 생기는 얼룩을 줄이고자 타지마할 주변에서 쓰레기를 태우거나 자동차를 모는 활동을 제한했어요. "일단 원인을 알면, 바로잡는 정책을 펼칠 수 있어요."

최고의 건축물

약 2만 명의 장인은 진흙을 구운 벽돌을 쌓아 건물 뼈대를 만들었어요. 그런 뒤에 무덤은 흰 대리석으로 덮였고, 주변 건물들은 붉은 사암으로 덮었어요. 그리고 40가지가 넘는 준보석으로 무덤을 치장했지요. 이어서 명필가들이 벽과 기둥에 시와 글을 손으로 새겼어요.
뭄타즈 마할의 석관처럼 보이는 것이 중앙 묘실에 있어요. 사실은 빈 무덤이에요. 황후의 안식을 방해하지 않으면서 사람들이 참배할 수 있게 만든 가짜 무덤이지요. 진짜 석관은 바로 밑의 지하실에 안장했어요.
넓이 17헥타르에 달하는 이 거대한 복합 건축물은 거의 20년 만에 완공되었어요.

타지마할은 옥과 산호로 상감*한 예술 작품으로 가득해요.

무덤의 진실

치다-라즈비는 샤자한이 타지마할 근처에 자기 무덤을 짓고 싶어 했다고 말했어요. 하지만 1657년 샤자한은 심한 병에 걸렸어요. 30년 전의 샤자한처럼, 황제가 될 기회가 왔음을 알아차린 한 아들이 샤자한을 요새에 가두었어요. 샤자한의 유일한 위안거리는 창밖으로 타지마할을 볼 수 있다는 것이었지요.
황제 자리를 빼앗기고 8년 뒤 샤자한이 죽었지만, 아들은 부친을 기리는 장엄한 무덤을 짓지 않았어요. 대신에 그의 시신을 밤에 타지마할로 옮겼지요. 샤자한의 석관은 아내의 석관 옆에 놓였어요. 그 무덤은 오로지 뭄타즈 마할을 기리는 곳이었지만요.
350여 년이 흐른 지금도 사람들은 타지마할을 보면서 감탄해요. 샤자한은 자신이 사랑한 아내를 사람들이 여전히 기리는 것을 보면서 행복해할 거예요.

*상감: 표면에 무늬를 새기고 그 속에 같은 모양의 보석, 자개 등을 박아 넣는 공예 기법.

유적과 옛이야기

해적이다!

역사상 바다에서 가장 무시무시했던 세 명의 해적을 만나 봐요.

영차, 영차! 앗! 수평선에 해골과 뼈다귀가 그려진 깃발을 휘날리는 수상쩍은 배가 나타났어요! 배를 발견한 18~19세기의 선원들은 달갑지 않은 반응이에요. 해골 깃발은 해적선을 뜻했으니까요. 재빠른 데다 대포를 장착한, 아마도 해적들이 탔을 해적선과 만나면 선장들이 선택할 수 있는 길은 두 가지뿐이었죠. 돛을 내리고 항복하거나, 방향을 돌려 도망치는 것.

해적들의 인생은 영웅적인 모험담과는 거리가 멀었어요. 배를 타는 동안 음식은 형편없고 선실은 비좁았으며 동료 선원들은 냄새가 지독했고 허리케인을 수시로 마주쳤죠. 그래도 몇몇 해적들은 꽤 성공을 거뒀어요. 주변에서는 이들을 결코 마주치고 싶지 않아 공포에 떨었어요. 역사상 가장 유명했던 해적들에 대해 알아봐요.

레이철 월

활동한 장소와 시기 미국 뉴잉글랜드 해안, 1700년대 후반

레이철 월과 남편 조지는 함께 일하며 대서양 메인주 연안의 작은 섬들에서 해적질을 했어요. 폭풍이 지나가고 나면 범선을 멈추고 조난 신호기를 높이 달았죠. 지나가던 사람들이 도와 달라는 레이철의 비명을 듣고 가까이 다가오면 강도짓을 하거나 더 심한 범죄를 저질렀어요. 그렇게 레이철과 조지는 두 해 여름에 걸쳐 해적 활동을 벌인 결과 최소 24명을 죽이고 현금 6000달러를 비롯해 가치가 알려지지 않은 여러 귀중품을 빼앗았죠. 그런 다음 바닷가에 떠내려 온 것을 주웠다고 하면서 전리품을 팔았어요.

최후의 운명 결국 레이철은 법의 심판을 받았어요. 1789년에 미국 매사추세츠주에서 교수형을 당했는데, 레이철은 매사추세츠주에서 마지막으로 교수형을 받은 여성으로 기록되었어요.

역사와 사실

정일수

활동한 장소와 시기 남중국해, 1801~1810년

정일수는 거의 2000척의 해적선을 거느렸어요. 정부인이라고도 불렸던 정일수는 유명한 해적과 결혼하여 범죄의 세계에 발을 들였죠. 남자와 여자, 심지어 아이들까지 포함한 8만 명 넘는 해적이 정일수의 지시를 받아 움직였어요. 이들은 온갖 방법으로 전리품과 돈을 뜯었죠. 다른 해적으로부터 지켜 준다는 명목으로 돈을 요구하거나, 지나가는 배를 공격하거나, 사람을 납치하고 몸값을 달라고 했어요. 정일수는 부하들이 가져온 잘린 머리 개수에 따라 보수를 지급한 것으로 유명해요(어이쿠!).

최후의 운명 모든 나라에서 정일수의 범죄를 막으려고 애썼지만 실패로 돌아갔어요. 정일수가 해적 일에서 은퇴하고 두 번째 직업으로 밀수*를 하기 시작했다는 소문도 돌았죠. 어쨌든 정일수는 69세의 나이로 편안하게 죽음을 맞았어요.

*밀수: 정부 몰래 물건을 사고파는 것.

검은 수염

활동한 장소와 시기 북아메리카 동부 해안과 카리브해, 1713~1718년

검은 수염의 진짜 이름을 아는 사람은 아무도 없어요. 역사가들은 에드워드 티치일지도 모른다고 해요. 어쨌든 검은 수염은 역사상 가장 유명한 해적이에요. 처음에는 검은 수염에게 영국 정부가 적의 함선을 공격해 가진 것을 빼앗도록 시켰어요. 합법적인 해적이었지요.
그러다가 1713년에 정부의 지시를 받는 일을 그만두고 제대로 해적 일을 했죠. 검은 수염은 또 다른 해적에게서 받은 프랑스 선박을 타고 카리브해를 돌아다녔고, 배에 대포를 장착한 다음 '앤 여왕의 복수'라고 이름 붙였어요. 검은 수염은 권총과 칼을 가슴에 차고, 불을 붙여 연기가 나는 대포의 도화선을 자기 수염에 매달아 적에게 겁을 주었어요. 전설에 따르면 검은 수염은 자기가 훔친 보물을 어딘가에 숨겨 두었다고 하는데…. 아직까지 발견되지 않았어요.

최후의 운명 해적 일을 하고 몇 년이 지나 검은 수염은 영국 해군에게 붙잡혔어요. 처형으로 잘린 머리는 배에 걸렸지요. 해적이 되려는 자들에게 이런 범죄를 저지르지 말라고 본보기를 보인 거예요.

국제적 분쟁

전쟁터 속으로

아주 오랜 옛날부터 서로 다른 나라와 지역, 문화권에서 사람들은 땅과 권력, 정치적인 견해 때문에 싸움을 벌였어요. 다음은 역사상 손꼽히는 큰 전쟁이에요.

1095~1291년 십자군 전쟁
중동에서 11세기에 시작해 거의 200년 동안 지속된 종교 전쟁이에요.

1337~1453년 백 년 전쟁
프랑스와 영국은 100년 이상 땅을 차지하기 위해 싸웠고, 결국 1453년에 프랑스가 영국을 몰아내어 끝났어요.

1754~1763년 프렌치 인디언 전쟁 (유럽 7년 전쟁의 일부)
영국과 프랑스가 북아메리카를 두고 9년간 싸웠어요.

1775~1783년 미국 독립 혁명
아메리카의 영국 식민지 13곳이 힘을 합쳐 영국 정부의 통치를 거부하고 아메리카 합중국(미국)을 세우고자 뭉쳤어요.

1861~1865년 미국 남북 전쟁
미국 북부의 주들과 남부의 주들 간에 다툼이 생기면서 전쟁으로 번졌어요. 남부의 주들은 독립해서 남부 연합을 이루고자 했죠. 남북 전쟁의 핵심적인 사안 가운데 하나는 노예 제도였어요.

1910~1920년 멕시코 혁명
멕시코 사람들이 독재자였던 대통령 포르피리오 디아스를 끌어내리고 민주주의 혁명을 이끌었어요.

1914~1918년 제1차 세계 대전
오스트리아 대공 페르디난트가 세르비아의 애국주의자에 의해 암살당하면서 넓은 지역에 걸친 전쟁이 촉발되었어요. 독일이 영국 여객선 루시타니아호를 침몰시켜 120명 넘는 미국인이 사망한 뒤로는 중립국이었던 미국도 전쟁에 뛰어들었어요.

1918~1920년 러시아 내전
1917년 러시아 혁명에 이어 발발한 내전은 공산당인 적군과 외국 세력을 등에 업은 왕당파인 백군 사이의 갈등이었어요. 적군이 이기면서 1922년에 소비에트 연방(USSR, 소련)이 탄생했어요.

1936~1939년 에스파냐 내전
이탈리아와 독일의 도움을 받은 에스파냐 국가주의자들은 공산당의 지지를 받는 공화주의자들을 누르고 승리를 거뒀어요. 이 전쟁의 결과로 30만 명이 목숨을 잃었고 유럽에서 긴장감이 높아져 제2차 세계 대전으로 이어졌어요.

1939~1945년 제2차 세계 대전
유럽, 아시아, 북아프리카에서 벌어진 대규모 전쟁으로 여러 나라들이 연합국과 추축국이라는 양편으로 나뉘었지요. 1941년 미국 하와이 진주만에 폭탄

이 떨어진 후로 미국은 연합국의 편에서 전쟁에 참가했어요. 전쟁이 벌어지는 동안 5000만 명 이상이 목숨을 잃었어요.

1946~1949년 중국 내전
'국공내전'이라고도 불리며 중국 공산당과 국민당이 맞서 싸운 전쟁이에요. 공산당이 승리를 거두었어요.

1950~1953년 한국 전쟁(6·25 전쟁)
소련을 뒤에 업은 북한의 공산주의 세력이 민주주의인 남한을 공격하면서 시작됐어요. 유엔의 16개국이 연합하여 남한을 돕고자 나섰죠. 1953년에 전쟁을 멈추는 휴전 협정이 체결되었어요.

1950년대~1975년 베트남 전쟁
중국의 지원을 받은 공산주의의 북베트남과 미국의 지원을 받은 남베트남 정부를 비롯한 다른 반공산주의 국가들 사이에 벌어진 전쟁이에요.

1967년 6일 전쟁
이스라엘과 이집트, 요르단, 시리아 사이에 생긴 영토 분쟁이에요. 그 결과 이스라엘은 그동안 탐냈던 가자 지구와 요르단강 서안 지구를 손에 넣었어요.

1991년~현재 소말리아 내전
이 전쟁은 20세기에 소말리아를 통치했던 독재자 모하메드 시아드 바레를 타도하기 위해 시작되었어요. 오랫동안 전쟁과 무정부 상태가 이어지고 있어요.

2001~2014년 아프가니스탄 전쟁
알카에다 테러 집단이 미국을 공격한 9·11 테러 사건 이후, 오사마 빈 라덴과 다른 알카에다 구성원을 찾고 탈레반을 해체하기 위해 40개국 이상이 연합해 아프가니스탄을 침공했어요. 2011년 미국의 비밀 작전을 통해 오사마 빈 라덴이 사살되었어요. 2003년부터 북대서양 조약 기구(NATO, 나토)에서 연합국의 전투를 통제하는 역할을 맡았어요. 이 임무는 2014년에 공식적으로 끝났어요.

2003~2011년 이라크 전쟁
미국이 이끌고 영국, 오스트레일리아, 에스파냐가 연합해 이라크를 공격하면서 벌어졌어요. 이라크가 대규모 살상 무기를 갖고 있다는 의구심 때문에 시작됐어요.

역사와 사실

전시에 만들어진 발명품 이야기

필요는 발명의 어머니라고 해요. 전시에는 필요한 것이 많을뿐더러 적어도 삶을 더 편리하게 해 줄 것들이 몹시 중요해지지요. 그러니 지금 우리에게 매우 유용한 것들 중 일부가 전쟁 때 발명되었다고 해도 놀랄 일이 아니에요. 특히 산업화로 혁신이 일어나고 있던 제1차 세계 대전 때에는 전반적으로 그랬어요. 크리넥스 휴지가 딱 맞는 예에요. 오늘날 우리가 코를 푸는 데 쓰는 휴지는 처음에 방독면에 쓸 얇은 솜 같은 안감을 만들려고 하다가 나왔어요. 1924년 킴벌리 클라크라는 회사는 바로 그 휴지 안감을 여성의 화장을 닦아 내는 용도로 팔기 시작했어요. 그러다가 건초열에 걸린 한 직원이 코를 푸는 용도로 쓰기 시작한 뒤로, 회사는 기회를 엿보았어요. 그리하여 크리넥스 휴지가 면 손수건의 대용품으로 팔리기 시작했어요. 지퍼도 비슷해요. '고리 없는 죔쇠'라고 알려진 지퍼는 처음에 제1차 세계 대전 때 비행사의 비행복에 널리 쓰였어요. 그때까지만 해도 단추로 셔츠, 바지, 장화를 잠그는 방식이 유행이었지만, 새 발명품은 훨씬 더 빨리 잠글 수 있었어요. 1923년 B. F. 굿리치라는 회사가 지퍼라는 용어를 만들었고, 그 이름이 굳어졌지요. 손목시계로 시간을 볼 때마다, 우리는 제1차 세계 대전 참전 병사들에게 감사해야 해요. 손목시계를 널리 유행시켰으니까요. 전쟁이 시작되던 무렵에 손목시계는 여자들에게 인기가 있었고, 남자들은 주로 회중시계를 썼어요. 사슬로 연결해서 주머니에 넣고 다녔지요. 그러다가 전쟁터에서 병사들은 시간을 보기에 더 편리한 손목시계로 바꾸었어요. 참호에서 양손을 자유롭게 쓰면서도 시간을 볼 수 있었으니까요. 전쟁이 끝난 뒤에는 남녀 모두가 손목시계를 차고 다니게 되었지요. 오늘날까지도요.

세계의 지도자들

전 세계 195개 독립국에는 각각 지도자가 한 명 또는 그 이상 있어요. 대통령이든 국왕이나 총리든 이 지도자에게는 그 나라의 정치적, 경제적, 사회적 성장을 이끌 책임이 있지요.

몇몇 나라들은 한 명 이상의 지도자가 정부를 이끌어요. 보통 국무총리(총리)가 함께 하는데, 그 나라의 정부 형태에 따라 차이가 있어요.

이제 전 세계 각 나라의 지도자들과 그 명칭을 살펴볼 거예요. 북키프로스나 타이완처럼 논쟁이 있는 지역이나, 다른 나라에 속해 있는 버뮤다 제도, 그린란드, 푸에르토리코는 포함시키지 않았어요. 각 지도자들의 취임일은 맨 처음 임기를 기준으로 썼어요.

맨아래의 대륙별 색상 안내를 보면 각 나라가 어떤 대륙에 위치하는지 쉽게 알 수 있어요.

일러두기: 이 정보들은 이 책이 인쇄될 당시가 기준이에요.

대륙별 색상 구분

가나
대통령: 나나 아쿠포아도
취임일: 2017년 1월 7일

가봉
대통령: 알리 봉고 온딤바
취임일: 2009년 10월 16일
총리: 호즈 크리스티안 오수까 하퐁다
취임일: 2020년 7월 16일

가이아나
대통령: 모하메드 이르판 알리
취임일: 2020년 8월 2일

감비아
대통령: 아다마 바로우
취임일: 2017년 1월 19일

과테말라
대통령: 알레한드로 잠마테이
취임일: 2020년 1월 14일

그레나다
총독: 세실 라 그레나다
취임일: 2013년 5월 7일
총리: 디콘 미첼
2022년 6월 24일

그리스
대통령: 카테리나 사켈라로풀루
취임일: 2020년 3월 13일
총리: 키리아코스 미초타키스
취임일: 2019년 7월 8일

기니
대통령: 마마디 둠부야
취임일: 2021년 10월 1일
총리: 베르나르 고무
취임일: 2022년 7월 17일

기니비사우
대통령: 우마로 시소코 엠발로
취임일: 2020년 2월 27일
총리: 누노 고메스 나비암
취임일: 2020년 2월 27일

나미비아
대통령: 하게 게인고브
취임일: 2005년 3월 21일

나우루
대통령: 러스 쿤
취임일: 2022년 9월 29일

나이지리아
대통령: 무하마두 부하리
취임일: 2015년 5월 29일

남수단
대통령: 살바 키르 마야르디트
취임일: 2011년 7월 9일

남아프리카 공화국
대통령: 시릴 라마포사
취임일: 2018년 2월 15일

시릴 라마포사는 취미가 송어 낚시예요.

대륙별 색상 ● 아시아 ● 유럽 ● 아프리카

252

역사와 사실

네덜란드
국왕: 빌럼 알렉산더르
즉위일: 2013년 4월 30일
총리: 마르크 뤼터
취임일: 2010년 10월 14일

네팔
대통령: 비디아 데비 반다리
취임일: 2015년 10월 29일
총리: 셰르 바하두르 데우바
취임일: 2021년 7월 13일

셰르 바하두르 데우바는 예전에 왕정* 국가일 때 저항 운동을 하다가 교도소에서 9년을 보냈어요.

*왕정: 왕이 다스리는 정치 체제.

노르웨이
국왕: 하랄 5세
즉위일: 1991년 1월 17일
총리: 요나스 가르 스퇴레
취임일: 2021년 10월 14일

뉴질랜드
총독: 신디 키로
취임일: 2021년 10월 21일
총리: 저신다 아던
취임일: 2017년 10월 26일

저신다 아던은 어릴 때 레지라는 양을 반려동물로 키웠어요.

니제르
대통령: 모하메드 바줌
취임일: 2021년 4월 2일
총리: 우후무두 마하마두
취임일: 2021년 4월 3일

니카라과
대통령: 다니엘 오르테가
취임일: 2007년 1월 10일

대한민국
대통령: 윤석열
취임일: 2022년 5월 10일

덴마크
국왕: 마르그레테 2세
즉위일: 1972년 1월 14일
총리: 메테 프레데릭센
취임일: 2019년 6월 27일

메테 프레데릭센은 41세에 선출되어서 덴마크의 최연소 총리예요.

도미니카 공화국
대통령: 루이스 아비나데르
취임일: 2020년 8월 16일

도미니카 연방
대통령: 찰스 A. 사바린
취임일: 2013년 10월 2일
총리: 루스벨트 스케릿
취임일: 2004년 1월 8일

독일
대통령: 프랑크발터 슈타인마이어
취임일: 2017년 3월 19일
총리: 올라프 숄츠
취임일: 2021년 12월 8일

독일에서 엽서를 보내왔어요.

노이슈반슈타인성

● 북아메리카, 중앙아메리카　● 남아메리카　● 오세아니아

세계의 지도자들

동티모르
대통령: 주제 라모스오르타
취임일: 2022년 5월 20일
총리: 타우르 마탄 루악
취임일: 2018년 6월 22일

라오스
대통령: 통룬 시술리트
취임일: 2021년 3월 22일
총리: 판캄 비파반
취임일: 2021년 3월 22일

> 통룬 시술리트는 한때 소련*과 베트남에서 유학했어요.

*소련: 현재 러시아와 우크라이나 등의 위치에 있었던 연방 국가.

라이베리아
대통령: 조지 웨아
취임일: 2018년 1월 22일

라트비아
대통령: 에길스 레비츠
취임일: 2019년 7월 8일
총리: 아르투르스 크리스야니스 카린스
취임일: 2019년 1월 23일

러시아
대통령: 블라디미르 푸틴
취임일: 2012년 5월 7일
연방 총리: 미하일 미슈스틴
취임일: 2020년 1월 16일

참고: 러시아는 유럽과 아시아에 걸쳐 있지만, 수도가 유럽에 있어서 유럽 국가로 분류했어요.

레바논
대통령: 미셸 아운
취임일: 2016년 10월 31일
총리: 나지브 미카티
취임일: 2021년 9월 10일

> 나지브 미카티는 사업가이며 억만장자예요.

레소토
국왕: 레치에 3세
즉위일: 1996년 2월 7일
총리: 모에케치 마조로
취임일: 2000년 5월 20일

루마니아
대통령: 클라우스 요하니스
취임일: 2014년 12월 21일
총리: 니콜라이 치우카
취임일: 2021년 11월 25일

> 클라우스 요하니스는 전직 고등학교 물리 교사였어요.

룩셈부르크
대공: 앙리
즉위일: 2000년 10월 7일
총리: 그자비에 베텔
취임일: 2013년 12월 4일

르완다
대통령: 폴 카가메
취임일: 2000년 4월 22일
총리: 에두아르 응기렌테
취임일: 2017년 8월 30일

리비아
대통령 위원회 의장: 모하메드 알 멘피
취임일: 2021년 3월 15일
임시 총리: 압둘 하미드 드베이바
취임일: 2021년 3월 15일

리투아니아
대통령: 기타나스 나우세다
취임일: 2019년 7월 12일
총리: 잉그리다 시모니테
취임일: 2020년 11월 25일

> 잉그리다 시모니테는 리투아니아어뿐 아니라 영어, 폴란드어, 러시아어도 하고, 스웨덴어도 조금 해요.

리히텐슈타인
국왕(대공): 한스 아담 2세
즉위일: 1989년 11월 13일
총리: 다니엘 리시
취임일: 2021년 3월 25일

마다가스카르
대통령: 안드리 라조엘리나
취임일: 2019년 1월 19일
총리: 크리스티앙 은짜이
취임일: 2018년 6월 6일

마셜 제도
대통령: 데이비드 카부아
취임일: 2020년 1월 13일

대륙별 색상 ● 아시아 ● 유럽 ● 아프리카

역사와 사실

말라위
대통령: 라자루스 차퀘라
취임일: 2020년 6월 28일

말레이시아
국왕: 압둘라 이브니 술탄 아흐맛 샤
즉위일: 2019년 1월 24일
총리: 이스마일 사브리 야콥
취임일: 2021년 8월 20일

말리
임시 대통령: 아시미 고이타
취임일: 2021년 5월 28일
총리: 압둘라예 마이가
취임일: 2022년 8월 21일

멕시코
대통령: 안드레스 마누엘 로페스 오브라도르
취임일: 2018년 12월 1일

모나코
국가 원수: 알베르 2세
즉위일: 2005년 4월 6일
국무장관: 피에르 다투트
취임일: 2020년 9월 1일

모로코
국왕: 무함마드 6세
즉위일: 1999년 7월 30일
총리: 아지즈 아카누스
취임일: 2021년 10월 7일

모리셔스
대통령: 프리트비라즈싱 루푼
취임일: 2019년 12월 2일
총리: 프라빈드 주그노트
취임일: 2017년 1월 23일

모리타니
대통령: 무함마드 울드 가즈와니
취임일: 2019년 8월 1일
총리: 무함마드 오울드 빌랄
취임일: 2020년 8월 6일

모잠비크
대통령: 필리프 뉴시
취임일: 2015년 1월 15일
총리: 아드리아노 말레이안
취임일: 2022년 3월 3일

마다가스카르에 오신 것을 환영해요.

바오바브나무 거리

● 북아메리카, 중앙아메리카   ● 남아메리카   ● 오세아니아

세계의 지도자들

몬테네그로
대통령: 밀로 주카노비치
취임일: 2018년 5월 20일
총리: 드리탄 아바조비치
취임일: 2022년 4월 28일

몰도바
대통령: 마이야 산두
취임일: 2020년 12월 24일
총리: 나탈리아 가브릴리타
취임일: 2021년 8월 6일

몰디브
대통령: 이브라힘 무함마드 솔리
취임일: 2018년 11월 17일

몰타
대통령: 조지 벨라
취임일: 2019년 4월 3일
총리: 로버트 아벨라
취임일: 2020년 1월 13일

몽골
대통령: 우흐나 후렐수흐
취임일: 2021년 7월 10일
총리: 롭상남스랭 어용에르덴
취임일: 2021년 1월 27일

미국
대통령: 조 바이든
취임일: 2021년 1월 20일

> 조 바이든은 초콜릿 칩이 든 아이스크림을 좋아해요.

미얀마
총리: 민 아웅 흘라잉
취임일: 2021년 8월 1일

미크로네시아
대통령: 데이비드 파누엘로
취임일: 2019년 5월 11일

바누아투
대통령: 니케니케 부로바라부
취임일: 2022년 7월 23일
총리: 밥 러프먼
취임일: 2020년 4월 20일

바레인
국왕: 하마드 빈 이사 알할리파
즉위일: 1999년 3월 6일
총리: 살만 빈 하마드 알할리파
취임일: 2020년 11월 11일

> 살만 빈 하마드 알할리파는 국왕의 맏아들이에요.

바베이도스
대통령: 샌드라 메이슨
취임일: 2021년 11월 20일
총리: 미아 모틀리
취임일: 2018년 5월 25일

> 미아 모틀리는 한때 재즈 레게 밴드의 매니저였어요.

바티칸 시국
교황: 프란치스코
취임일: 2013년 3월 13일
국무원장: 피에트로 파롤린
취임일: 2013년 10월 15일

> 프란치스코 교황은 탱고 춤을 좋아해요.

바하마
총독: 코넬리우스 A. 스미스
취임일: 2019년 6월 28일
총리: 필립 데이비스
취임일: 2021년 9월 17일

방글라데시
대통령: 압둘 하미드
취임일: 2013년 4월 24일
총리: 셰이크 하시나
취임일: 2009년 1월 6일

베냉
대통령: 파트리스 탈롱
취임일: 2016년 4월 6일

베네수엘라
대통령: 니콜라스 마두로
취임일: 2013년 4월 19일

베트남
공산당 서기장: 응우옌 푸 쫑
취임일: 2011년 1월 19일
국가 주석: 응우옌 쑤언 푹
취임일: 2021년 7월 26일
총리: 팜 민 친
취임일: 2021년 7월 26일

대륙별 색상: ● 아시아 ● 유럽 ● 아프리카

역사와 사실

벨기에
국왕: 필리프
즉위일: 2013년 7월 21일
총리: 알렉산더르 더크로
취임일: 2020년 10월 1일

벨라루스
대통령: 알렉산드르 루카셴코
취임일: 1994년 7월 20일
총리: 로만 골롭첸코
취임일: 2020년 6월 4일

벨리즈
총독: 프로일라 찰람
취임일: 2021년 5월 27일
총리: 존 브리세뇨
취임일: 2020년 11월 12일

보스니아 헤르체고비나
대통령 위원회: 밀로라드 도디크, 젤코 콤시치, 셰피크 자페로비치
취임일: 2018년 11월 20일
각료이사회 의장: 조란 테겔티야
취임일: 2019년 12월 5일

보츠와나
대통령: 모퀘에치 마시시
취임일: 2018년 4월 1일

볼리비아
대통령: 루이스 알베르토 아르세 카타코라
취임일: 2020년 11월 8일

부룬디
대통령: 에바리스트 은다이시미예
취임일: 2020년 6월 18일

부르키나파소
임시 대통령: 이브라힘 트라오레
취임일: 2022년 9월 30일
총리: 공석

부탄
국왕: 지그메 케사르 남기엘 왕축
즉위일: 2006년 12월 14일
총리: 로테이 체링
취임일: 2018년 11월 7일

> 부탄의 왕에 대한 공식 명칭은 '드루크걀포'이고 용왕이란 뜻이에요.

북마케도니아
대통령: 스테보 펜다로프스키
취임일: 2019년 5월 12일
총리: 디미타르 코바체프스키
취임일: 2022년 1월 17일

북한
최고 지도자: 김정은
취임일: 2011년 12월 17일
최고인민회의 상임위원회 위원장: 최룡해
취임일: 2019년 4월 11일

불가리아
대통령: 루멘 라데프
취임일: 2017년 1월 22일
총리: 갈랍 도네브
취임일: 2022년 8월 2일

브라질
대통령: 자이르 보우소나루
취임일: 2019년 1월 1일

브루나이
국왕: 하사날 볼키아
즉위일: 1967년 10월 5일

사모아
국가 원수: 발레토아 수알라우비 2세
취임일: 2017년 7월 21일
총리: 피아메 나오미 마타아파
취임일: 2021년 5월 24일

> 피아메 나오미 마타아파는 사모아의 첫 번째 여성 총리예요.

사우디아라비아
국왕: 살만 빈 압둘아지즈 알사우드
즉위일: 2015년 1월 23일

산마리노
공동 국가 원수(집정관 2명): 마리아 루이사 베르티, 마누엘 치아바타
취임일: 2022년 10월 1일
외교 장관: 루카 베카리
취임일: 2020년 1월 8일

● 북아메리카, 중앙아메리카　● 남아메리카　● 오세아니아

세계의 지도자들

상투메 프린시페
대통령: 카를로스 빌라노바
취임일: 2021년 10월 2일
총리: 조르주 봉 제주스
취임일: 2018년 12월 3일

세네갈
대통령: 마키 살
취임일: 2012년 4월 2일

세르비아
대통령: 알렉산다르 부치치
취임일: 2017년 5월 31일
총리: 아나 브르나비치
취임일: 2017년 6월 29일

세이셸
대통령: 와벨 람칼라완
취임일: 2020년 10월 26일

세인트루시아
총독 권한 대행: 에롤 샤를
취임일: 2021년 11월 11일
총리: 필립 J. 피에르
취임일: 2021년 7월 28일

세인트빈센트 그레나딘
총독: 수잔 도간 니 라이언
취임일: 2019년 8월 1일
총리: 랄프 곤살베스
취임일: 2001년 3월 29일

> 수잔 도간은 세인트빈센트 그레나딘의 첫 번째 여성 총독이에요.

세인트키츠 네비스
총독: 새뮤얼 W. T. 시턴
취임일: 2015년 9월 2일
총리: 테런스 드루
취임일: 2022년 8월 6일

소말리아
대통령: 하산 셰흐 마하무드
취임일: 2022년 5월 23일
총리: 함자 압디 바레
취임일: 2022년 6월 26일

솔로몬 제도
총독: 데이비드 부나기
취임일: 2019년 7월 8일
총리: 머내시 소가바레
취임일: 2019년 4월 24일

수단
국가 원수: 압델 파타흐 알부르한 압둘라만
취임일: 2021년 10월 25일
총리 대행: 오스만 후세인
취임일: 2022년 1월 19일

수리남
대통령: 찬 산톡히
취임일: 2020년 7월 16일

> 찬 산톡히는 전직 경찰서장이었어요.

스리랑카
대통령: 라닐 위크레마싱헤
취임일: 2022년 7월 21일

스웨덴
국왕: 칼 구스타프 16세
즉위일: 1973년 9월 19일
총리: 막달레나 안데르손
취임일: 2021년 11월 30일

스위스
연방평의회 의장(대통령): 이냐치오 카시스
취임일: 2022년 1월 1일
연방평의회 구성원: 기 파르믈랭, 알랭 베르세, 시모네타 좀마루가, 비올라 아메르트, 우엘리 마우러, 카린 켈러주터
취임일: 각각 다름

> 기 파르믈랭은 포도를 재배하는 농부였어요.

슬로바키아
대통령: 주자나 차푸토바
취임일: 2019년 6월 15일
총리: 에두아르드 헤게르
취임일: 2021년 4월 1일

슬로베니아
대통령: 보루트 파호르
취임일: 2012년 12월 22일
총리: 로버트 골롭
취임일: 2022년 6월 1일

시리아
대통령: 바샤르 알아사드
취임일: 2000년 7월 17일
총리: 후세인 아르누스
취임일: 2020년 8월 30일

대륙별 색상: ● 아시아 ● 유럽 ● 아프리카

역사와 사실

시에라리온
대통령: 줄리어스 마다 비오
취임일: 2018년 4월 4일

싱가포르
대통령: 할리마 야콥
취임일: 2017년 9월 14일
총리: 리셴룽
취임일: 2004년 8월 12일

리셴룽은 십 대 때 군악대에서 드럼을 쳤어요.

아랍 에미리트
대통령: 모하메드 빈 자이드 알 나하얀
취임일: 2022년 5월 14일
총리: 무함마드 빈 라시드 알막툼
취임일: 2006년 1월 5일

아르메니아
대통령: 바하근 하차투랸
취임일: 2022년 3월 13일
총리: 니콜 파시냔
취임일: 2018년 5월 8일

아르헨티나
대통령: 알베르토 앙헬 페르난데스
취임일: 2019년 12월 10일

아이슬란드
대통령: 구드니 또르라시우스 요하네손
취임일: 2016년 8월 1일
총리: 카트린 야콥스도띠르
취임일: 2017년 11월 30일

카트린 야콥스도띠르는 아이슬란드 록밴드의 뮤직비디오에 출연한 적이 있어요.

아이티
대통령 겸 총리 권한 대행: 아리엘 앙리
취임일: 2021년 7월 20일

스리랑카에서 엽서를 보내왔어요.

시기리야 요새 근처의 코끼리 떼

● 북아메리카, 중앙아메리카 ● 남아메리카 ● 오세아니아

세계의 지도자들

아일랜드
대통령: 마이클 D. 히긴스
취임일: 2011년 11월 11일
총리: 미할 마틴
취임일: 2020년 6월 27일

> 미할 마틴은 쌍둥이 형제가 있어요.

아제르바이잔
대통령: 일함 알리예프
취임일: 2003년 10월 31일
총리: 알리 아사도프
취임일: 2019년 10월 8일

아프가니스탄
최고 지도자: 하이바툴라 아훈드자다
총리 권한 대행: 모하마드 하산 아훈드

안도라
공동 국가 원수: 에마뉘엘 마크롱
취임일: 2017년 5월 14일
공동 국가 원수: 호안엔리크 비베스 이 시실리아
취임일: 2003년 5월 12일
집행이사회장(총리): 자비에 에스포트 자모하
취임일: 2019년 5월 16일

알바니아
대통령: 바이람 베가이
취임일: 2022년 7월 24일
총리: 에디 라마
취임일: 2013년 9월 10일

알제리
대통령: 압델마지드 테분
취임일: 2019년 12월 12일
총리: 에이멘 벤압데라흐만
취임일: 2021년 6월 30일

앙골라
대통령: 주앙 마누엘 곤살베스 로렌수
취임일: 2017년 9월 26일

앤티가 바부다
총독: 로드니 윌리엄스
취임일: 2014년 8월 14일
총리: 개스턴 브라운
취임일: 2014년 6월 13일

> 로드니 윌리엄스는 의사이기도 해요.

에리트레아
대통령: 이사이아스 아페웨르키
취임일: 1993년 6월 8일

에스와티니
국왕: 음스와티 3세
즉위일: 1986년 4월 25일
총리: 클레오파스 들라미니
취임일: 2021년 7월 16일

에스파냐(스페인)
국왕: 펠리페 6세
즉위일: 2014년 6월 19일
총리: 페드로 산체스 페레즈-카스테혼
취임일: 2018년 6월 2일

에스토니아
대통령: 알라 카리스
취임일 2021년 10월 11일
총리: 카야 칼라스
2021년 1월 26일

에콰도르
대통령: 기예르모 라소
취임일: 2021년 5월 24일

에티오피아
대통령: 사흘레워크 제우데
취임일: 2018년 10월 25일
총리: 아비 아흐메드 알리
2018년 4월 2일

> 사흘레워크 제우데는 에티오피아 최초의 여성 대통령이에요.

엘살바도르
대통령: 나이브 부켈레
취임일: 2019년 6월 1일

영국
국왕: 찰스 3세
즉위일: 2022년 9월 8일
총리: 엘리자베스 트러스
취임일: 2022년 9월 6일

> 엘리자베스 트러스는 영국의 세 번째 여성 총리예요.

대륙별 색상 ● 아시아 ● 유럽 ● 아프리카

예멘
대통령 지도위원회 대표: 라샤드 알알리미
취임일: 2022년 4월 7일
총리: 마인 압둘말리크 사이드
취임일: 2018년 10월 15일

오만
술탄: 하이삼 빈 타리크 알사이드
즉위일: 2020년 1월 11일

오스트레일리아(호주)
총독: 데이비드 헐리
취임일: 2019년 7월 1일
총리: 앤서니 앨버니지
취임일: 2022년 5월 23일

오스트리아
대통령: 알렉산더 판데어벨렌
취임일: 2017년 1월 26일
총리: 카를 네함머
취임일: 2021년 12월 6일

온두라스
대통령: 시오마라 카스트로
취임일: 2022년 1월 27일

요르단
국왕: 압둘라 2세
즉위일: 1999년 2월 7일
총리: 비셔 알카사우네
취임일: 2020년 10월 7일

> 압둘라 2세는 드라마 「스타트렉: 보이저」에 단역으로 깜짝 출연하기도 했어요.

우간다
대통령: 요웨리 무세베니
취임일: 1986년 1월 26일

우루과이
대통령: 루이스 라카예 포우
취임일: 2020년 3월 1일

> 루이스 라카예 포우는 파도타기를 아주 좋아해요.

우즈베키스탄
대통령: 샵카트 미르지요예프
취임일: 2016년 9월 8일
총리: 압둘라 아리포프
취임일: 2016년 12월 14일

우크라이나
대통령: 볼로디미르 젤렌스키
취임일: 2019년 5월 20일
총리: 데니스 슈미갈
취임일: 2020년 3월 4일

이라크
대통령: 바르함 살리흐
취임일: 2018년 10월 2일
총리: 무스타파 알카디미
취임일: 2020년 5월 7일

이란
최고 지도자: 알리 호세인 하메네이
취임일: 1989년 6월 4일
대통령: 에브라힘 라이시
취임일: 2021년 8월 5일

이스라엘
대통령: 이츠하크 헤르초그
취임일: 2021년 7월 7일
총리: 야이르 라피드
취임일: 2022년 7월 1일

이집트
대통령: 압둘팟타흐 시시
취임일: 2014년 6월 8일
총리: 무스타파 마드불리
취임일: 2018년 6월 7일

이탈리아
대통령: 세르조 마타렐라
취임일: 2015년 2월 3일
총리 내정자: 조르자 멜로니
취임일: 미정

> 조르자 멜로니는 이탈리아의 첫 번째 여성 총리예요.

인도
대통령: 드라우파디 무르무
취임일: 2022년 7월 25일
총리: 나렌드라 모디
취임일: 2014년 5월 26일

인도네시아
대통령: 조코 위도도
취임일: 2014년 10월 20일

> 조코 위도도는 예전에 가구 제작자였어요.

세계의 지도자들

일본
국왕: 나루히토
즉위일: 2019년 5월 1일
총리: 기시다 후미오
취임일: 2021년 10월 4일

> 기시다 후미오는 프로 야구팀 히로시마 도요 카프의 팬이에요.

자메이카
총독: 패트릭 앨런 경
취임일: 2009년 2월 26일
총리: 앤드루 홀니스
취임일: 2016년 3월 3일

잠비아
대통령: 하카인데 히칠레마
취임일: 2021년 8월 24일

> 하카인데 히칠레마는 어린 시절에 가축을 길렀어요.

적도 기니
대통령: 테오도로 오비앙 응게마 음바소고
취임일: 1979년 8월 3일
총리: 프란시스코 파스쿠알 오바마 아수에
취임일: 2016년 6월 23일

조지아
대통령: 살로메 주라비슈빌리
취임일: 2018년 12월 16일
총리: 이라클리 가리바슈빌리
취임일: 2021년 2월 22일

> 살로메 주라비슈빌리는 프랑스 파리에서 자랐어요.

중국
국가 주석: 시진핑
취임일: 2013년 3월 14일
국무원 총리: 리커창
취임일 2013년 3월 16일

중앙아프리카 공화국
대통령: 포스탱아르캉주 투아데라
취임일: 2016년 3월 30일
총리: 펠릭스 몰루아
취임일: 2022년 2월 7일

지부티
대통령: 이스마일 오마르 겔레
취임일: 1999년 5월 8일
총리: 압둘카데르 카밀 모하메드
취임일: 2013년 4월 1일

짐바브웨
대통령: 에머슨 담부조 음낭가과
취임일: 2017년 11월 24일

차드
임시 대통령: 마하마트 이드리스 데비
취임일: 2021년 4월 20일

체코
대통령: 밀로시 제만
취임일: 2013년 3월 8일
총리: 페트르 피알라
취임일: 2021년 12월 17일

칠레
대통령: 가브리엘 보리치
취임일: 2022년 3월 11일

카메룬
대통령: 폴 비야
취임일: 1982년 11월 6일
총리: 조지프 디온 은구테
취임일: 2019년 1월 4일

카보베르데
대통령: 조제 마리아 페레이라 네베스
취임일: 2021년 11월 9일
총리: 율리시스 코헤이아 에 실바
취임일: 2016년 4월 22일

카자흐스탄
대통령: 카심조마르트 토카예프
취임일: 2019년 3월 20일
총리: 알리한 스마일로프
취임일: 2022년 1월 11일

카타르
국왕: 타밈 빈 하마드 알사니
즉위일: 2013년 6월 25일
총리: 칼리드 빈 칼리파 빈 압둘아지즈 알사니
취임일: 2020년 1월 28일

대륙별 색상: ● 아시아 ● 유럽 ● 아프리카

역사와 사실

캄보디아
국왕: 노로돔 시하모니
즉위일: 2004년 10월 29일
총리: 훈 센
취임일: 1985년 1월 14일

캐나다
총독: 메리 사이먼
취임일: 2021년 7월 26일
총리: 쥐스탱 트뤼도
취임일: 2015년 11월 4일

쥐스탱 트뤼도와 그의 동생은 둘 다 크리스마스에 태어났어요.

케냐
대통령: 윌리엄 루토
취임일: 2022년 9월 13일

윌리엄 루토는 대학에서 식물학과 동물학을 공부했어요.

코모로
대통령: 아잘리 아수마니
취임일: 2016년 5월 26일

코소보
대통령: 비오사 오스마니
취임일: 2020년 11월 5일
총리: 알빈 쿠르티
취임일: 2021년 3월 22일

코스타리카
대통령: 로드리고 차베스 로블레스
취임일: 2022년 5월 8일

코트디부아르
대통령: 알라산 드라만 우아타라
취임일: 2010년 12월 4일
총리: 패트릭 아치
취임일: 2021년 3월 26일

콜롬비아
대통령: 구스타보 페트로
취임일: 2022년 8월 7일

콩고
대통령: 드니 사수응게소
취임일: 1997년 10월 25일
총리: 아나톨 콜리네 마코소
취임일: 2021년 5월 12일

안녕, 콜롬비아에서 인사를 전해요.

큰개미핥기

● 북아메리카, 중앙아메리카 ● 남아메리카 ● 오세아니아

세계의 지도자들

콩고 민주 공화국
대통령: 펠릭스 치세케디
취임일: 2019년 1월 24일

총리: 장미셸 사마 루콘데 키엔게
취임일: 2021년 4월 26일

쿠바
대통령: 미겔 디아스카넬
취임일: 2019년 10월 10일

총리: 마누엘 마레로 크루스
취임일: 2019년 12월 21일

쿠웨이트
국왕: 나와프 알아마드 알자베르 알사바
즉위일: 2020년 9월 30일

총리: 아마드 나와프 알아마드 알사바
취임일: 2022년 7월 24일

크로아티아
대통령: 조란 밀라노비치
취임일: 2020년 2월 18일

총리: 안드레이 플렌코비치
취임일: 2016년 10월 19일

> 조란 밀라노비치는 축구, 농구, 복싱을 했어요.

키르기스스탄
대통령: 사디르 자파로프
취임일: 2021년 1월 28일

총리: 아킬베크 자파로프
취임일: 2021년 10월 12일

키리바시
대통령: 타네티 마마우
취임일: 2016년 3월 11일

키프로스
대통령: 니코스 아나스타시아데스
취임일: 2013년 2월 28일

타지키스탄
대통령: 에모말리 라흐몬
취임일: 1992년 11월 19일

총리: 코히르 라술조다
취임일: 2013년 11월 23일

탄자니아
대통령: 사미아 술루후 하산
취임일: 2021년 3월 19일

> 사미아 술루후 하산의 딸도 정치인이에요.

태국
국왕: 마하 와치랄롱꼰(라마 10세)
즉위일: 2016년 12월 1일

총리: 쁘라윳 짠오차
취임일: 2014년 8월 25일

> 쁘라윳 짠오차는 대중가요를 작곡했어요.

토고
대통령: 포레 나싱베
취임일: 2005년 5월 4일

총리: 빅투아르 토메가 도그베
취임일: 2020년 9월 28일

통가
국왕: 투포우 6세
즉위일: 2012년 3월 18일

총리: 시아오시 소발레니
취임일: 2021년 12월 27일

투르크메니스탄
대통령: 세르다르 베르디무함메도프
취임일: 2022년 3월 19일

투발루
총독: 토피가 바에발루 팔라니
취임일: 2021년 9월 28일

총리: 카우사 나타노
취임일: 2019년 9월 19일

튀니지
대통령: 카이스 사이에드
취임일: 2019년 10월 23일

총리: 나질라 부덴 롬단
취임일: 2021년 10월 11일

튀르키예
대통령: 레제프 타이이프 에르도안
취임일: 2014년 8월 28일

> 레제프 타이이프 에르도안은 10대 때 지역 축구 클럽의 유소년 팀에서 축구 선수로 뛰었어요.

대륙별 색상: ● 아시아 ● 유럽 ● 아프리카

역사와 사실

트리니다드 토바고
대통령: 폴라매 위크스
취임일: 2018년 3월 19일
총리: 키스 로울리
취임일: 2015년 9월 9일

파나마
대통령: 라우렌티노 코르티소 코엔
취임일: 2019년 7월 1일

파라과이
대통령: 마리오 아브도 베니테스
취임일: 2018년 8월 15일

파키스탄
대통령: 아리프 알비
취임일: 2018년 9월 9일
총리: 셰바즈 샤리프
취임일: 2022년 4월 11일

> 셰바즈 샤리프는 사업가로서 철강 회사를 운영했어요.

파푸아 뉴기니
총독: 밥 다데
취임일: 2017년 2월 28일
총리: 제임스 마라페
취임일: 2019년 5월 30일

팔라우
대통령: 수랑겔 휩스 2세
취임일: 2021년 1월 21일

페루
대통령: 호세 페드로 카스티요 테로네스
취임일: 2021년 7월 28일

> 호세 페드로 카스티요 테로네스는 25년 동안 초등학교 선생님으로 일했어요.

포르투갈
대통령: 마르셀루 헤벨루 드소자
취임일: 2016년 3월 9일
총리: 안토니우 코스타
취임일: 2015년 11월 26일

> 메르셀루 헤벨루 드소자는 예전에 대학에서 법학을 가르쳤어요.

폴란드
대통령: 안제이 두다
취임일: 2015년 8월 6일
총리: 마테우시 모라비에츠키
취임일: 2017년 12월 11일

> 안제이 두다는 스키 타기를 좋아해요.

프랑스
대통령: 에마뉘엘 마크롱
취임일: 2017년 5월 14일
총리: 엘리자베트 보른
취임일: 2022년 5월 16일

> 에마뉘엘 마크롱은 대통령이 되기 전에는 공직자로 선출된 적이 없어요.

피지
대통령: 라투 윌리아메 카토니베레
취임일: 2021년 11월 12일
총리: 프랭크 바이니마라마
취임일: 2014년 9월 22일

핀란드
대통령: 사울리 니니스퇴
취임일: 2012년 3월 1일
총리: 산나 마린
취임일: 2019년 12월 10일

필리핀
대통령: 페르디난드 마르코스 주니어
취임일: 2022년 6월 30일

헝가리
대통령: 노바크 커털린
취임일: 2022년 5월 10일
총리: 오르반 빅토르
취임일: 2010년 5월 29일

● 북아메리카, 중앙아메리카 ● 남아메리카 ● 오세아니아

더 알아보기

잠깐 퀴즈!

과거로 돌아가 이 역사 퀴즈의 답을 알아내 봐요!

답을 종이에 적은 뒤, 아래 정답과 맞추어 봐요.

1 참일까, 거짓일까? 크리넥스 휴지는 처음에 제1차 세계 대전용 방독면의 안감으로 쓰였어요. (　　　)

2 폼페이 폐허에 충층이 쌓인 화산재는 어떤 종류의 유물을 보전하는 데 기여했을까?
a. 미술품
b. 빵
c. 주방 그릇
d. 보기 a, b, c 모두

3 타지마할을 지은 원래 목적은 무엇일까?
a. 숭배 장소
b. 대규모 파티를 여는 행사장
c. 쇼핑몰
d. 황후를 위한 웅장한 무덤

4 참일까, 거짓일까? 일본 사무라이 갑옷은 칼날과 화살을 피하고 몸을 지킬 수 있게 금속과 가죽으로 만들어졌어요. (　　　)

5 검은 수염의 유명한 해적선 이름은 무엇일까?
a. 카리브해의 정복자
b. 앤 여왕의 복수
c. 검은 수염의 배
d. 보물 사냥꾼

너무 쉽다고요?
다음 장에 나오는 **퀴즈**에도 도전해 봐요!

정답: ① 참, ② d, ③ d, ④ 참, ⑤ b

역사와 사실

이렇게 해 봐요!
훌륭한 전기를 쓰는 법

말랄라 유사프자이

전기란 한 사람의 삶을 이야기로 정리한 결과물이에요. 짧은 요약일 수도 있고 두꺼운 책 한 권일 수도 있죠. 전기 작가들은 다양한 자료를 참고해서 쓰려는 대상에 대해 배워요. 여러분도 흥미로운 유명인의 전기를 직접 써 보세요.

어떻게 시작할까

우선 흥미를 느끼는 주제를 선택해요. 예컨대 클레오파트라가 멋지다고 생각한다면 독자들도 충분히 흥미를 느끼도록 글을 쓸 수 있을 거예요. 반면에 고대 이집트를 지루해하면서 글을 쓴다면 독자도 첫 문단을 읽자마자 코를 골겠죠.

전기를 쓸 대상은 누구든 될 수 있어요. 작가, 발명가, 유명인, 정치가도 좋고 심지어 여러분 가족의 한 사람이어도 괜찮아요. 대상을 찾기 위해서 다음과 같은 간단한 질문 몇 개를 스스로 던져 봐요.

1. 내가 더 알고 싶은 사람이 누구인가?
2. 이 사람은 어떤 특별한 일을 했는가?
3. 이 사람은 어떻게 세상을 변화시켰는가?

조사하기

- 다양한 방법으로 전기를 쓸 대상에 대해 조사해요. 책이나 신문 기사, 백과사전을 훑어봐요. 영상 자료나 영화를 찾아보고 인터넷으로도 검색해요. 가능하면 직접 인터뷰를 하면 좋고요.
- 알아낸 중요한 정보나 흥미로운 이야기를 메모해요.

전기 쓰기

- 제목을 정해요. 전기 대상의 이름을 넣어서 지어요.
- 서문을 써요. 글의 주제 인물에 대해 자세한 질문을 던져요.
- 인물의 어린 시절에 대한 정보를 포함시켜요. 이 사람은 언제 태어났나요? 어디에서 자랐고, 누구를 존경했나요?
- 인물의 재능, 업적, 개인적인 특징을 강조해요.
- 인물의 삶을 바꿨던 특별한 사건에 대해서 기술해요. 이 사람은 결국 어떤 문제를 어떻게 극복했나요?
- 결론을 작성해요. 이 사람에 대해 알아 가는 게 중요한 이유에 대해 여러분의 생각대로 정리해요.
- 일단 초고를 완성하고 교정과 교열을 여러 번 거듭해요.

인권 운동가이자 최연소 노벨 평화상 수상자인 말랄라 유사프자이에 대한 **전기 예시문**이 여기 있어요. 물론 여러분 스스로 조사해서 쓸 내용이 훨씬 더 많이 있답니다!

말랄라 유사프자이

말랄라 유사프자이는 1997년 7월 12일 파키스탄에서 태어났어요. 말랄라의 아버지 지아우딘은 선생님이어서 딸이 훌륭한 교육을 받는 것을 우선시했죠. 말랄라는 학교를 좋아했고, 3개 국어를 배웠으며 학생으로 했던 경험으로 블로그를 운영하기도 했어요.

말랄라가 열 살이 될 무렵, 살던 지역을 탈레반이 점령했어요. 탈레반은 엄격한 무슬림 집단으로 여자들은 집에만 머물러야 한다고 여겼어요. 그래서 탈레반은 배움에 대한 열정을 숨기지 않고 드러내는 말랄라를 탐탁지 않게 생각했어요. 그러던 어느 날 말랄라는 학교에서 집으로 돌아오는 길에 탈레반이 보낸 무장 대원이 쏜 총에 머리를 맞았어요. 크게 다친 말랄라는 영국의 병원으로 옮겨졌어요.

말랄라는 총상에서 살아남았을 뿐 아니라 아주 잘 극복했어요. 자기 경험을 바탕으로 전 세계 모든 여자아이가 배움의 기회를 가져야 한다고 말하기 시작했죠. 말랄라의 노력은 전 세계의 주목을 끌었고 결국 말랄라는 2014년에 17세의 나이로 노벨 평화상을 탔어요. 가장 어린 나이에 이름 높은 상을 받은 거예요.

그리고 매년 7월 12일은 전 세계 '말랄라의 날'로 정해졌어요. 인권 문제에 대한 말랄라의 영웅적인 노력을 기리기 위해서죠.

세계의 지리

에티오피아 다나킬 함몰지*에 있는 산성 연못과 온천 주변의 풍경은 외계 행성 같아요. 이곳은 지구에서 가장 뜨겁고 건조한 곳에 속해요.

*함몰지: 주변보다 가라앉거나 낮은 지형.

지도의 이해

국가로 본 세계

지구의 육지는 7개의 대륙으로 이루어지지만, 사람들은 대륙을 국가라고 하는 보다 작은 정치적인 단위로 나누어요. 예외가 있다면 하나의 국가로 이뤄진 오스트레일리아 대륙과 과학자들이 연구 목적으로 활용하는 남극 대륙이에요. 나머지 5개 대륙은 거의 200개나 되는 독립 국가로 이루어져요. 아래의 지도는 국가의 경계를 나눈 가상의 선을 보여 줘요. 미국과 캐나다 사이의 경계처럼 몇몇 국경은 여러 해 동안 분쟁이 없었어요.

*빈켈 트리펠 도법: 1913년 빈켈이 고안한 방식으로 면적이나 각도가 덜 일그러지기 때문에 세계 지도를 그릴 때 많이 이용한다.

세계의 지리

한편 아프리카 북동부의 수단과 남수단 사이의 국경은 비교적 최근에 만들어졌고 여전히 분쟁 중이에요. 국가들은 크기와 생김새가 다양해요. 러시아와 캐나다는 아주 크지만 엘살바도르나 카타르는 작아요. 남아메리카의 칠레처럼 길쭉하고 폭이 좁은 나라도 있어요! 또 아시아의 인도네시아와 일본처럼 여러 섬으로 이뤄진 나라들도 있죠. 아래의 지도는 지구가 정말 다양하고 멋진 곳이라는 사실을 알려 줘요.

*유럽 국가를 자세히 보려면 286-287쪽 지도를 참고하세요.

지도의 이해

지형으로 본 세계

지구는 대륙이라는 7개의 큰 땅덩어리와 그 사이를 잇는 대양으로 이뤄졌어요. 서로 연결된 대양은 여러 대륙에 의해 다섯 부분으로 나뉘죠. 지구 표면의 70퍼센트 이상이 대양이에요. 나머지가 육지에 해당하죠. 지형이 다른 덕분에 대륙의 지표면은 다양한 모습을 이루어요. 로키산맥은 북아메리카를 가로지르고, 안데스산맥은 남아메리카의 서쪽 가장자리에 있죠. 남아시아에는 히말라야산맥이 높이 솟아 있고요.

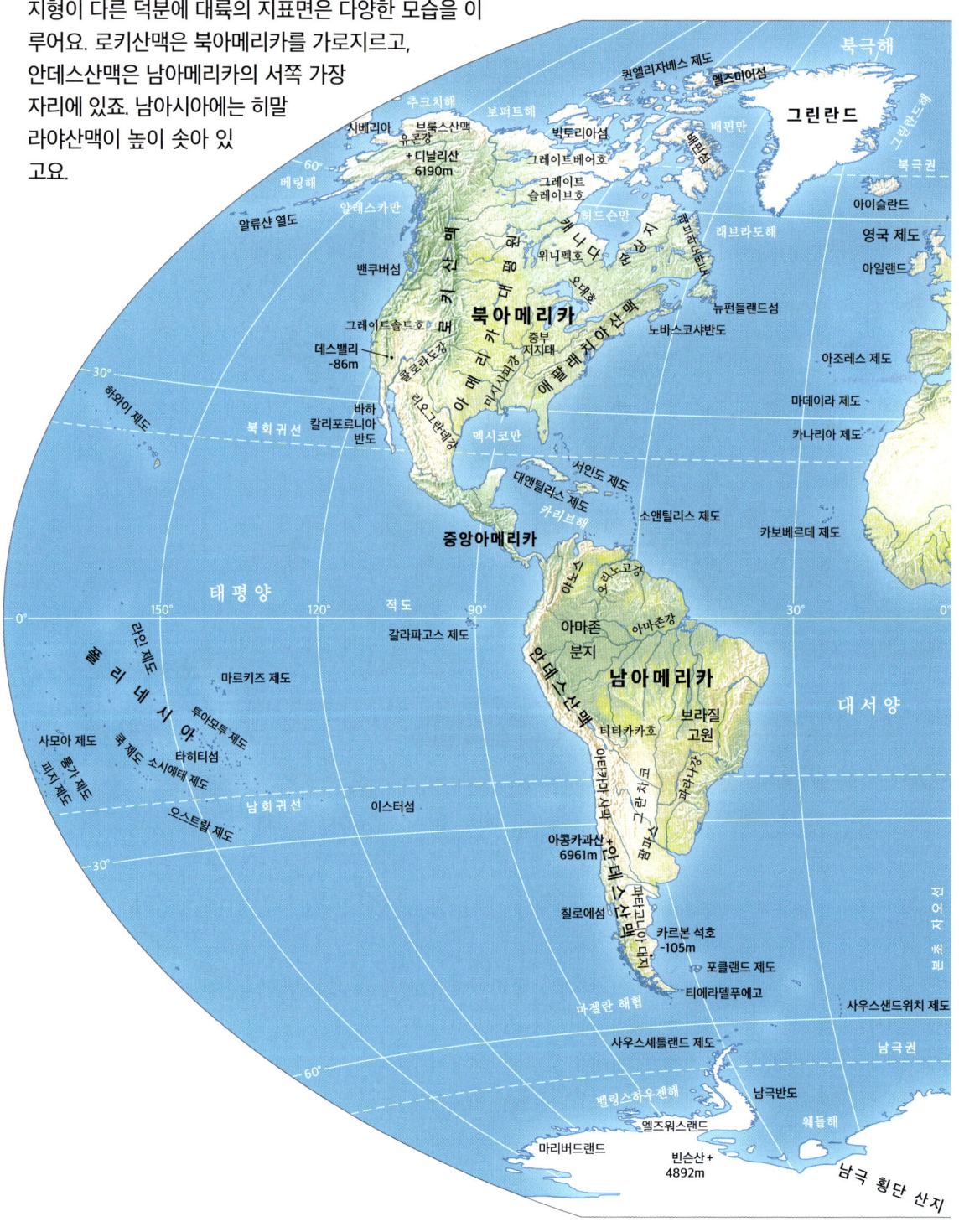

세계의 지리

아시아의 바위투성이 중심부에 티베트고원이 있다면, 북유럽 평원은 북해에서 우랄산맥까지 펼쳐져 있어요. 아프리카의 상당 부분은 평원이고, 오스트레일리아에도 넓고 건조한 평원이 있죠. 남극은 거대한 얼음판으로 이루어졌어요. 한편 대양의 바닥에도 산맥과 해구가 있어서 지표면만큼이나 다양한 모습을 띠어요. 대서양 밑에는 '대서양 중앙 해령'*이 있고, 태평양 서부에도 해구들이 대양저*까지 깊이 파여 있어요.

*대서양 중앙 해령: 북극해부터 대서양을 지나 인도양으로 S자 모양으로 뻗어 있는 바다 밑 산맥.
*대양저: 대륙과 이어지는 경사면을 뺀 심해의 평탄하고 넓은 땅.

273

지도의 이해

지도의 종류

지도란 지리학자들이 지구에 대한 정보를 전달하는 특별한 도구예요. 지도는 장소에 대한 모든 것을 우리에게 보여 줄 수 있죠. 몇몇 지도는 산맥이나 식생* 같은 물리적인 특징을 드러내요. 또 기후나 자연재해를 비롯해 우리가 쉽게 볼 수 없는 것들을 보여 주는 지도도 있어요. 국경선이라든지 도시의 중심, 경제 시스템처럼 지구상의 또 다른 특징을 보여 주는 지도도 있죠.

*식생: 어떤 장소에 모여 사는 고유한 식물들.

불완전한 도구

지도는 완벽하지 않아요. 지구본이라면 각 장소의 상대적인 넓이와 위치를 정확하게 반영할 수 있겠죠. 하지만 지도는 편평하기 때문에 크기와 모양, 방향의 왜곡이 생겨요. 또 지도 제작자들이 지도에 어떤 정보를 포함시킬지 선택해서 만들어요. 그러므로 많은 정보를 얻으려면 다양한 종류의 지도를 봐야 해요. 다음은 흔히 볼 수 있는 지도의 3가지 유형이에요.

물리적인 지도 육지의 형태, 물, 식생 같은 지구의 자연적인 특징이 나타나요. 위의 지도를 보면 색깔과 그림자를 통해 남아메리카 중앙부의 산맥과 호수, 강, 사막을 표현했어요. 지도에는 나라 이름과 국경도 표시되었지만 이건 자연적인 특징이 아니에요.

정치적인 지도 이 지도에는 국경, 도시, 장소처럼 인간이 만든 풍경이 표현돼요. 자연적인 특징은 참고 사항으로만 추가했죠. 위 지도에는 각 나라의 수도가 원 안에 별표 기호로 표시되고 다른 도시는 검은색 점으로 표시되었어요.

주제가 있는 지도 인구 분포 같은 특정 주제와 관련된 무늬가 지도에 드러나요. 위의 지도는 이 지역의 기후대를 보여줘요. 예컨대 습한 열대 기후(진한 녹색), 습하거나 건조한 열대 기후(연한 녹색), 반건조 기후(진한 노란색), 건조한 곳 또는 사막(연한 노란색)이 표시되었죠.

세계의 지리

지도를 만드는 일

지도 제작자를 만나 봐요!

내셔널지오그래픽의 지도 제작자인 **마이크 맥니**는 날마다 지도와 함께 일해요. 짧은 인터뷰를 통해 이 멋진 직업에 대해 여러분에게 알려 줄게요.

내셔널지오그래픽에서 일하는 지도 제작자인 마이크 맥니와 로즈메리 워들리가 책에 들어갈 아프리카 지도를 검토하고 있어요.

지도 제작자는 무슨 일을 하나요?
나는 일반 책이나 지도책에 들어가는 지도를 만들어요. 지도는 책에 실린 글을 보다 이해하기 쉽게 도와준답니다. 책에 들어갈 지도는 책의 크기와 분위기에 알맞아야 하고, 정확한 정보를 독자들에게 알리는 것이 최종 목적이에요.

지도를 통해 어떤 정보를 전달하나요?
한번은 미국 플로리다주 에버글레이즈 국립 공원의 버마왕뱀의 개체군이 어떻게 분포되었는지 보여 주는 지도를 만든 적이 있어요. 미국 같은 특정 국가의 농장이나 식량 생산, 가축의 분포, 물고기를 잡은 어획량 데이터를 알려 주는 지도도 만들었죠.

일을 할 때 컴퓨터를 얼마나 쓰나요?
지도를 제작하는 모든 단계는 컴퓨터에서 이루어져요. 그래야 훨씬 더 빠르게 지도를 만들 수 있죠. 그뿐만 아니라 지도를 수정하는 일도 쉬워져요. 만약 지도에서 강의 색깔을 바꾸고 싶다면 마우스를 한 번 딸깍 누르기만 하면 되니까요.

지도를 어떻게 만드나요?
지리 정보 시스템(GIS)이라는 컴퓨터 소프트웨어를 활용해요. 전 세계 특정 장소의 데이터, 심지어 지구 전체의 데이터를 어떤 것이든 보여 주죠. 예컨대 멸종 위험에 놓인 종, 동물들의 서식지, 특정 장소의 인구 같은 온갖 데이터를 얻을 수 있어요. 그뿐 아니라 지표면을 분석하기 위해 위성이나 항공 사진 같은 원격 시스템도 활용해요.

지구 주변의 궤도를 도는 위성은 마치 우리 눈이 우주에 있는 것처럼 지구의 육지와 바다에 대한 데이터를 기록해요. 이 데이터는 숫자로 변환되어 컴퓨터로 전송돼요. 컴퓨터에는 데이터를 해석할 특별한 프로그램이 있죠. 데이터는 지도 제작자들이 지도를 만드는 데 사용할 수 있는 형태로 기록돼요.

미래의 지도는 어떤 모습일까요?
미래에는 지도에 점점 더 많은 데이터가 들어갈 거예요. 또 세계 지도를 특정 지역의 지도로 바꾸어 보는 온라인 지도가 더 많아질 거예요. 어떤 축척(276쪽 참고)에서든 쓸 수 있죠.

이 직업의 가장 좋은 점은 무엇인가요?
나는 과학과 디자인이 조합된 이 일이 좋아요. 어린이들이 흥미를 가질 만한 지도를 만드는 일도 아주 즐겁답니다.

지리와 지형 상식

지도에 대해 이해하기

입체를 평면에 투사하기

지구본은 공 모양인 지구를 있는 그대로 드러내는 모형이에요. 하지만 부피가 커서 사용하거나 보관하기는 조금 불편해요. 편평한 지도는 훨씬 더 편리해요. 하지만 지구의 곡면을 편평한 종이에 옮기는 투사 과정에서 여러 문제가 생겨요. 오른쪽 그림처럼 지구본을 반으로 자른다고 상상해 봐요. 여기에 빛을 비춘다면 위도와 경도, 각 대륙의 테두리가 그림자를 드리우며 종이 위에 '투영될' 거예요. 종이를 어디에 두느냐에 따라 그림자는 그 크기나 모양이 다 다르게 왜곡되죠.

기호에 대해 배우기

모든 지도는 우리에게 알려 주고 싶은 정보가 있어요. 그 정보를 알려면 먼저 지도 읽는 법을 배워야 해요. 지도는 여러 기호를 이용해 정보를 표시해요. 이 기호에 대해 알면 폭넓은 정보에 접근할 수 있어요. 축척과 나침반 바늘을 보고 거리와 방위를 알 수 있어요.(아래 '축척과 방위'를 참고해요)
지도의 기호들 각각이 어떤 의미인지 알고 싶다면 지도에 표시된 '기호표(범례)'를 찾아보면 돼요. 이 표는 지도의 여러 가지 기호가 각각 어떤 정보를 나타내는지 알려 줘요.
지도의 기호는 크게 세 가지 유형이 있어요. 점과 선, 면적이죠. 점 기호는 작은 원이나 아이콘으로 표시되며 학교나 도시, 지형지물의 위치와 수를 보여 줘요. 선 기호는 국경과 도로, 강을 나타내고 색깔이나 두께가 다양해요. 또 면적 기호는 모래가 많은 곳이나 이웃 동네 같은 지역 정보를 보여 주기 위해 무늬나 색깔을 사용해요.

축척과 방위*

지도의 축척은 분수나 단어, 막대로 표시돼요. 축척이란 어떤 곳의 실제 지구상의 거리와 지도상 거리를 비교한 비율이에요. 가끔은 축척에 지도에 사용된 투사 도법*이 적혀 있기도 해요. 그뿐만 아니라 지도에는 북쪽을 나타내는 화살표나 방위를 나타내는 나침반도 그려져 있어요.

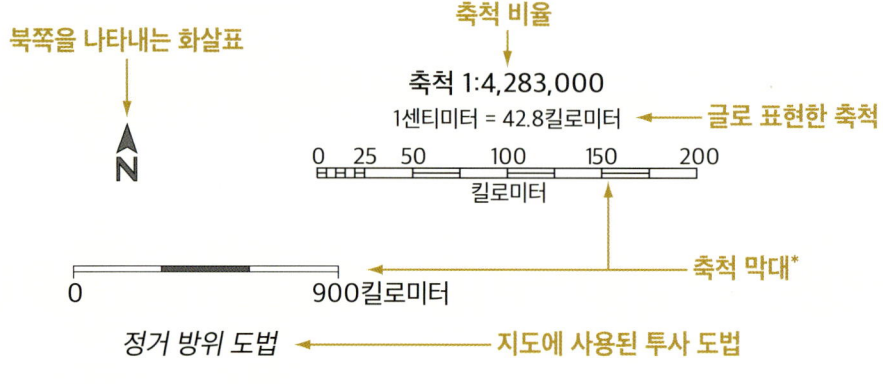

북쪽을 나타내는 화살표
축척 비율
축척 1:4,283,000
1센티미터 = 42.8킬로미터 ← 글로 표현한 축척
0 25 50   100   150   200
킬로미터
축척 막대*
0   900킬로미터
정거 방위 도법 ← 지도에 사용된 투사 도법

*방위: 공간의 어떤 점의 방향을 통해 알 수 있는 위치.
*투사 도법: 입체인 지구를 편평한 면에 투사시켜 지도를 그리는 방법.
*축척 막대: 축척을 알 수 있는 막대 모양의 표시.

세계의 지리

지리적 특징들

요란한 소리를 내며 흐르는 강과 바싹 마른 사막, 바닷속 협곡과 들쑥날쑥한 산맥까지, 지구는 다채롭고 아름다운 환경으로 뒤덮여 있어요. 다음은 지구상에서 가장 흔한 지형들이에요.

폭포
폭포는 강이 흐르는 곳의 높이가 갑자기 크게 낮아지면서 생겨요. 왼쪽의 이구아수 폭포는 브라질과 아르헨티나 국경에 있고 작은 폭포 275개로 이뤄졌어요.

계곡
계곡은 흐르는 물이나 움직이는 얼음에 의해 깎여 만들어져요. 계곡은 넓고 편평하기도 하지만, 사진 속 인도 라다크 지역의 인더스강 계곡처럼 폭이 좁고 가파르기도 하죠.

강
강은 평지에서 구불구불 나아가며 흘러요. 위 사진은 페루의 열대 우림 주변을 흐르는 로스아미고스강이에요.

산
산은 지구에서 가장 높은 지형이에요. 지구상에서 가장 높은 산은 높이가 해발 고도 약 8848미터인 에베레스트산이죠. 사진 속 모습을 보세요.

빙하
빙하는 '얼음의 강'이란 뜻이에요. 위 사진은 미국 알래스카주의 허버드 빙하로 산에서 바다까지 천천히 움직여요. 하지만 지구 온난화 탓에 이런 빙하가 줄어들고 있어요.

협곡
협곡은 가장자리가 가파른 계곡이에요. 주로 흐르는 물에 의해 형성되죠. 위 사진 속 미국 유타주의 벅스킨 협곡은 미국 남서부에서 가장 깊은 협곡이에요.

사막
사막은 기후에 의해 만들어진 지형이에요. 특히 물이 부족한 환경이 큰 역할을 하죠. 위 사진은 낙타를 타고 북아프리카의 사하라 사막을 건너는 상인인 카라반의 모습이에요.

지리와 지형 정보

세계에서 가장 높은 산인 에베레스트산의 높이를 다시 쟀더니 예전에 측정했던 네팔 공인 기록보다 86센티미터 더 높게 나왔어요.

전문가들은 첨단 GPS 위성과 레이저 측정 장비를 써서 에베레스트산의 높이를 정확히 쟀어요.

거대한 산의 높이가 왜 더 높아졌을까요? 에베레스트산을 사이에 두고 있는 네팔과 중국이 세계에서 가장 높은 산의 높이를 재는 문제에 합의했어요. 꼭대기를 덮은 눈까지 높이에 포함하기로 했지요. 두 나라가 에베레스트산의 높이를 다시 측량하고 합의한 새로운 공식 기록은 8848.86미터예요.

세계의 지리

작업 기간 동안 **네팔 측량사**들은 산악인들을 피해서 오전 3시에 에베레스트산 정상에 올랐어요.

에베레스트산 **꼭대기를 덮고 있는 둥그스름한 눈 돔**은 그 면적이 식탁만 해요. 6명쯤 서 있을 만한 넓이지요.

지구의 지질 활동으로 인해 **에베레스트산**은 앞으로 해마다 **0.6센티미터씩** 점점 더 높아질 수도 있어요.

대륙의 지리 특징

아시아

튀르키예 이스탄불에서 무용수가 전통 수피 댄스인 세마를 추고 있어요.

튀르키예에서 수중 철도를 타면 아시아에서 유럽으로 건너갈 수 있어요.

일본에서는 문어맛 아이스크림을 팔아요.

세계의 지리

인도네시아 자카르타에서 자전거를 타는 여성들

현재 46개 국가로 이루어진 아시아는 세계에서 가장 큰 대륙이에요. 얼마나 크냐고요? 서쪽 끝의 튀르키예에서 동쪽 끝의 러시아까지, 아시아는 전 세계 육지의 약 30퍼센트나 되어요! 40억 명 넘는, 지구 인구의 5분의 3이 살고 있죠. 아시아 인구는 다른 대륙 인구를 모두 합한 수보다 더 많아요.

도시의 향기

활기가 넘치는 도시, 홍콩은 '향기 나는 항구'라는 뜻이에요. 학자들은 예전에 이 항구에서 기름과 향료의 교역이 이루어진 데서 이런 이름이 지어졌다고 생각해요.

나무 심기

싱가포르는 2030년까지 전국에 나무 100만 그루를 심는 사업을 벌이고 있어요. 왜일까요? 공기를 좋게 바꿀 수 있고, 공원을 더 늘려서 누구나 걸으면 10분 안에 녹지를 만날 수 있도록 하려는 것이지요.

눈표범을 구하라

중앙아시아와 아시아 남부에서 정치적인 분쟁으로 긴장 상태인 나라들도 공통의 목표가 있어요. 바로 눈표범의 서식지를 지키고 보전하는 일이에요. 분쟁의 역사를 공유하는 나라들의 국경에 눈표범을 위한 '생태 보호 구역'이 생길 거예요.

지구에서 가장 깊은 호수

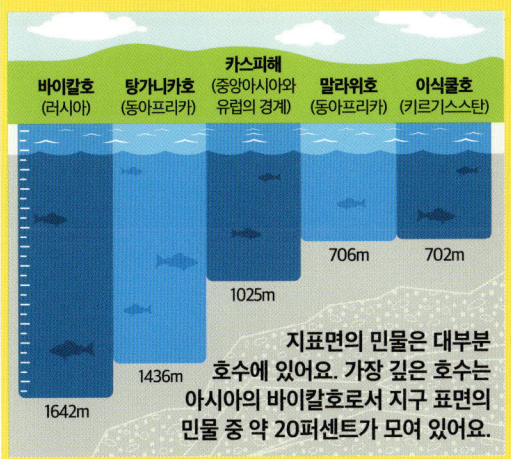

바이칼호 (러시아) 1642m
탕가니카호 (동아프리카) 1436m
카스피해 (중앙아시아와 유럽의 경계) 1025m
말라위호 (동아프리카) 706m
이식쿨호 (키르기스스탄) 702m

지표면의 민물은 대부분 호수에 있어요. 가장 깊은 호수는 아시아의 바이칼호로서 지구 표면의 민물 중 약 20퍼센트가 모여 있어요.

대륙의 지리 특징

지형 정보

육지 면적
44,580,000km²

가장 높은 곳
에베레스트산
8,849m

가장 낮은 곳
이스라엘과 요르단, 사해
-434m

가장 긴 강
중국 양쯔강
6,244km

가장 큰 호수
러시아 바이칼호
31,722km²

정치 정보

인구
4,582,970,000명

가장 큰 대도시권
일본 도쿄
인구 37,435,000명

가장 큰 국가
중국
9,596,960km²

인구 밀도가 가장 높은 국가
싱가포르
(1km²당 8,159명)

일반적으로 아시아와 유럽을 나누는 경계선을 자주색 점선으로 나타냈어요. 우랄산맥, 우랄강, 카스피해, 캅카스산맥, 흑해, 보스포루스 해협과 다르다넬스 해협을 경계로 삼아요.

*이점 등거리 투영도: 한 지점에서 다른 한 점까지의 거리가 실제 거리와 동일하게 비례되는 방식으로 그린 지도.

대륙의 지리 특징

유럽

폴란드 크라쿠프에서는 9월마다 닥스훈트 행진이 펼쳐져요.

아일랜드에는 뱀이 없어요. 반려동물로 기르는 경우는 제외하고요.

폴란드 크라쿠프의 비스와강 너머로 보이는 바벨성

세계의 지리

아시아 대륙 서쪽으로 뻗어 나온 여러 반도와 섬들로 이루어진 유럽은 대서양과 북극해 등 10개 이상의 바다로 둘러싸여 있어요. 산악 지대에서 농촌 지역과 해안 지대까지 다양한 풍경을 만날 수 있어요. 또한 유럽은 풍요로운 문화와 매혹적인 역사로 유명해서 지구에서 가장 많은 사람들이 방문하는 대륙이에요.

그리스에서 사람들이 전통 춤을 추고 있어요

유럽들소의 귀환

들소가 돌아왔다! 최근 보전하려는 노력 덕분에 유럽들소의 수는 대륙 전체에서 증가하고 있어요. 한때는 개체 수가 겨우 50마리 정도였지만 지금은 보호 구역과 야생에 약 7000마리가 살고 있어요.

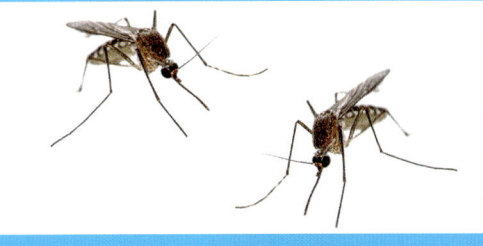

모기 걱정 없음

모기에게 물릴 걱정을 전혀 할 필요가 없는 곳이 있어요. 바로 아이슬란드예요! 이 나라에는 모기가 아예 없어요. 왜냐하면 물이 자주 어는 독특한 날씨 때문에 모기가 알에서 성가신 성체가 되기까지, 한살이를 다 할 수 없거든요.

초콜릿, 초콜릿, 어디에나 초콜릿

초콜릿 애호가들에게 희소식이 있어요. 스위스 취리히에 달콤한 식품, 초콜릿의 모든 것을 보여 주는 박물관이 생겼어요. 린트 초콜릿의 집에서 초콜릿의 이모저모와 놀라운 역사에 푹 빠져 보세요. 3층 건물 높이로 세계 최대 규모인 초콜릿 분수도 있어요.

유럽에서 가장 긴 강

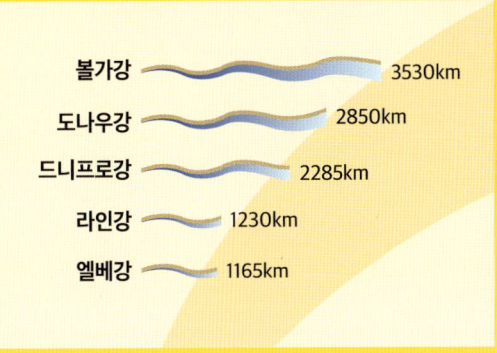

볼가강	3530km
도나우강	2850km
드니프로강	2285km
라인강	1230km
엘베강	1165km

대륙의 지리 특징

지형 정보

육지 면적
9,947,000km²

가장 높은 곳
러시아 엘브루스산
5,642m

가장 낮은 곳
카스피해
-28m

가장 긴 강
러시아 볼가강
3,530km

가장 큰 호수
러시아 라도가호
17,872km²

정치 정보

인구
746,318,000명

가장 큰 대도시권
러시아 모스크바
인구 12,593,000명

가장 큰 국가
프랑스
643,801km²

인구 밀도가 가장 높은 국가
모나코
(1km²당 15,612명)

범례
- ⊛ 수도
- ⊙ 북아일랜드, 스코틀랜드, 웨일스의 주요 도시
- • 도시
- □ 작은 국가
- ▲ 높은 곳 (해발 고도)
- ▼ 낮은 곳 (해발 고도)

*정거 방위 도법: 지도의 중심에서 모든 지점까지의 직선 거리가 정확히 나타나도록 조정해 그리는 지도 제작법. 중심에서 멀어질수록 크기가 왜곡될 수 있다.

**러시아는 유럽과 아시아에 걸쳐 있기 때문에 제외함. 러시아 면적은 약 17,098,242km²이다.

대륙의 지리 특징

아프리카

사하라 사막은 1979년, 2016년, 2018년, 2021년에 눈이 내린 적이 있어요.

표범은 사람보다 5배나 많은 소리를 들을 수 있어요.

남아프리카의 표범

세계의 지리

거대한 대륙 아프리카에는 수백만 년 전부터 인류가 살기 시작했어요. 여러 대륙 가운데 아시아 다음으로 넓어요. 동쪽에서 서쪽까지의 거리가 남쪽에서 북쪽까지의 거리와 거의 비슷한 아프리카에는 지구상에서 가장 긴 강(나일강)과 가장 넓고 뜨거운 사막(사하라 사막)이 있어요.

앙골라 루안다

나노카멜레온
아주아주 작은 도마뱀이 있어요! 최근에 마다가스카르의 사막에서 세계에서 가장 작은 카멜레온일 수도 있는 낯선 동물이 발견되었어요. 나노카멜레온 수컷은 길이가 2.5센티미터가 채 안 돼요. 사람 어른의 손가락 끝에 올라갈 수 있을 정도예요.

멋진 협곡
아프리카에서 가장 큰 협곡인 나미비아의 피시강 협곡에는 전설이 있어요. 거대한 뱀이 사냥꾼을 피해 땅속으로 깊이 파고들면서 자국이 생겼고, 그것이 지금의 협곡이 되었다는 이야기예요.

거대한 피라미드에 담긴 숫자
지구상에서 가장 큰 피라미드에는 어떤 숫자가 숨어 있을까?

- 침식* 작용 때문에 오늘날의 피라미드는 만들어질 당시에 비해 **9미터**가 낮아졌죠.
- 가장 큰 벽돌 무게: **14톤**
- 벽돌의 개수: **230만 개**
- 피라미드를 건설할 일꾼 수: **약 2만 명**
- 각 면이 바닥과 이루는 각도: **51.52도**
- 높이: **138미터**
- 바닥 각 면의 평균 거리: **230미터**

아주 큰 사막
사막 중에서 사하라 사막이 단연 손꼽힐 거예요! 모래밭이 넓게 이어진 이곳은 전 세계에서 가장 넓고 뜨거운 사막이에요. 이곳의 면적은 930만 제곱킬로미터로 미국의 면적보다 아주 살짝 작죠.

*침식: 비, 바람 등에 의해 땅이나 건물 등이 깎이는 것.

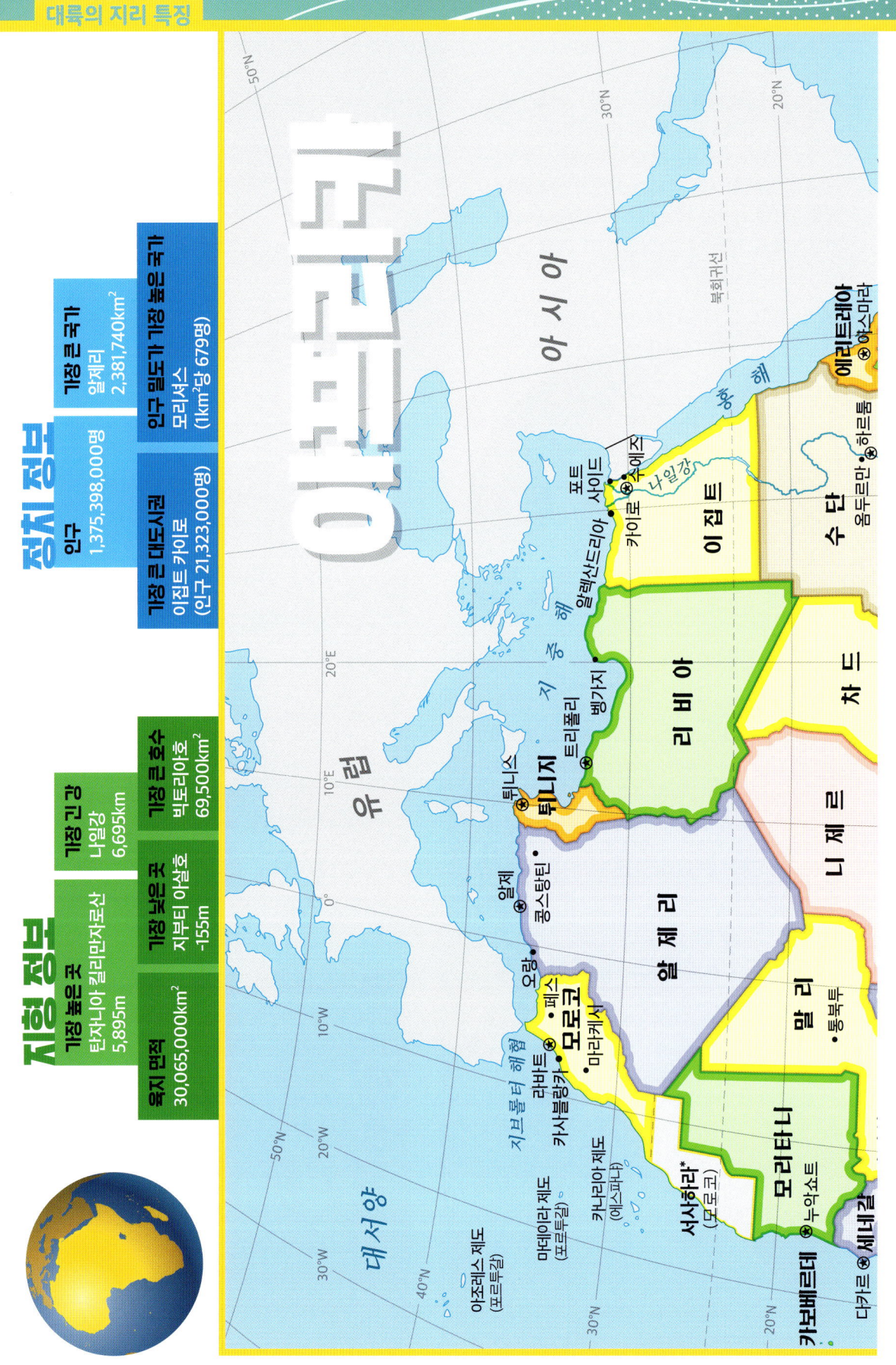

세계의 지리

*정적 방위 도법: 지도상에서 일정한 경선과 위선으로 둘러싸인 부분이 지구본과 동일하도록 만든 지도. 국토가 넓은 국가나 대륙의 지도를 그릴 때 많이 쓴다.

대륙의 지리 특징

북아메리카

홍학은 바하마를 대표하는 새, 국조예요.

캐나다는 인구 1인당 도넛 가게의 수가 세계에서 가장 많아요.

홍학

세계의 지리

미국과 캐나다의 대평원에서 파나마의 열대 우림까지 북아메리카는 북에서 남으로 8850킬로미터가량 뻗어 있어요. 세 번째로 큰 대륙인 북아메리카는 5개 지역으로 나뉘어요. 산지가 많은 서부(멕시코 일부와 중앙아메리카 서부 해안), 대평원, 캐나다 순상지*, 지형이 다양한 동부(중앙아메리카 저지대*와 해안 평원), 카리브해 지역이에요.

*순상지: 방패 모양으로 생긴 넓고 편평하고 오래된 땅.
*저지대: 낮은 지대.

멕시코 멕시코시티에서 죽은 자들의 날에 행진이 펼쳐졌어요.

커다란 공룡 뼈대

캐나다는 한때 공룡들이 살기 좋은 곳이었어요. 최근에 캐나다 서스캐처원주에서 연구자들이 티라노사우루스 렉스의 가장 큰 뼈 화석을 발견했어요. 코끼리보다 무거웠을 이 거대한 공룡은 '스코티'라는 별명이 붙었고 6800만 년 전에 살았던 것으로 여겨져요.

늘어나는 벌

미국에서 꿀벌 수를 늘리려는 노력이 효과를 보는 듯해요. 최근에 전국에서 꿀벌 군체의 수가 늘어났다는 연구 결과가 나왔어요. 이 윙윙거리며 나는 꽃가루 매개자들에게 희소식이지요. 그동안 꿀벌들은 기후 변화와 서식지 상실, 해로운 살충제로 위협을 받아 왔거든요.

지구에서 가장 해안이 긴 나라

- 캐나다 243,048km
- 인도네시아 54,716km
- 러시아 37,653km
- 필리핀 36,289km
- 일본 29,751km

풍력 발전

역사상 처음으로 미국에서는 풍력 발전이 수력 발전보다 더 많은 전기를 생산하게 되었어요. 현재 6만 개 이상의 풍력 터빈이 40여 개 주의 3200만 가구에 전기를 공급하고 있어요.

대륙의 지리 특징

남아메리카

꾸이는 기니피그를 뜻하는 말이자 기니피그로 만든 페루 전통 요리의 이름이에요.

아르헨티나의 이름은 '은'을 뜻하는 라틴어 단어 '아르겐툼'에서 나왔어요.

페루 치바이에서 상인이 과일을 팔고 있어요.

세계의 지리

남아메리카는 카리브해, 대서양, 태평양 등 세 수역*으로 경계가 지어져요. 세계에서 네 번째로 큰 대륙이고 북쪽의 열대 기후에서 남쪽의 아한대 기후에 이르기까지 기후의 범위가 넓어요. 남아메리카는 생물 다양성이 풍부해 견과, 과일, 설탕, 곡물, 커피, 초콜릿 등 다양한 농작물이 생산돼요.

*수역: 바다, 강, 호수 등 물을 기준으로 하는 일정한 구역.

칠레 산티아고의 산티아고 대성당

야생에서 달리기

낙타의 친척인 과나코는 목이 좀 더 긴 작은 라마처럼 보여요. 안데스산맥 초원에 살아요. 시속 56킬로미터의 속도로 달릴 수 있는 아주 빠른 동물이지요. 칠레와 페루의 보호종이에요.

체스의 도시

우루과이의 수도 몬테비데오에서는 오래전부터 체스를 두었어요. 수십 년 이상 이어 온 문화유산이고, 2017년에는 이 도시에서 세계 청소년 체스 대회도 열렸어요. 몬테비데오의 길가나 공원에서는 사람들이 체스를 두는 모습을 흔히 볼 수 있어요.

광대한 지대

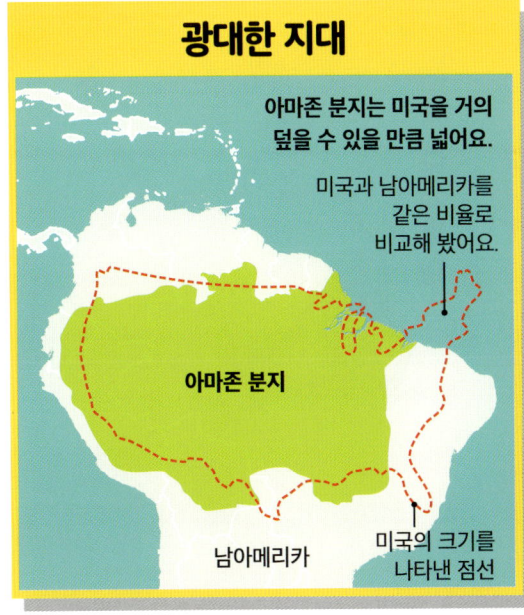

아마존 분지는 미국을 거의 덮을 수 있을 만큼 넓어요.

미국과 남아메리카를 같은 비율로 비교해 봤어요.

아마존 분지

남아메리카

미국의 크기를 나타낸 점선

오래된 다리

페루 안데스산맥 깊숙한 계곡에 풀을 손으로 짜서 만든 현수교가 급류 위 30미터 높이에 놓여 있어요. 강 양쪽의 두 마을을 연결하던 이 다리는 역사가 500년 이상 되었고, 지금은 과거의 상징적인 유물 이상이에요. 매년 6월에 지역의 원주민들이 현수교를 다시 만들어 교체하고 있어요.

297

대륙의 지리 특징

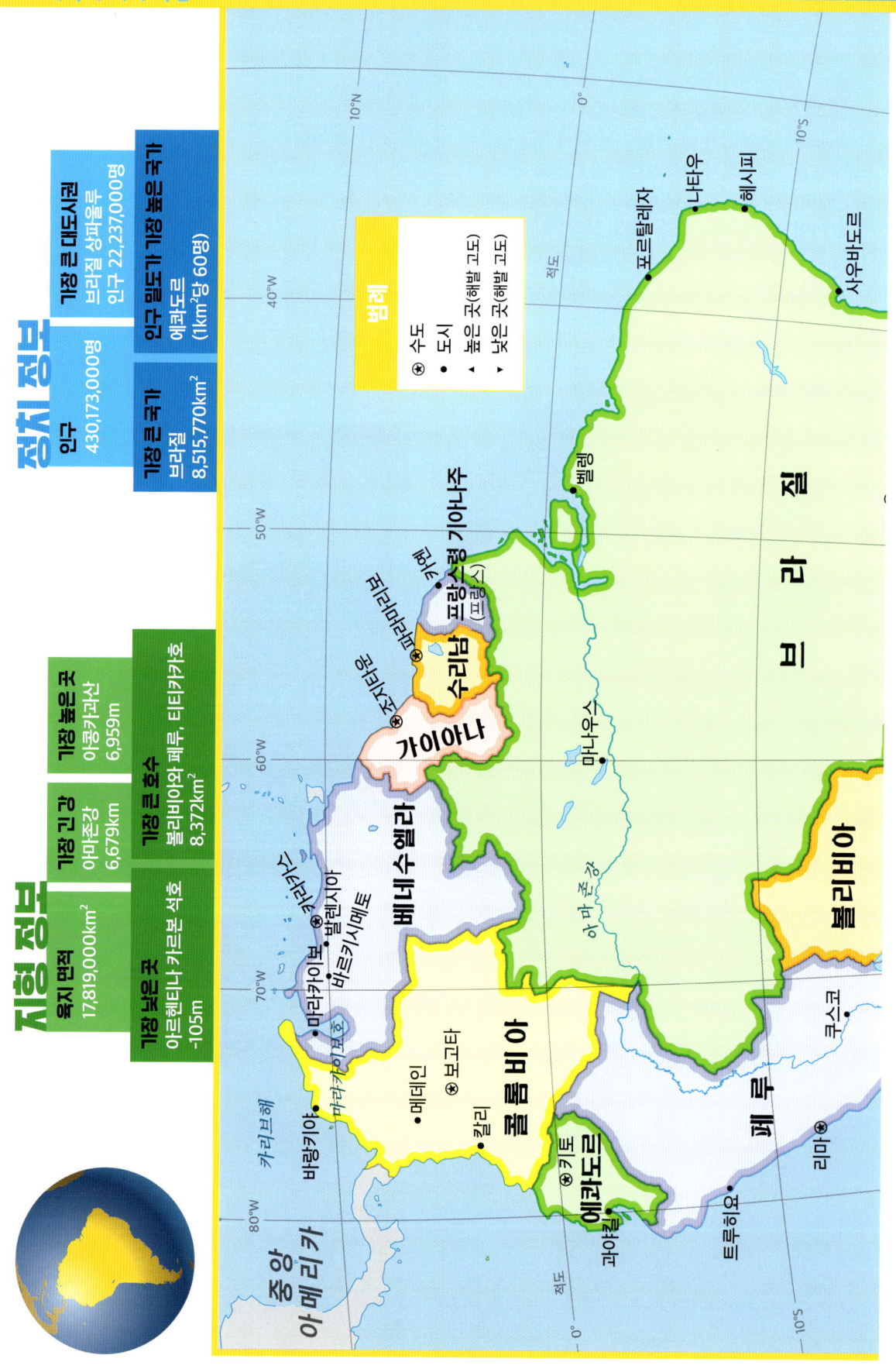

정치 정보

인구 430,173,000명

가장 큰 국가
브라질 8,515,770km²

가장 큰 대도시권
브라질 상파울루
인구 22,237,000명

인구 밀도가 가장 높은 국가
에콰도르
(1km²당 60명)

지형 정보

육지 면적 17,819,000km²

가장 낮은 곳
아르헨티나 카르본 석호
-105m

가장 긴 강
아마존강
6,679km

가장 큰 호수
볼리비아와 페루, 티티카카호
8,372km²

가장 높은 곳
아콩카과산
6,959m

범례
- ⊛ 수도
- ● 도시
- ▲ 높은 곳(해발 고도)
- ▼ 낮은 곳(해발 고도)

298

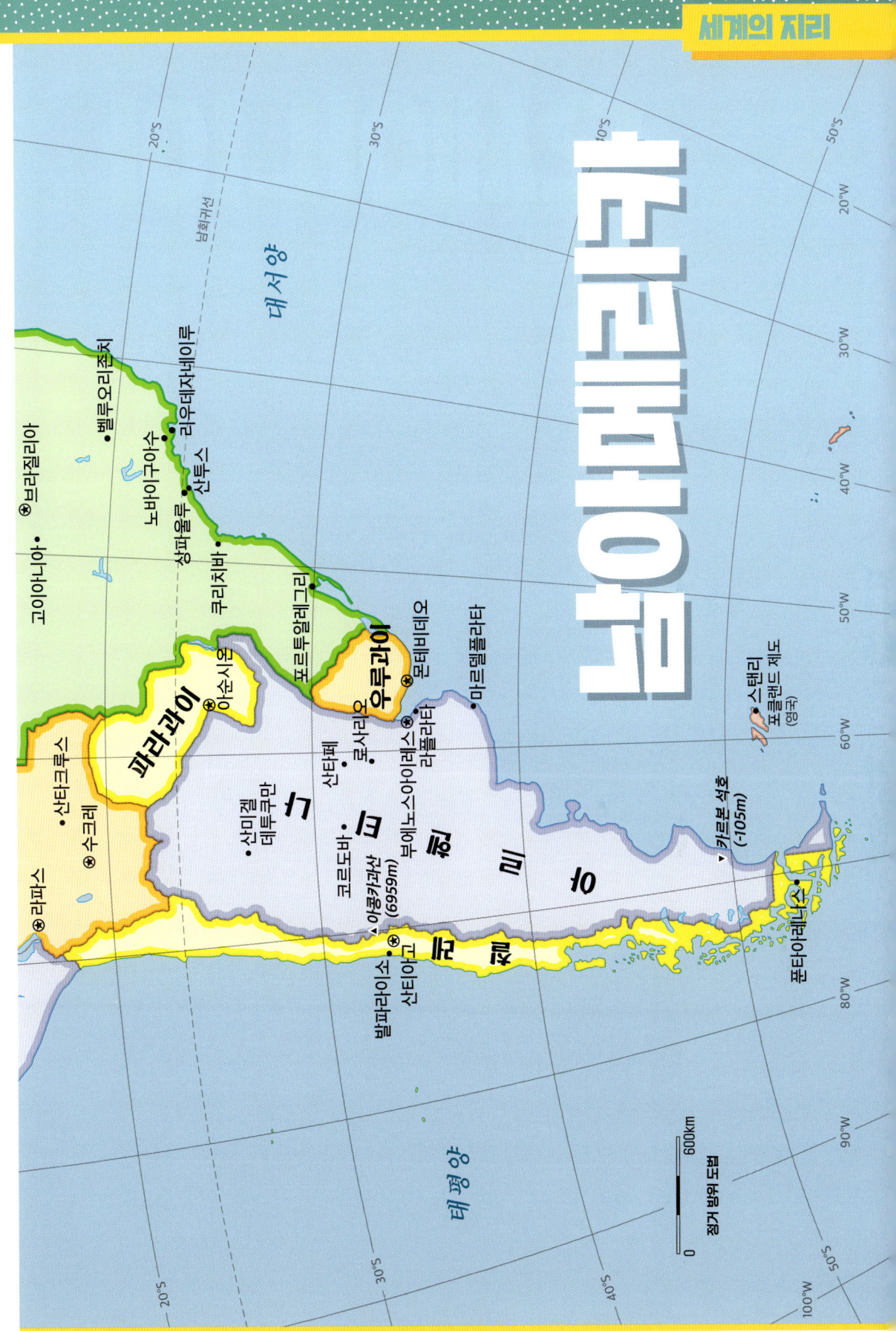

대륙의 지리 특징

오세아니아

피지의 어느 마을에서는 모자를 쓰면 무례하다고 여겨요.

코알라는 유칼립투스 잎을 너무나 많이 먹기에, 때로 유칼립투스 나무 냄새가 나요.

오스트레일리아에서 코알라가 유칼립투스 잎을 우적우적 씹고 있어요.

세계의 지리

이 넓은 지역은 면적이 거의 850만 킬로미터에 달해요. 오스트레일리아라는 지구에서 가장 작고 평탄한 대륙과 뉴질랜드, 태평양에 넓게 퍼진 작은 섬나라들로 이루어져요. 대부분의 나라들이 적도 아래쪽의 남반구 지역에 위치해요.

뉴질랜드의 마오리족 어린이들이 전통 예식 복장을 차려입었어요.

다시 늘어나는 왕가루

왕가루에게 좋은 소식이 있어요. 오스트레일리아 내륙에 폭우가 쏟아진 뒤, 점점 수가 줄어들고 있던 왕가루, 다른 이름으로 노란발바위왈라비라고 하는 유대류 종의 개체수가 조금 늘어났어요. 가뭄 때문에 줄어들고 있던 야생 왕가루에게 희소식이지요.

바위산

원주민들이 '부링구라'라고 일컫는 오스트레일리아 웨스턴오스트레일리아주의 오거스터스산은 세계에서 가장 큰 바위예요. 실제로는 몇 종류의 암석으로 이루어져 있지요. 이 적갈색 바위산은 헐벗은 사막 한가운데의 평원 위로 715미터까지 솟아 있고, 길이는 8킬로미터에 달해요.

놀라운 폐허

태평양 한가운데의 작은 섬 옆에 난마돌이라는 유적이 있어요. 난마돌은 산호초 위에 세워졌던 유일한 고대 도시예요. 한때 폰페이섬을 통치하며 번성했던 사우델레우르 왕조의 유산이랍니다. 지금은 돌로 만든 벽과 기둥만 남아 있어요.

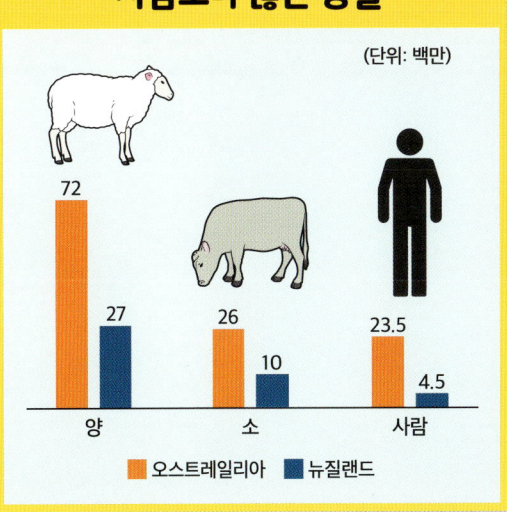

사람보다 많은 동물

(단위: 백만)

	양	소	사람
오스트레일리아	72	26	23.5
뉴질랜드	27	10	4.5

대륙의 지리 특징

지형 정보

육지 면적
8,526,000km²

가장 높은 곳
파푸아뉴기니 윌헬름산
4,509m

가장 낮은 곳
오스트레일리아 에어호
-15m

가장 긴 강
오스트레일리아 머리강
2,508km

가장 큰 호수
오스트레일리아 에어호
9,690km²

정치 정보

인구
41,668,000명

가장 큰 대도시권
오스트레일리아 멜버른
인구 5,061,000명

가장 큰 국가
오스트레일리아
7,741,220km²

인구 밀도가 가장 높은 국가
나우루
(1km²당 465명)

범례
- ⊛ 수도
- • 도시
- ▲ 높은 곳(해발 고도)
- ▼ 낮은 곳(해발 고도)

*메르카토르 도법: 중심이 되는 경선에서 가까운 지역의 위치를 비교적 정확한 각도로 파악할 수 있는 지도 제작법. 대축척 지도를 만들 때 유리하다.

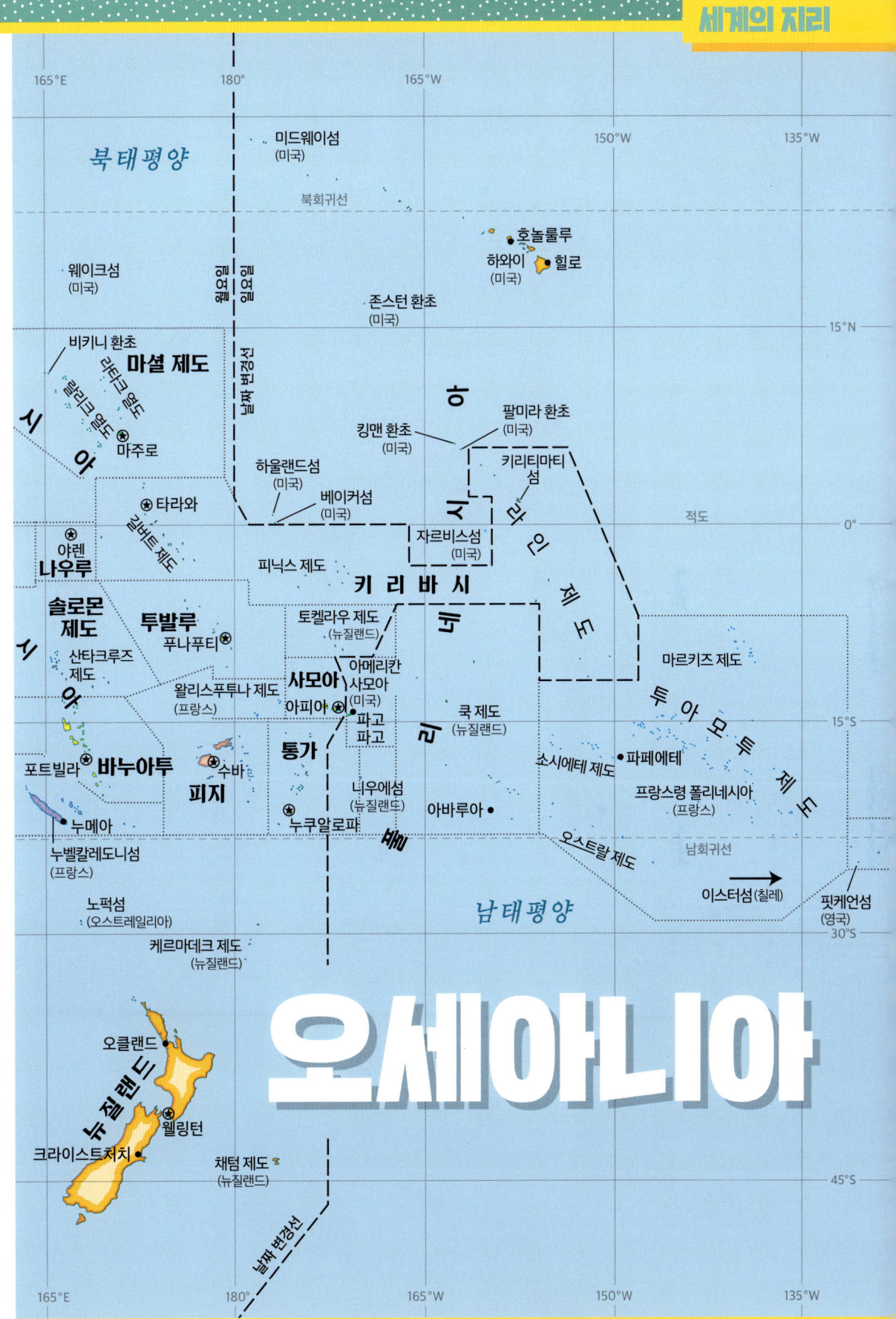

대륙의 지리 특징

남극 대륙

남극 대륙에 개를 데려가는 것은 금지돼요.

어떤 펭귄들은 생애의 75퍼센트를 물속에서 보내요.

턱끈펭귄

세계의 지리

얼어붙은 이 대륙은 지구에서 손꼽히게 멋진 장소이지만, 우리는 펭귄이 아니라서 남극에 오래 머물 수 없어요. 가장 춥고, 바람이 많이 불고, 건조한 대륙이라서 인류가 남극점을 둘러싼 이 대륙에 거주하기 힘들지요.

웨들바다표범

극한의 마라톤

매년 전 세계에서 모인 수십 명의 사람들이 남극 대륙의 얼음 벌판을 달리는 마라톤에 참가해요. 참가자들은 평균 기온 영하 20도의 찬바람을 맞으며 달리지요.

그 어느 때보다 따뜻해진 날씨

남극 대륙은 점점 따뜻해지고 있어요. 2020년 2월에는 평균 기온이 21도를 맴돌았어요. 현재 지구에서 가장 빠르게 기온이 오르는 지역이기도 해요. 전문가들은 위험할 정도로 높아지는 기온의 영향을 늦추고 남극을 지구 온난화로부터 구하기 위해 노력하고 있어요.

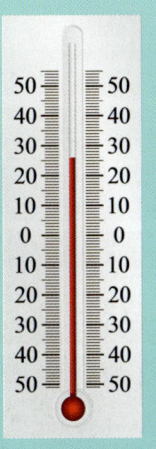

연간 평균 적설량

- 5미터
- 2미터
- 0.2미터

일본 삿포로 / 미국 뉴욕주 버펄로 / 남극 대륙 남극점

남극의 녹색 눈

녹색 눈이라고요? 맞아요. 남극 대륙에는 녹색 눈이 있어요! 위의 사진과 같은 색깔을 띤 눈은 이제 남극 대륙 전역에서 볼 수 있어요. 과학자들은 기후 변화로 더 빨리 불어나게 된 조류가 끼면서 눈이 이런 별난 색깔을 띤다고 말해요.

대륙의 지리 특징

지형 정보

육지 면적
13,660,000km²

가장 높은 곳
빈슨산(빈슨 산괴)
4,892m

가장 낮은 곳
버드 빙하
-2,870m

가장 추운 곳
리지 A,
연간 평균 기온 -70℃

남극 고원의 평균 강수량
5cm 이하

정치 정보

인구
토착민이 없는 지역이지만, 여름 동안 혹은 1년 내내 연구 기지에서 생활하는 인구가 약간 있다.

독립국 수
0

영유권을 주장하는 국가의 수
7

1년 내내 연구 기지를 운영하는 국가의 수
20

1년 내내 운영되는 연구 기지의 수
40

범례
- ▲ 높은 곳(해발 고도)
- ▼ 낮은 곳(해발 고도)
- + 산봉우리

남극은 어느 나라의 영토일까?
어느 나라의 것도 아니에요.
하지만 7개 국가가 이 얼어붙은 대륙을
나누어 영유권을 주장하고 있어요.

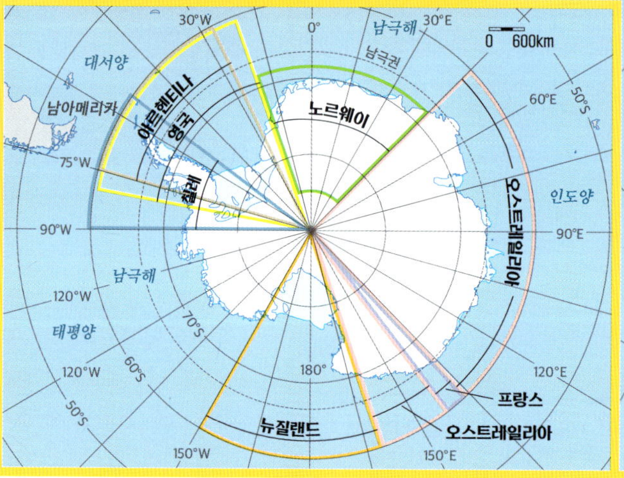

세계의 국가들

내셔널지오그래픽에서 파악한 195개 독립국에 대한 기본 정보를 소개합니다. 가장 최근인 2011년에 독립한 남수단도 포함하지요.

모든 독립국의 국기는 다양한 문화와 역사를 상징해요. 통계 자료는 지리와 인구 등 각 나라에 대한 간략한 정보를 제공해요. 이는 일반적인 특징일 뿐 종합적인 사실은 아니에요. 예를 들어 한 나라에서 쓰는 모든 언어를 나열할 수는 없으므로 대표적인 언어들을 중심으로 표기하지요. 종교도 마찬가지예요.

하나의 국가는 국민, 독립 정부, 영토가 있고 대부분은 군사, 조세 제도를 갖춘 정치적인 집단으로 규정해요.

북키프로스나 타이완처럼 논쟁이 있는 지역과 버뮤다 제도, 푸에르토리코처럼 다른 독립국의 자치령은 포함시키지 않았어요.

아래 지도와 책장 아래쪽의 대륙별 색상 안내를 보면 각 나라가 어떤 대륙에 위치하는지 쉽게 알 수 있어요. 수도 인구에는 수도권의 인구도 포함돼요. 모든 정보는 이 책이 출간된 시점의 사실이에요.

대륙별 색상 구분

가나

면적: 238,533km²
인구: 32,395,000명
수도: 아크라 (인구: 2,557,000명)
화폐 단위: 가나 세디
종교: 개신교, 로마 가톨릭교, 다른 기독교, 이슬람교, 전통 신앙
언어: 아샨티어, 에웨어, 판티어, 영어

감비아

면적: 11,300km²
인구: 2,558,000명
수도: 반줄 (인구: 459,000명)
화폐 단위: 달라시
종교: 이슬람교, 기독교
언어: 영어, 만데어, 월로프어, 풀풀데어

가봉

면적: 267,667km²
인구: 2,331,000명
수도: 리브르빌 (인구: 845,000명)
화폐 단위: 중앙아프리카 세파 프랑
종교: 로마 가톨릭교, 개신교, 기타 기독교, 이슬람교
언어: 프랑스어, 팡어, 미옌어, 은제비어, 바푸누/에시라어, 반자비어

과테말라

면적: 108,889km²
인구: 18,584,000명
수도: 과테말라시티
(인구: 2,983,000명)
화폐 단위: 케찰
종교: 로마 가톨릭교, 개신교, 토속 신앙
언어: 에스파냐어, 마야어

가이아나

면적: 214,969km²
인구: 794,000명
수도: 조지타운 (인구: 110,000명)
화폐 단위: 가이아나 달러
종교: 힌두교, 개신교, 로마 가톨릭교, 기타 기독교, 이슬람교
언어: 영어, 가이아나 크리올, 아메리카 원주민 언어, 가이아나 힌디어, 중국어

그레나다

면적: 344km²
인구: 114,000명
수도: 세인트조지스
(인구: 39,000명)
화폐 단위: 동카리브 달러
종교: 개신교, 로마 가톨릭교
언어: 영어, 프랑스어 방언

대륙별 색상 ● 아시아 ● 유럽 ● 아프리카

그리스

- **면적:** 131,957km^2
- **인구:** 10,316,000명
- **수도:** 아테네 (인구: 3,153,000명)
- **화폐 단위:** 유로
- **종교:** 그리스 정교회
- **언어:** 그리스어

기니비사우

- **면적:** 36,125km^2
- **인구:** 2,063,000명
- **수도:** 비사우 (인구: 621,000명)
- **화폐 단위:** 서아프리카 세파 프랑
- **종교:** 이슬람교, 기독교, 토속 신앙
- **언어:** 포르투갈 크리올, 포르투갈어, 풀풀데어, 만데어

기니

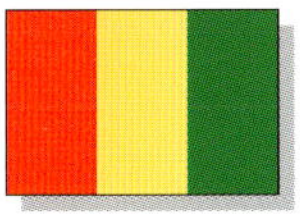

- **면적:** 245,857km^2
- **인구:** 13,865,000명
- **수도:** 코나크리 (인구: 1,991,000명)
- **화폐 단위:** 기니 프랑
- **종교:** 이슬람교, 기독교, 토속 신앙
- **언어:** 프랑스어, 아프리카 언어

나미비아

- **면적:** 824,292km^2
- **인구:** 2,633,000명
- **수도:** 빈트후크 (인구: 446,000명)
- **화폐 단위:** 나미비아 달러, 남아프리카공화국 랜드
- **종교:** 기독교, 토속 신앙
- **언어:** 토착어, 아프리칸스어, 영어

오늘의 과테말라

과테말라 안티과에서는 화려한 색깔로 칠하고 개조한 버스들을 '치킨버스'라고 불러요.

나우루

- **면적:** 21km^2
- **인구:** 11,000명
- **수도:** 야렌 (인구: 1,000명)
- **화폐 단위:** 오스트레일리아 달러
- **종교:** 개신교, 로마 가톨릭교
- **언어:** 나우루어, 영어

네팔

- **면적:** 147,181km^2
- **인구:** 30,225,000명
- **수도:** 카트만두 (인구: 1,472,000명)
- **화폐 단위:** 네팔 루피
- **종교:** 힌두교, 불교
- **언어:** 네팔어, 마이틸어

나이지리아

- **면적:** 923,768km^2
- **인구:** 216,746,000명
- **수도:** 아부자 (인구: 3,464,000명)
- **화폐 단위:** 나이라
- **종교:** 이슬람교, 로마 가톨릭교, 기타 기독교
- **언어:** 영어, 토착어

노르웨이

- **면적:** 323,802km^2
- **인구:** 5,511,000명
- **수도:** 오슬로 (인구: 1,056,000명)
- **화폐 단위:** 노르웨이 크로네
- **종교:** 개신교
- **언어:** 보크몰 노르웨이어, 뉘노르스크 노르웨이어

남수단

- **면적:** 644,329km^2
- **인구:** 14,600,000명
- **수도:** 주바 (인구: 421,000명)
- **화폐 단위:** 남수단 파운드
- **종교:** 정령 신앙, 기독교, 이슬람교
- **언어:** 영어, 아랍어, 딩카어, 누에르어, 바리어, 잔데어, 실루크어

뉴질랜드

- **면적:** 268,838km^2
- **인구:** 4,898,000명
- **수도:** 웰링턴 (인구: 417,000명)
- **화폐 단위:** 뉴질랜드 달러
- **종교:** 로마 가톨릭교, 개신교
- **언어:** 영어, 마오리어

남아프리카 공화국(남아공)

- **면적:** 1,219,090km^2
- **인구:** 60,756,000명
- **수도:** 프리토리아 (인구: 2,655,000명), 케이프타운 (인구: 4,710,000명), 블룸폰테인 (인구: 578,000명)
- **화폐 단위:** 랜드
- **종교:** 기독교, 토속 신앙, 정령 신앙
- **언어:** 줄루어, 코사어, 기타 토착어, 아프리칸스어. 영어

니제르

- **면적:** 1,267,000km^2
- **인구:** 26,083,000명
- **수도:** 니아메 (인구: 1,336,000명)
- **화폐 단위:** 서아프리카 세파 프랑
- **종교:** 이슬람교
- **언어:** 프랑스어, 하우사어, 제르마어

네덜란드

- **면적:** 41,543km^2
- **인구:** 17,211,000명
- **수도:** 암스테르담 (인구: 1,158,000명)
- **화폐 단위:** 유로
- **종교:** 로마 가톨릭교, 개신교, 이슬람교
- **언어:** 네덜란드어, 프리슬란트어

니카라과

- **면적:** 130,370km^2
- **인구:** 6,779,000명
- **수도:** 마나과 (인구: 1,073,000명)
- **화폐 단위:** 코르도바 오로
- **종교:** 로마 가톨릭교, 개신교
- **언어:** 에스파냐어

대한민국

- **면적:** 100,363km²
- **인구:** 51,846,000명
- **수도:** 서울 (인구: 9,493,000명)
- **화폐 단위:** 원
- **종교:** 불교, 개신교, 로마 가톨릭교
- **언어:** 한국어

덴마크

- **면적:** 43,094km²
- **인구:** 5,834,000명
- **수도:** 코펜하겐 (인구: 1,359,000명)
- **화폐 단위:** 덴마크 크로네
- **종교:** 개신교, 이슬람교
- **언어:** 덴마크어, 페로어, 그린란드어, 영어

도미니카 공화국

- **면적:** 48,670km²
- **인구:** 11,056,000명
- **수도:** 산토도밍고 (인구: 3,389,000명)
- **화폐 단위:** 도미니카 페소
- **종교:** 로마 가톨릭교
- **언어:** 에스파냐어

도미니카 연방

- **면적:** 751km²
- **인구:** 75,000명
- **수도:** 로조 (인구: 15,000명)
- **화폐 단위:** 동카리브 달러
- **종교:** 로마 가톨릭교, 개신교
- **언어:** 영어, 프랑스어 방언

독일

- **면적:** 357,022km²
- **인구:** 83,883,000명
- **수도:** 베를린 (인구: 3,567,000명)
- **화폐 단위:** 유로
- **종교:** 로마 가톨릭교, 개신교, 이슬람교
- **언어:** 독일어

동티모르

- **면적:** 14,874km²
- **인구:** 1,369,000명
- **수도:** 딜리 (인구: 281,000명)
- **화폐 단위:** 미국 달러
- **종교:** 로마 가톨릭교
- **언어:** 테툼어, 맘바이어, 마카사이어, 포르투갈어, 인도네시아어, 영어

> 동티모르의 **아타우로섬** 연안에는 평균 **253종**의 산호초 어류가 살아요.

라오스

- **면적:** 236,800km²
- **인구:** 7,481,000명
- **수도:** 비엔티안 (인구: 694,000명)
- **화폐 단위:** 라오 키프
- **종교:** 불교, 토속 신앙
- **언어:** 라오어, 프랑스어, 영어, 여러 민족어

라이베리아

- **면적:** 111,369km²
- **인구:** 5,305,000명
- **수도:** 몬로비아 (인구: 1,569,000명)
- **화폐 단위:** 라이베리아 달러
- **종교:** 기독교, 이슬람교, 토속 신앙
- **언어:** 영어, 토착어

라트비아

- **면적:** 64,589km²
- **인구:** 1,848,000명
- **수도:** 리가 (인구: 628,000명)
- **화폐 단위:** 유로
- **종교:** 개신교, 로마 가톨릭교, 동방 정교회
- **언어:** 라트비아어, 러시아어

● 북아메리카, 중앙아메리카 ● 남아메리카 ● 오세아니아

러시아

- **면적:** 17,098,242km²
- **인구:** 145,805,000명
- **수도:** 모스크바 (인구: 12,593,000명)
- **화폐 단위:** 러시아 루블
- **종교:** 러시아 정교회, 이슬람교
- **언어:** 러시아어

참고: 러시아는 유럽과 아시아에 걸쳐 있지만, 수도가 유럽에 있어서 유럽 국가로 분류했어요.

르완다

- **면적:** 26,338km²
- **인구:** 13,604,000명
- **수도:** 키갈리 (인구: 1,170,000명)
- **화폐 단위:** 르완다 프랑
- **종교:** 로마 가톨릭교, 개신교
- **언어:** 키냐르완다어(르완다어), 프랑스어, 영어, 스와힐리어

레바논

- **면적:** 10,400km²
- **인구:** 6,684,000명
- **수도:** 베이루트 (인구: 2,435,000명)
- **화폐 단위:** 레바논 파운드
- **종교:** 이슬람교, 기독교
- **언어:** 아랍어, 프랑스어, 영어, 아르메니아어

리비아

- **면적:** 1,759,540km²
- **인구:** 7,040,000명
- **수도:** 트리폴리 (인구: 1,170,000명)
- **화폐 단위:** 리비아 디나르
- **종교:** 이슬람교
- **언어:** 아랍어, 이탈리아어, 영어, 베르베르어

레소토

- **면적:** 30,355km²
- **인구:** 2,175,000명
- **수도:** 마세루 (인구: 202,000명)
- **화폐 단위:** 로티
- **종교:** 개신교, 로마 가톨릭교, 기타 기독교
- **언어:** 세소토어, 영어, 줄루어, 코사어

리투아니아

- **면적:** 65,300km²
- **인구:** 2,712,000명
- **수도:** 빌뉴스 (인구: 540,000명)
- **화폐 단위:** 유로
- **종교:** 로마 가톨릭교
- **언어:** 리투아니아어

루마니아

- **면적:** 238,391km²
- **인구:** 19,031,000명
- **수도:** 부쿠레슈티 (인구: 1,794,000명)
- **화폐 단위:** 루마니아 레우
- **종교:** 동방 정교회, 개신교
- **언어:** 루마니아어, 헝가리어

리히텐슈타인

- **면적:** 160km²
- **인구:** 39,000명
- **수도:** 파두츠 (인구: 5,000명)
- **화폐 단위:** 스위스 프랑
- **종교:** 로마 가톨릭교, 개신교, 이슬람교
- **언어:** 독일어

룩셈부르크

- **면적:** 2,586km²
- **인구:** 642,000명
- **수도:** 룩셈부르크 (인구: 120,000명)
- **화폐 단위:** 유로
- **종교:** 로마 가톨릭교
- **언어:** 룩셈부르크어, 포르투갈어, 독일어, 프랑스어

마다가스카르

- **면적:** 587,041km²
- **인구:** 29,178,000명
- **수도:** 안타나나리보 (인구: 3,532,000명)
- **화폐 단위:** 아리아리
- **종교:** 기독교, 토속 신앙, 이슬람교
- **언어:** 프랑스어, 말라가시어, 영어

세계의 지리

마셜 제도
- **면적:** 181km²
- **인구:** 79,000명
- **수도:** 마주로 (인구: 31,000명)
- **화폐 단위:** 미국 달러
- **종교:** 개신교, 로마 가톨릭교, 모르몬교
- **언어:** 마셜어, 영어

모나코
- **면적:** 2km²
- **인구:** 31,000명
- **수도:** 모나코 (인구: 31,000명)
- **화폐 단위:** 유로
- **종교:** 로마 가톨릭교
- **언어:** 프랑스어, 영어, 이탈리아어, 모나코어

말라위
- **면적:** 118,484km²
- **인구:** 20,180,000명
- **수도:** 릴롱궤 (인구: 1,171,000명)
- **화폐 단위:** 말라위 콰차
- **종교:** 개신교, 로마 가톨릭교, 기타 기독교, 이슬람교
- **언어:** 영어, 체와어, 기타 반투어

모로코
- **면적:** 446,550km²
- **인구:** 37,772,000명
- **수도:** 라바트 (인구: 1,907,000명)
- **화폐 단위:** 모로코 디르함
- **종교:** 이슬람교
- **언어:** 아랍어, 타마지그트어, 베르베르어, 프랑스어

말레이시아
- **면적:** 329,847km²
- **인구:** 33,181,000명
- **수도:** 쿠알라룸푸르 (인구: 8,211,000명)
- **화폐 단위:** 링깃
- **종교:** 이슬람교, 불교, 기독교, 힌두교
- **언어:** 말레이어, 영어, 중국어, 타밀어, 텔루구어, 말라얄람어

3가지 모로코에 대한 멋진 사실

1. 모로코는 대서양과 지중해를 모두 만나는 유일한 아프리카 국가예요.

2. 민트차는 모로코의 전통 음료예요. 끼니 때마다 식사와 함께 나와요. 사람들은 온종일 홀짝거리면서 민트차를 마셔요.

3. 모로코는 아프리카 대륙에 3개뿐인 왕국 중 하나예요(다른 두 왕국은 에스와티니와 레소토예요).

말리
- **면적:** 1,240,192km²
- **인구:** 21,473,000명
- **수도:** 바마코 (인구: 2,713,000명)
- **화폐 단위:** 서아프리카 세파 프랑
- **종교:** 이슬람교
- **언어:** 프랑스어, 밤바라어, 아프리카 언어

멕시코
- **면적:** 1,964,375km²
- **인구:** 131,562,000명
- **수도:** 멕시코시티 (인구: 21,919,000명)
- **화폐 단위:** 멕시코 페소
- **종교:** 로마 가톨릭교, 개신교
- **언어:** 에스파냐어

모리셔스
- **면적:** 2,040km²
- **인구:** 1,274,000명
- **수도:** 포트루이스 (인구: 149,000명)
- **화폐 단위:** 모리셔스 루피
- **종교:** 힌두교, 로마 가톨릭교, 이슬람교, 기타 기독교
- **언어:** 모리셔스 크리올, 영어

● 북아메리카, 중앙아메리카 ● 남아메리카 ● 오세아니아

세계의 국가들

모리타니
- **면적:** 1,030,700km²
- **인구:** 4,901,000명
- **수도:** 누악쇼트 (인구: 1,372,000명)
- **화폐 단위:** 우기야
- **종교:** 이슬람교
- **언어:** 아랍어, 풀풀데어, 소닝케어, 월로프어, 프랑스어

몰타
- **면적:** 316km²
- **인구:** 444,000명
- **수도:** 발레타 (인구: 213,000명)
- **화폐 단위:** 유로
- **종교:** 로마 가톨릭교
- **언어:** 몰타어, 영어

모잠비크
- **면적:** 799,380km²
- **인구:** 33,089,000명
- **수도:** 마푸투 (인구: 1,122,000명)
- **화폐 단위:** 모잠비크 메티칼
- **종교:** 로마 가톨릭교, 개신교, 기타 기독교, 이슬람교
- **언어:** 마쿠와어, 포르투갈어, 지역 언어

> 몰타에서는 6000년 전에 만들어진 지하 묘실을 둘러볼 수 있어요.

몬테네그로
- **면적:** 13,812km²
- **인구:** 628,000명
- **수도:** 포드고리차 (인구: 177,000명)
- **화폐 단위:** 유로
- **종교:** 동방 정교회, 이슬람교
- **언어:** 세르비아어, 몬테네그로어

몽골
- **면적:** 1,564,116km²
- **인구:** 3,378,000명
- **수도:** 울란바토르 (인구: 1,615,000명)
- **화폐 단위:** 투그릭
- **종교:** 불교
- **언어:** 몽골어, 튀르크어, 러시아어

몰도바
- **면적:** 33,851km²
- **인구:** 4,013,000명
- **수도:** 키시너우 (인구: 494,000명)
- **화폐 단위:** 몰도바 레우
- **종교:** 동방 정교회
- **언어:** 몰도바어, 루마니아어, 러시아어

미국
- **면적:** 9,833,517km²
- **인구:** 334,805,000명
- **수도:** 워싱턴 D.C. (인구: 700,000명)
- **화폐 단위:** 미국 달러
- **종교:** 개신교, 로마 가톨릭교
- **언어:** 영어, 에스파냐어, 아메리카 원주민 언어

몰디브
- **면적:** 298km²
- **인구:** 540,000명
- **수도:** 말레 (인구: 177,000명)
- **화폐 단위:** 루피야
- **종교:** 이슬람교
- **언어:** 디베히어, 영어

미얀마
- **면적:** 676,578km²
- **인구:** 55,227,000명
- **수도:** 네피도 (인구: 683,000명)
- **화폐 단위:** 차트
- **종교:** 불교, 기독교
- **언어:** 버마어

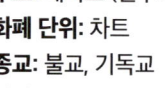

대륙별 색상 ● 아시아 ● 유럽 ● 아프리카

미크로네시아

면적: 702km²
인구: 117,000명
수도: 팔리키르 (인구: 7,000명)
화폐 단위: 미국 달러
종교: 로마 가톨릭교, 개신교
언어: 영어, 추크어, 코스라에어, 폰페이어, 기타 토착어

바하마

면적: 13,880km²
인구: 400,000명
수도: 나소 (인구: 280,000명)
화폐 단위: 바하마 달러
종교: 개신교, 로마 가톨릭교, 기타 기독교
언어: 영어, 크리올

바누아투

면적: 12,189 km²
인구: 321,000명
수도: 빌라 (인구: 53,000명)
화폐 단위: 바투
종교: 개신교, 로마 가톨릭교, 토속 신앙
언어: 지역 언어, 비슬라마어, 영어, 프랑스어

방글라데시

면적: 148,460km²
인구: 167,885,000명
수도: 다카 (인구: 21,741,000명)
화폐 단위: 타카
종교: 이슬람교, 힌두교
언어: 벵골어

바레인

면적: 760km²
인구: 1,783,000명
수도: 마나마 (인구: 664,000명)
화폐 단위: 바레인 디나르
종교: 이슬람교, 기독교
언어: 아랍어, 영어, 페르시아어, 우르두어

베냉

면적: 112,622km²
인구: 12,784,000명
수도: 포르토노보 (인구: 285,000명), 코토누 (인구: 699,000명)
화폐 단위: 서아프리카 세파 프랑
종교: 이슬람교, 로마 가톨릭교, 개신교, 부두교, 기타 기독교
언어: 프랑스어, 폰어, 요루바어, 여러 부족 언어

바베이도스

면적: 430km²
인구: 288,000명
수도: 브리지타운 (인구: 89,000명)
화폐 단위: 바베이도스 달러
종교: 개신교, 기타 기독교
언어: 영어, 크리올

베네수엘라

면적: 912,050km²
인구: 29,266,000명
수도: 카라카스 (인구: 2,946,000명)
화폐 단위: 볼리바르 소베라노
종교: 로마 가톨릭교
언어: 에스파냐어, 수많은 방언

바티칸 시국

면적: 0.44km²
인구: 1,000명
수도: 바티칸 (인구: 1,000명)
화폐 단위: 유로
종교: 로마 가톨릭교
언어: 이탈리아어, 라틴어, 프랑스어

베트남

면적: 331,210km²
인구: 98,953,000명
수도: 하노이 (인구: 4,875,000명)
화폐 단위: 동
종교: 불교, 로마 가톨릭교
언어: 베트남어, 영어, 프랑스어, 중국어, 크메르어, 몬크메르어, 말레이폴리네시아어

● 북아메리카, 중앙아메리카 ● 남아메리카 ● 오세아니아

세계의 국가들

벨기에
- **면적:** 30,528km^2
- **인구:** 11,668,000명
- **수도:** 브뤼셀 (인구: 2,096,000명)
- **화폐 단위:** 유로
- **종교:** 로마 가톨릭교, 이슬람교
- **언어:** 네덜란드어, 프랑스어, 독일어

벨리즈
- **면적:** 22,966km^2
- **인구:** 412,000명
- **수도:** 벨모판 (인구: 23,000명)
- **화폐 단위:** 벨리즈 달러
- **종교:** 로마 가톨릭교, 개신교
- **언어:** 영어, 에스파냐어, 크리올, 마야어

벨라루스
- **면적:** 207,600km^2
- **인구:** 9,443,000명
- **수도:** 민스크 (인구: 2,039,000명)
- **화폐 단위:** 벨라루스 루블
- **종교:** 동방 정교회, 로마 가톨릭교
- **언어:** 러시아어, 벨라루스어

보스니아 헤르체고비나
- **면적:** 51,197km^2
- **인구:** 3,249,000명
- **수도:** 사라예보 (인구: 344,000명)
- **화폐 단위:** 태환 마르카
- **종교:** 이슬람교, 동방 정교회, 로마 가톨릭교
- **언어:** 보스니아어, 세르비아어, 크로아티아어

오늘의 보츠와나

보츠와나에서 아프리카코끼리 수컷이 카메라를 마주했어요. 보츠와나는 세계에서 코끼리가 가장 많은 나라예요.

대륙별 색상 ● 아시아 ● 유럽 ● 아프리카

보츠와나

- **면적:** 581,730km²
- **인구:** 2,441,000명
- **수도:** 가보로네 (인구: 269,000명)
- **화폐 단위:** 풀라
- **종교:** 기독교
- **언어:** 츠와나어, 칼랑가어, 크갈라가디어, 영어

볼리비아

- **면적:** 1,098,581km²
- **인구:** 11,992,000명
- **수도:** 라파스 (인구: 1,882,000명), 수크레 (인구: 278,000명)
- **화폐 단위:** 볼리비아노
- **종교:** 로마 가톨릭교, 개신교
- **언어:** 에스파냐어, 케추아어, 아이마라어, 과라니어

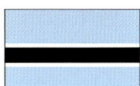

부룬디

- **면적:** 27,830km²
- **인구:** 12,624,000명
- **수도:** 기테가 (인구: 135,000명), 부줌부라 (인구: 1,075,000명)
- **화폐 단위:** 부룬디 프랑
- **종교:** 로마 가톨릭교, 개신교
- **언어:** 키룬디어, 프랑스어, 영어, 스와힐리어

부르키나파소

- **면적:** 274,200km²
- **인구:** 22,102,000명
- **수도:** 와가두구 (인구: 2,915,000명)
- **화폐 단위:** 서아프리카 세파 프랑
- **종교:** 이슬람교, 로마 가톨릭교, 토속 신앙 또는 정령 신앙, 개신교
- **언어:** 프랑스어, 아프리카 언어

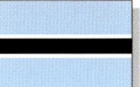

부탄

- **면적:** 38,394km²
- **인구:** 787,000명
- **수도:** 팀푸 (인구: 203,000명)
- **화폐 단위:** 눌트룸
- **종교:** 불교, 힌두교
- **언어:** 샤춉어, 종카어, 로참파어

북마케도니아

- **면적:** 25,713km²
- **인구:** 2,082,000명
- **수도:** 스코페 (인구: 601,000명)
- **화폐 단위:** 데나르
- **종교:** 마케도니아 정교회, 이슬람교
- **언어:** 마케도니아어, 알바니아어

북한

- **면적:** 120,538km²
- **인구:** 25,990,000명
- **수도:** 평양 (인구: 3,108,000명)
- **화폐 단위:** 북한 원
- **종교:** 불교, 유교, 기독교, 천도교
- **언어:** 한국어

불가리아

- **면적:** 110,879km²
- **인구:** 6,844,000명
- **수도:** 소피아 (인구: 1,284,000명)
- **화폐 단위:** 불가리아 레프
- **종교:** 동방 정교회, 이슬람교
- **언어:** 불가리아

브라질

- **면적:** 8,515,770km²
- **인구:** 215,353,000명
- **수도:** 브라질리아 (인구: 4,728,000명)
- **화폐 단위:** 헤알
- **종교:** 로마 가톨릭교, 개신교
- **언어:** 포르투갈어

브루나이

- **면적:** 5,765km²
- **인구:** 445,000명
- **수도:** 반다르스리브가완 (인구: 241,000명)
- **화폐 단위:** 브루나이 달러
- **종교:** 이슬람교, 기독교, 불교, 토속 신앙
- **언어:** 말레이어, 영어, 중국어

● 북아메리카, 중앙아메리카　● 남아메리카　● 오세아니아

세계의 국가들

사모아
- 면적: 2,831km²
- 인구: 202,000명
- 수도: 아피아 (인구: 36,000명)
- 화폐 단위: 탈라
- 종교: 개신교, 로마 가톨릭교, 모르몬교
- 언어: 사모아어, 영어

산마리노
- 면적: 61km²
- 인구: 34,000명
- 수도: 산마리노 (인구: 4,000명)
- 화폐 단위: 유로
- 종교: 로마 가톨릭교
- 언어: 이탈리아어

사우디아라비아
- 면적: 2,149,690km²
- 인구: 35,844,000명
- 수도: 리야드 (인구: 7,388,000명)
- 화폐 단위: 사우디 리얄
- 종교: 이슬람교
- 언어: 아랍어

상투메 프린시페
- 면적: 964km²
- 인구: 227,000명
- 수도: 상투메 (인구: 80,000명)
- 화폐 단위: 도브라
- 종교: 로마 가톨릭교, 개신교
- 언어: 포르투갈어, 크리올

오늘의 북한

북한의 평양 광장에서 주민들이 단체로 춤을 추고 있어요.

대륙별 색상: ● 아시아 ● 유럽 ● 아프리카

세네갈

면적: 196,722km²
인구: 17,653,000명
수도: 다카르 (인구: 3,230,000명)
화폐 단위: 서아프리카 세파 프랑
종교: 이슬람교
언어: 프랑스어, 월로프어, 기타 토착어

세이셸

면적: 455km²
인구: 98,000명
수도: 빅토리아
(인구: 28,000명)
화폐 단위: 세이셸 루피
종교: 로마 가톨릭교, 개신교
언어: 세이셸 크리올, 영어, 프랑스어

세르비아

면적: 77,474km²
인구: 8,653,000명
수도: 베오그라드
(인구: 1,402,000명)
화폐 단위: 세르비아 디나르
종교: 동방 정교회, 로마 가톨릭교
언어: 세르비아어

세인트루시아

면적: 616km²
인구: 180,000명
수도: 캐스트리스
(인구: 22,000명)
화폐 단위: 동카리브 달러
종교: 로마 가톨릭교, 개신교
언어: 영어, 프랑스어 방언

오늘의 사모아

사모아 우폴루섬에서는 나무 사다리를 타고 내려가 토수아 오션 트렌치에서 수영을 즐길 수 있어요. 화산 활동으로 생긴 지형이지요.

세인트빈센트 그레나딘

- **면적:** 389km^2
- **인구:** 110,000명
- **수도:** 킹스타운 (인구: 27,000명)
- **화폐 단위:** 동카리브 달러
- **종교:** 개신교, 로마 가톨릭교
- **언어:** 영어, 빈센트 크리올, 프랑스어 방언

수단에는 이집트보다 피라미드가 더 많이 있어요.

세인트키츠 네비스

- **면적:** 261km^2
- **인구:** 54,000명
- **수도:** 바스테르 (인구: 14,000명)
- **화폐 단위:** 동카리브 달러
- **종교:** 개신교, 로마 가톨릭교
- **언어:** 영어

수리남

- **면적:** 163,820km^2
- **인구:** 596,000명
- **수도:** 파라마리보 (인구: 239,000명)
- **화폐 단위:** 수리남 달러
- **종교:** 개신교, 힌두교, 로마 가톨릭교, 이슬람교
- **언어:** 네덜란드어, 영어, 수리남어, 카리브 힌두스탄어, 자바어

소말리아

- **면적:** 637,657km^2
- **인구:** 16,841,000명
- **수도:** 모가디슈 (인구: 2,388,000명)
- **화폐 단위:** 소말리아 실링
- **종교:** 이슬람교
- **언어:** 소말리어, 아랍어, 이탈리아어, 영어

스리랑카

- **면적:** 65,610km^2
- **인구:** 21,575,000명
- **수도:** 콜롬보 (인구: 619,000명), 스리자야와르데네푸라코테 (인구: 103,000명)
- **화폐 단위:** 스리랑카 루피
- **종교:** 불교, 이슬람교, 힌두교, 로마 가톨릭교
- **언어:** 싱할라어, 타밀어, 영어

솔로몬 제도

- **면적:** 28,896m^2
- **인구:** 721,000명
- **수도:** 호니아라 (인구: 82,000명)
- **화폐 단위:** 솔로몬 제도 달러
- **종교:** 개신교, 로마 가톨릭교
- **언어:** 멜라네시아 피진, 영어, 토착어

스웨덴

- **면적:** 450,295km^2
- **인구:** 10,218,000명
- **수도:** 스톡홀름 (인구: 1,657,000명)
- **화폐 단위:** 스웨덴 크로나
- **종교:** 개신교
- **언어:** 스웨덴어

수단

- **면적:** 1,861,484km^2
- **인구:** 45,992,000명
- **수도:** 하르툼 (인구: 5,989,000명)
- **화폐 단위:** 수단 파운드
- **종교:** 이슬람교
- **언어:** 아랍어, 영어, 누비아어, 타베다위어, 푸르어

스위스

- **면적:** 41,277km^2
- **인구:** 8,773,000명
- **수도:** 베른 (인구: 434,000명)
- **화폐 단위:** 스위스 프랑
- **종교:** 로마 가톨릭교, 개신교, 기타 기독교, 이슬람교
- **언어:** 독일어(스위스 독일어), 프랑스어, 이탈리아어, 영어, 레토로망스어

대륙별 색상 ● 아시아 ● 유럽 ● 아프리카

슬로바키아

- **면적:** 49,035km²
- **인구:** 5,460,000명
- **수도:** 브라티슬라바
  (인구: 437,000명)
- **화폐 단위:** 유로
- **종교:** 로마 가톨릭교, 개신교
- **언어:** 슬로바키아어

슬로베니아

- **면적:** 20,273km²
- **인구:** 2,079,000명
- **수도:** 류블랴나
  (인구: 286,000명)
- **화폐 단위:** 유로
- **종교:** 로마 가톨릭교, 이슬람교, 동방 정교회
- **언어:** 슬로베니아어

3가지 싱가포르에 대한 멋진 사실

1. 싱가포르의 상징인 머라이언은 몸은 물고기이고 머리는 사자인 신화적인 동물이에요. 싱가포르는 말레이어로 '싱가푸라'라고 하는데 '사자의 도시'라는 뜻이지요.

2. 창이 국제 공항에는 나비 정원과 실내 폭포, 4층 높이에서 내려오는 싱가포르에서 가장 높은 미끄럼틀이 있어요.

3. 싱가포르의 '나이트 사파리'는 세계 최초의 야간 개장 동물원으로 관람객이 어둠 속의 동물들을 볼 수 있는 곳이에요.

시리아

- **면적:** 186,142km²
- **인구:** 19,364,000명
- **수도:** 다마스쿠스 (인구: 2,440,000명)
- **화폐 단위:** 시리아 파운드
- **종교:** 이슬람교, 동방 정교회, 오리엔트 정교회, 동방 가톨릭교, 기타 기독교
- **언어:** 아랍어, 쿠르드어, 아르메니아어, 아람어, 체르케스어, 프랑스어, 영어

아랍 에미리트

- **면적:** 83,600km²
- **인구:** 10,081,000명
- **수도:** 아부다비
  (인구: 1,512,000명)
- **화폐 단위:** 아랍에미리트 디르함
- **종교:** 이슬람교, 기독교
- **언어:** 아랍어, 영어, 힌디어, 말라얄람어, 우르두어, 파슈토어, 타갈로그어, 페르시아어

시에라리온

- **면적:** 71,740km²
- **인구:** 8,306,000명
- **수도:** 프리타운 (인구: 1,236,000명)
- **화폐 단위:** 리온
- **종교:** 이슬람교, 기독교
- **언어:** 영어, 멘데어, 템네어, 크리올

아르메니아

- **면적:** 29,743km²
- **인구:** 2,971,000명
- **수도:** 예레반
  (인구: 1,089,000명)
- **화폐 단위:** 아르메니아 드람
- **종교:** 아르메니아교회, 기타 기독교
- **언어:** 아르메니아어, 러시아어

싱가포르

- **면적:** 719km²
- **인구:** 5,943,000명
- **수도:** 싱가포르 (인구: 5,943,000명)
- **화폐 단위:** 싱가포르 달러
- **종교:** 불교, 기독교, 이슬람교, 도교, 힌두교
- **언어:** 영어, 중국어, 중국어 방언, 말레이어, 타밀어

아르헨티나

- **면적:** 2,780,400km²
- **인구:** 46,010,000명
- **수도:** 부에노스아이레스
  (인구: 15,258,000명)
- **화폐 단위:** 아르헨티나 페소
- **종교:** 로마 가톨릭교
- **언어:** 에스파냐어, 이탈리아어, 영어, 독일어, 프랑스어

● 북아메리카, 중앙아메리카 ● 남아메리카 ● 오세아니아

세계의 국가들

아이슬란드

- **면적:** 103,000km^2
- **인구:** 345,000명
- **수도:** 레이캬비크 (인구 216,000명)
- **화폐 단위:** 아이슬란드 크로나
- **종교:** 개신교
- **언어:** 아이슬란드어, 영어, 북유럽 언어, 독일어

아일랜드

- **면적:** 70,273km^2
- **인구:** 5,022,000명
- **수도:** 더블린 (인구: 1,242,000명)
- **화폐 단위:** 유로
- **종교:** 로마 가톨릭교
- **언어:** 영어, 아일랜드어

아이티

- **면적:** 27,750km^2
- **인구:** 11,682,000명
- **수도:** 포르토프랭스 (인구: 2,844,000명)
- **화폐 단위:** 구르드
- **종교:** 로마 가톨릭교, 개신교, 부두교
- **언어:** 프랑스어, 아이티 크리올

아제르바이잔

- **면적:** 86,600km^2
- **인구:** 10,300,000명
- **수도:** 바쿠 (인구: 2,371,000명)
- **화폐 단위:** 아제르바이잔 마나트
- **종교:** 이슬람교
- **언어:** 아제르바이잔어, 러시아어

오늘의 아랍 에미리트

세계에서 가장 높은 건물인 부르즈 할리파가 아랍 에미리트 두바이에 우뚝 솟아 있어요.

대륙별 색상: ● 아시아 ● 유럽 ● 아프리카

세계의 지리

아프가니스탄
면적: 652,230km²
인구: 40,754,000명
수도: 카불 (인구: 4,336,000명)
화폐 단위: 아프가니
종교: 이슬람교
언어: 다리어, 파슈토어, 우즈베크어, 투르크멘어

안도라
면적: 468km²
인구: 86,000명
수도: 안도라라베야
(인구: 23,000명)
화폐 단위: 유로
종교: 로마 가톨릭교
언어: 카탈루냐어, 프랑스어, 에스파냐어, 포르투갈어

알바니아
면적: 28,748km²
인구: 2,866,000명
수도: 티라나 (인구: 503,000명)
화폐 단위: 레크
종교: 이슬람교, 로마 가톨릭교, 동방 정교회
언어: 알바니아어

알제리
면적: 2,381,741km²
인구: 45,350,000명
수도: 알제 (인구: 2,809,000명)
화폐 단위: 알제리 디나르
종교: 이슬람교
언어: 아랍어, 프랑스어, 베르베르어

앙골라
면적: 1,246,700km²
인구: 35,027,000명
수도: 루안다 (인구: 8,632,000명)
화폐 단위: 콴자
종교: 로마 가톨릭교, 개신교
언어: 포르투갈어, 음분두어, 기타 아프리카 언어

앤티가 바부다
면적: 443km²
인구: 99,000명
수도: 세인트존스 (인구: 21,000명)
화폐 단위: 동카리브 달러
종교: 개신교, 로마 가톨릭교, 기타 기독교
언어: 영어, 앤티가 바부다 크리올

에리트레아
면적: 117,600km²
인구: 3,662,000명
수도: 아스마라 (인구: 998,000명)
화폐 단위: 낙파
종교: 이슬람교, 오리엔트 정교회, 로마 가톨릭교, 개신교
언어: 티그리냐어, 아랍어, 영어, 티그레어, 쿠나마어, 아파르어, 기타 쿠시어파 언어

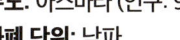

에스와티니
면적: 17,364km²
인구: 1,184,000명
수도: 음바바네 (인구: 68,000명), 로밤바 (인구: 11,000명)
화폐 단위: 릴랑게니
종교: 로마 가톨릭교, 기타 기독교
언어: 영어, 스와티어

에스토니아
면적: 45,228km²
인구: 1,321,000명
수도: 탈린 (인구: 449,000명)
화폐 단위: 유로
종교: 동방 정교회, 개신교
언어: 에스토니아어, 러시아어

에스파냐(스페인)
면적: 505,370km²
인구: 46,719,000명
수도: 마드리드 (인구: 6,669,000명)
화폐 단위: 유로
종교: 로마 가톨릭교
언어: 에스파냐어, 카탈루냐어, 갈리시아어, 바스크어

● 북아메리카, 중앙아메리카　● 남아메리카　● 오세아니아

세계의 국가들

에콰도르
- 면적: 283,561km²
- 인구: 18,113,000명
- 수도: 키토 (인구: 1,901,000명)
- 화폐 단위: 미국 달러
- 종교: 로마 가톨릭교, 개신교
- 언어: 에스파냐어, 아메리카 원주민 언어

예멘
- 면적: 527,968km²
- 인구: 31,154,000명
- 수도: 사나 (인구: 3,075,000명)
- 화폐 단위: 예멘 리알
- 종교: 이슬람교
- 언어: 아랍어

> 적도가 지나가는 에콰도르의 침보라소산 꼭대기는 지구에서 태양과 가장 가까운 곳이에요.

오만
- 면적: 309,500km²
- 인구: 5,324,000명
- 수도: 무스카트 (인구: 1,590,000명)
- 화폐 단위: 오만 리알
- 종교: 이슬람교, 기독교, 힌두교
- 언어: 아랍어, 영어, 발루치어, 우르두어, 원주민 방언

에티오피아
- 면적: 1,104,300km²
- 인구: 120,812,000명
- 수도: 아디스아바바 (인구: 5,006,000명)
- 화폐 단위: 에티오피아 비르
- 종교: 에티오피아 정교회, 이슬람교, 개신교
- 언어: 오로모어, 암하라어, 소말리어, 티그리냐어, 아파르어

오스트레일리아(호주)
- 면적: 7,741,220km²
- 인구: 25,810,000명
- 수도: 캔버라 (인구: 462,000명)
- 화폐 단위: 오스트레일리아 달러
- 종교: 개신교, 로마 가톨릭교
- 언어: 영어

엘살바도르
- 면적: 21,041km²
- 인구: 6,550,000명
- 수도: 산살바도르 (인구: 1,107,000명)
- 화폐 단위: 비트코인, 미국 달러
- 종교: 로마 가톨릭교, 개신교
- 언어: 에스파냐어

3가지 오스트레일리아에 대한 멋진 사실

1. 오스트레일리아는 활화산이 없는 유일한 대륙이에요.

2. 네덜란드에서 이주해 온 초기 정착민들은 오스트레일리아를 뉴홀랜드라고 불렀어요.(홀란드는 네덜란드의 지역 이름이에요.) 현재의 국명인 오스트레일리아는 라틴어로 '남방'이라는 뜻이고 1803년에 채택되었어요.

3. 오스트레일리아 본토는 작은 섬 8000여 개에 에워싸여 있어요. 이 섬들은 원래는 대륙의 일부였어요.

영국
- 면적: 243,610km²
- 인구: 68,497,000명
- 수도: 런던 (인구: 9,426,000명)
- 화폐 단위: 파운드 스털링
- 종교: 개신교, 로마 가톨릭교
- 언어: 영어, 스코트어, 스코틀랜드게일어, 웨일스어, 아일랜드어, 콘월어

대륙별 색상 ● 아시아  유럽 아프리카

오스트리아
- **면적:** 83,871km²
- **인구:** 9,066,000명
- **수도:** 빈 (인구: 1,945,000명)
- **화폐 단위:** 유로
- **종교:** 로마 가톨릭교, 이슬람교, 개신교
- **언어:** 독일어, 크로아티아어

우즈베키스탄
- **면적:** 447,400km²
- **인구:** 4,382,000명
- **수도:** 타슈켄트 (인구: 2,545,000명)
- **화폐 단위:** 우즈베키스탄 숨
- **종교:** 이슬람교, 동방 정교회
- **언어:** 우즈베크어, 러시아어, 타지크어

온두라스
- **면적:** 112,090km²
- **인구:** 10,221,000명
- **수도:** 테구시갈파 (인구: 1,485,000명)
- **화폐 단위:** 렘피라
- **종교:** 로마 가톨릭교, 개신교
- **언어:** 에스파냐어, 아메리카 원주민 방언

우크라이나
- **면적:** 603,550km²
- **인구:** 43,192,000명
- **수도:** 키이우 (인구: 3,001,000명)
- **화폐 단위:** 흐리우냐
- **종교:** 우크라이나 정교회, 로마 가톨릭교, 개신교
- **언어:** 우크라이나어, 러시아어

요르단
- **면적:** 89,342km²
- **인구:** 10,300,000명
- **수도:** 암만 (인구: 2,182,000명)
- **화폐 단위:** 요르단 디나르
- **종교:** 이슬람교, 기독교
- **언어:** 아랍어, 영어

이라크
- **면적:** 438,317km²
- **인구:** 42,164,000명
- **수도:** 바그다드 (인구: 7,323,000명)
- **화폐 단위:** 이라크 디나르
- **종교:** 이슬람교
- **언어:** 아랍어, 쿠르드어, 투르크멘어, 시리아어, 아르메니아어

우간다
- **면적:** 241,038km²
- **인구:** 48,432,000명
- **수도:** 캄팔라 (인구: 3,470,000명)
- **화폐 단위:** 우간다 실링
- **종교:** 개신교, 로마 가톨릭교, 이슬람교
- **언어:** 영어, 루간다어(간다어), 여러 지역 언어, 스와힐리어, 아랍어

이란
- **면적:** 1,648,195km²
- **인구:** 86,022,000명
- **수도:** 테헤란 (인구: 9,259,000명)
- **화폐 단위:** 이란 리알
- **종교:** 이슬람교
- **언어:** 페르시아어, 튀르크어 방언, 쿠르드어

우루과이
- **면적:** 176,215km²
- **인구:** 3,496,000명
- **수도:** 몬테비데오 (인구: 1,760,000명)
- **화폐 단위:** 우루과이 페소
- **종교:** 로마 가톨릭교, 기타 기독교
- **언어:** 에스파냐어

이스라엘
- **면적:** 22,145km²
- **인구:** 8,922,000명
- **수도:** 예루살렘 (인구: 944,000명)
- **화폐 단위:** 이스라엘 신 셰켈
- **종교:** 유대교, 이슬람교
- **언어:** 히브리어, 아랍어, 영어

● 북아메리카, 중앙아메리카　● 남아메리카　● 오세아니아

세계의 국가들

이집트
- 면적: 1,001,450km²
- 인구: 106,156,000명
- 수도: 카이로 (인구: 21,323,000명)
- 화폐 단위: 이집트 파운드
- 종교: 이슬람교, 콥트 교회
- 언어: 아랍어, 영어, 프랑스어

인도
- 면적: 3,287,263km²
- 인구: 1,406,631,000명
- 수도: 뉴델리 (인구: 31,181,000명)
- 화폐 단위: 인도 루피
- 종교: 힌두교, 이슬람교, 기독교, 시크교
- 언어: 힌디어, 영어, 벵골어, 텔루구어, 마라티어, 타밀어, 우르두어, 구자라트어, 칸나다어, 말라얄람어, 오리야어, 펀자브어, 아삼어

이탈리아
- 면적: 301,340km²
- 인구: 60,262,000명
- 수도: 로마 (인구: 4,278,000명)
- 화폐 단위: 유로
- 종교: 로마 가톨릭교
- 언어: 이탈리아어, 독일어, 프랑스어, 슬로베니아어

인도네시아
- 면적: 1,904,569km²
- 인구: 279,134,000명
- 수도: 자카르타 (인구: 10,915,000명)
- 화폐 단위: 인도네시아 루피
- 종교: 이슬람교, 개신교, 로마 가톨릭교, 힌두교
- 언어: 인도네시아어, 영어, 네덜란드어, 지역 방언

오늘의 인도

알록달록한 색깔의 가루와 물감을 몸에 뿌리고 바른 사람들이 인도의 봄맞이 축제인 홀리를 즐기고 있어요.

대륙별 색상: ● 아시아 ● 유럽 ● 아프리카

세계의 지리

일본
- **면적:** 377,915km²
- **인구:** 125,584,000명
- **수도:** 도쿄 (인구: 37,340,000명)
- **화폐 단위:** 엔
- **종교:** 신도, 불교
- **언어:** 일본어

조지아
- **면적:** 69,700km²
- **인구:** 3,968,000명
- **수도:** 트빌리시 (인구: 1,079,000명)
- **화폐 단위:** 라리
- **종교:** 동방 정교회, 이슬람교
- **언어:** 조지아어

자메이카
- **면적:** 10,991km²
- **인구:** 2,985,000명
- **수도:** 킹스턴 (인구: 592,000명)
- **화폐 단위:** 자메이카 달러
- **종교:** 개신교
- **언어:** 영어, 자메이카 크리올

중국
- **면적:** 9,596,960km²
- **인구:** 1,448,471,000명
- **수도:** 베이징 (인구: 20,897,000명)
- **화폐 단위:** 위안
- **종교:** 민간 신앙, 불교, 기독교
- **언어:** 표준 중국어(푸퉁화), 광둥어, 우어, 민베이어, 민난어, 샹어, 간어, 지역 언어

잠비아
- **면적:** 752,618km²
- **인구:** 19,470,000명
- **수도:** 루사카 (인구: 2,906,000명)
- **화폐 단위:** 잠비아 콰차
- **종교:** 개신교, 로마 가톨릭교
- **언어:** 벰바어, 냔자어, 통가어, 여러 토착어, 영어

중앙아프리카 공화국
- **면적:** 622,984km²
- **인구:** 5,016,000명
- **수도:** 방기 (인구: 910,000명)
- **화폐 단위:** 비트코인, 중앙아프리카 세파 프랑
- **종교:** 기독교, 이슬람교
- **언어:** 프랑스어, 상고어, 여러 부족 언어

잠비아에는 사람이 사는 집만큼 높이 솟은 흰개미 둔덕이 있어요.

지부티
- **면적:** 23,200km²
- **인구:** 1,016,000명
- **수도:** 지부티 (인구: 584,000명)
- **화폐 단위:** 지부티 프랑
- **종교:** 이슬람교, 기독교
- **언어:** 프랑스어, 아랍어, 소말리어, 아파르어

적도 기니
- **면적:** 28,051km²
- **인구:** 1,496,000명
- **수도:** 말라보 (인구: 297,000명)
- **화폐 단위:** 중앙아프리카 세파 프랑
- **종교:** 로마 가톨릭교, 이슬람교, 바하이교, 정령 신앙, 토속 신앙
- **언어:** 에스파냐어, 포르투갈어, 프랑스어, 팡어, 부비어

짐바브웨
- **면적:** 390,757km²
- **인구:** 15,331,000명
- **수도:** 하라레 (인구: 1,542,000명)
- **화폐 단위:** 짐바브웨 달러
- **종교:** 개신교, 로마 가톨릭교, 기타 기독교
- **언어:** 쇼나어, 은데벨레어, 영어, 토착어

● 북아메리카, 중앙아메리카 ● 남아메리카 ● 오세아니아

차드
- **면적:** 1,284,000km²
- **인구:** 17,413,000명
- **수도:** 은자메나 (인구: 1,476,000명)
- **화폐 단위:** 중앙아프리카 세파 프랑
- **종교:** 이슬람교, 개신교, 로마 가톨릭교
- **언어:** 프랑스어, 아랍어, 사라어, 토착어

카메룬
- **면적:** 475,440km²
- **인구:** 27,911,000명
- **수도:** 야운데 (인구: 4,164,000명)
- **화폐 단위:** 중앙아프리카 세파 프랑
- **종교:** 로마 가톨릭교, 개신교, 기타 기독교, 이슬람교
- **언어:** 아프리카 언어, 영어, 프랑스어

체코
- **면적:** 78,867km²
- **인구:** 10,736,000명
- **수도:** 프라하 (인구: 1,312,000명)
- **화폐 단위:** 체코 코루나
- **종교:** 로마 가톨릭교
- **언어:** 체코어, 슬로바키아어

카보베르데
- **면적:** 4,033km²
- **인구:** 567,000명
- **수도:** 프라이아 (인구: 168,000명)
- **화폐 단위:** 카보베르데 이스쿠두
- **종교:** 로마 가톨릭교, 개신교
- **언어:** 포르투갈어, 크리올

3가지 체코에 대한 멋진 사실

1. 9세기에 지어진 프라하성은 세계에서 가장 큰 고성*이고 체코 대통령의 관저로 쓰이고 있어요.
 *고성: 옛날에 지은 오래된 성.

2. 숲에서 버섯 따는 일은 체코에서 인기 있는 여가 활동이에요.

3. 체코 작가 카렐 차페크는 1920년에 쓴 희곡 「R. U. R.」에 사람처럼 움직이는 기계를 등장시키고 '로봇'이라는 단어를 처음으로 썼어요.

카자흐스탄
- **면적:** 2,724,900km²
- **인구:** 19,205,000명
- **수도:** 아스타나 (인구: 1,212,000명)
- **화폐 단위:** 텡게
- **종교:** 이슬람교, 동방 정교회
- **언어:** 카자흐어, 러시아어, 영어

카타르
- **면적:** 11,586km²
- **인구:** 2,979,000명
- **수도:** 도하 (인구: 646,000명)
- **화폐 단위:** 카타르 리얄
- **종교:** 이슬람교, 힌두교, 기독교
- **언어:** 아랍어, 영어

칠레
- **면적:** 756,102km²
- **인구:** 19,250,000명
- **수도:** 산티아고 (인구: 6,812,000명)
- **화폐 단위:** 칠레 페소
- **종교:** 로마 가톨릭교, 개신교
- **언어:** 에스파냐어, 영어

캄보디아
- **면적:** 181,035km²
- **인구:** 17,168,000명
- **수도:** 프놈펜 (인구: 2,144,000명)
- **화폐 단위:** 리엘
- **종교:** 불교
- **언어:** 크메르어

세계의 지리

캐나다
- **면적**: 9,984,670km²
- **인구**: 38,388,000명
- **수도**: 오타와
  (인구: 1,408,000명)
- **화폐 단위**: 캐나다 달러
- **종교**: 로마 가톨릭교, 개신교, 기타 기독교
- **언어**: 영어, 프랑스어

코모로
- **면적**: 2,235km²
- **인구**: 907,000명
- **수도**: 모로니 (인구: 62,000명)
- **화폐 단위**: 코모로 프랑
- **종교**: 이슬람교
- **언어**: 아랍어, 프랑스어, 코모로어

케냐
- **면적**: 580,367km²
- **인구**: 56,215,000명
- **수도**: 나이로비 (인구: 4,922,000명)
- **화폐 단위**: 케냐 실링
- **종교**: 개신교, 로마 가톨릭교, 기타 기독교, 이슬람교
- **언어**: 영어, 스와힐리어, 토착어

코소보
- **면적**: 10,887km²
- **인구**: 1,935,000명
- **수도**: 프리슈티나 (인구: 217,000명)
- **화폐 단위**: 유로
- **종교**: 이슬람교
- **언어**: 알바니아어, 세르비아어, 보스니아어

오늘의 칠레

한 관광객이 칠레 안토파가스타에서 '사막의 손'이라는 이름의 거대한 조각을 바라보고 있어요.

● 북아메리카, 중앙아메리카   ● 남아메리카   ● 오세아니아

코스타리카

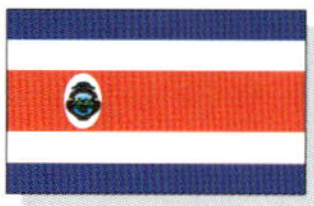

면적: 51,100km^2
인구: 5,182,000명
수도: 산호세 (인구: 1,421,000명)
화폐 단위: 코스타리카 콜론
종교: 로마 가톨릭교, 개신교
언어: 에스파냐어, 영어

콜롬비아

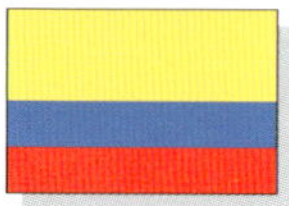

면적: 1,138,910km^2
인구: 51,512,000명
수도: 보고타 (인구: 11,167,000명)
화폐 단위: 콜롬비아 페소
종교: 로마 가톨릭교, 개신교
언어: 에스파냐어

코트디부아르

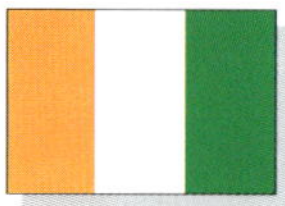

면적: 322,463km^2
인구: 27,742,000명
수도: 야무수크로 (인구: 231,000명), 아비장 (인구: 5,355,000명)
화폐 단위: 서아프리카 세파 프랑
종교: 이슬람교, 로마 가톨릭교, 개신교
언어: 프랑스어, 디울라어, 토착 방언

콩고

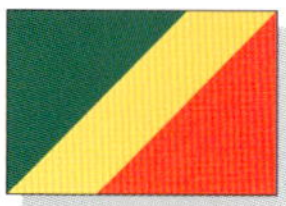

면적: 342,000km^2
인구: 5,797,000명
수도: 브라자빌 (인구: 2,470,000명)
화폐 단위: 중앙아프리카 세파 프랑
종교: 로마 가톨릭교, 기타 기독교, 개신교
언어: 프랑스어, 링갈라어, 키투바어, 키콩고어, 지역 언어

오늘의 코소보

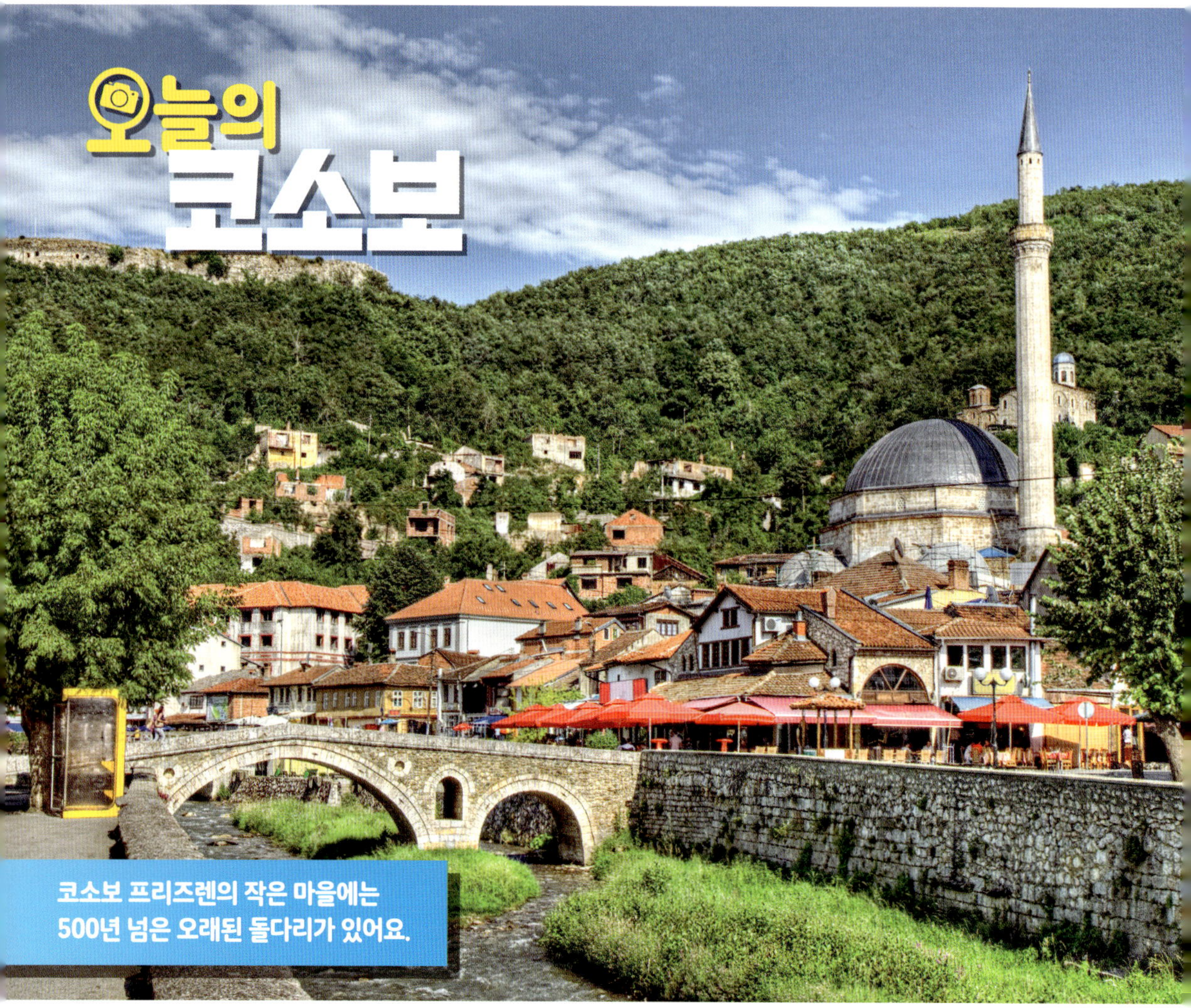

코소보 프리즈렌의 작은 마을에는 500년 넘은 오래된 돌다리가 있어요.

대륙별 색상 ● 아시아 ● 유럽 ● 아프리카

콩고 민주 공화국

- **면적:** 2,344,858km²
- **인구:** 95,240,000명
- **수도:** 킨샤사 (인구: 14,970,000명)
- **화폐 단위:** 콩고 프랑
- **종교:** 로마 가톨릭교, 개신교, 기타 기독교
- **언어:** 프랑스어, 링갈라어, 킹와나어, 키콩고어, 칠루바어

키리바시

- **면적:** 811km²
- **인구:** 119,000명
- **수도:** 타라와 (인구: 64,000명)
- **화폐 단위:** 오스트레일리아 달러
- **종교:** 로마 가톨릭교, 개신교, 모르몬교
- **언어:** 키리바시어, 영어

쿠바

- **면적:** 110,860km²
- **인구:** 11,305,000명
- **수도:** 아바나 (인구: 2,143,000명)
- **화폐 단위:** 쿠바 페소
- **종교:** 로마 가톨릭교, 토속 신앙
- **언어:** 에스파냐어

키프로스

- **면적:** 9,251km²
- **인구:** 1,223,000명
- **수도:** 니코시아 (인구: 269,000명)
- **화폐 단위:** 유로
- **종교:** 그리스 정교회, 이슬람교
- **언어:** 그리스어, 터키어, 영어

쿠웨이트

- **면적:** 17,818km²
- **인구:** 4,380,000명
- **수도:** 쿠웨이트 (인구: 3,177,000명)
- **화폐 단위:** 쿠웨이트 디나르
- **종교:** 이슬람교, 기독교
- **언어:** 아랍어, 영어

타지키스탄

- **면적:** 144,100km²
- **인구:** 9,957,000명
- **수도:** 두샨베 (인구: 938,000명)
- **화폐 단위:** 소모니
- **종교:** 이슬람교
- **언어:** 타지크어, 우즈베크어

크로아티아

- **면적:** 56,594km²
- **인구:** 4,059,000명
- **수도:** 자그레브 (인구: 685,000명)
- **화폐 단위:** 쿠나
- **종교:** 로마 가톨릭교, 동방 정교회
- **언어:** 크로아티아어, 세르비아어

탄자니아

- **면적:** 947,300km²
- **인구:** 63,298,000명
- **수도:** 도도마 (인구: 262,000명)
- **화폐 단위:** 탄자니아 실링
- **종교:** 기독교, 이슬람교, 토속 신앙
- **언어:** 스와힐리어, 웅구자어, 영어, 아랍어, 지역 언어

키르기스스탄

- **면적:** 199,951km²
- **인구:** 6,728,000명
- **수도:** 비슈케크 (인구: 1,060,000명)
- **화폐 단위:** 솜
- **종교:** 이슬람교, 동방 정교회
- **언어:** 키르기스어, 러시아어, 우즈베크어

태국

- **면적:** 513,120km²
- **인구:** 70,078,000명
- **수도:** 방콕 (인구: 10,723,000명)
- **화폐 단위:** 바트
- **종교:** 불교
- **언어:** 태국어, 영어

● 북아메리카, 중앙아메리카 ● 남아메리카 ● 오세아니아

토고
- **면적:** 56,785km²
- **인구:** 8,688,000명
- **수도:** 로메 (인구: 1,784,000명)
- **화폐 단위:** 서아프리카 세파 프랑
- **종교:** 기독교, 토속 신앙, 이슬람교
- **언어:** 프랑스어, 에웨어, 미나어, 카비예어, 다곰바어

튀르키예
- **면적:** 783,562km²
- **인구:** 85,561,000명
- **수도:** 앙카라 (인구: 5,216,000명)
- **화폐 단위:** 터키 리라
- **종교:** 이슬람교
- **언어:** 터키어, 쿠르드어

통가
- **면적:** 747km²
- **인구:** 107,000명
- **수도:** 누쿠알로파 (인구: 23,000명)
- **화폐 단위:** 팡가
- **종교:** 개신교, 모르몬교, 로마 가톨릭교
- **언어:** 통가어, 영어

트리니다드 토바고
- **면적:** 5,128km²
- **인구:** 1,406,000명
- **수도:** 포트오브스페인 (인구: 544,000명)
- **화폐 단위:** 트리니다드 토바고 달러
- **종교:** 개신교, 로마 가톨릭교, 힌두교, 이슬람교
- **언어:** 영어, 앤틸리스 크리올, 카리브 힌두스탄어, 에스파냐어, 중국어

투르크메니스탄
- **면적:** 488,100km²
- **인구:** 6,201,000명
- **수도:** 아시가바트 (인구: 865,000명)
- **화폐 단위:** 투르크메니스탄 마나트
- **종교:** 이슬람교, 동방 정교회
- **언어:** 투르크멘어, 러시아어, 우즈베크어

파나마
- **면적:** 75,420km²
- **인구:** 4,446,000명
- **수도:** 파나마 (인구: 1,899,000명)
- **화폐 단위:** 파나마 발보아
- **종교:** 로마 가톨릭교, 개신교
- **언어:** 에스파냐어, 토착어, 영어

투발루
- **면적:** 26km²
- **인구:** 12,000명
- **수도:** 푸나푸티 (인구: 7,000명)
- **화폐 단위:** 호주 달러
- **종교:** 개신교
- **언어:** 투발루어, 영어, 사모아어, 키리바시어

파라과이
- **면적:** 406,752km²
- **인구:** 7,305,000명
- **수도:** 아순시온 (인구: 3,394,000명)
- **화폐 단위:** 과라니
- **종교:** 로마 가톨릭교, 개신교
- **언어:** 에스파냐어, 과라니어

튀니지
- **면적:** 163,610km²
- **인구:** 12,046,000명
- **수도:** 튀니스 (인구: 2,403,000명)
- **화폐 단위:** 튀니지 디나르
- **종교:** 이슬람교
- **언어:** 아랍어, 프랑스어, 베르베르어

파키스탄
- **면적:** 796,095km²
- **인구:** 229,488,000명
- **수도:** 이슬라마바드 (인구: 1,164,000명)
- **화폐 단위:** 파키스탄 루피
- **종교:** 이슬람교
- **언어:** 펀자브어, 신드어, 사라이키어, 우르두어, 영어

파푸아 뉴기니

면적: 462,840km²
인구: 9,292,000명
수도: 포트모르즈비 (인구: 391,000명)
화폐 단위: 키나
종교: 개신교, 로마 가톨릭교, 기타 기독교
언어: 톡 피신, 영어, 모투어, 기타 토착어

프랑스

면적: 643,801km²
인구: 65,584,000명
수도: 파리 (인구: 10,958,000명)
화폐 단위: 유로
종교: 로마 가톨릭교, 이슬람교
언어: 프랑스어

팔라우

면적: 459km²
인구: 18,000명
수도: 응게룰무드 (인구: 277명)
화폐 단위: 미국 달러
종교: 로마 가톨릭교, 개신교, 모데크게이
언어: 팔라우어, 영어, 필리핀어

피지

면적: 18,274km²
인구: 909,000명
수도: 수바 (인구: 178,000명)
화폐 단위: 피지 달러
종교: 개신교, 로마 가톨릭교, 기타 기독교, 힌두교, 이슬람교
언어: 영어, 피지어, 힌두스타니어

페루

면적: 1,285,216km²
인구: 33,684,000명
수도: 리마 (인구: 10,883,000명)
화폐 단위: 솔
종교: 로마 가톨릭교, 개신교
언어: 에스파냐어, 케추아어, 아이마라어

핀란드

면적: 338,145km²
인구: 5,554,000명
수도: 헬싱키 (인구: 1,317,000명)
화폐 단위: 유로
종교: 개신교
언어: 핀란드어, 스웨덴어

포르투갈

면적: 92,090km²
인구: 10,264,000명
수도: 리스본 (인구: 2,972,000명)
화폐 단위: 유로
종교: 로마 가톨릭교
언어: 포르투갈어, 미란다어

필리핀

면적: 300,000km²
인구: 111,818,000명
수도: 마닐라
(인구: 14,159,000명)
화폐 단위: 필리핀 페소
종교: 로마 가톨릭교, 개신교, 이슬람교
언어: 타갈로그어, 영어, 토착어

폴란드

면적: 312,685km²
인구: 38,186,000명
수도: 바르샤바 (인구: 1,790,000명)
화폐 단위: 즈워티
종교: 로마 가톨릭교
언어: 폴란드어

헝가리

면적: 93,028km²
인구: 9,728,000명
수도: 부다페스트
(인구: 1,772,000명)
화폐 단위: 포린트
종교: 로마 가톨릭교, 개신교
언어: 헝가리어, 영어, 독일어

● 북아메리카, 중앙아메리카 ● 남아메리카 ● 오세아니아

세계 여행

신비로운 휴가 여행

여름휴가를 바닷가로 가고 싶다고요?
지금부터 소개하는 별난 지역들도 휴가지로 생각해 봐요.

우뚝 솟은 기암괴석
위치: 중국

까마득히 솟은 기암괴석들이 영화 속 장면 같아요. 실제로 영화에 나왔으니까요! 제임스 캐머런 감독은 영화 「아바타」를 이곳 중국 장자제 국립 공원에서 찍었어요. 이곳에는 석영 사암으로 된 3000개가 넘는 기암괴석들이 높이 솟아 있어요. 높이가 200미터를 넘는 것도 있어요. 폭포, 동굴, 물웅덩이도 딴 세상에 온 듯한 풍경을 만드는 데 한몫해요.

수중 조각 공원
위치: 멕시코

물안경을 쓰고서 미술 작품을 관람한다면? 색다르겠죠! 수중 미술관 무사(MUSA)에서는 물속에 들어가야만 작품을 볼 수 있어요. 500점이 넘는 미술관 조각품들은 멕시코의 무헤레스섬과 푼타니죽 사이의 바닷속에 놓여 있어요. 작품을 보려면 관람객은 스쿠버다이빙을 해야 하지요. 이 미술관에는 조각품만 있는 것이 아니에요. 조각품들은 산호초의 증식을 돕는 재료로 만들어져서 산호와 해양 생물에게 도움을 주는 인공 산호초 역할도 해요.

세계의 지리

거인의 둑길, 자이언트 코즈웨이
위치: 영국 북아일랜드

현무암 기둥들이 4만 개 이상 모여 있는 모습은 기이해 보여요. 그래서 더 기이한 전설을 낳았지요. 옛날에 한 거인이 다른 거인에게 가르침을 주기 위해 스코틀랜드로 건너가려고 했어요. 하지만 물이 있어서 갈 수 없었죠. 거인은 길을 만들려고 바다로 돌을 던졌대요. 과학자들은 다르게 설명해요. 약 6000만 년 전 화산이 분화하면서 이 경이로운 풍경이 생겼다고 하지요. 자, 멋진 풍경을 감상해요!

소코트라섬
위치: 아라비아해

예멘 본토에서 약 354킬로미터 떨어진 외딴섬 소코트라섬에는 다른 곳에는 없는 기이한 동식물들이 살아요. 상처를 입으면 줄기에서 붉은 즙이 나와 '용혈수'라고 이름 붙여진 나무가 있지요. 거대한 버섯이나 나무줄기 위에 UFO가 내려앉은 듯이 생겼지요. 소코트라섬은 놀라운 생물 다양성을 간직하고 있어서 '인도양의 갈라파고스'라고 불려요.

세계 여행

소름이 쫙!

세계의 짜릿한 장소들

1
아랍 에미리트 아부다비에 있는 포뮬러 로사는 **세계에서 가장 빠른 롤러코스터**예요. 5초 안에 **시속 240킬로미터까지** 속도를 올릴 수 있어요.

2
독일의 트로피컬 아일랜드 리조트는 **세계에서 가장 큰 실내 워터파크**예요. 속도가 빠른 워터슬라이드가 있을 뿐 아니라 전 세계에서 가장 큰 **실내 열대 우림**도 있어요.

3
프랑스 낭트의 테마파크에 가면 높이가 12미터인 **기계 코끼리**가 공원을 돌아다녀요. 사람이 **탈 수도 있어요!**

세계의 지리

4 오스트레일리아 수족관인 크로코사우루스 코브에서, 투명한 관에 들어가 헤엄을 치면 바로 곁에서 **5미터 길이의 바다악어**가 지나가는 모습을 볼 수 있어요.

5 프랑스의 아쿠알루드 파크에는 **블랙홀이라는 워터슬라이드**가 있어요. **깜깜한 어둠 속에서** 미끄러지는 물 미끄럼틀이에요.

6 미국 네바다주 라스베이거스에는 '인세니티'라는 놀이 기구가 있어요. 사람을 태워서 **공중에 매단 채 시속 64킬로미터로 빙글빙글 돌려요.**

7 월트 디즈니가 그린 **디즈니랜드의 초창기 지도**는 70만 8000달러에 팔렸어요.

8 바하마의 한 워터파크에는 18미터 길이의 **워터슬라이드**가 있어요. 길고 투명한 터널을 따라 미끄러지는 동안 옆에서 헤엄치는 **진짜 상어 수십 마리**를 볼 수 있어요!

9 아랍 에미리트 두바이에 있는 IMG 월드 오브 어드벤처는 **세계에서 가장 넓은 실내 놀이공원**이에요. 무려 13만 9355제곱미터 넓이에 펼쳐져 있어요.

10 미국 인디애나주 홀리데이 월드 앤 스플래싱 사파리에는 높이가 537미터나 되는 **전 세계에서 가장 긴 워터 롤러코스터**가 있어요. 에펠탑의 높이보다 **2배나 더 길죠!**

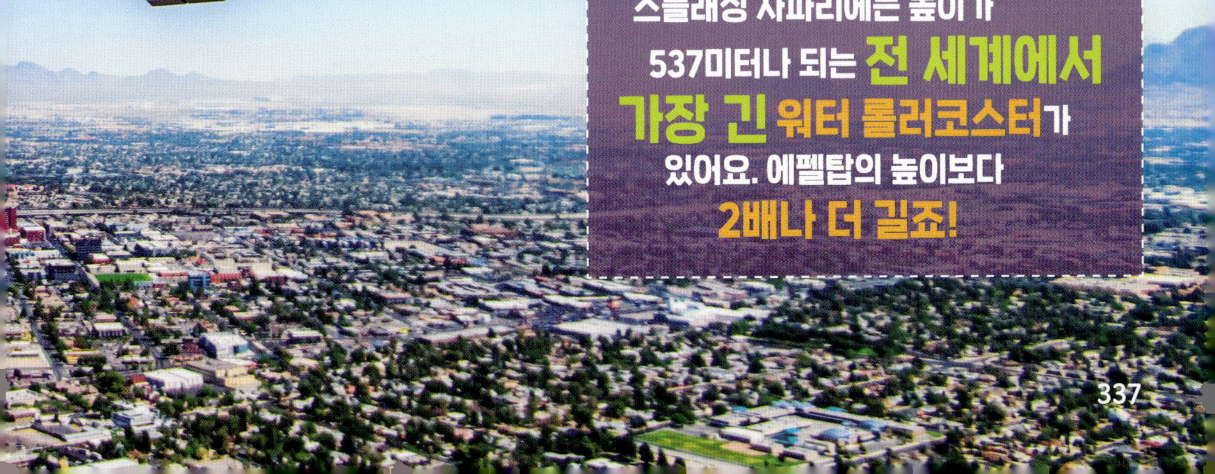

세계 여행

작고 경이로운
세계 문화유산

바티칸 시국은 전체 면적이 약 44헥타르*에 불과해서 18홀 골프장만 해요.

바티칸 시국의 벽 안쪽에 자리한 성 베드로 대성당은 세계에서 가장 큰 교회로 손꼽혀요.

가장 작은 나라
바티칸 시국

이 세계에서 가장 작은 나라는 경복궁만 해요. 바티칸 시국은 이탈리아 로마 안에 있는 도시 국가로서, 면적이 겨우 0.44제곱킬로미터예요. 교황(가톨릭교회의 수장)을 비롯한 약 1000명이 사는 곳이에요. 세계에서 인구가 가장 적은 나라이기도 하지요. 하지만 이 작은 나라를 신성한 순례지로 여기는 독실한 가톨릭 신자들이 많이 찾아와요.

바티칸 시국에서 태어난다고 시민권을 받는 것이 아니에요. 바티칸 시국의 시민권은 외교관이나 이곳에서 살면서 일하는 사람과 직계 가족에게 주어져요.

*헥타르: 미터법 넓이의 단위로, 1헥타르는 1만 제곱미터.

세계의 지리

세계의 8가지
초대형 조각품

② 바위에 새겨진 통치자
루마니아의 어느 언덕 위에 턱수염이 부숭부숭한 조각상이 있어요. 두너레아강에서 가까운 바위벽에 새겨진 이 커다란 조각상의 주인공은 고대의 강력한 통치자였던 데케발루스예요. 높이가 40미터나 되어서 유럽에서 가장 높은 바위 조각상이죠.

③ 거대한 불상
동남아시아 미얀마에는 사진처럼 엄청나게 큰 불상이 있어요. 부처가 서 있는 높이가 129미터나 되어서 전 세계에서 가장 큰 불상으로 손꼽혀요.

① 준비, 땅!
영국 런던 템스 강변의 잔디밭에는 14미터 길이의 헤엄치는 수영 선수 조각상이 있어요. 한 텔레비전 프로그램을 홍보하기 위해 만든 것으로, 스티로폼에 페인트칠을 해서 실제 사람의 피부처럼 보이도록 했어요.

④ 말 머리 상
영국 스코틀랜드의 폴커크에는 강철로 된 말 머리 조각상이 한 쌍 있어요. 방문객들은 '켈피'라고 하는 이 말 머리 상에 들어가서 작품의 안밖을 두루 감상할 수 있지요. 켈피는 예전에 이 지역에서 바지선*을 끌었던 말들을 기리기 위해 붙은 이름이에요.

*바지선 : 화물을 운반하는 소형 선박.

⑤ 엄지 척
프랑스 파리의 라 데팡스에는 4층 건물 높이의 엄지손가락이 있어요. 이 조각상의 작가가 자기 엄지손가락과 지문을 본떠서 만들었지요. 손의 나머지 부분은 어디에 있을까요?

⑥ 아주 커다란 하이힐
신데렐라도 이렇게 큰 신발을 잃어버리진 못할 거예요. 포르투갈의 한 작가가 스테인리스 스틸 냄비와 뚜껑을 활용해 동화 속 구두를 아주 커다란 작품으로 만들었어요.

⑦ 청동 조각상
세네갈 다카르의 언덕 위에 세워진 이 청동 조각상은 높이 49미터에 남자와 여자, 아이가 대서양을 바라보는 모습이에요. 세네갈이 프랑스의 지배에서 벗어난 것을 기념하기 위한 조각상이며, 아프리카에서 가장 높아요.

⑧ 커다란 머리
중국 창사에 있는 10층 높이의 이 거대한 흉상은 20세기 중국을 이끈 지도자 마오쩌둥의 조각상이에요. 조각상을 만드는 데 화강암 조각이 8000개도 넘게 쓰였어요.

세계 여행

별나게 멋진 휴가지 숙소들

자동차 호텔 V8 호텔

위치: 독일 뵈블링엔

이곳이 멋진 이유: V8 호텔은 재미있는 것들이 가득해요. 소파는 자동차 범퍼, 탁자는 휘발유 드럼통으로 만들었어요. 세차장 방(사진)은 침대가 자동차 뼈대 위에 있고 머리 맡에는 세차 롤러와 먼지떨이가 있어요. 차고 방(아래 사진)은 기계 '다리'가 달린 유압식 리프트에 침대를 놓았어요. 이곳에서는 8만 달러짜리 비스만 로드스터 MF3 스포츠카도 타 볼 수 있어요. 정말로 짜릿하겠죠?

자는 곳!

가짜 다리!

독일의 멋진 점들

곰 젤리와 지렁이 젤리는 독일에서 발명됐어요.

독일의 고속도로 아우토반에서 불필요하게 정지하는 것은 불법이에요. 가다가 연료가 다 떨어져서 차가 멈추어도 마찬가지예요. 이 고속도로는 속도 제한이 없는 구간이 많은 것으로 유명해요.

독일인은 전화를 받을 때 대개 자기 이름 대신 성을 말해요.

독일에 여행 가면 할 일들

디즈니랜드의 잠자는 미녀의 성의 모델이 된 노이슈반슈타인성에서 말이 끄는 마차 타기.

1961년부터 1989년까지 독일을 나누었던 베를린 장벽 자리에 조성한 약 159킬로미터의 길을 자전거로 달리기.

분화를 멈춘 휴화산과 고대 로마 광산 유적이 있는 아이펠 지역 걷기.

세계의 지리

눈 호텔 케미 눈의 성

위치: 핀란드 케미

이곳이 멋진 이유: 실내 온도가 0도인 이곳은 늘 추워요. 정말로요! 해마다 겨울에 쌓인 눈만으로 짓는 객실 21개로 이루어진 성에는 멋진 얼음 조각품, 야외 눈썰매장, 얼음 식탁을 갖춘 식당이 있어요. (차가운 훈제 연어 수프 먹을 사람 있나요?) 밤에는 양가죽이 깔린 얼음 침대 위에서 겨울용 침낭에 들어가 자요. 아주 포근하지요. 옷을 침낭에 넣고 자야 한다는 것을 잊지 마요. 그러지 않으면 옷이 꽁꽁 얼 거예요. 화장실은 밖에 있어서 갈 때마다 옷을 껴입고 가야 해요.

식당

내 방은 어디일까?

자는 곳

핀란드의 멋진 점들

- 핀란드는 '호수 천 개의 땅'이라고 흔히 말하지만, 실제로는 호수가 187,888개나 있어요.
- 혹독한 겨울에 안전하게 차를 몰려면 스노타이어를 써야 해요.
- 핀란드에서 인기 있는 간식은 살미아키예요. 소금을 넣은 감초 사탕이지요.
- 뜨거운 증기를 쐬는 사우나를 하다가 얼음처럼 차가운 호수에 풍덩 뛰어드는 것이 핀란드 전통이에요.

핀란드에 여행 가면 할 일들

- 쇄빙선(바다나 강의 얼음을 깨뜨리는 큰 배)인 삼포호를 타고 얼음을 헤쳐 나가기.
- 북극광(오로라) 아래에서 스노모빌 타기.
- 사이마호에서 카누를 타고 멸종 위험에 처한 사이마 고리무늬물범 찾아보기.

세계 여행

이건 몰랐을걸! 아프리카에 관한 6가지 놀라운 사실

1 탄자니아에는 나무를 타는 사자가 세계에서 가장 많아요.

2 아프리카의 단봉낙타는 혹이 한 개예요. 아시아의 쌍봉낙타는 혹이 두 개이고요.

3 고대 이집트 묘지에서 악어 미라도 발견되었어요.

4 아프리카에는 1000가지가 넘는 언어가 쓰여요.

5 영화 「스타 워즈」 시리즈의 일부 장면은 튀니지에서 찍었어요.

6 짜릿함을 좋아하는 관광객들은 아프리카 해안과 사막의 높은 모래 언덕에서 샌드보드를 타곤 해요.

꿈 같은 휴가 장소

세계의 지리

이집트는 고대 유적부터 근사한 모험에 이르기까지 놀라움으로 가득한 나라예요. 볼 것도 할 것도 너무나 많지요. 이집트에서 어떤 경험을 할 수 있는지 알아볼까요?

열기구가 스핑크스 곁을 지나가요.

스핑크스나 거의 500년간 파라오들이 잠들어 있던 왕들의 골짜기 위를 날아 볼까요? 내려와서 투탕카멘왕의 무덤에도 들어가 보고요.

홍해(아래) 해안에서 헤엄을 치거나 잠수해서 지중해에 잠겨 있는 알렉산드리아의 수중 유적을 살펴보아요.

기자의 3대 피라미드(오른쪽)에 들어가 보거나, 람세스 2세의 아버지인 세티 1세(왼쪽)의 사원을 둘러보아요.

중동의 달콤한 디저트, 크나페(쿠나파)를 먹어요. 끈적거리는 달콤한 반죽으로 만든 이 디저트는 부드러운 치즈를 채우고 오렌지 꽃물을 적시기도 해요.

배를 타고 나일강을 구경해요. 전통 돛단배인 펠루카를 타 볼 수도 있지요.

343

세계의 지리

중국 마카오의 앞바다에 높이 18미터인 고무 오리가 떴어요.

1992년에는 북태평양을 지나가던 화물선에서, 고무 오리 2만 8800개와 목욕용 장난감이 담긴 운송 상자가 **바다에 빠졌어요.**

과학자들은 바다에 빠진 고무 오리들을 추적해 **바닷물의 흐름** 에 대한 여러 사실을 알아냈어요.

세계 여행

나에게 딱 맞는 이상하고 특별한 휴가지는 어디일까?

당신은 멀리서 별난 풍경을 바라보는 것을 좋아하나요?

오스트레일리아 미들섬, 힐리어호
연구자들은 미생물 때문에 이 호수가 장밋빛을 띤다고 해요. 미들섬은 연구자만 들어갈 수 있는 곳이라서, 공중에서 바라보아야 해요.

캐나다 브리티시컬럼비아주, 스포티드호
여름에 호수의 물이 증발하면, 녹아 있는 광물 때문에 다양한 색깔을 띠는 작은 물웅덩이들이 남아요. 거리를 두고 한눈에 다 볼 수 있는 곳에서 구경하는 것이 가장 좋아요.

페루 쿠스코, 스카이롯지
안데스산맥에 위치한 '잉카의 성스러운 계곡'의 한 절벽에서 305미터 높이에 매달려 있는 투명한 숙박 캡슐이에요. 꽤 아늑하겠지요?

아니면 별난 풍경을 가까이에서 보는 쪽을 좋아하나요?

미국 미주리주, 본 테르 광산
물에 잠긴 납 광산에서 스쿠버다이빙을 해요. 지금은 세계 최대의 민물 잠수 명소가 되어 있어요.

세계의 지리

롤러코스터 타기

짜릿하게 달릴 준비가 되었나요?
미국 뉴저지주의 테마파크 식스 플래그 그레이트 어드벤처에 있는 킹다카는 세계에서 가장 높으면서 세계에서 두 번째로 빠른 롤러코스터예요. 손잡이를 꽉 붙잡고 심장이 두근거리는 이 롤러코스터의 이모저모를 알아볼까요?

하강 높이
418 미터

39 미터
낙타 혹*의 최고 높이

상승 높이
142 미터
45층 건물 높이만 해요!

속도
시속 206 킬로미터
속도를 원하나요? 최고 속도에 이르기까지 고작 3.5초면 충분해요!

타는 시간
50.6 초

올라가는 각도
90 도

길이 950 미터

*낙타 혹: 롤러코스터의 힘과 중력이 균형을 이루어 무중력 상태를 경험하는 구간.

347

세계 여행

15가지 세계 곳곳의 놀라운 사실들

중국의 **대나무숲**은 가파른 산에서 자라기도 해요. 다행히도 **대왕판다**는 비탈을 따라 해발 **3962미터**까지도 쉽게 올라가요.

지구의 자전 속도는 1세기에 1.5밀리초*씩 느려지고 있어요.

*밀리초: 1000분의 1초.

약 **12,000년 전**에 **사하라 사막**은 수백만 그루의 나무로 덮여 있었어요.

요르단의 **고대 도시 페트라**에서는 건물을 지을 때 절벽을 직접 깎아서 만들었어요.

태평양의 표면은 지구의 모든 대륙을 합친 것보다 넓어요.

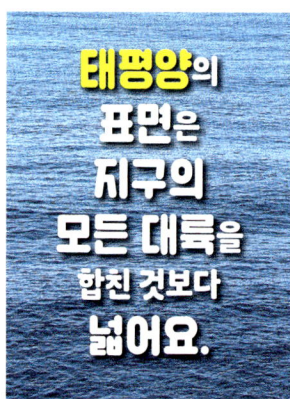

캐나다의 **토르산**에는 세계에서 가장 길게 이어지는 절벽 면이 있어요.

아이슬란드 인구 전체보다 미국 플로리다주 탬파 주민이 더 많아요.

세계의 지리

예전에 **지도 제작자**는 **열기구**를 타고 공중에서 땅을 내려다보면서 지도를 그렸어요.

남아메리카 아마존강에 **물이 불어서** 주변 숲까지 잠기면, 강돌고래들은 나무 사이를 헤엄쳐 돌아다니곤 해요.

사해의 수위는 해마다 **0.9미터** 이상 낮아지고 있어요.

말레이시아의 한 동굴은 **점보제트기** 8대가 들어갈 만큼 커요.

인도네시아 오지의 **포자산맥**에는 코가 길쭉한 **피노키오개구리** 같은 **별난 종**들이 살고 있어요.

필리핀의 **초콜릿 언덕**은 거대한 **허쉬 키세스** 초콜릿을 늘어놓은 듯 올록볼록하게 생겼어요.

아랍 에미리트에는 **야자나무처럼 생긴 인공 섬**이 두 곳 있어요.

모래고양이는 북아프리카의 뜨거운 사막에서도 멀쩡해요. 발바닥이 털로 덮여 있어서 모래의 열기를 막아 주거든요.

세계 여행

신기한 해변들

세계에서 가장 멋진 해변을 만나 봐요.
단순한 모래밭이 아니랍니다.

검은 해변

이름: 푸날루우 검은 모래 해변
위치: 미국 하와이주 빅아일랜드
독특한 점: 길게 늘어진 해안에 까만색 모래가 깔려 있어요. 근처 킬라우에아산(아직 활동하는 활화산)에서 수백 년 동안 분출하여 단단하게 굳은 용암이 잘게 부서져 이 해변을 이루었어요. 대모거북과 푸른바다거북이 즐겨 둥지를 트는 장소이기도 해요.

과거에서 온 유리 해변

이름: 유리 해변
위치: 미국 캘리포니아주 포트브래그
독특한 점: 수십 년간 이 해변을 따라 흐르는 바닷물에 유리병을 비롯한 쓰레기가 버려졌어요. 한때 쓰레기였던 유리들이 바닷물에 씻기고 닳아서 이제는 무지개 색으로 은은하게 빛나며 작은 만을 뒤덮고 있어요.

펭귄 해변

이름: 볼더스 해변
위치: 바하마 하버섬
독특한 점: 펭귄이 얼음으로 뒤덮인 바닷가에만 있을까요? 어떤 펭귄은 더운 기후도 좋아한답니다! 아프리카펭귄들은 5억 4000만 년 된 화강암 바위 옆에 자리한 국립 공원의 따뜻한 물속에서 첨벙거리며 헤엄쳐요.

움직이는 해변

이름: 즐라트니 라트
위치: 크로아티아 브라치섬
독특한 점: 폭이 좁고 길쭉한 이 해변은 모양이 잘 바뀌어요. 수심이 최대 500미터인 선명한 푸른 바닷물 사이에 툭 튀어나와 있지요. 이 모래 해변의 끄트머리는 바람과 파도, 해류에 따라 방향이 이리저리 잘 바뀌어요.

세계의 지리

과거의 세계 7대 불가사의

지금으로부터 2000년 전에 여행자들은 여행하면서 본 볼거리를 기록했어요. 시간이 지나면서 그 가운데 일곱 장소가 '고대 세계의 불가사의'로 역사에 이름을 남겼어요. 7대 불가사의인 이유는 이 목록을 만든 그리스인들이 7을 마법의 숫자라고 여겼기 때문이에요.

새로운 세계 7대 불가사의

어째서 새로운 '세계 7대 불가사의'가 생겼을까요? 과거의 세계 7대 불가사의가 대부분 지금까지 남아 있지 않기 때문이에요. 2000년 이전에 만들어져 보존 중인 '새로운 세계 7대 불가사의' 목록이 생겼어요. 1억 명이 넘는 사람들이 직접 투표해서 고른 후보예요!

이집트 기자의 피라미드
지어진 시기: 약 기원전 2600년
이 거대한 무덤 속에는 이집트 파라오들이 누워 있어요. 고대의 7대 불가사의 가운데 오늘날까지 남아 있는 유일한 건축물이에요.

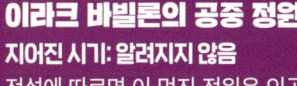

이라크 바빌론의 공중 정원
지어진 시기: 알려지지 않음
전설에 따르면 이 멋진 정원은 인공 산 위에 꾸며졌다고 해요. 하지만 이 정원이 사실 지어진 적이 없다고 주장하는 전문가들도 많아요.

튀르키예 에페수스* 아르테미스 신전
지어진 시기: 기원전 6세기
이 우뚝 솟은 신전은 그리스 신화 속 사냥의 여신인 아르테미스를 기리는 곳이에요.

그리스 제우스 상
지어진 시기: 기원전 5세기
높이 12미터로, 그리스 신화 속 신들의 왕 제우스를 묘사하는 조각상이에요.

튀르키예 할리카르나소스 마우솔레움
지어진 시기: 기원전 4세기
정성 들여 잘 지어진 이 무덤에는 마우솔로스 총독이 묻혀 있었어요.

그리스 로도스섬*의 거상
지어진 시기: 기원전 4세기
그리스 신화 속 태양의 신 헬리오스를 기리는 높이 34미터의 조각상이에요.

이집트 알렉산드리아의 등대
지어진 시기: 기원전 3세기
세계 최초의 등대이며, 거울을 활용해 햇빛을 바다 멀리까지 반사했어요.

인도 타지마할
완공 시기: 1648년
이 호화로운 무덤은 황제 샤자한이 사랑했던 아내를 추모하기 위해 지었어요.

요르단 남서쪽 페트라
완공 시기: 약 기원전 200년
바위 절벽에 새겨진 이 도시에는 한때 약 3만 명의 인구가 거주했어요.

페루 마추픽추
완공 시기: 약 1450년
'구름 속 잃어버린 도시'라 불리는 마추픽추는 안데스산맥 2350미터 높이에 자리 잡았어요.

이탈리아 콜로세움
완공 시기: 기원후 80년
이 경기장에서 야생 동물과 인간 검투사들이 5만 명의 관중 앞에서 죽을 때까지 싸웠어요.

브라질 구세주 그리스도 상
완공 시기: 1931년
코르코바두산 꼭대기에 우뚝 선 이 조각상은 높이가 12층 건물만 하고 무게는 110만 킬로그램에 이르러요.

멕시코 치첸이트사
완공 시기: 10세기
10~13세기에 마야 제국의 수도였던 이곳은 쿠쿨칸의 피라미드가 있는 곳으로 유명해요.

중국 만리장성
완공 시기: 1644년
사람이 만든 건축물 가운데 가장 긴 만리장성은 약 7200킬로미터에 걸쳐 구불구불 펼쳐져 있어요.

*튀르키예 에페수스: 고대 그리스의 식민 도시 유적.
*로도스섬: 에게해의 섬.

더 알아보기

잠깐 퀴즈!

세계의 지리 상식을 얼마나 알고 있나요? 다음 퀴즈를 풀면서 알아봐요.

답을 종이에 적은 뒤, 아래 정답과 맞추어 봐요.

① 유리 해변은 어디에 있을까?
- a. 태국 코사무이
- b. 미국 캘리포니아주 포트브래그
- c. 버뮤다 세인트조지
- d. 미국 노스캐롤라이나주 포트피셔

② 오스트레일리아의 미들섬 힐리어호의 두드러진 특징은 무엇일까?
- a. 수심
- b. 풍부한 물고기
- c. 분홍색 물
- d. 하트 모양

③ 오스트레일리아의 왕가루 수가 줄어드는 이유는 무엇일까?
- a. 가뭄
- b. 밀렵
- c. 추위
- d. 뉴질랜드로 껑충 뛰어넘어가서

④ 참일까, 거짓일까? 아랍 에미리트에는 소나무 모양의 인공 섬이 두 곳 있어요. (　　　)

⑤ 싱가포르는 2030년까지 _____ 그루의 나무를 심을 계획이다.
- a. 100
- b. 1000
- c. 100,000
- d. 1,000,000

문제를 더 풀고 싶나요?
내년에 나올 『사이언스 2024』도 기대해 주세요!

정답: ① b, ② c, ③ a, ④ 거짓, 인공 섬은 야자나무처럼 생겼어요, ⑤ d

세계의 지리

이렇게 해 봐요!

우리는 어디에 있을까?

위도와 경도는 지구상에서 우리의 위치를 아는 데 필요한 선이에요. 지구상의 모든 장소는 위도와 경도에 따른 특별한 주소를 가지고 있어요. '절대적인 위치'라고 할 수 있어요. 적도와 평행하게 서쪽에서 동쪽으로 지나는 상상의 선을 위도라고 해요. 이 선을 활용해 적도(위도 0도)에서 북극(북위 90도, 90°N)이나 남극(남위 90도, 90°S)까지 각도로 거리를 측정하죠. 위도 1도는 약 113킬로미터예요.

경도는 지구의 북쪽에서 남쪽으로 뻗어 북극과 남극에서 만나는 선들이에요. 이 선은 경도 0도인 지점(본초 자오선)에서 180도인 지점까지 각도를 통해 동쪽이나 서쪽으로 거리를 나타내죠. 본초 자오선은 영국 그리니치 천문대를 지나요.

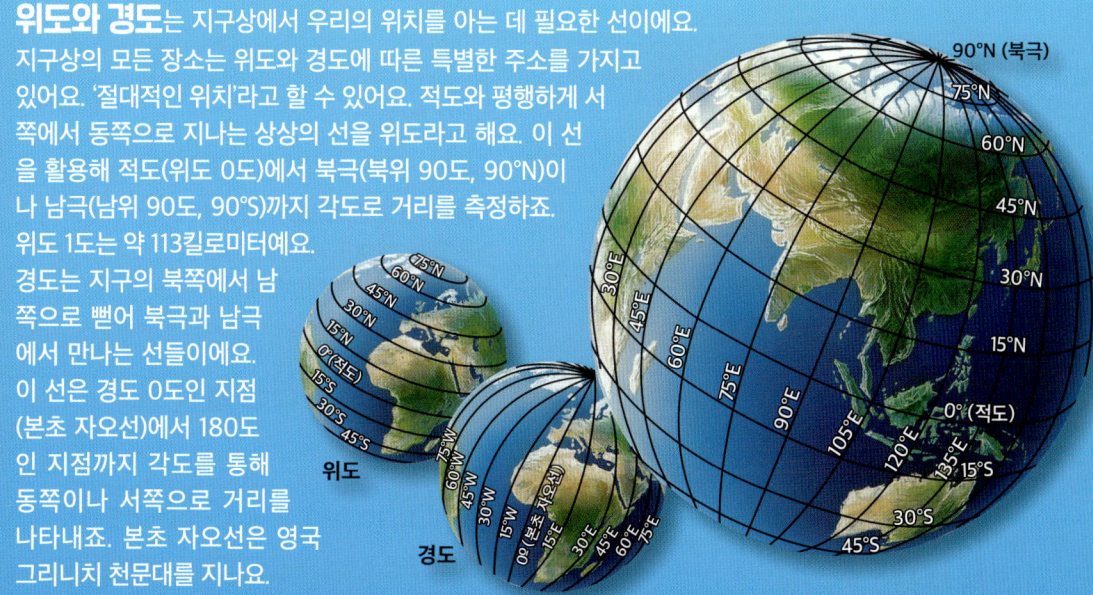

절대적인 위치

위도와 경도를 활용해 전 지구를 무대로 보물찾기 게임을 한다고 상상해 봐요. 보물은 절대 위치로 남위 30도(30°S), 서경 60도(60°W)에 숨겨져 있다고 해요. 그러면 처음 숫자가 적도에서 남쪽으로 떨어진 거리를 말하고, 두 번째 숫자가 본초 자오선에서 서쪽으로 떨어진 거리를 말하는 거예요. 오른쪽 지도에서 남위 30도인 위도선과 서경 60도인 경도선을 찾아요. 그런 다음 손가락으로 두 선이 만나는 지점을 따라가 짚어요. 그러면 정확한 장소를 알 수 있죠. 보물은 아르헨티나 중부에 있을 거예요(지도에서 화살표 부분).

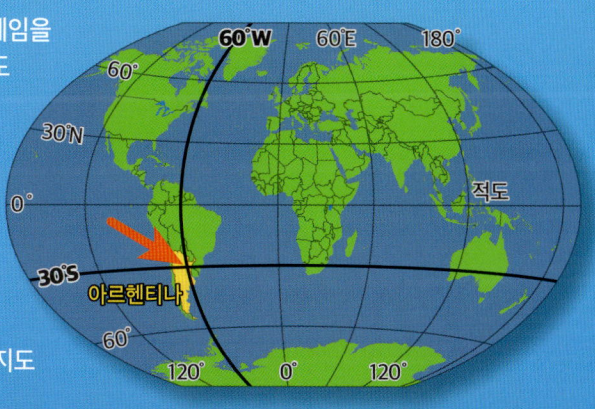

도전! 지도 찾기

1. 290~291쪽의 아프리카 지도에서 남위 10도(10°S), 동경 20도(20°E)에는 어떤 나라가 있나요?
2. 282~283쪽의 아시아 지도에서 북위 20도(20°N), 동경 80도(80°E)에는 어떤 나라가 있나요?
3. 286~287쪽의 유럽 지도에서 북위 50도(50°N), 동경 30도(30°E)에는 어떤 나라가 있나요?
4. 294~295쪽의 북아메리카 지도에서 북위 20도(20°N), 서경 100도(100°W)에는 어떤 나라가 있나요?

정답: 1. 앙골라, 2. 인도, 3. 우크라이나, 4. 멕시코

게임과 퍼즐
정답 확인

이건 뭘까?
133쪽
윗줄: **거미, 전갈, 딱정벌레**
가운뎃줄: **흰개미, 노래기, 바퀴**
아랫줄: **지렁이, 도롱뇽, 민달팽이**

옛 표지판
134쪽
3과 **6**이 가짜

이상한 도시
136쪽

숨은 동물 찾기
137쪽
1. **A**, 2. **E**, 3. **C**, 4. **D**, 5. **B**, 6. **F**

이건 뭘까?
138쪽
윗줄: **서프보드, 대보초, 캥거루**
가운뎃줄: **화식조, 부메랑, 울룰루**
아랫줄: **깃발, 코알라, 오페라하우스**

온 가족이 함께하는 깜짝 퀴즈
139쪽
1. **D**, 2. **B**, 3. **A**, 4. **A**, 5. **B**, 6. **C**, 7. **A**,
8. **C**, 9. **D**, 10. **A-3; B-4 ; C-5; D-2; E-1**

이건 뭘까?
142쪽
윗줄: **야자나무, 모래성, 스노클**
가운뎃줄: **수영복, 비치볼, 바닷말**
아랫줄: **조개껍데기, 비치타월, 파라솔**

숨은 동물 찾기
143쪽
1. **E**, 2. **F**, 3. **D**, 4. **B**, 5. **A**, 6. **C**

온 가족이 함께하는 깜짝 퀴즈
145쪽
1. **C**, 2. **D**, 3. **B**, 4. **A**, 5. **D**, 6. **C**, 7. **B**,
8. **C**, 9. **A**, 10. **C**

이건 뭘까?
146쪽
윗줄: **나무딸기, 자전거, 루비**
가운뎃줄: **장갑, 붉은여우, 고추**
아랫줄: **운동화, 석류, 홍관조**

참고 자료

찾아보기
/
글 저작권
/
사진 저작권

찾아보기를 활용하면 책 속에서
필요한 내용을 쉽게 찾을 수 있어요.

찾아보기

ㄱ

가나 252, 308
가랑잎벌레 143
가문비뇌조 132
가변네온갯민숭달팽이 53
가봉 252, 308
가이아나 252, 308
가지산호 219
가톨릭교 338
간식 27
갈디카스, 비루테 37
갈라파고스바다사자 57
감비아 252, 308
감사하기 165
갑옷 244-245
강 277, 285
강돌고래 349
강수 223, 224, 228, 234
강옥 99
개 17, 74, 75, 148-149, 150-151, 153, 304
개구리 60-61, 145
개량 후지타 등급 231
개미핥기 254
개오지 143
갯민숭달팽이 45, 53
거대한 태평양 쓰레기 섬 22-23, 32
거미 34-35, 67, 147, 206
거미 공포증 206
거북 30-31, 221
검은 수염(해적) 249, 266
검은부리아비 43
게 137
게레눅 41
겨울 폭풍 228, 232, 234
견과 믹스 27
경도 353
경주용 자동차 192-193
경청하기 153
계곡 277
고대 그리스 181, 204, 212, 239, 351
고대 로마 14, 185, 239, 244, 351
고대 멕시코 245
고대 신화 184185, 188
고대 이집트 145, 173, 184, 188, 205, 238, 239, 289, 342, 343, 351
고래 54-55
고래상어 51, 218
고래의 노래 54
고무 오리 344-345
고생대 78
고세균 197
고소 공포증 207
고슴도치 44
고양이 74-77, 84, 148-149
고양이과 동물(야생) 16, 68-73, 118, 123, 132, 177, 233, 281, 288, 349
고팔간지(방글라데시) 224
곡물 강정 만들기 28-29
곤충 12, 16, 40, 44, 66, 120, 143, 145, 285, 293, 333
골격계 200
골드버그, 베스앤 177
곰 40, 48-49, 225
곰 젤리와 지렁이 젤리 340
공룡 78-83
공작거미 147
공포증 206-207, 212
과나코 297
과정 분석 보고서 213
과테말라 252, 308
과학과 기술 190-213
과학적 방법 107
광대 공포증 206, 212
광물 97, 101, 104, 106
광합성 198
구름 229, 234
구부러지는 자전거 195
구세주 그리스도 상(브라질) 351
구운 사과 27
국가 189, 252-265, 270-271, 308-333, 352
국제 스웨트 팬츠의 날 16
국제 여성의 날 16
국제 우주 정거장(ISS) 95
국제 치타의 날 16
권운 229
규슈섬(일본) 232
그레나다 252, 308
그레이트배리어리프(오스트레일리아) 218-219, 234
그리스 252, 285, 309
그린란드 빙하 225
그린란드상어 51
그물무늬기린 121
극피동물 45
근육계 200
글쓰기 방법 33, 85, 129, 165, 189, 213, 267, 314
금 99, 180
금붕어 39
금빛원숭이 41
금성(행성) 88, 90, 95
기념일 16, 168-169

기니 252, 309
기니비사우 252, 309
기니피그 74, 296
기독교 168, 169, 186, 236-237, 242-243, 297, 338
기린 42, 59, 121
기린영양 41
기사 244-245
기자(이집트) 239, 343, 351
기타 케이크 177
기후 78, 224, 225, 277, 285
깡충거미 34-35
꼬마꽃벌 66
꾸이(기니피그) 296
꿀벌 12, 66, 293

ㄴ

나노카멜레온 289
나무 112-113, 139, 255, 281, 335, 352
나무늘보 111, 139
나무타기캥거루 114
나무탐사가 112-113
나미비아 2-3, 253, 289, 310
나방 42
나브라트리(축제) 186
나우루 252, 310
나우르즈 168
나이지리아 252, 310
나일강(이집트) 343
나침반 139
낙타 277, 342
난마돌 유적(폰페이) 301
날씨 223-229
남극 대륙(남극권) 10, 284-287
남극해 10, 221, 222
남동석 98
남수단 252, 310
남십자성 180
남아메리카 304-307
남아프리카 공화국 252, 310, 329
납작꼬리도마뱀붙이 143
낭트(프랑스) 336
너구리판다 44
내분비계 200
네덜란드 253, 310
네바다주(미국) 336-337
네팔 253, 310
노란발바위왈라비(왕가루) 301
노래하는 딩고 37
노르웨이 14, 253, 310
노벨, 알프레드 139
노벨상 267
노이슈반슈타인성(독일) 253, 340

찾아보기

녹색 눈 305
놀이공원 336-337, 347
농구 127
농담 131
농사 11, 210-211, 258
뇌(인간) 157, 173, 200, 203-207, 212
뇌산호 219
뇌조 132
누룩뱀 62
눈 228, 278, 279, 288, 305, 341
눈 호텔 341
눈(개구리) 60
눈신토끼 132
눈표범 69, 281
뉴올리언스(미국 루이지애나주) 171, 188
뉴욕시(미국) 171
뉴저지주(미국) 347
뉴질랜드 253, 301, 310
늑대 64-65
늘보로리스 63, 114-115, 128
니제르 253, 310
니카라과 253, 310
니컬스, 닉 123

ㄷ

다나킬 함몰지(에티오피아) 268-269
다람쥐 42
다리 297
다신교 186
다이아몬드 98, 99
다카르(세네갈) 339
닥스훈트(개) 296
단전 232, 234
달 95, 100, 145, 204
달력 16, 95, 168-169
닭 41, 173
대륙 270-273, 280-307
대모스크 (사우디아라비아) 187
대벅, 리사 114
대서양 220, 222
대서양림 46-47
대양 10, 22-25, 32, 135, 217, 218-219, 221, 222, 234, 248-249, 266
대왕판다 120-121, 348
대피라미드 239, 288, 351
대한민국 251, 253, 311
더러먼트, 크리스 64-65
덩크 슛 127
데이노니쿠스 83
덴마크 253, 311
도나우강(유럽) 285
도넛 가게 292
도마뱀류 44, 130-131, 137, 143, 147, 289

도미니카 공화국 253, 311
도미니카 연방 253, 311
도쿄(일본) 15
독수리 116, 117
독일 8-9, 253, 311, 336, 340
독화살개구리 43, 45, 61
돌고래 220, 349
동굴 349
동물 34-85, 114-115, 150-151, 197, 223, 245, 281, 283, 288, 289, 292, 296, 297, 300, 301
동물원 4647, 120121, 321
동전 180-181, 189
동티모르 254, 311
돼지 75, 181, 217
두꺼비(미신) 39
두루마리 휴지 케이크 176
두바이(아랍 에미리트) 322, 337
두발가락나무늘보 139
드니프로강(유럽) 285
디아스, 포르피리오 250
디왈리(축제) 169, 187
디즈니, 월트 337
디즈니랜드(미국 캘리포니아주) 337, 340
디츠, 루앤 47
딕, 대니얼 119
딩고 11, 37
딱정벌레 145
땅콩 202, 212
뜨개실 폭탄 15
띠 172

ㄹ

라몬 베렝게르 4세(중세 에스파냐) 244
라스베이거스(미국 네바다주) 336337
라오스 254, 312
라이베리아 254, 312
라인강(유럽) 285
라트비아 254, 312
라파차, 랄 183
라플레시아 105
람발디, 데니스 47
람세스 2세 343
래비노위츠, 앨런 71
러시아 72-73, 168, 250, 254, 281, 285, 287, 312
러윅(스코틀랜드) 171
런던(영국) 166-167, 339
레몬상어 50
레밍 58
레바논 254, 312
레소토 254, 312
렉서, 카일 206-207

로도스섬의 거상(그리스) 351
로리스 63, 114-115, 128
로마 가톨릭교 338
로봇 209, 210-211, 328
로빈스, 몰리 176
로쉬 하샤나 168
로스아미고스강(페루) 277
로우먼, 마거릿(메그) 112
로즈, 디앤 15
롤러코스터 336, 337, 347
루마니아 254, 312
루안다(앙골라) 289
루이지애나주(미국) 171, 188
루칼칸 알리오크라니아누스 81
룩셈부르크 254, 312
르완다 254, 312
르푸(연기 없는 난로) 194
리비아 254, 312
리우데자네이루(브라질) 171
리칸카부르(칠레) 103
리투아니아 254, 312
리트, 제리 39
리트넌, 찰스 36
리히텐슈타인 254, 312
린드버그, 찰스 205
린트 초콜릿 박물관(스위스) 285
린트, 로돌프 179

ㅁ

마다가스카르 41, 289, 254, 255, 312
마라톤 305
마르디그라(축제) 171, 188
마셜 제도 256, 313
마야 문명 178, 351
마오리족 301
마오쩌둥 339
마요-친치페인 178
마우나로아 화산 (미국) 103
마줌다르, 온쿠리 115
마추픽추(페루) 351
마카오(중국) 344-345
마케마케(왜소행성) 91, 92
마푸둥구어 183
마푸체족 183
만리장성 351
만화 148-149
말 339
말라위 255, 313
말라위호(아프리카) 281
말레이시아 48-49, 254, 313, 349
말리 254, 313
말코손바닥사슴 132
매직 큐브 가상 키보드 195

매치나무타기캥거루 114
매칼리스터, 이언 65
맥 119
맥니, 마이크 275
맥스웰, 에린 119
맥앤드루, 프랭크 206
머리 없는 닭 173
머리카락 200
메데인 꽃 축제 168
메디치, 파트리시아 119
메릴랜드 18, 18-19
메이플 시럽 180
메카 187
메히아, 가브 116-117
멕시코 127, 245, 255, 293, 313
면역계 200, 201, 202
멸종 78
멸종 위기종 44, 72-73
명상 157
명왕성(왜소행성) 88, 91, 92
모기 285
모나코 255, 313
모노폴리(게임) 181
모래고양이 349
모래성 174-175
모로코 255, 314
모리셔스 255, 313
모리타니 255, 313
모스 굳기계 99
모스크 242-243
모잠비크 255, 314
모터사이클(오토바이) 194
모하메드 시아드 바레 251
목성 88-91, 95
몬테네그로 256, 314
몬테비데오(우루과이) 297
몬테수마 2세(아스테카 왕국) 179
몰도바 256, 314
몰디브 256, 314
몰로이 해연 222
몰타 256, 314
몽골 256, 314
몽크물범 36
무굴 제국 246-247
무사 미술관(멕시코) 334
무스사우루스 83
무척추동물 45
문어맛 아이스크림 280
문화 166-189
물범 36, 43, 305, 341
물의 순환 223
뭄타즈 마할 246-247
미국 170-171, 250, 251, 277, 346, 347

미국 독립 전쟁 179, 250
미네르바(여신) 244
미라 173, 188, 238
미래의 식당 210-211
미래의 집 208-209, 212
미사장석 99
미세 플라스틱 31
미스터 트래시 휠 18-19
미얀마 256, 314
미주리주(미국) 346
미카티, 나지브 254
미켈레, 데일 73
미크로네시아 256, 315
민트 차 313
밀랍 115, 128

ㅂ

바나르어 182
바누아투 256, 315
바다 생물 군계 217
바다 쓰레기 22-25
바다거북 30-31, 221
바다달팽이 53
바다사자 56-57, 84
바다악어 337
바다코끼리 143
바람 230, 231
바레인 256, 315
바베이도스 256, 315
바빌론의 공중 정원(이라크) 351
바오바브나무 거리(마다가스카르) 255
바이러스 196
바이칼호(러시아) 281
바이킹 배 14
바일스, 시몬 126
바티칸 시국 256, 315
바필드, 수전 183
바하마 256, 315
박쥐 121, 173
반다브가르 국립 공원(인도) 123
반려동물 74-77, 148-149, 253
발명품 10, 192-195, 208-211, 192-193, 209-211, 213, 251
발표 235
방글라데시 256, 315
방해석 99
백 년 전쟁 250
백상아리 176
백악기 79
백야 축제 168
뱀 62, 122, 131, 284
뱀장어 36
뱀장어긴갯민숭달팽이 53

버긴, 마이크 247
버뮤다 제도 181
버섯 328
버스 309
버젯프로그 120
버추얼 키보드 195
버펄로(미국 뉴욕주) 305
벅스킨 협곡(미국 유타주) 277
번개 226-227
벌 12, 16, 66, 293
베냉 2256, 315
베네수엘라 256, 315
베네치아(이탈리아) 171
베를린 장벽 340
베수비오산(이탈리아) 240-241, 266
베이커산(미국 워싱턴주) 224
베짱이 137
베트남 182, 251, 256, 315
베트남 전쟁 251
베트셰메시(이스라엘) 236-237
벨, 로렌 30-31
벨기에 257, 316
벨라루스 257, 316
벨로키랍토르 80
벨리즈 257, 316
벵골호랑이 69, 123
벽 트램펄린 127
변성암 97
변온 동물 45
별자리 180
병코돌고래 220
보닛헤드상어 51
보르네오급류개구리 60
보르네오섬 37, 60
보브캣 233
보스니아 헤르체고비나 257, 316
보이저호 93
보츠와나 180, 257, 316, 317
본 테르 광산(미국 미주리주) 346
볼가강 285
볼리비아 257, 317
볼티모어(미국 메릴랜드주) 18-19
뵈블링엔(독일) 340
부룬디 257, 317
부르즈 할리파(아랍 에미리트) 322
부르키나파소 257, 317
부채뿔산호 218
부탄 257, 317
부활절 168, 186
북극곰 40, 225
북극광 214-215, 341
북극여우 58, 120, 137
북극해 221, 222

찾아보기

북마케도니아 257, 317
북아메리카 292-295
북아메리카산미치광이 120
북아일랜드 334-335, 335
북유럽 신화 185
북한 251, 257, 317, 318
분류 38-39, 44-45, 80, 197
분석구 103
불가리아 257, 317
불교 169, 186, 339
불의 고리 101, 103, 106
브라우닝, 리처드 10
브라질 17, 46-47, 71, 171, 180, 189, 257, 277, 317
브루나이 257, 317
브리티시컬럼비아 (캐나다) 64-65, 346
블랙홀 93
비 223, 228
비만, 야스미나 83
비숍, 필 61
비잔틴 제국 236-237
빌딩 239, 332
빙하 277
빨간눈청개구리 60
뻐끔살무사 62

ㅅ

사과 27
사마귀 45, 84
사막 217, 238, 277, 288, 289, 348, 349
사막도마뱀 147
사막의 손 조각(칠레) 329
사모아 257, 318, 319
사무라이 245, 266
사스캐처원(캐나다) 293
사슬두톱상어 50
사우델레우르 문명 301
사우디아라비아 187, 257, 318
사우스샌드위치 해구 222
사우스조지아섬 118-119
사이마고리물범 341
사이언스 챌린지 113
사이클론 230
사자 68, 69, 118
사진 116-117, 120-123, 133, 138, 142, 146
사토리, 조엘 120-121
사하라(아프리카) 277, 288, 289, 348
사해 349
사향소 42
산 277, 278-279
산마리노 257, 318
산미치광이 120
산불 233

산소 198
산악 등반 108-109
산악자전거 126
산토끼 132
산티아고(칠레) 297
산호/산호초 217, 218-219, 234, 301, 334
삼포호(쇄빙선) 341
삿포로(일본) 305
상어 50-51, 123, 128, 176, 218, 337
상투메프린시페 258, 318
상트페테르부르크(러시아) 168
새 40-41, 43-45, 116, 117, 118-119, 132, 173, 180, 205, 221, 284, 350
새해 축제 166-168
샌드보드 342
생물 군계 216-217
생물학 196-207
생식계 200
샤를 7세(프랑스왕) 244
샤자한(무굴 제국 황제) 246, 247, 351
서벌 70
석고 99
석영 99
석영 사암 기둥 334
석회암 97
선캄브리아기 78
설날 166-168
설치류 139
섬여우 143
성 평등 16
성공 156
성베드로 대성당(바티칸 시국) 338
성층 화산 103
세계 224, 252-265, 270-271, 272-273, 348-349
세계 노래의 날 16
세계 벌의 날 16
세계 자전거의 날 16
세계 종교 186-187, 236-237
세계 초콜릿의 날 16
세계 코끼리의 날 16
세계에서 가장 큰 바위 301
세계의 불가사의 351
세계의 지도자들 252-265
세균 190-191, 196, 197, 346
세네갈 258, 320
세르비아 258, 320
세이셸 258, 332
세인트루시아 258, 320
세인트키츠네비스 258, 320
세인트빈센트 그레나딘 258, 320
세인트피터스버그(미국 플로리다주) 170
세인트헬렌스산(미국 워싱턴주) 103

세케어 183
세트 1세 343
세포 200
소 285
소말리아 258, 320
소비에트 연방(소련) 250, 251
소코트라섬(예멘) 335
소화계 200
손목시계 251
솔로몬 제도 258, 320
수단 258, 330
수달 11
수리남 258, 330
수성(행성) 89, 90
수영 262, 319, 321, 339
수의사 124
수정(가루받이) 199
수중 철도 280
수피 댄스 280
순상 화산 103
순환계 200
슈퍼문 95
스라소니 132
스리랑카 258, 259, 320
스마트 반지 195
스마트폰 195, 213
스웨덴 258, 330
스위스 186, 204, 258, 285, 320
스카이롯지(페루) 346
스케리, 브라이언 123
스코틀랜드 258, 320
스쿠버 다이빙 334, 343, 346
스키 265
스타워즈(영화) 342
스타인, 샐리수 233
스타트렉: 보이저(TV 시리즈) 261
스티라코사우루스 80
스티븐슨, 존 125
스페어피시(미국 사우스다코타주) 224
스페인솔갯민숭달팽이 53
스포츠 15, 16, 126-127, 155, 195
스포티드호(캐나다 브리티시컬럼비아주) 346
스피노사우루스 82
스피더 194
스핑크스(이집트) 343
슬로바키아 258, 321
슬로베니아 258, 321
시계 251
시기리야 유적(스리랑카) 259
시리아 251, 258, 321
시베리아호랑이 72-73
시아드 바레, 모하메드 251

시에라리온 259, 321
'시체꽃' 105
식물 105, 197, 198, 199, 210-211
식생 216-217
식스 플래그 그레이트 어드벤처
  (미국 뉴저지주) 347
신경계 200
신발 339
신발 케이크 177
신생대 78, 79
신화 184-185, 244
실패 156
실험 계획 107
십자군 전쟁 250
싱가포르 11, 258, 281, 321
쌍봉낙타 342
쓰레기 섬 22-23
쓰레기(바닷속) 22-25

ㅇ

아담, 롤란트 75
아락카르 리카난타이 81
아랍에미리트 259, 322, 336, 337, 352
아르메니아 259, 32
아르테미스 신전 351
아르헨티나 259, 277, 296, 321
아마존 분지(남아메리카) 62, 110-111,
  128, 297, 349
아마존나무보아 62
아무르호랑이 72-73
아바타(영화) 334
아부다비(아랍 에미리트) 336
아시아 280-283
아시아코끼리 124, 128, 259
아야 소피아 242-243
아우스트랄로티탄 코오페렌시스 13
아이마라어 182
아이슬란드 86-87, 259, 285, 322
아이티 259, 322
아일랜드 260, 322, 319
아제르바이잔 260, 322
아스테카 왕국 179, 245
아타우로섬(동티모르) 311
아프가니스탄 260, 323
아프리카 280-283, 342
아프리카 낙타 342
아프리카사자 68, 69, 118
아프리카코끼리 316
아프리카큰도깨비쥐 17
아프리카펭귄 350
아프리카피그미새매 43
아프리카황소개구리 61
악어 337, 342

안데스산맥(남아메리카) 182, 297
안도라 260, 323
안산암 97
안티과(과테말라) 309
안티아스 219
앉은부채 199
알래스카주(미국) 56, 214-215, 277
알레르기 202, 212
알렉산드리아(이집트) 343, 351
알바니아 260, 323
알제리 260, 323
알카에다 251
알칼리별 66
암벽 등반 108-109
암석과 광물 17, 97-101, 104, 106, 301
암염 97
앙골라 260, 323
애기뿔소똥구리 145
앤터니, 마틴 206, 207
앤티가바부다 260, 323
앱 213
야마모토사우루스 이자나기이 81
야생 개 11, 37
야생 사진작가 120-123
야외 활동 165
약과 건강 196, 197, 202, 204-205
양상추 204, 210, 212
양서류 39, 44, 45
양손잡이 203
어둠 공포증 207
어려운 문제를 푸는 방법 213
언어 76-77, 182-183, 195 342
얼룩말 2-3
얼음 225, 232, 234
업헬리아 171
에리스(왜소 행성) 91, 92
에리트레아 260, 323
에버글레이드 국립 공원(미국 플로리다주)
  216
에베레스트산(중국-네팔) 277, 278-279
에스와티니 260, 313, 323
에스토니아 260, 323
에스파냐(스페인) 139, 250, 251, 260, 323
에콰도르 260, 324
에토샤 국립 공원(나미비아) 2-3
에트나산 115
에티오피아 260, 268-269, 323
에펠탑(프랑스 파리) 227
엔데버호 218
엘베강(유럽) 285
엘살바도르 260, 324
여성 갑옷 244, 244
여자 축구 15

여행 334-351
역사 178-179, 236-267
연기 없는 난로 194
연쇄상 구균 196
연체동물 45, 53
열기구 343. 349
열대 우림 216
열대 저기압 230
염색독화살개구리 61
영국 15, 139, 171, 250, 251, 260, 324,
  334-335, 339
영화 145, 334, 342
예너 세르더르 176-177
예멘 261, 324, 335
예멘 261, 324, 335
예술 17, 110-111, 128, 173, 174-175, 239,
  334, 339
오거스터스산(오스트레일리아) 301
오사마 빈 라덴 251
오랑우탄 37
오른손잡이 203
오리 45, 344-345
오리 스마트링 195
오리너구리 147
오만 261, 324
오세아니아 300-303
오스트레일리아 11, 13, 37, 40, 56, 138,
  147, 218-219, 234, 251, 261,
  300-303, 324, 337, 346, 352
오스트레일리아 원주민 218
오스트레일리아바다사자 56
오스트리아 108-109, 261, 325
오테로, 알레한드로 83
오피먼트(웅황) 98
옥시토신 153
온두라스 261, 325
올림픽 경기 15, 126
올메카인 178
옷 16, 179, 181, 251, 339
와이스버그, 디나 56
와일드, 개비 124
왈라비 301, 352
왕가루 301, 352
왕가의 계곡 343
왜소행성 88, 90-92
외계인 93
왼손잡이 203
요가 160
요르단 251, 261, 325 348, 351
요리법 27, 28-29
용반목 80, 83
용암동 103
용혈수 335

찾아보기

우간다 261, 325
우루과이 261, 297, 325
우림 216
우박 224, 228
우주 88-95, 106, 139, 205
우주 비행사 205
우즈베키스탄 261, 325
우크라이나 261, 325
우폴루(사모아) 319
운모 편암 97
운전 127, 334, 343, 346
울머, 미카일라 12
워들리, 로즈메리 275
워싱턴주(미국) 103, 224
워터슬라이드 337
워터파크 336, 337
원생생물 197
원숭이 41, 46-47, 84
원앙 45
월, 레이철 248
월드컵 15
월리스날개구리 61
월리스해드릴, 앤드루 240-241
웡 시우 테 49
위도 353
위성 275, 278
윈그랜트, 레이 118
유대교 168, 169, 186, 187
유럽 284-287
유럽들소 285
유령 공포증 173
유로파(목성의 위성) 89
유사프자이, 말랄라 267
유성우 95
유인원 37
유일신교 186
유타주(미국) 277
유피테르 244
유형류 31, 32
융블루트, 안네 118, 119
은조부, 패트릭 38
음악 16, 37, 54, 163, 177
응결 223
의사소통(동물) 75-77, 84
의사소통(인간) 153, 195, 208
이구아수 폭포(아르헨티나-브라질) 277
이라크 261, 325
이란 261, 325
이모지 210
이브콘(캐나다) 103
이산화 탄소 198
이스라엘 236-237, 251, 261, 325
이스탄불(튀르키예) 242-243, 280

이슬람교 186, 187, 242-243
이식쿨호(키르기스스탄) 281
이주 55
이집트 181, 261, 326
이크티오사우루스 119
이탈리아 14, 171, 240-241, 261, 266, 326, 351
인권 운동가 267
인더스강 계곡(인도) 277
인도 277, 326
인도네시아 104, 105, 107, 114, 199, 261, 326, 349
인도양 221, 222
인도호랑이 69, 123
인디애나주(미국) 337
인체 157, 164, 173, 200-207
인펀트피시 218
인회석 99
일각돌고래(외뿔고래) 52, 84, 221
일롱고낫도마뱀붙이 44
일본 232, 245, 262, 266, 280, 327
일식 95, 106
임금펭귄 118-119
잉글랜드, 힐드레스 210

ㅈ

자메이카 262, 327
자바 해구 222
자바슬로로리스 63
자벌레 40
자연 214-235
자연재해 230-233
자이언트 코즈웨이(영국) 334-335
자전거 16, 126, 195, 281, 340
자카르타(인도네시아) 105, 281
자포동물 45
잔 다르크 244
잠 164, 204-205
잠깐 퀴즈 84, 106, 128, 212, 234, 266, 352
잠비아 38, 265, 327
장미 퍼레이드
  (미국 캘리포니아주 패서디나) 170
장밋빛단풍나방 42
장수거북 221
장완흉상어 123, 128
장자제 국립 공원(중국) 334
재규어 69, 71, 245
재생 에너지 293
저지대줄무늬텐렉 41
적도 기니 262, 327
적란운 229, 231, 234
적설량 305

적운 229, 231
전기 226, 227, 232
전기문 267
전쟁 250-251
전쟁에 동원된 동물 245, 250
전화 195, 213
전화기 195, 213
절벽 348
절벽 다이빙 127
절지동물 45, 84
점성술 172
점액 145
정동 17
정온 동물 45
정원 198
정일수 249
정장석 99
제1차 세계 대전 250, 251
제2차 세계 대전 250
제3기 79
제우스 상 351
제임슨맘바 122
제트 슈트 10
제퍼슨, 토머스 179
조각품 339
조류 305
조반목 80, 81
조지아 262, 327
종교 168-169, 184-185, 186-187, 236-237, 250
주로 쓰는 손 203
주황점박이쥐치 120
죽은 자들의 날 293
중국 41, 172, 251, 262, 278-279, 283, 327, 334, 339, 344-345, 348, 351
중력 93
중생대 78, 79
중앙아프리카 공화국 262, 327
중합체 20
쥐 17
쥐라기 79
쥐에 대한 속설 39
증산 223, 346
지, 필 39
지구 96-107
지구 온난화 78, 225, 277, 305
지구를 위한 시간의 날 16
지능(동물) 37, 39
지도 23, 47, 49, 103, 224, 270-273, 282-283, 286-287, 290-291, 294-295, 297, 298-299, 302-303, 306-307
지뢰 17

지리 268-353
지리 정보 시스템(GIS) 275
지부티 262, 327
지중해별노린재 120
지진 103, 242
지퍼 251
지형 277
진눈깨비 228
진로 114-117, 124-125
진핵생물 179
짐바브웨 262, 327
집 208-209, 212
징크, 캐머런 126

ㅊ

차 호텔 340
차드 262, 328
차펙, 카렐 328
챌린저 해연 222
척추동물 45
천문 관측 달력 95
천왕성(행성) 89, 91
체스 297
체조 126
체코 262, 328
초원 217
초콜릿 16, 178-179, 188, 285
초콜릿 언덕(필리핀) 349
초프라, 디팩 157
추수 감사절 171
축구 15
축제 행렬 170-171
춤 280, 285, 318
취미 158
츄리닝 16
치다라즈비, 메흐린 246-247
치첸이트사(멕시코) 351
치타 16
칠레 103, 183, 262, 328, 329
칠면조 205
침보라소산(에콰도르) 324

ㅋ

카니발 171
카메룬 262, 328
카멜레온 137, 289
카바 신전 187
카보베르데 262, 328
카스피해 281
카와이젠 화산(인도네시아) 104-105
카이트 보딩 127
카자흐스탄 262, 328
카타르 263, 329

카피바라 139
캄보디아 17, 262, 328
캐나다 15, 64-65, 103, 127, 139, 180, 263, 292, 293, 329, 346, 348
캐나다스라소니 132
캐머런, 제임스 334
캘리포니아바다사자 57
캘리포니아주(미국) 170, 233, 337, 340, 350, 352
캥거루 114, 147
컬런, 벤 176
컴퓨터 195
케냐 263, 329
케레스(왜소행성) 90, 92
케미(핀란드) 341
케언스, 컨턴 46-47
케이크 176-177, 188
케추아어 182
코골이 204
코끼리 16, 39, 124, 128, 229, 263, 310
코로나19 175
코로나바이러스 팬데믹 175
코로-아카어 183
코르테스, 에르난 179
코모로 263, 329
코소보 263, 329
코스타리카 263, 330
코알라 292
코터릴, 짐 37
코트디부아르 263, 330
콜로세움 14, 351
콜롬비아 110-111, 128, 168, 254, 263, 330
콩고 263, 330
콩고 민주 공화국 264, 331
쾨펜의 기후 분류법 224
쿠바 264, 331
쿠웨이트 264, 331
쿠키 몬스터 17
쿠푸왕(이집트) 239
쿡, 제임스 218
쿰바멜라 축제(인도) 171
퀘벡(캐나다) 127
크나페(쿠나파) 343
크라쿠프(폴란드) 284
크로아티아 264, 331, 350
크리넥스 휴지 251
크리스마스 169
크림반도(우크라이나) 287
큰 고양이과 동물 16, 56-57, 69, 71-73, 118, 123, 177, 245, 281, 288
큰개미핥기 263
큰도깨비쥐 17
큰바다사자 56

클룸, 마티아스 122
키란티-코이츠어 183
키르기스스탄 264, 331
키리바시 264, 331
키프로스 264, 331
킴벌리클라크(회사) 251

ㅌ

타마린 46-47, 84
타이완 283
타이탄(토성의 위성) 89, 94
타조 145
타지마할(인도) 246-247, 266, 351
타지키스탄 264, 331
타키스토프, 파울 210
탄자니아 264, 331, 342
탈레반 267
탐 티 톤 182
탐험 108-129
탐험가 112-119, 182-183
탕가니카호(아프리카) 281
태국 115, 124, 264, 331
태양계 88-195
태양곰 48-49
태평양 22-23, 222, 348
태풍 230
탬파(미국 플로리다주) 348
탱고 춤 256
턱끈펭귄 284
테마파크 336-337, 347
텍사스주(미국) 232, 234
텐렉 41
텔레비전 145, 258
토고 264, 332
토네이도 231
토러스 해협 218
토르산(캐나다) 348
토성(행성) 88-91, 94
토수아 오션 트렌치 319
토케이도마뱀붙이 130-131
톱비늘살무사 62
통가 264, 332
통곡의 벽(예루살렘) 187
통구멍(어류) 137
통화 139, 180-181, 189
퇴적암 97, 106
투르크메니스탄 265, 332
투발루 265, 332
투탕카멘 181, 238, 343
툰드라 217
튀니지 264, 332
튀르키예 34-35, 242-243, 264, 280, 332, 351

찾아보기

트램펄린 스포츠 127
트리니다드 토바고 265, 332
트리케라톱스 80
틀라톨로푸스 갈로룸 81
티라노사우루스 렉스 80, 293
틸벤더, 크리스틴 70
팀푸 세츄 169

ㅍ

파나마 265, 332
파라과이 265, 332
파란갯민숭달팽이 53
파란 화산 104-105
파리(프랑스) 179, 227, 339
파일럿 이어폰 195
파충류 44, 45
파키스탄 265, 332
파푸아 뉴기니 265, 333
판 구조론 103, 105
판게아(초대륙) 78, 79
팔라우 265, 333
팝콘 27
패서디나(미국 캘리포니아주) 170
팰리스터, 존 104
퍼레이드 170-171, 284, 293
퍼핀 180
펄린, 로스 183
페루 182, 265, 277, 296, 297, 333, 346, 351
페이턴, 제이미 233
페트라(요르단) 348, 351
펠리컨 12
펭귄 118, 119, 221, 284, 350
편지 쓰기 33
평양 광장(북한) 318
폐소 공포증 207
포고스틱 127
포르투갈 24-25, 265, 333
포유류 44-45
포토아크 120-121
폭포 145, 277
폰페이섬 301
폴란드 139, 265, 284, 333
폴리머(중합체) 20
폴리시(톱해트) 41
폼페이(고대 도시) 240-241, 266
표범 69, 280, 281, 288
표지판 134
푸른바다거북 30-31
푸른혀도마뱀 147
푸에르토리코 해구 222
풀로 만든 다리 297
풍력 발전 293

풍선 30, 343
프라하성(체코) 328
프리즈렌(코소보) 330
프리쳇, 케이트 176
플라스틱 18-33
피그미해마 137
피그미호그 217
피노키오개구리 349
피라미드 238, 239, 289, 320, 343
피자 케이크 176
피지 265, 300, 333
피터, 캐스턴 115
필리핀 116-117, 265, 333
필리핀독수리 116, 117

ㅎ

하누카 169
하늘다람쥐 42
하마 38
하와이(미국) 36, 103, 127, 350
하와이몽크물범 36
하우메아(왜소행성) 91, 92
하이엇, 존 웨슬리 20
하이에나 38
하이퍼카 192-193
하품 205
한국 전쟁 251
할리카르나소스 마우솔레움 351
함부르크 돔 8-9
항공 여행 205, 328
해리슨, K. 데이비드 183
해마 85, 137
해면 45
해변 142, 350, 352
해삼게 137
해안 늑대 64-65
해안공작거미 147
해안선 293
해왕성 91
해적 135, 248-249, 266
핼러윈 173
햄스터 148-149
행복 163
행성 88-92, 139
행진 170-171, 284, 293
허리케인 230
허버드 빙하(미국 알래스카주) 277
헝가리 265, 333
현무암 100-101, 334-335
혈액형 201
협곡 277, 289
호금조 40
호기(돼지) 181

호냉균 94
호랑이 68, 72-73, 123, 177
호상 편마암 97
호수 289, 341, 346, 352
호텔 204, 340-341, 346
혹등고래 54-55
홀리(축제) 326
홍수 232
홍콩 17, 281
홍학 300
홍해 343
화강 반암 97
화산 86-87, 100-101, 102-105, 240-241, 266
화산학자 125
화성(행성) 88, 89, 90
화성암 97
화이트, 엘런 15
화폐 139, 180-181, 189
활석 99
황금나무뱀 62
황금들창코원숭이 41
황금사자타마린 46-47, 84
황옥 99
황제펭귄 221
황철석 98
회색늑대 64-65
회색머리날여우박쥐 121
회색캥거루 147
흡혈박쥐 173
흰개미 둔덕 333
흰동가리 220
흰띠박이물범 43
히스코트, 롭 38
힌두교 169, 171, 186-187
힐리어호(오스트레일리아) 346, 352

기타

2023년 천문 관측 달력 95
3D 모형 83
3D 스캐닝 13
3D 프린트 10, 210-211
6일 전쟁 251
6·25 전쟁 251
B.F. 굿리치사 251
「R.U.R.」(차펙) 328
V8 호텔(독일 뵈블링엔) 340

2023년 올해의 토픽 (8–17)

11 "Welcome to Otter Island" by Claire Turrell;
17 "New Superhero: Ratman" by Kitson Jazynka;
all other articles in section by Sarah Wassner Flynn

플라스틱 제로 (18–35)

20-23 "What Is Plastic?" & "Deadly Debris" by Julie Beer;
24-25 "There are Some 5.25 Trillion ⋯" by Sarah Wassner Flynn;
27-29 "Your Plastic-Free Guide to Snacks" & "Granola Bar Goodies" by Ella Schwartz;
30-31 "Sea Turtle Rescue" by Julie Beer
33 "Write a Letter That Gets Results" by Vicki Ariyasu

동물의 세계 (34–85)

36-39 "Extraordinary Animals" by Brandon McIntyre (seal), Deborah Kay Underwood (ape), and Amanda Pressner (dingo);
38 "Hippo Kisses Hyena" by Katie Stacey;
39 "Animal Myths Busted" by C.M. Tomlin;
40-43 "Cute Animal Superlatives" by Sarah Wassner Flynn;
44-45 "What Is Taxonomy?" & "Vertebrates"/ "Invertebrates" by Susan K. Donnelly;
46-52 "Comeback Critter: Golden Lion Tamarin" & "Sun Bear Rescue" & "Shark Fest" & "Unicorns of the Sea" by Allyson Shaw;
53 "Gnarly Nudibranches" by Sarah Wassner Flynn and Brittany Moya Del Pino;
54-55 "Humpback Whales ⋯" by Sarah Wassner Flynn;
56 "Sit! Stay! Swim!" by Scott Elder; 58 "Foxes on Ice" by Karen De Seve;
59 "Ninja Giraffes" by David Brown;
60-61 "Frog Squad" by Rose Davidson;
62 "Super Snakes" by Chana Stiefel;
63 "Deadly Cuties" by Jamie Kiffel-Alcheh;
64-65 "Surf Pups" by Allyson Shaw;
66 "7 Bee Facts to Buzz About" by Jeannette Swain;
68-69 "Big Cats" by Elizabeth Carney;
70 "Weirdest. Cat. Ever." by Scott Elder;
71 "Journey of the Jaguar" by Jamie Kiffel-Alcheh;
72-73 "Tigers in the Snow" by Karen de Seve;
75 (left) "Dog Protects Piglet" by Sarah Wassner Flynn;
75 (right) "Do Pets Know Their Names?" by Allyson Shaw;
76-77 "How to Speak Cat" by Aline Alexander Newman and Gary Weitzman, D.V.M.;
78-80 "Prehistoric Timeline" & "Dino Classification" by Susan K. Donnelly;
78 "What Killed the Dinosaurs?" by Sarah Wassner Flynn;
82-83 "Dino Secrets Revealed" by Michael Greshko
85 "Wildly Good Animal Reports" by Vicki Ariyasu

우주와 지구 (86–107)

88-89 "15 Cool Things About Planets" by Kay Boatner;
92 "Dwarf Planets" by Sarah Wassner Flynn;
93 "What's the Farthest ⋯?" by Allyson Shaw;
94 "Destination Space: Alien Sea" by Stephanie Warren Drimmer;
96 "A Look Inside" by Kathy Furgang;
96 "What If You Could ... ?" by Crispin Boyer;
97 "Rock Stars" by Steve Tomecek;
98-99 "Identifying Minerals" by Nancy Honovich;
101-102 "A New Type of Rock ⋯" by Sarah Wassner Flynn;
102-103 "A Hot Topic" by Kathy Furgang;
104-105 "Blue Volcano" by Renee Skelton
107 "Ace Your Science Fair" by Vicki Ariyasu

탐험과 발견 (108–129)

110-111 "This Cliff ⋯" by Sarah Wassner Flynn;
114-115 "Dare to Explore" by Kitson Jazynka;
118-121 "Epic Science Fails" & "Keep Earth Wild" by Allyson Shaw;
122-123 "Getting the Shot" by April Capochino Myers;
125 "Extreme Job!" by Jen Agresta and Sarah Wassner Flynn;
126-127 "Soaring Sports" by Julie Beer and Michelle Harris
129 "How to Write a Perfect Essay" by Vicki Ariyasu

우리를 행복하게 하는 20가지 (150–165)

All articles in section by Lisa Gerry

문화와 생활 (166–189)

170-171 "Festive Parades" by Julie Beer and Michelle Harris;
172 "What's Your Chinese Horoscope?" by Geoff Williams;
173 "6 Spooky Facts for Halloween" by Erin Whitmer;
174-175 "The World's Largest Sandcastle ⋯" by Sarah Wassner Flynn;
176-177 "Cake Fakes" by Kitson Jazynka;
178-179 "The Secret History of Chocolate" by Jamie Kiffel-Alcheh;
180-181 "Money Around the World!" by Kristin Baird Rattini and C.M. Tomlin;
182-183 "Saving Languages at Risk" by Sarah Wassner Flynn;
184-185 "Mythology" by Susan K. Donnelly;
186-187 "World Religions" by Mark Bockenhauer
189 "Explore a New Culture" by Vicki Ariyasu

과학과 기술 (190–213)

192-193 "This Race Car ⋯" by Sarah Wassner Flynn;
194 "Cool Inventions" by Sarah Wassner Flynn (fi replace);
197 "The Three Domains of Life" by Susan K. Donnelly;
198 "How Does Your Garden Grow?" by Susan K. Donnelly;
199 "Plants That Stink!" by Sarah Wassner Flynn;
200 "Weird But True!" by Jeffrey Wandell;
202-203 "Why Can't I ⋯?" by Crispin Boyer;
204-205 "15 Cool Things About Sleep" by Kay Boatner;
206-207 "The Science of Spooky" by Aaron Sidder;
208-211 "Future World: Homes" & "Future World: Food" by Karen De Seve
213 "This Is How It's Done!" by Sarah Wassner Flynn

생태와 자연 (214–235)

216-217 "Biomes" by Susan K. Donnelly;
218-219 "Sizing Up the Great Barrier Reef" by Sarah Wassner Flynn;
224 "Weather and Climate" by Mark Bockenhauer;
225 "Climate Change" by Sarah Wassner Flynn;
226-227 "Lightning Flashes ⋯" by Sarah Wassner Flynn;
228-229 "The Sky Is Falling" & "Types of Clouds" by Kathy Furgang;
230 "Hurricane Happenings" by Sarah Wassner Flynn;
231 "What Is a Tornado?" by Kathy Furgang;
232 "Flood" & "Freeze" by Sarah Wassner Flynn;
233 "Bobcat Wildfi re Rescue" by Jamie Kiffel-Alcheh
235 "Oral Reports Made Easy" by Vicki Ariyasu

역사와 사실 (236–267)

238 "Ancient Egypt by the Numbers" by Sarah Wassner Flynn;
239 "Brainy Questions" by Allyson Shaw;
240-241 "The Lost City of Pompeii" by Kristin Baird Rattini;
242-243 "The Hagia Sophia ⋯" by Sarah Wassner Flynn;
244-245 "Royal Rumble" by Stephanie Warren Drimmer and Caleb Magyar;
246-247 "To Honor a Queen" by Allyson Shaw;
248-249 "Pirates!" by Sara Lorimer and Jamie Kiffel-Alcheh;
250-251 "Going to War" by Susan K. Donnelly and Sarah Wassner Flynn;
251 "Wartime Inventions" by Sarah Wassner Flynn
267 "Brilliant Biographies" by Vicki Ariyasu

세계의 지리 (268–353)

270-274 & 276-277 by Mark Bockenhauer;
278-279 "Mount Everest ⋯" by Sarah Wassner Flynn;
280-307 by Sarah Wassner Flynn, Mark Bockenhauer, and Susan K. Donnelly;
308-317 "Snapshot" by Sarah Wassner Flynn;
334-335 "Vacation Voyages" by Julie Beer and Michelle Harris;
338-339 "A Small Wonder" by Julie Beer, Michelle Harris, and Sarah Wassner Flynn;
339 "Awes8me Supersize Sculptures" by Jen Agresta and Sarah Wassner Flynn;
340-341 "Wild Vacations" by Jamie Kiffel-Alcheh;
342 "Bet You Didn't Know" by Erin Whitmer;
343 "Dream Vacation" by Allyson Shaw;
344-345 "Brain Candy" by Julie Beer and Chelsea Lin;
346 "What Weird Destination ⋯?" by Julie Beer and Michelle Harris;
347 "Racing Roller Coaster" by Jennifer Adrion and Omar Noory;
348-349 "Amazing Facts About the World" by Zachary Petit;
350 "Bizarre Beaches" by Julie Beer and Michelle Harris;
351 "7 Wonders" by Elisabeth Deffner

글 및 사진 저작권

준말:
AL: Alamy Stock Photo
AS: Adobe Stock
DS: Dreamstime
GI: Getty Images
IS: iStockphoto
MP: Minden Pictures
NGIC: National Geographic Image Collection
SS: Shutterstock

모든 지도
By National Geographic

모든 일러스트와 도표
By Stuart Armstrong unless otherwise noted

앞표지
(tiger) Tom and Pat Leeson; (smiley face), pixelliebe/SS; (pyramids), Merydolla/SS; (dinosaur), Luis V. Rey

책등
(tiger) Tom and Pat Leeson

뒤표지
(Earth), ixpert/SS; (climber), Westend61/AL; (koala), Gary Bell/oceanwideimages; (Taj Mahal), Jim Zuckerman/GI; (giraffe), prapass/ SS; (northern lights), Stuart Westmorland/ Danita Delimont/AS; (butterfly), Steven Russell Smith/AL

앞날개
(seal), Nicolas T Lopez/Pixabay; (Kawah Ijen), Thomas Fuhrmann/CC BY-SA 4.0/; (Hagia Sophia), Filip Filipović/Pixabay; (Everest), lutz/Pixabay

뒷날개
(giraffe), Chris Johns/Nat Geo Image Collection; (Colosseum), O. Louis Mazzatenta/ Nat Geo Image Collection

차례 (2-7)
2-3, Tony Heald/Nature Picture Library; 5 (UP), Kuttig - Travel/AL; 5 (UP CTR), Hilary Andrews/NG Staff; 5 (LO CTR), Tomatito26/DS; 5 (LO LE), Anton Brink/Anadolu Agency via GI; 5 (LO RT), Exp 351 Science Team/Leeds University; 6 (UP LE), Westend61/AL; 6 (UP RT), Arctic Images/AL; 6 (UP CTR LE), Thichaa/SS; 6 (UP CTR RT), dan sipple; 6 (CTR LE),Chendongshan/SS; 6 (CTR RT), Hello World/GI; 6 (LO CTR LE), Prisma by Dukas Presseagentur GmbH/AL; 6 (LO CTR RT)), SylvainB/SS; 6 (LO LE), AndreasReh/GI; 6 (LO RT), Eric Isselee/SS; 7 (UP LE), Stuart Westmorland/Danita Delimont/AS; 7 (UP RT), Jim Reed; 7 (UP CTR LE), Menahem Kahana/afp/AFP via GI; 7 (LO CTR LE), Roberto Moiola/Sysaworld/GI

2022년 올해의 토픽 (8-17)
8-9, Kuttig - Travel/AL; 10 (UP), Andrej Cukic/EPA-EFE/SS; 10 (LO), Cheryl Ramalho/AS; 11 (UP), Stefano Unterthiner; 11 (LO), Bradley Smith; 12 (UP LE), Jason Mendez/Everett Collection; 12 (UP CTR), Sarah J. Mock; 12 (LO), Busch Wildlife Sanctuary; 13 (UP), Xinhua/AL; 13 (UP RT), Xinhua/AL; 13 (CTR), Chris Walker/Chicago Tribune/TNS/Alamy Live News; 13 (LO), Xinhua/AL; 14 (UP), Lars Gustavsen/NIKU; 14 (INSETS), Martin Tangen Schmidt/The Museum of Cultural History; 14 (LO), Milan Ingegneria SpA, Labics, Arch. Fabio Fumagalli, CROMA, Consilium di Ingegneria; 15 (UP LE), Saule/AS; 15 (UP RT), Paul Rushton/AS; 15 (LO RT), REUTERS/Lisi Niesner; 15 (LO LE), REUTERS/Kim Hong-Ji; 16 (bicycle), Monkey Business/AS; 16 (chocolate), Constantine Pankin/SS; 16 (elephant), Linettesimoesphotography/DS; 16 (cat), Ermolaev Alexander/SS; 16 (LO RT), Carola G./AS; 16 (LO LE), Anatolii/AS; 16 (clock), Sorapop Udomsri/SS; 16 (women), Svitlana Sokolova/SS; 16 (sweats), serbogachuk/AS; 17 (UP), Kennedy News/Mike Bowers; 17 (CTR), PDSA/Cover Images via AP Images; 17 (LO), Michel Keck and Harbour North

플라스틱 제로 (18-33)
18-19, Hilary Andrews/NG Staff; 20-21 (BACKGROUND), trialartinf/AS; 21 (UP), Jacobs Stock Photography Ltd/GI; 21 (CTR RT), SeeCee/SS; 21 (CTR LE), Norbert Pouchain/EyeEm/GI; 21 (Graph Background), Chones/SS 22-23 (BACKGROUND), STEVE DE NEEF/NGIC; 22 (LE), Pete Atkinson/GI; 22 (RT), Aflo/SS; 23 (UP RT), photka/SS; 25, Alexandre Rotenberg/SS; 26 (UP LE), Fascinadora/IS/GI; 26 (UP RT), Steven Cukrov/DS; 26 (CTR LE), Paul Quayle/AL; 26 (1), Cristian M. Vela/AL; 26 (2), Katerina Solovyeva/AL; 26 (3), nalinratphi/SS; 26 (4), nalinratphi/SS; 27 (UP LE), Elena Veselova/SS; 27 (UP RT), Maks Narodenko/SS; 27 (LO), Melica/SS; 28-29 (ALL), Hilary Andrews/NG Staff; 30-31 (BACKGROUND), Luis Javier Sandoval Alvarado/SuperStock; 30 (LE), Clearwater Marine Aquarium; 30 (RT), Clearwater Marine Aquarium; 31 (LE), Clearwater Marine Aquarium; 31 (RT), Norbert Wu/MP; 32 (UP LE), Jacobs Stock Photography Ltd/GI; 32 (UP RT), photka/SS; 32 (CTR RT), Norbert Wu/MP; 32 (LO LE), Elena Veselova/SS; 33, Albo003/ SS

동물의 세계 (34-85)
34-35, Tomatito26/DS; 36, Brittany Dolan/NOAA Fisheries; 37 (UP), BBC Natural History/GI; 37 (LO), Barry Skipsey; 38, Shenton Safaris; 39 (ALL), Dean MacAdam; 40 (UP LE), Steven Kazlowski/Nature Picture Library; 40 (CTR RT), Piotr Naskrecki/MP; 40 (LO LE), Marie Hickman/GI; 41 (UP LE), Wijnand vT/SS; 41 (CTR RT), Cyril Ruoso/MP; 41 (CTR LE), YAY Media AS/AL; 41 (LO RT), Ryan M. Bolton/AL; 42 (UP LE), Karl Ammann/npl/MP; 42 (UP RT), Masatsugu Ohashi/SS; 42 (LO RT), Heather Burditt/GI; 42 (LO LE), Randy Kokesch; 43 (UP RT), Ryan Korpi/IS/GI; 43 (CTR LE), Samuel Blanc/Biosphoto; 43 (CTR RT), Dirk Ercken/SS; 43 (LO LE), John Shaw/Nature Picture Library; 44 (UP RT), Shin Yoshino/MP; 44 (CTR LE), DioGen/SS; 44 (LO RT), Nick Garbutt; 45 (UP CTR), Kant Liang/EyeEm/GI; 45 (UP RT), reptiles4all/SS; 45 (CTR), Hiroya Minakuchi/MP; 45 (CTR RT), FP media/SS; 45 (LO), Ziva_K/IS/GI; 46, Eric Gevaert/AL; 47 (UP), AP Photo/Martin Meissner; 47 (LO), Haroldo Palo Jr./Avalon; 48-49, Bornean Sun Bear Conservation Centre; 49 (UP), Siew te Wong/Bornean Sun Bear Conservation Centre; 49 (LO), Bornean Sun Bear Conservation Centre; 50 (UP), WaterFrame/AL; 50 (CTR), Andy Murch/Blue Planet Archive; 50 (LO), David Gruber; 51 (UP), Masa Ushioda/Blue Planet Archive; 51 (CTR), Saul Gonor/Blue Planet Archive; 51 (LO), Richard Carey/AS; 52 (BACKGROUND), Paul Nicklen/NGIC; 52 (UP CTR), Paul Nicklen/NGIC; 52 (UP RT), Paul Nicklen /NGIC; 52 (LO RT), Russ Kinne/age fotostock; 52 (LO CTR), Flip Nicklin/MP; 53 (UP), Mauricio Handler/NGIC; 53 (CTR LE), S. Rohrlach/SS; 53 (LO), WaterFrame/AL; 53 (LO), WaterFrame/AL; 55, Paul Souders/Worldfoto/MP; 56 (UP), mbolenski/GI; 56 (LO), ktmoffitt/GI; 57 (UP), Tui De Roy/MP; 57 (CTR RT), Alex Mustard/Nature Picture Library; 57 (LO RT), Tui De Roy/MP; 57 (LO LE), WaterFrame_fur/AL; 58 (UP), Yva Momatiuk and John Eastcott/MP; 58 (CTR RT), Steven Kazlowski/Nature Picture Library; 58 (LO), Michio Hoshino/MP; 59 (illustrations), Stuart Armstrong; 59 (UP CTR), Richard du Toit/GI; 59 (UP RT), Richard Du Toit/MP; 59 (CTR LE), Mitsuaki Iwago/MP; 59 (LO LE), Will Burrard-Lucas /MP; 59 (LO RT), Richard Du Toit /MP; 60 (UP), Martin van Lokven/MP; 60 (eyes), Ingo Arndt/MP; 60 (LO), Chien Lee/MP; 61 (UP), Stu Porter/SS; 61 (CTR), Stephen Dalton/MP; 61 (LO), reptiles4all/GI; 62 (UP), Michael D. Kern; 62 (CTR), Hitendra Sinkar Photography/Alamy; 62 (CTR LE), Stephen Dalton/MP; 62 (LO), AtSkwongPhoto/SS; 62 (LO), Heidi & Hans-Juergen Koch/MP; 63 (UP), Andrew Walmsley/Nature Picture Library; 63 (LO), Andrew Walmsley/Nature Picture Library/AL; 64 (UP), Ian McAllister/NGIC; 64 (LO), Bertie Gregory/MP; 65 (UP), Paul Nicklen/NGIC; 65 (CTR), Ian McAllister/Pacific Wild; 65 (LO RT), Paul Nicklen/NGIC; 65 (LO LE), Paul Nicklen/NGIC; 66, Michael Durham/MP; 67, Mircea Costina/SS; 68, Beverly Joubert/NGIC; 69 (snow leopard fur), Eric Isselee/SS; 69 (jaguar fur), worldswildlifewonders/SS; 69 (tiger fur), Kesu/SS; 69 (leopard fur), WitR/ SS; 69 (lion fur), Eric Isselée/SS; 69 (jaguar), DLILLC/Corbis/GI; 69 (lion), Eric Isselée/SS; 69 (tiger), Eric Isselée/ SS; 69 (snow leopard), Eric Isselee/SS; 69 (leopard), Eric Isselée/SS; 70 (LE), GERARD LACZ/Science Source; 70 (CTR), FionaAyerst/GI; 70 (RT), Suzi Eszterhas/MP; 71 (UP), Henner Damke/AS; 71 (CTR LE), Nick Garbutt/MP; 71 (LO LE), Kris Wiktor /SS; 71 (LO RT), Jak Wonderly/NGIC; 72 (UP), Image Source/Corbis/GI; 72 (LO), Juniors/SuperStock; 73 (UP), Tom & Pat Leeson/ARDEA; 73 (LO), Lisa & Mike Husar/Team Husar; 74 (UP LE), Design Pics/AL; 74 (UP RT), Alexa Miller/Workbook Stock/GI; 74 (LO LE), Arnaud Martinez/AL; 74 (LO LE), Giel, O./juniors@wildlife/AL; 75 (UP), courtesy Roland Adam; 75 (LO LE), courtesy Roland Adam; 75 (LO RT), Alice Brereton; 76 (UP), Shawna and Damien Richard/SS; 76 (LO), kurhan/SS; 77 (UP), SJ Duran/SS; 77 (LO), Hulya Ozkok/GI; 78 (UP), Chris Butler/Science Photo Library/ Photo Researchers, Inc.; 78 (CTR), Publiphoto/Photo Researchers, Inc.; 78 (LO), Pixeldust Studios/ NGIC; 79 (A), Publiphoto/ Photo Researchers, Inc.; 79 (B), Laurie O'Keefe/Photo Researchers, Inc.; 79 (C), Chris Butler/Photo Researchers, Inc.; 79 (D), Publiphoto/Photo Researchers, Inc.; 79 (E), image courtesy of Project Exploration; 80 (ALL), Franco Tempesta; 81 (UP LE), Jorge L. Blanco; 81 (UP RT), Masato Hattori; 81 (LO RT), Mauricio Alvarez Abel; 81 (LO LE), Luis V. Rey; 82-83, Davide Bonadonna; 84 (UP RT), AP Photo/Martin Meissner; 84 (CTR RT), Shawna and Damien Richard/SS; 84 (CTR LE), PAUL NICKLEN /NGIC; 84 (LO LE), Ziva_K/IS/GI; 85, GOLFX/SS

우주와 지구 (86-107)
86-87, Anton Brink/Anadolu Agency via GI; 88 (UP LE), Tristan3D/SS; 88 (CTR), NASA/JSC/Stanford University/Science Source; 88 (CTR RT), MarcelClemens/SS; 88 (CTR LE), Tomas Ragina/AS; 88 (LO), nasidastudio/SS; 89 (UP LE), CGiHeart/AS;

89 (UP RT), NASA, ESA, A. Simon (Goddard Space Flight Center) and M.H. Wong (University of California, Berkeley); 89 (sun), Ed Connor/SS; 89 (snow), Kichigin/SS; 89 (CTR RT), NASA/JPL/Space Science Institute; 89 (LO RT), parameter/GI; 89 (LO LE), NASA/JPL/USGS; 90-91, David Aguilar; 92 (Haumea), David Aguilar; 92 (Eris), David Aguilar; 92, (Pluto), NASA/JHUAPL/SwRI 93 (UP), EHT Collaboration/NASA; 93 (LO), Alice Brereton; 94, Mondolithic Studios; 95 (UP), Allexxandar/IS/GI; 95 (Jupiter), rtype/AS; 95 (eclipse), Igor Kovalchuk/SS; 95 (supermoon), JSirlin/AS; 96 (UP), NGIC; 96 (LO), Joe Rocco; 97 (UP), Ralph Lee Hopkins/NGIC; 97 (andesite), losmandarinas/SS; 97 (porphyry), MarekPhotoDesign/AS; 97 (schist), Yes058 Montree Nanta/SS; 97 (gneiss), Dirk Wiersma/Science Source; 97 (limestone), Charles D. Winters/ Photo Researchers, Inc.; 97 (halite), Theodore Clutter/Science Source; 98 (UP LE), raiwa/IS; 98 (UP RT), MarcelC/IS; 98 (CTR RT), Anatoly Maslennikov/SS; 98 (LO RT), IS; 98 (LO LE), Albert Russ/SS; 99 (UP RT), Mark A. Schneider/Science Source; 99 (UP LE), didyk/IS; 99 (Talc), Ben Johnson/Science Source; 99 (Gypsum), Meetchum/DS; 99 (Calcite), Kazakovmaksim/DS; 99 (Fluorite), Albertruss/DS; 99 (Apatite), Ingemar Magnusson/DS; 99 (Orthoclase), Joel Arem/Science Source; 99 (Topaz), Igorkali/DS; 99 (Corundum), oldeez/DS; 99 (Diamond), 123dartist /DS; 101, Exp 351 Science Team/Leeds University; 102, Frank Ippolito; 103 (UP LE), Gary Fiegehen/All Canada Photos/Alamy; 103 (UP RT), Salvatore Gebbia/NGIC; 103 (CTR LE), NASA; 103 (CTR RT), Matt Logan & Julie Griswold/USGS; 104-105, Nicolas Marino/mauritius images GmbH/AL; 105 (UP), Chris Philpot; 105 (CTR LE), Taiga/AS; 105 (LO RT), Mazur Travel/AS; 106 (UP RT), Charles D. Winters/Photo Researchers, Inc.; 106 (CTR LE), Igor Kovalchuk/SS; 106 (LO RT), CGiHeart/AS; 107, pixhook/E+/GI

탐험과 발견 (108-129)

108-109, Westend61/AL; 111, Diego Camilo Carranza Jimenez/Anadolu Agency/GI; 112 (CTR LE), Roger Winstead; 112 (CTR RT), Michael Nolan/robertharding/GI; 112 (LO), Meg Lowman; 113 (UP), Smileus/AS; 113 (CTR), AVTG/AS; 113 (binoculars), Nataliya Hora/DS; 113 (paper), Photo_SS/SS; 113 (pencil), photastic/SS; 113 (LO UP), Aditi Sundar; 114 (UP), Thomas Marent/MP; 114 (CTR RT), Jonathan Byers; 114 (CTR LE), Robert Liddell; 115 (UP), Sora Devore/NGIC; 115 (CTR), Carsten Peter/NGIC; 115 (CTR RT), Carsten Peter/NGIC; 116-117 (ALL), Gab Mejia; 118-119 (UP), Aga Nowack; 118 (Jungblut), Arwyn Edwards; 118 (Wynn-Grant), Christine Jean Chambers; 118 (LO), Tibor Bognar/GI; 119 (Somaweera), Ruchira Somaweera 119 (UP RT), Nilu Gunarathne; 119 (Medici), Liana John; 119 (LO RT), Marina Klink; 119 (Dick), Max Chipman; 119 (CTR LE), Daniel Dick; 120-121 (ALL), Joel Sartore, National Geographic Photo Ark/NGIC; 122, Mattias Klum/NGIC; 123 (UP), Brian J. Skerry/NGIC; 123 (LO), Michael Nichols/NGIC; 124 (LE), Gabby Wild; 124 (UP RT), Rebecca Hale/NG Staff; 124 (LO RT), Theo Allofs/MP; 125 (BACKGROUND), Arctic-Images/Corbis/GI; 125 (UP RT), ARCTICIMAGES/AL; 125 (LO LE), ARCTIC IMAGES/AL; 126 (UP), Daniel Milchev/GI; 126 (LO), Laurence Griffiths/GI; 127 (UP LE), Robert Mora/GI; 127 (UP RT), Zapata Racing; 127 (CTR RT), Don Bartletti/Los Angeles Times via GI; 127 (LO RT), ohrim/SS; 127 (LO LE), Mathieu Belanger/The New York Times/Redux Pictures; 127 (CTR LE), JVT/GI; 128 (UP RT), Zapata Racing; 128 (CTR LE), Thomas Marent/MP; 128 (CTR RT), Diego Camilo Carranza Jimenez/Anadolu Agency/GI; 128 (LO LE), Theo Allofs/MP; 129, Grady Reese/IS

게임과 퍼즐 (130-149)

130-131, Thichaa/SS; 132 (UP), Sean Crane/MP; 132 (moose), Scott Suriano/GI; 132 (grouse), pchoui/iStock/GI; 132 (lynx), Michael Quinton/MP; 132 (hare), Jim Cumming/GI; 132 (profile), Mark Raycroft/MP; 132 (male grouse), Wayne Lynch/All Canada Photos/AL; 132 (tufts), Michael Quinton/MP; 132 (swimming), Ron Sanford/GI; 132 (snow), Diana Robinson Photography/GI; 132 (fur), Jurgen and Christine Sohns/MP; 133 (UP LE), Antonio Veraldi/DS; 133 (UP CTR), Ghm Meuffels/DS; 133 (UP RT), Sweetcrisis/DS; 133 (CTR LE), Sydeen/DS; 133 (CTR), Antonio Veraldi/DS; 133 (CTR RT), Unteroffizier/DS; 133 (LO LE), Mikhail Kokhanchikov/DS; 133 (LO CTR), Fotosutra/DS; 133 (LO RT), Derrick Neill/DS; 134 (UP LE), Travel Pictures /AL; 134 (UP RT), Thomas Winz/GI; 134 (CTR RT), Richard Newstead/GI; 134 (LO RT), MyLoupe/Universal Images Group via GI; 134 (LO CTR), Andrew Holt/GI; 134 (LO LE), Owaki/Kulla/GI; 134 (CTR LE), Charles Gullung/GI; 135, Jason Tharp; 136, Joren Cull; 137 (UP CTR), Fabio Liverani/Nature Picture Library; 137 (UP RT), John Cancalosi/Nature Picture Library; 137 (CTR LE), atese/GI; 137 (CTR RT), Jurgen Freund/Nature Picture Library; 137 (LO LE), Terry Andrewartha/Nature Picture Library; 137 (LO RT), Jose B. Ruiz/Nature Picture Library; 138 (UP LE), surflover/SS; 138 (UP CTR), Felix Martinez/GI; 138 (UP RT), age fotostock/Superstock; 138 (CTR LE), Andy Gehrig/GI; 138 (CTR), Kharidehal Abhirama Ashwin/SS; 138 (CTR RT), Ikpro/SS; 138 (LO LE), Nils Versemann/SS; 138 (LO CTR), Gary Bell/oceanwideimages; 138 (LO RT), age fotostock/Stuperstock; 139 (UP), Pltphotography/DS; 139 (CTR RT), Chris Johns/Nat Geo Image Collection; 139 (LO RT), Ryan McVay/GI; 139 (LO LE), Markstout/GI; 139 (tree), Cornelia Doerr/GI; 139 (compass), Kisan/SS; 139 (CTR LE), Kevin Kelley/GI; 140, Dan Sipple; 141, Chris Ware; 142 (UP LE), image100/AL; 142 (UP CTR), Subbotina Anna/AS; 142 (UP RT), Kletr/SS; 142 (CTR LE), Ron Levine/Photodisc Red/GI; 142 (CTR), koosen/SS; 142 (CTR RT), Gary Bell/GI; 142 (LO LE), Alexander Raths/SS; 142 (LO CTR), Wendy Carrig/GI; 142 (LO RT), Kalabi Yau/SS; 143 (UP CTR), Brandon Cole; 143 (UP RT), Kevin Schafer/GI; 143 (CTR LE), Chris Mattison/FLPA/MP; 143 (CTR RT), Andy Mann/GI; 143 (LO RT), Thomas Marent/MP; 143 (LO LE), David Fleetham/Nature Picture Library; 144, Jason Tharp; 145 (UP), Eric Isselee/SS; 145 (CTR LE), J.-L. Klein & M.-L. Hubert/MP; 145 (CTR RT), godrick/SS; 145 (LO RT), Smit/SS; 145 (LO LE), Suzi Eszterhas/MP; 146 (UP LE), Sergii Kolesnyk/DS; 146 (UP CTR), Sorachar Tangjitjaroen/DS; 146 (UP RT), Andrii Mykhailov/DS; 146 (CTR LE), Aleksandr Bryliaev/SS; 146 (CTR), Brian Sedgbeer/DS; 146 (CTR RT), Saltcityphotography/DS; 146 (LO LE), matka_Wariatka/SS; 146 (LO CTR),Katerina Kovaleva/DS; 146 (LO RT), Brian Kushner/DS; 147 (UP), imageBROKER/ Jurgen & Christine Sohns/GI; 147 (kangaroo), D. Parer and E. Parer-Cook/MP; 147 (platypus), Tom McHugh/Science Source; 147 (spider), ©Jürgen Otto; 147 (skink), Gerry Ellis/MP; 147 (pouch), Yva Momatiuk and John Eastcott/MP; 147 (swimming), Dave Watts/MP; 147 (dancing), ©Jürgen Otto; 147 (mob), Malcolm Schuyl/MP; 148-149, Strika Entertainment

우리를 행복하게 하는 20가지 (150–165)

150-151, Chendongshan/SS; 152, Pete Pahham/SS; 153 (UP), Peter Augustin/GI; 153 (LO), Voronin76/SS; 154 (UP), Gts/SS; 154 (LO), Krakenimages/SS; 155, Zaretska Olga/SS; 156, Daniel Milchev/GI; 157, Flashpop/GI; 158 (fishing), Jupiterimages/SuperStock; 158 (planting), Sofiaworld/SS; 158 (baking), Bashutskyy/SS; 158 (photography), Marian Stanca/AL; 158 (golf), vm/GI; 158-159 (LO), Image Source Plus/AL; 160, Ivory27/SS; 161 (UP), Yury Zap/AL; 161 (LO), SuperStock; 162 (UP), Ariel Skelley/GI; 162 (LO), Potapov Alexander/SS; 163 (UP), MM Productions/GI; 163 (LO), Vinko93/SS; 164, Beskova Ekaterina/SS; 165, Hello World/GI

문화와 생활 (166-189)

166-167, Prisma by Dukas Presseagentur GmbH/AL; 168 (UP LE), CreativeNature.nl/SS; 168 (UP RT), Roka/SS; 168 (CTR LE), Phoenix Tenebra/SS; 168 (CTR RT), Orchid photho/SS; 168 (LO LE), Tubol Evgeniya/SS; 169 (UP), SylvainB/SS; 169 (CTR RT), Dinodia Photos; 169 (CTR LE), Zee/Alamy; 169 (LO), wacpan/SS; 170 (UP), Scott Keeler/Tampa Bay Times/ZUMA Wire/AL; 170 (LO), Marie1969/SS; 171 (UP LE), VisitBritain/John Coutts/GI; 171 (UP RT), lev radin/SS; 171 (CTR LE), Viviane Ponti/GI; 171 (CTR LE), CR Shelare/GI; 171 (LO RT), Carol M. Highsmith/Library of Congress Prints and Photographs Division; 171 (LO LE), epa european pressphoto agency b.v./AL; 172, Chonnanit/SS; 173, Eric Isselee/SS; 175, Claus Bjoern Larsen/Ritzau Scanpix/AFP via GI; 176 (UP), Kate Pritchett; 176 (CTR RT), the_bakeking/Cover Images/Newscom; 176 (LO LE), Molly Robbins; 177 (UP), Serdar Yener of Yeners Way, Online Cake Tutorials; 177 (CTR LE), Studio Cake; 177 (LO CTR), Serdar Yener of Yeners Way, Online Cake Tutorials; 177 (LO RT), Studio Cake; 178-179 (BACKGROUND), Subbotina Anna/SS; 178-179 (cartoons), JOE ROCCO; 178 (CTR RT), adit_ajie/SS; 179 (CTR RT), Retro AdArchives/Alamy; 180 (UP LE), Radomir Tarasov/DS; 180 (UP CTR), maogg/GI; 180 (UP RT), Paul Poplis/GI; 180 (CTR LE), Mlenny/iStock/GI ; 180 (CTR RT), JACK GUEZ/AFP/GI; 180 (LO LE), Glyn Thomas/Alamy; 180 (LO RT), Brian Hagiwara/GI; 181 (UP LE), Georgios Kollidas/Alamy; 181 (UP RT), Joe Pepler/Rex USA/SS; 181 (pig), Igor Stramyk/SS; 181 (CTR LE), Mohamed Osama/DS; 181 (CTR RT), Daniel Krylov/DS; 181 (LO LE), Colin Hampden-White 2010; 181 (LO RT), Kelley Miller/NGS Staff; 182 (Ton), Nguyen Dai Duong; 182 (CTR RT), Ho Trung Lam; 182 (LO LE), Mark Thiessen/NGP; 182 (Narayanan), Randall Scott/NGIC; 183 (UP LE), Jeremy Fahringer; 183 (Harrison), Mark Thiessen/NGIC; 183 (Barfield), Robert Massee; 183 (CTR LE), Catherine Cofré; 183 (CTR LE), K. Bista; 183 (Perlin), Mark Thiessen/NG Staff; 183 (Rapacha), Jeevan Sunuwar Kirat; 183 (LO RT), Jeevan Sunuwar Kirat; 184 (UP RT), Jose Ignacio Soto/ SS; 184 (UP LE),

글 및 사진 저작권

liquidlibrary/GI Plu/GI; 184 (LO), Photosani/SS; 185 (LE), Corey Ford/DS; 185 (RT), IS; 186 (UP), Randy Olson; 186 (LO RT), Sam Panthaky/ AFP/ GI; 186 (LO LE), Martin Gray/ NGIC; 187 (UP), Mayur Kakade/GI; 187 (LO RT), Richard Nowitz/NGIC; 187 (LO LE), Reza/NGIC; 188 (LO LE), Carol M. Highsmith/Library of Congress Prints and Photographs Division; 188 (CTR RT), Daniel Krylov/DS; 188 (CTR LE), adit_ajie/SS; 188 (LO RT), Studio Cake; 189 (bird stamp), spatuletail/SS; 189 (Brazil stamp), PictureLake/E+/GI; 189 (money), cifotart/SS; 189 (CTR), zydesign/SS

과학과 기술 (190-213)

190-191, AndreasReh/GI; 193, James Moy Photography/GI; 194 (UP), Jetpack Aviation; 194 (LO), Johny Kristensen; 195 (UP LE), REX USA; 195 (UP RT), REX USA; 195 (LO LE), Waverly Labs; 195 (LO RT), Origami Labs; 196, Ted Kinsman/Science Source; 197 (1), Sebastian Kaulitzki/ SS; 197 (2), Eye of Science/Photo Researchers, Inc.; 197 (3), Volker Steger/ Christian Bardele/ Photo Researchers, Inc.; 197 (fungi), ancelpics/GI; 197 (protists), sgame/ SS; 197 (plants), puwanai/SS; 197 (animals), kwest/SS; 198, Craig Tuttle/Corbis/GI; 199 (UP), Isabelle/AS; 199 (CTR), Berndt Fischer/Biosphoto; 199 (LO LE), naturediver/AS; 199 (LO CTR), M Andy/SS; 200 (UP), SciePro/SS; 200 (LO LE), Makovsky Art/SS; 200 (LO CTR), EFKS/SS; 200 (LO RT), Lightspring/SS; 202 (UP), Odua Images/SS; 202 (peanuts), Hong Vo/SS; 202 (allergies), Africa Studio/SS; 202 (mites), Sebastian Kaulitzki/SS; 202 (penicillin), rebcha/SS; 202 (pollen), Brian Maudsley/SS; 203 (UP LE), juan moyano/AL; 203 (UP RT), William West/AFP via GI; 203 (LO RT), Pasieka/Science Source; 203 (LO LE), VikramRaghuvanshi/GI; 204 (UP LE), kittipong053/SS; 204 (UP RT), Luisa Leal Photography/SS; 204 (swiss), PictureP./AS; 204 (french), nmarques74/AS; 204 (CTR RT), Kei Shooting/SS; 204 (LO RT), SciePro/SS; 204 (LO LE), Alf Ribeiro/SS; 205 (UP LE), chert28/SS; 205 (UP RT), NASA/JSC; 205 (pillow), New Africa/SS; 205 (pattern), piolka/IS/GI; 205 (CTR RT), Underwood Archives/GI; 205 (LO RT), Michael Cocita/SS; 205 (LO LE), Sorrapong Apidech/EyeEm/GI; 205 (CTR LE), FG Trade/GI; 206 (LE), Eric Isselee/SS; 206 (RT), sdominick/GI; 207 (UP), Jean-Pierre Clatot/AFP/GI; 207 (CTR), kryzhov/SS; 207 (LO), Lane V. Erickson/SS; 208-209, Mondolithic Studios; 210-211, Mondolithic Studios; 212 (UP RT), sdominick/GI; 212 (LO RT), kittipong053/SS; 212 (LO LE), REX USA; 213, Klaus Vedfelt/GI

생태와 자연 (214-235)

214-215, Stuart Westmorland/Danita Delimont/AS; 216 (LE), AVTG/ IS; 216 (RT), Brad Wynnyk/ SS; 217 (UP LE), Rich Carey/SS; 217 (UP RT), Richard Walters/ IS; 217 (LO RT), Michio Hoshino/ MP/ NGIC; 217 (LO LE), Karen Graham/ IS; 218, Debra James/SS; 219 (UP), Pniesen /DS; 219 (CTR), Pablo Cogollos; 220-221 (BACKGROUND), Chris Anderson/SS; 220 (LE), cbpix/SS; 220 (RT), Mike Hill/Photographer's Choice/GI; 221 (CTR LE), Wil Meinderts/ Buiten-beeld/MP; 221 (CTR RT), Paul Nicklen/NGIC; 221 (LO RT), Jan Vermeer/MP; 223 (UP), Stuart Armstrong; 223 (LO), Franco Tempesta; 224, Steve Mann/SS; 225 (UP), Chasing Light - Photography by James Stone/GI; 225 (RT), James Balog/NGIC; 227, Anna_Om/GI; 228 (UP LE), Richard T. Nowitz/Corbis; 228 (UP RT), gevende/IS/GI; 228 (CTR RT), Brand X; 228 (LO RT), Eric Nguyen/Corbis; 228 (LO LE), Alan and Sandy Carey/GI; 229 (1), Leonid Tit/SS; 229 (2), Frans Lanting/NGIC; 229 (3), Lars Christensen/SS; 229 (4), Daniel Loretto/SS; 229 (LO), Richard Peterson/SS; 230, 3dmotus/SS; 231 (UP LE), Lori Mehmen/Associated Press; 231 (EF0), Susan Law Cain/SS; 231 (EF1), Brian Nolan/IS; 231 (EF2), Susan Law Cain/SS; 231 (EF3), Judy Kennamer/SS; 231 (EF4), jam4travel/SS; 231 (EF5), jam4travel/SS; 231 (LO LE), Jim Reed; 232 (UP LE), The Asahi Shimbun via GI; 232 (UP RT), The Asahi Shimbun via GI; 232 (CTR), Thomas Black; 232 (LO), Thomas Ryan Allison/Bloomberg via GI; 233 (UP LE), donyanedomam/AS; 233 (LO LE), Chelsea Stein Engberg; 233 (LO RT), Jessica Bartlett/University Photographer/CSU Chico; 234 (UP), Daniel Loretto/SS; 234 (CTR LE), Thomas Black; 234 (CTR RT), Debra James/SS; 234 (LO), James Balog/NGIC

역사와 사실 (236-267)

236-237, Menahem Kahana/AFP via GI; 238 (UP), Sanjida Rashid/NG Staff; 238 (CTR RT), Merydolla/SS; 238 (LO RT), Gift of Theodore M. Davis, 1909/Metropolitan Museum of Art; 238 (LO LE), Mr Crosson/SS; 238 (CTR LE), Enrico Montanari/SS; 239 (ALL), Alice Brereton; 240-241 (UP), Mondolithic Studios; 241 (INSET), Seamas Culligan/Zuma/CORBIS; 241 (LO), Roger Ressmeyer/CORBIS; 243, Tetra Images/GI; 244 (UP LE), Metropolitan Museum of Art, Munsey Fund, 1932; 244 (UP RT), DEA/A. De Gregorio/De Agostini/GI; 244 (LO), Look and Learn/Bridgeman Images; 245 (UP), Metropolitan Museum of Art; 245 (CTR), Purchase, Arthur Ochs Sulzberger Gift, and Rogers, Acquisitions and Fletcher Funds, 2016/Metropolitan Museum of Art; 245 (LO), Heritage Images/GI; 246 (UP), Jim Zuckerman/GI; 246 (CTR), Dinodia Photo/GI; 247 (UP), David Keith Jones/AL; 247 (CTR), NG Maps; 248-249 (BACKGROUND), Matjaz Slanic/E+/ GI; 248 (LO), Marí Lobos; 247 (frame), Afateev/GI; 249 (UP), Marí Lobos; 249 (oval frame), Winterling/DS; 249 (LO), Marí Lobos; 249 (square frame), Iakov Filimonov/SS; 250, U.S. Air Force photo/Staff Sgt. Alexandra M. Boutte; 251 (UP), akg-images; 251 (LO), Heritage Auctions, Dallas; 253, Noppasin Wongchum/DS; 255, Guy Bryant/AS; 263, ondrejprosicky/AS; 266 (UP LE), Seamas Culligan/ Zuma/CORBIS; 266 (CTR RT), Jim Zuckerman/GI; 266 (CTR LE), Metropolitan Museum of Art; 266 (LO), Marí Lobos; 267, Christopher Furlong/GI

세계의 지리 (268-353)

268-269, Roberto Moiola/Sysaworld/GI; 275 (UP), Mark Thiessen/NGP; 275 (LO), NASA; 277 (BACKGROUND), Fabiano Rebeque/Moment/GI; 277 (UP LE), Thomas J. Abercrombie/NGIC; 277 (UP CTR), Maria Stenzel/ NGIC; 277 (UP RT), Gordon Wiltsie/NGIC; 277 (LO LE), James P. Blair/NGIC; 277 (LO CTR), Bill Hatcher/NGIC; 277 (LO RT), Carsten Peter/NGIC; 279, Didier Marti/GI; 288, Londolozi Images/Mint Images/GI; 289 (UP), AdemarRangel/GI; 289 (CTR LE), Frank Glaw; 289 (CTR RT), imageBROKER/SS; 289 (LO RT), eAlisa/SS; 304, Klein & Hubert/Nature Picture Library; 305 (UP), Achim Baque/SS; 305 (CTR LE), Mark Conlon, Antarctic Ice Marathon; 305 (CTR RT), Flipser/SS; 305 (LO RT), Ashley Cooper/DPA Picture Alliance/Avalon; 280, P Deliss/The Image Bank/GI; 289 (UP), Grant Rooney Premium/AL; 280 (CTR LE), estherpoon/AS; 280 (CTR RT), Nate Allen/EyeEm/GI; 281 (LO RT), slowmotiongli/AS; 300, Arun Roisri/Moment RF/GI; 301 (UP), Andrew Watson/John Warburton-Lee Photography Ltd/GI; 293 (CTR LE), Ken/AS; 301 (CTR RT), WITTE-ART/AS; 301 (LO RT), Dmitry/AS; 284, Yasonya/AS; 285 (UP), Roy Pedersen/SS; 285 (CTR LE), Thomas Lohnes/GI; 285 (CTR RT), sucharat/AS; 285 (LO RT), Cover Images via AP Images; 292, John A. Anderson/SS; 293 (UP), Dina Julayeva/SS; 293 (CTR LE), Beth Zaiken; 293 (CTR RT), Daniel Prudek/AS; 293 (LO RT), Mint Images RF/GI; 296, hadynyah/IS/GI; 297 (UP), Soberka Richard/hemis.fr/GI; 297 (CTR LE), buteo/AS; 297 (CTR RT), Ernesto Ryan/Getty Image; 297 (LO RT), Keren Su/GI; 310, Cheryl Ramalho/AS; 313, Uros Ravbar/DS; 317, Aleksandar Todorovic/SS; 318, ferrantraite/E+/GI; 321, DaveLongMedia/IS/GI; 324, Adam Howard/AL; 327, Michael Runkel/AL; 332, dblight/GI; 334-335 (BACKGROUND), Gigi Peis/SS; 334 (UP), Hung Chung Chih/SS; 334 (LO), Image Source/AL; 335 (UP), Sergey Kilin/SS; 336-337 (BACKGROUND), TRphotos/SS; 336 (LO), Alain Denantes/Gamma-Rapho /GI; 337 (UP LE), AppleZoomZoom/SS; 337 (UP RT), Atlantis Bahamas; 338, Pani Garmyder/SS; 339 (1), Peter Macdiarmid/Staff/GI; 339 (2), Peter Seyfferth/Imagebroker/Alamy; 339 (3), Alexey Senin/Alamy; 339 (4), Christian Wilkinson/SS; 339 (5), Allan Baxter/GI; 339 (6), Nacho Doce/REUTERS; 339 (7), Charles O. Cecil/AL; 339 (8), Paul Rushton/Alamy; 340 (ALL), Frank Hoppe; 341 (ALL), SnowCastle; 342, Dudarev Mikhail/SS; 343 (UP LE), Carolyn Clarke/AL; 343 (UP RT), Westend61/AS; 343 (CTR RT), Zoonar/Steven Heap/Zoonar GmbH/AL; 343 (LO RT), Peter Adams/GI; 343 (LO LE), tekinturkdogan/GI; 343 (CTR LE), Juergen Ritterbach/GI; 344-345, Zhong Zhenbin/Anadolu Agency/GI; 346 (UP), Auscape International Pty Ltd/AL; 346 (CTR LE), Bruce Obee/Newscom; 346 (CTR RT), CB2/ZOB/Supplied by WENN/Newscom; 346 (LO), Alastair Pollock Photography/GI; 347, Six Flags; 348 (UP LE), Pete Oxford/MP; 348 (UP RT), Radu Razvan Gheorghe/DS; 348 (CTR RT), Wrangel/DS; 348 (LO RT), MICHAEL NICHOLS/NGIC; 348 (water), Chen Po Chuan/DS; 348 (LO CTR), Callahan/SS; 348 (CTR LE), Christin Farmer/DS; 349 (UP LE), Vladimir Ovchinnikov/DS; 349 (UP RT), Kevin Schafer/MP; 349 (Dead Sea), Stran9e/DS; 349 (candy), Richard Watkins/AL; 349 (LO RT), Photononstop/AL; 349 (LO LE), Renault Philippe/Hemis/AL; 349 (CTR LE), Tim Laman/NGIC; 350 (UP LE), Danita Delimont/AL; 350 (UP RT), ArtyAlison/IS/GI; 350 (LO RT), Gardel Bertrand/GI; 350 (LO LE), Ian Cumming/ZUMApress/Newscom; 351 (A), sculpies/GI; 351 (B), Archives Charmet/Bridgeman Images; 351 (C), Archives Charmet/Bridgeman Images; 351 (D), Archives Charmet/Bridgeman Images; 351 (E), Bridgeman Images; 351 (F), Archives Charmet/Bridgeman Images; 351 (G), DEA PICTURE LIBRARY/GI; 351 (H), Holger Mette/SS; 351 (I), Holger Mette/ SS; 351 (J), Jarno Gonzalez Zarraonandia/ SS; 351 (K), David Iliff/SS; 351 (L), ostill/ SS; 351 (M), Hannamariah/SS; 351 (N), Jarno Gonzalez Zarraonandia/ SS; 352 (UP), ArtyAlison/IS/GI; 352 (LE), Ken/AS; 352 (LO), Nate Allen/EyeEm/GI

지은이 · 내셔널지오그래픽 키즈
내셔널지오그래픽 협회는 1888년에 설립되어 130년 넘게 우리를 둘러싼 지구를 이해하기 위한 여러 가지 프로젝트를 실행하고 있다. 연구 프로젝트를 지원하며 탐험과 발견을 돕고 잡지와 책을 펴낸다. 내셔널지오그래픽 매거진은 매달 28개국에서 23개의 언어로 수백만 명의 독자와 만나고 있다. 어린이 출판 브랜드인 내셔널지오그래픽 키즈는 과학, 모험, 탐험 콘텐츠를 독보적인 수준의 사진 자료와 함께 제공하고 있다.

옮긴이 · 이한음
서울대학교에서 생물학을 공부했고 과학 전문 번역가이자 과학 저술가로 활동하고 있다. 2007년 『만들어진 신』으로 한국출판문화상 번역 부문을 수상했다. 지은 책으로 『생명의 마법사 유전자』 등이 있고, 옮긴 책으로 『인간 본성에 대하여』, 『핀치의 부리』 등이 있다.

옮긴이 · 김아림
서울대학교 생물교육과를 졸업했고 같은 대학원 과학사 및 과학철학 협동 과정에서 석사학위를 받았다. 대학원에서는 생물학의 역사와 철학, 진화생물학을 공부했다. 현재 출판 기획자 및 전문 번역가로 일하고 있다. 옮긴 책으로 『고래』, 『꽃은 알고 있다』 등이 있다.

내셔널지오그래픽 키즈
사이언스 2023

1판 1쇄 찍음 2022년 10월 12일
1판 1쇄 펴냄 2022년 10월 31일

지은이 내셔널지오그래픽 키즈 **옮긴이** 이한음, 김아림
펴낸이 박상희 **편집장** 전지선 **편집** 김지호 **디자인** 조수정
펴낸곳 (주)비룡소 **출판등록** 1994.3.17.(제16-849호)
주소 06027 서울시 강남구 도산대로1길 62 강남출판문화센터 4층
전화 영업 02)515-2000 팩스 02)515-2007 편집 02)3443-4318,9 **홈페이지** www.bir.co.kr
제품명 어린이용 반양장 도서 **제조자명** (주)비룡소 **제조국명** 대한민국 **사용연령** 3세 이상

ALMANAC 2023
Copyright © 2022 National Geographic Partners, LLC.
Korean Edition Copyright © 2022 National Geographic Partners, LLC.
All rights reserved.
NATIONAL GEOGRAPHIC and Yellow Border Design are trademarks of the National Geographic Society, used under license.
이 책의 한국어판 저작권은 National Geographic Partners, LLC.에 있으며, (주)비룡소에서 번역하여 출간하였습니다.
저작권법에 의해 한국 내에서 보호를 받는 저작물이므로 무단 전재와 무단 복제를 금합니다.

ISBN 978-89-491-3242-6 73400